Ficha Técnica

[Título]
Quo Vadis, Angola?
Socio-Teologias, Teo-Sociologias 1967-2012

[Autor]
Fernando dos Santos Neves

[Design]
Helena Fonseca

[ISBN]
 978-1530793877

2ª Edição, revista

[Todos os direitos desta edição reservador por]
Kairologia Editora
Lisboa

FERNANDO DOS SANTOS NEVES

Quo Vadis, Angola?
Socio-Teologias, Teo-Sociologias
1967 – 2012

2ª Edição, revista

Apresentação de Tony Neves

Prefácio – Testemunho de Esaú Dinis

Epígrafe - Os "Dês" que ainda faltam ao programa
do 25 de abril de 1974, em Portugal e em Angola

Epílogo - Coisa Rara: a Coragem como é dita

Kairologia Editora - 2016

À LIBERDADE-DIGNIDADE DA PESSOA HUMANA,

EM TODOS OS HOMENS DE ANGOLA, DA ÁFRICA E DO MUNDO,

E AO SEU INTEGRAL DESENVOLVIMENTO,

QUE CONSTITUEM O ÚNICO VÁLIDO NOME

DA GLÓRIA DE DEUS,

DA PAZ NA TERRA

E DE TODO O ECUMENISMO

Dedicatória da 1ª edição do 1º livro de F. Santos Neves, Ecumenismo em Angola: Do Ecumenismo Cristão ao Ecumenismo Universal (Editorial Colóquios, Angola, 1966)

"Já pus minha estória.
Se é bonita, se é feia,
vocês é que sabem.
Eu só juro que não
falei mentira e que
estes casos passaram
nesta nossa terra de Luuanda".

(Luandino Vieira, no livro "Luuanda")

ÍNDICE GERAL

EPÍLOGO

ANEXOS

"Complementos" publicados no livro de A. F. Santos Neves, Ecumenismo em Angola: Do Ecumenismo Cristão ao Ecumenismo Universal, Editorial Colóquios, Angola 1968

1- Declaração dos Direitos do Homem e do Cidadão, adotada pela Assembleia Constituinte Francesa, a 27 de Agosto de 1789

2- Declaração Universal dos Direitos Humanos, adotada e proclamada a 10 de Dezembro de 1948, pela Assembleia Geral das Nações Unidas.

3- Carta dos Direitos e dos Deveres do Homem, segundo o Papa João XXIII, na Encíclica "Pacem in Terris"

4- Democratização das Mentalidades

5- A "Largueza do Reino de Deus"

6- Estatutos do Homem

A mudança da Igreja perante a Resistência Nacionalista: Da Dominação À Libertação, por Victor João de Almeida e Sousa

Igreja Colonial, por Tony Neves

As Coleções Etnográficas como referencial identitário: um desafio à cooperação cultural (excerto), por Manuel Laranjeira R. de Areia

Entrevista de Vitor Ramalho, Secretário-geral da UCCLA, sobre a "Casa dos Estudantes do Império"

APRESENTAÇÃO

Em Outubro de 1967 pronunciava Fernando dos Santos Neves, na então Nova Lisboa e na inauguração do Instituto Superior Católico de Angola (ISCA) por ele fundado ainda sob a influência dos ventos do Concílio Ecuménico Vaticano II, uma muito notada (e, acrescentaria eu, também muito notável) "Oração de Sapiência", com o título "QUO VADIS ANGOLA? SOBRE A PRESENÇA DO CRISTIANISMO NA ANGOLA DESTE TEMPO (1967) E PARA O TEMPO FUTURO", que estaria muito na base da sua expulsão estatal e eclesiástica da então colónia portuguesa de Angola; em julho de 2012, na mesma cidade, que agora tem o nome de Huambo e na inauguração oficial, no âmbito do "Grupo Lusófona" de que Fernando dos Santos Neves é um dos criadores primordiais, do "Instituto Superior Politécnico de Humanidades e Tecnologias" (ISUPE), pronunciou outra "Oração de Sapiência", também ela sem dúvida notada e notável embora não pelas mesmas razões nem consequências, que intitulou:

"QUO VADIS, ANGOLA? SOBRE O DESENVOLVIMENTO HUMANO OMNITOTIDIMENSIONAL NA ANGOLA DESTE TEMPO (2012) E PARA O TEMPO FUTURO".

Embora não rigorosissimamente do ponto de vista cronológico, pode afirmar-se que é entre estes dois "TEMPOS" e estas duas "ORAÇÕES DE SAPIÊNCIA" que aconteceram os "ESTUDOS ANGOLANOS" aqui reportados e que levaram um dos máximos intelectuais lusófonos do século XX, Alfredo Margarido, a classificar Fernando dos Santos Neves de "Socioteólogo" (ou de "Teossociólogo", acrescentaríamos nós) da futura Nação Angolana[1].

---

1 - Alfredo Margarido em: Le Mois en Afrique, Journal d'Études Politiques Africaines, n° 61, Pa-

Regressemos à História: Fernando Santos Neves chegou a Angola em 1966, com os Padres Jorge Sanches e Waldo Garcia, enviados para África por Monsenhor Lefebvre, Bispo que era Superior Geral dos Espiritanos e que não tinha aceite a renovação proposta pelo Concílio Vaticano ll. O trabalho que se propuseram fazer foi o de colaborar na renovação da Igreja, com a aplicação das ideias do Concílio Vaticano ll. Era preciso investir em áreas delicadas como a Liturgia, o Ecumenismo, a Teologia, a Doutrina Social da Igreja.

Fernando dos Santos Neves interveio para tentar o "aggiornamento" do Vaticano II em Angola, onde esteve entre 1965-1968. Tudo começou com os **"Colóquios de Pastoral"** realizados em Nova Lisboa de 12 a 15 de Abril de 1966, com reedições no Lobito, de 11 a 16 de Julho e, no ano seguinte, de 28 a 31 de Março. Os III (e últimos) seriam realizados em Nova Lisboa de 28 a 31 de Maio de 1968. Importante foi a criação do **Instituto Superior Católico de Angola**, a 16 de Junho de 1966. Foram ainda organizados os **Primeiros Colóquios Sociais de Angola**, programados para 1968, mas proibidos pela PIDE à última hora. Na 2ª quinzena de 1967, inaugurou-se em Luanda a **"Exposição Bibliográfica Vaticano ll"** e realizaram-se diversos Cursos sobre o Concílio[2]. Os livros "Ecumenismo em Angola. Do Ecumenismo Cristão ao Ecumenismo Universal" e "Liturgia, Cristianismo e Sociedade em Angola" foram logo apreendidos pela PIDE na tipografia. Este último livro, publicado em 1968, para além de todo um capítulo sobre os "Colóquios de Pastoral" (Anexo l), tem espaços dedicados a temas proibidos pelo regime, como a Negritude (introdução, 2.3), o Ecumenismo (introdução, 2.2. e Anexo IV), a Democracia (introdução 2.4) e publica, na íntegra, a Encíclica "Populorum Progressio" do Papa Paulo VI.

Concluiu o Pastor Benedict Schubert, na sua tese de doutoramento:

ris, 1971, pp. 87-112. Escritor, artista, antropólogo, sociólogo, Alfredo Margarida foi um dos nossos máximos intelectuais exilados, que só viria a ser integrado nas Universidades Portuguesas (Universidade Lusófona de Humanidades e Tecnologias) precisamente mediante convite de Fernando dos Santos Neves.
2 - Pode-se aprofundar esta informação no livro de Fernando dos Santos Neves, 'Do Ecumenismo Cristão ao Ecumenismo Universal', Ed. Universitárias Lusófonas, Lisboa, 2005, pp.141-160, que é uma versão corrigida e aumentada de 'Ecumenismo em Angola. Do Ecumenismo Cristão ao Ecumenismo Universal', Editorial Colóquios, Nova Lisboa, 1968, 383pp, e 'Para um Ecumenismo Omnitotidimensional em Angola', editorial Colóquios, Angola 1975, 231 pp.

"Aquele que mais "tumultos" provocou, Santos Neves, foi chamado e enviado para Lisboa, de onde foi para Paris. Os seus dois colegas renunciaram sob protesto: Waldo Garcia regressou a Espanha e Jorge Sanches assumiu um cargo na direção da Congregação em Roma..."

Santos Neves manteve-se no exílio em Paris até ao 25 de Abril de 1974, continuando a escrever sobre Angola, a Negritude e a Revolução. De regresso a Portugal, integrou-se no mundo universitário e foi o primeiro Reitor da Universidade Lusófona de Humanidades e Tecnologias, onde, por exemplo, criou as primeiras licenciaturas das Universidades Portuguesas em "**Ciência Política**" e em "**Ciência das Religiões**", depois de ter sido o primeiro regente, na Universidade Nova de Lisboa, da inovadora disciplina "**Introdução ao Pensamento Contemporâneo**".

O Pe. Salvador Cabral, nascido em Trancoso - Guarda, em 1943, ordenado padre em 1967, seguiu para Angola em 1968, nomeado para o Huambo. Considerado um bom aluno de Fernando dos Santos Neves e Jorge Sanches, também ele referenciado pela PIDE, escreveria uma longa carta ao Governador-Geral de Angola, que o tornou *"persona non grata"*. A PIDE não gostou - segundo o autor - das frases citadas do Vaticano II e da Declaração Universal dos Direitos Humanos. "**COISAS À SANTOS NEVES**" - assim se refere a PIDE ao documento enviado por um grupo de Espiritanos ao Capítulo Geral extraordinário da Congregação do Espírito Santo, realizado em 1968, que viria a destituir Monsenhor Lefebvre como Superior Geral, onde se denuncia a colaboração de alguns membros da Congregação com o Governo colonial e se protesta contra as pressões sobre certos missionários. Santos Neves, em 1969, num número especial da revista "*Spiritus*" sobre o "Espírito de Contestação", escreve: *"É o Espírito que incessantemente põe a missão em estado de contestação e a contestação em estado de missão, até que ele venha, o homem novo, o homem omnitotidimensional, O HOMEM SUPER-HOMEM, O HOMEM SEM MAIS"*[3]. E muito mais se poderia dizer do período em que Santos

---

3 - Fernando Santos Neves organizou um opúsculo para comemorar os 40 anos do "Maio de 1968", traduziu e publicou alguns dos artigos do número da revista *Spiritus* sobre o "espírito de contestação" (1969). Deu-lhe o título: *"Um Cristianismo em Estado de Contestação, uma Contestação em Estado de Cristianismo?"* (Santos Neves, 2008).

Neves esteve como Missionário em Angola.[4]

Quase 50 anos depois, o regresso a Angola para lançar o "Grupo Lusófona" no Huambo permitiu construir uma "Ponte" entre o passado e o futuro. A "Oração de Sapiência" de 2012 veio mostrar que há caminho feito, mas que a História não ensinou tudo e há ainda a percorrer, como diria Mandela, um longo caminho para a liberdade.

A guerra acabou porque as armas se calaram em 2002. Mas os efeitos retardados ainda beliscam a dignidade de uma parte significativa do Povo Angolano. Essa ferida tem de cicatrizar e a democracia não pode ficar criança por muito mais tempo, como sugere o Professor Santos Neves na Carta Aberta ao Presidente da República.

Ontem como hoje, a educação é a porta para o futuro. Há que continuar a investir numa educação de alta qualidade que dê a capacidade de discernimento às novas gerações para que saibam escolher o melhor para elas e para todos.

Ler "**QUO VADIS ANGOLA?**" é aceitar fazer uma visita guiada à história sofrida de um Povo que, após tantos anos de colonialismo e lutas pela independência, viveu na carne uma cruel guerra civil cujos efeitos ao retardador se vão sentir durante largos anos. Mas "**QUO VADIS ANGOLA?**" é um manifesto de esperança e de futuro. Nos anos 60 como agora, Fernando dos Santos Neves acreditou na construção de um mundo melhor e trabalhou por ele. Merece constar da história do país pelo que fez, pelas propostas lúcidas e ousadas que apresenta, e pelas denúncias corajosas de regimes que destroem a dignidade e espezinham os mais elementares direitos humanos.

Pe. Tony Neves*

---

4 - Na minha tese de doutoramento em Ciência Política, dedico algumas páginas a Fernando dos Santos Neves. Ver em: Neves, Tony (2012). Angola, Justiça e Paz nas intervenções da Igreja Católica (1989-2002): Lisboa, Leya, pp. 199-220.

* Doutorado em Ciência Política com tese sobre "Angola, Justiça e Paz nas intervenções da Igreja Católica" (Editora Leya, 2012), atualmente Superior Provincial da Congregação dos Missionários do Espírito Santo, Tony Neves é das Personalidades mais dinâmicas e mais lúcidas da Igreja Católica Portuguesa contemporânea. (Nota de Fernando dos Santos Neves)

PREFÁCIO - TESTEMUNHO:
SOB O SIGNO DA URGÊNCIA

"Um homem é feito do que planifica e do que vai sentindo,
de correntes de ferro que o prendem ao chão e de correntes
de ar que lhe atravessam o corpo em ecos
de poesia, verdade e urgência."

Ondjaki, Os Transparentes, 2012, p.206

Sob o signo da urgência, da reiteração, da itinerância e de diversificadas heteronímias, múltiplas intervenções *Socio-teológicas e Teo-sociológicas* foram empreendidas, no tempo e espaço colonial e pós-colonial de Angola, com a participação de diferentes agentes sociais.

Nem sempre estiveram em articulação, mas podemos presumir que teleologicamente foram convergentes.

Tiveram como ponto de partida e referência comuns o reconhecimento e a relevância do protagonismo de A. F. Santos Neves, tanto no anúncio e alerta dos sentidos e consequências do Concílio Vaticano II, como na denúncia de uma Igreja católica, tantas vezes, prisioneira dos poderes tridentino-constantinianos e, decorrentemente, das amarras às potestades, ao invés de uma igreja livre, serva e pobre - evangélica.

1. Sob o signo da urgência - No início de 1968, A. F. Santos Neves procurou-me, em Luanda, para que conseguisse o financiamento para a publicação, em tempo recorde, do livro *'Ecumenismo em Angola, Do ecumenismo Cristão ao Ecumenismo Universal'.*

Procurei dois amigos, conhecidos pela sua militância católica, ambos já

15

falecidos, José Pinto, proprietário e gestor de uma loja de equipamentos e material de fotocópia, e António Gomes de Azevedo, gerente da Livraria Lello. Cada um assumiu metade do pagamento da edição, orçada em 60 mil escudos, estando prevenidos de que o livro poderia vir a ser apreendido pela PIDE, como veio a acontecer, e, em consequência, não chegarem a ser ressarcidos. Aproveito para esclarecer que ambos eram dirigentes ativos dos Cursos de Cristandade em Angola, conhecidos mais pela sua entrega e disciplina do que pela adesão a projetos inovadores.

Representou uma corrida, ganha contra o tempo, incluindo a revisão cuidada de provas, apressada distribuição dos exemplares, à medida que iam sendo impressos, para o que contámos com a colaboração de pessoas amigas, incluindo missionários e militantes católicos, assim como alguns pastores protestantes, normalmente mais vigiados pela polícia política.

O caráter improvisado destas diligências permitiu a dispersão incontrolada do livro. A este propósito, posso testemunhar que, a seguir a 1975, fui surpreendido, nas ruas de Lisboa, com a presença de alguns exemplares à venda, também eles 'retornados' de Angola.

Infelizmente a satisfação por nada ter acontecido nos primeiros dias da edição, acabou por ser toldada, ao terceiro ou quarto dia, pela intervenção da PIDE, apreendendo meia centena de exemplares.

Chamados à sede da polícia política, em Luanda, fomos surpreendidos quando o inspetor se justificou de só o ter feito para dar satisfação à União Nacional de Angola, que lhes endereçara um ofício a denunciar a publicação do livro, que, convenientemente, era identificado como o 'Comunismo em Angola'. Nem queríamos acreditar, mas tivemos a prova nas mãos.

A urgência em conseguir que fosse impresso e distribuído de forma expedita não se deveu apenas à tentativa de furtar o livro às malhas da PIDE.

A razão última, e porventura primeira, assentava na necessidade de criar um facto irreversível, antes que as autoridades eclesiásticas, e principalmente o Arcebispo de Luanda, D. Manuel Nunes Gabriel, em sintonia com o Provincial da Congregação do Espírito Santo em Angola, interrompessem o trabalho protagonizado, desde o início do ano de 1966, a partir do Planalto Central de Angola, por A. F. Santos Neves.

Embora não disponha de documentação específica para o comprovar, estou convicto de que a hierarquia católica foi sensível à influência de Monsenhor Marcel Lefebvre, superior-geral da Congregação dos Missionários do Espírito Santo (1962-1968). Afastado de Dacar, por Senghor, em 1962, sob pretexto de se opor 'à constituição de uma hierarquia episcopal indígena', Lefebvre de forma contumaz passou a renegar a legitimidade dos documentos conciliares, que subscrevera, sob pretexto de serem 'modernistas e liberais', e de representarem a 'protestantização da igreja', para acabar a combater a 'missa nova', pós conciliar, e depois criar a Fraternidade Sacerdotal de S. Pio X, em oposição ao Vaticano.

Voltando ao tema da urgência, era imperativo completar o ciclo marcado pela criação, em 16 de junho de 1966, do Instituto Superior Católico de Nova Lisboa, cujos propósitos e abrangência ficaram definidos na oração de sapiência de inauguração, em outubro de 1966, com o título 'O Dado e a Tarefa do Instituto Superior Católico no Universo Cultural de Angola', propósitos esses reforçados e ampliados, em outubro de 1967, na oração de sapiência de abertura do segundo ano académico 'Sobre a Presença da Igreja na Angola deste Tempo', ambas da autoria e voz de A. F. Santos Neves. Apesar de, estrategicamente, ter havido o cuidado de envolver o Vigário-Geral, Padre Delfim Pedro, atribuindo-lhe as funções formais de reitor, e de contar com o beneplácito e assinatura do Bispo diocesano, D. Daniel Junqueira, pairava no ar um incómodo que subia até Luanda.

Era manifesta a urgência de levar mais longe os Colóquios de Pastoral de Nova Lisboa e Benguela-Lobito, inaugurados em 12 de abril de 1966 e depois repetidos nesse ano e em 1967, e já a projetarem-se em Colóquios Sociais de Angola, agendados para 1968, em Luanda, proibidos já em cima da hora, o que, de algum modo, lhes reforçou o impacto.

Havia, ainda, urgência em aprofundar o sentido e as implicações dos Cursos de Mundividência Cristã e os Colóquios e Cursos Vaticano II, levados a cabo em diversas cidades angolanas.

Tudo isto, sob a égide, inspiração e letra de A. F. Santos Neves, que sentia necessidade de registar uma marca, pois 'verba volant, scripta manent', com o objetivo de tornar irreversível, a intervenção que vinha sendo desenvolvida a partir do Seminário de Nova Lisboa.

Explicitando, era necessário dispor de um texto referencial, que desse outra dimensão ao envolvimento do reitor do Seminário Jorge Sanches, Waldo Garcia, Eugénio Salesu, Francisco Vitti, Lawrence Henderson e outros missionários e leigos, mas também que reforçasse a adesão dos alunos seminaristas, que assumiram com entusiasmo os sinais dos tempos e o convite ao aggiornamento, como missão e desígnio.

A este respeito, lembro que seria útil aprofundar como vivenciaram aqueles tempos, de incidência cairológica, os seminaristas angolanos ao verificarem que se rasgavam, diante da sua disponibilidade primordial, outros insuspeitados modos de ser e de agir, em prol dos povos onde a maioria tinha raiz e de quem assumiam o desejo.

Tal estudo poderia confrontar o que aconteceu em Angola com a chamada crise do Seminário dos Olivais, em Lisboa, relatado no livro 'Por caminhos não andados', Seminário dos Olivais - 1945-1968', sob a coordenação de Artur Lemos. E até poderia alargar-se a ocorrências paralelas em outros seminários, como aconteceu nos Açores, na década de 60, lembrado no álbum, 'Casa santa mimosa... Olhares sobre o Seminário de Angra (1950-1970)'.

Poderia alargar-se a mesma pesquisa ao espírito vivido no Seminário de Nova Lisboa, nos referidos anos de 1966-1968, e a forma como o Concílio Vaticano II tinha sido vivenciado no Seminário Torre d'Águila, em Carcavelos, pois vários dos protagonistas coincidem.

Voltando ao tema do papel repressivo da hierarquia católica angolana, posso afirmar que, em termos reais, a ameaça não veio primordialmente da PIDE, que preferiu, manhosamente, desvalorizar o impacto do texto, invocando a sua densidade, erudição, conceitos, linguagem e o desdobramento, ad infinitum, de notas remissivas. Na verdade, a polícia política contou que o desconforto das hierarquias eclesiásticas fizesse o trabalho de casa.

Não sendo fácil atacar o 'movimento renovador' com base em eventuais desvios à ortodoxia teológica, nomeadamente à ortodoxia pastoral decorrente do Concílio, a hierarquia católica, ao mais alto nível da Arquidiocese de Luanda, e, por arrastamento, a Conferência Episcopal de Angola, temeram que os ventos do Planalto Central, no seu eixo Nova Lisboa – Benguela - Lobito, uma vez chegados às portas de Luanda, se transformassem em tornado, não de heterodoxia, mas de questionamento indesejável da praxis implantada, prisioneira de conivências e tibiezas.

Se quisermos invocar uma situação simbólica reveladora deste statu quo de silenciamentos consentidos, basta referir o arrastamento do 'caso' dos padres angolanos exilados em Portugal, a partir de 1961, a situação dos contratados e a deslocação das populações dos seus quimbos e sanzalas por causa da guerra, obrigadas a abandonarem as suas lavras, propositadamente queimadas, pelo napalm e outros desfolhantes químicos, para não falarmos de outros constrangimentos administrativos e políticos.

Dir-se-ia que as dores deste parto estiveram, incompreensivelmente, do lado da igreja, quando a primeira e essencial mensagem do 'movimento' era a de um ecumenismo cristão, bebido nas fontes do evangelho e nos textos conciliares 'Gaudium et Spes' e 'Lumen Gentium', e, por prolongamento, na afirmação da Paz, do Desenvolvimento, dos Direitos Humanos e da Doutrina Social da Igreja, nomeadamente a expendida nas encíclicas 'Mater et Magistra' e 'Populorum Progressio'.

2. Sob o signo da urgência ... a reiteração - A urgência obriga a ignorar as fronteiras do tempo, penetrando em espaços de intemporalidade, a fim de que o tempo primordial perdure no futuro, permanecendo o mesmo e diferente.

Tal paradoxo pode ser ultrapassado pela repetitividade e por um propósito de permanente redundância intencionalizada, justificada pela procura de eficácia, pois pretende-se mudar os tempos, os modos, os lugares, em suma, os comportamentos, para se obterem novas mentalidades atuantes.

Daí o recurso a uma catequética de insistência, pleonástica e de multiplicação de meios, dado que se visa outra tipologia de missionação, inspirada numa maiêutica matricial produtora de transformação, mas respeitadora das culturas próprias, emanando da raiz e reenviando para a raiz, a dita refontalização.

Para melhor perceção do alvo e das consequências deste processo de reiteração, apraz-me citar Ondjaki, em 'Os Transparentes', colocando na voz da Avókunjikise, em umbundo puro, '*mexem na raiz da árvore e pensam que a sombra fica no mesmo lugar*'.

A prossecução de tal projeto exige repetência, conjugação de discursos, reactualizações consecutivas.

Será, por isso, que o livro de 1968, sobre Ecumenismo que abre a extensa bibliografia de A. F. Santos Neves, já prolonga e reafirma os diversos colóquios, cursos e suas projeções, a partir da tripla sucessiva: Colóquios de Pastoral, Instituto Superior Católico e Editorial Colóquios.

Pode dizer-se que, desde antes, há uma lógica de empenhamento multifacetado de A. F. Santos Neves, a qual passa pela diversificação de intervenções impressas em diversas revistas e jornais, mas também em intervenções na rádio, como ocorreu, mais do que uma vez, até haver 'stop', com a Rádio Ecclesia de Angola. Entre os jornais onde apareceram artigos, posso identificar 'Novidades', 'Ação Missionária', 'Encontro' e 'Portugal em África', de Lisboa, 'O Apostolado', 'Prisma' e 'Aurora', de Luanda, 'O Planalto', de Nova Lisboa, 'Caminho', de Malanje, e 'Prumo', de Benguela.

Vou repescar, pela maior projeção, os artigos em revistas, da autoria de A. F. Santos Neves, publicados no período imediatamente pós-conciliar, entre 1966-1968, lembrando, para reafirmar a já reivindicada ortodoxia, a edição, em 1968, do livro '*Liturgia, Cristianismo e Sociedade em Angola*'.

Eis alguns dos artigos publicados a partir de Lisboa, Singeverga, Cucujães e Braga, todos eles, explícita ou implicitamente, referenciados a Angola: '*A Forma e a Reforma da Igreja, a Graça Primordial da Cairologia Pós-conciliar*', separata da revista 'Itinerarium', Lisboa, nº 53 (1966); '*Interexigências e Incidências Ecuménicas da Igreja e da Missão de Angola*', separata da Revista 'Portugal em África', Lisboa, n. 138, (1966); '*A Teologia de uma Pastoral Litúrgica em Angola*', separata (número especial) da Revista 'Ora et Labora', Singeverga, nn. 1-2 (1967); '*Para uma Eucaristização da Pastoral em Angola*', na mesma separata; '*Refontalização Litúrgica da Pastoral Litúrgica em Angola*' separata da Revista 'Portugal em África', Lisboa, n. 140, (1967); '*Pedagogia e Missão*', separata da Revista 'Igreja e Missão', Cucujães, n. 1 (1967); '*A Unidade e a Re-Unidade da Igreja*', separata da

Revista 'Theológica', Braga, vol. II, fasc. II, (1967).

O intuito replicativo, até à exaustão, que se verificou durante esta fase temporal, manteve-se como padrão ao longo dos anos, embora em ritmo diferenciado, como veremos na trajetória geográfica e modal das intervenções, sendo de sublinhar que o livro, que agora se introduz, procura abrir e fechar um ciclo temporal-espacial entre duas orações de sapiência, a de Nova Lisboa em 1967 e a do Huambo em 2012.

A primeira, em Nova Lisboa, aquando da inauguração do Instituto Superior Católico, como já se assinalou, abria e realizava uma utopia religiosa humanista, alimentada pelo fulgor do Concílio, concluído em 1965, mas mantido vivo com entusiasmo inusitado e contagiante, por muitos aderentes, incluindo jovens estudantes.

A outra, na cidade do Huambo em 2012, contextualizada num projeto de Lusofonia, em fase de expansão, precisa que se aquilate da sua real capacidade de implantação, para pesarmos o efetivo alcance de um humanismo secularizado, em terrenos e tempos não menos complexos do que os vividos, quando coexistiam três frentes de guerra colonial, e até quando, já passados os primeiros anos de independência, Angola naufragou numa espiral de guerra fratricida, semeando cadáveres a esmo.

3. Sob o signo da urgência ... a itinerância - A preocupação com a urgência não se limita à proliferação de instrumentos e de mensagens, exige também a dispersão geográfica.

A Editorial Colóquios tem sede em Nova Lisboa, mas o primeiro livro *'Ecumenismo em Angola ...'* nasce em Luanda, enquanto o primeiro *'Quo Vadis, Angola? Sobre a Presença do Cristianismo na Angola deste Tempo'*, datado de novembro de 1974, tem a chancela da Editorial Colóquios - Angola, sem identificação de cidade, e é impresso na Lousã, e distribuído pela Livraria Ler, em Lisboa.

Por sua vez, o livro *'As Colónias Portuguesas e o seu Futuro, Elementos para uma Análise-Revolução da Estrutura Colonialo-Portuguesa'*, datado de outubro de 1974, é impresso na Lousã, e é publicado com referência às 'edições etc. - Paris', sendo distribuído pela Dinalivro, em Lisboa.

Para dar um outro exemplo, o livro 'Para um Ecumenismo Omnitotidimensional em Angola - Do Ecumenismo Cristão Ao Ecumenismo Universal', publicado em janeiro de 1975, é impresso na Lousã, volta a reportar à Editorial Colóquios – Angola, e é distribuído pela Livraria Ler, em Lisboa. Se saltarmos para o século XXI, temos dois livros que, de alguma forma, ressuscitam intervenções iniciais.

O primeiro reporta ao tema central do Ecumenismo, temática recorrente, para não dizer central. Aparece com o título abrangente: 'Do Ecumenismo Cristão ao Ecumenismo Universal'. Foi publicado em 2005, pelas Edições Universitárias Lusófonas, em Lisboa, e retoma e contextualiza os de 1968 e 1975.

O outro, com o título 'Um Cristianismo em Estado de Contestação, Uma Contestação em Estado de Cristianismo? - Os Acontecimentos de maio de 1968', livro editado em 2008, também pelas Edições Universitárias Lusófonas, de Lisboa, corresponde à tradução para português do número especial da revista francesa 'Spiritus', com data de 1969.

Interessa-nos para o efeito desta itinerância, o facto de, já em pleno terceiro milénio, A. F. Santos Neves, promover a publicação do artigo que dá título ao livro, onde está contida a mensagem, que sempre foi replicada em todos os seus escritos, de que a 'Igreja é o povo de Deus no (com, do, para) mundo deste tempo ...'.

Tão importante quanto as modalidades adotadas, para fazer passar os conteúdos e sua convergência, é a diversidade territorial em lógica de transumância, que torna próximas cidades como Paris, Lisboa e Luanda, é o juntar como simultâneos, ou pelo menos gémeos, o maio de 1968, em Paris, com o 25 de abril de 1974, em Portugal, deslocando-se, no mesmo registo de contemporaneidade, para as independências das 'ex-Colónias Portuguesas', em 1975.

E em todo este processo é manifesta a idêntica referenciação aos diversos ecumenismos, humanismos, antropologias e, até, lusofonias, quer enquanto perdura o tempo colonial, quer quando já decorrem tempos pós e neo- coloniais.

4. Sob o signo da urgência ... diversificadas heteronímias – Para quem percorre, no tempo, o caudal de intervenções de A. F. Santos Neves, é evidente que há utilização da palavra oral e escrita, o recurso ao suporte de jornal, revista, livro e rádio, e a diversificação das modalidades de aula, colóquio, curso, palestra, manifesto e carta pública de denúncia.

Dir-se-á que o autor se desmultiplica em diferentes autores/atores sociais, não apenas porque, em 1974, passa a chamar-se Fernando Neves, e depois, e agora neste livro que se prefacia, Fernando dos Santos Neves, mas também porque os temas de índole cristã, assentes numa dimensão antropológica e humanista, que no início se apresentam como ponto de partida, vão dando maior e predominante espaço à Negritude, ao Ecumenismo Universal, à Revolução, à Democracia, à Política, ao Pensamento Contemporâneo, à Lusofonia e à Regionalização, sem que seja particularmente evidenciada a fonte cristã como seu manancial fundador.

É verdade que o atual livro 'Quo Vadis, Angola?...', datado de 2014, remete para 'teo-sociologias e para socio-teologias', mas a sua leitura revela um progressivo adeus às fontes 'teológicas' iniciais, de modo que o Humanismo Universal passa a assumir a Totalidade, prosseguindo a superação da bipolaridade nomeada.

Trata-se, talvez, de uma tendência ainda não plenamente consumada, mas claramente manifesta no livro 'A Política não é Tudo mas Tudo é Política – Estudos e Ensaios 1967-2012', apresentado em finais de 2013, na Associação 25 de abril, em Lisboa, com a chancela Âncora Editora. Embora a própria natureza da Política o justifique, não deixa de poder significar que a questão 'Cristianismo' perde força.

É por isso que me permito afirmar, porventura abusivamente, a existência de diversificadas heteronímias, não apenas em termos do autor e protagonista, mas também das temáticas e suas denominações evolutivas.

Mas mais do que isto, o que fundamentalmente me surpreende, e desde sempre, é a enorme erudição, bebida nas fontes, dos clássicos aos modernos e contemporâneos, plasmada nas inúmeras referenciações a pensadores, poetas, ensaístas, políticos, gente das religiões e outra dos vários agnosticismos, citados pertinentemente no texto e nas muitas notas que aparecem em todos os seus livros e que lhes emprestam densidade e clarividência, força e fundamento, mas também novelo e meada, que se assemelham a majestoso Rio, que se expande e perde em labiríntico Delta, antes dos braços do Oceano.

Há, com efeito, em cada um dos seus livros e escritos um esteio enciclopédico que conforta o leitor, ao mesmo tempo que o convida a procurar as obras e os autores citados com o objetivo de levar mais longe a informação e o saber.

Quero perguntar-me quantos Santos Neves cabem em António Fernando dos Santos Neves?

O que retenho é a imagem de alguém, revestido de erudição, apoiado no Evangelho e no Concílio, vertidos estes em liturgia progressista e contemporaneidade, que sorria e afirmava 'com licença', como quem quer passar avante, quando se lhe exigia, formalmente, o 'Nihil obstat et Imprimatur', alguém que estava em Luanda, mas que se regia pela complacência do Bispo de Nova Lisboa, aquele que publicava de Paris, mas com os braços em Portugal e o espírito em Angola.

5. Sob o signo da urgência … múltiplas intervenções Socio-teológicas, Teo-sociológicas – Não obstante o que já atrás ficou dito, sobre a oposição/ simbiose da 'Sociologia versus Teologia', retomo-a para invocar o contributo de outros diferentes agentes que também situaram a sua intervenção neste vasto 'campus' de confronto dialético entre o social e o religioso.

Porém, antes de continuar, como que a abrir caminho, mergulhando em tempos de então e vindo à tona em tempos de hoje, e vice-versa, vou transcrever, pela oportunidade para o tema, um pequeno diálogo, reportado como representando a voz do povo, que vem no romance 'Os Transparentes', do escritor Ondjaki, editado em 2012:

- *mas quem manda em tudo isto?*

- *gente muito superior.*

- *superior … como deus?*

- *não … superior mesmo! Aqui em Angola há pessoas que estão a mandar mais que deus.*

Sem comentários, vou referir apenas casos e pessoas que conheci pessoalmente, infelizmente quase todas tiveram de abandonar Angola pressionadas, direta ou indiretamente, por um ou pelos dois braços, o secular e o religioso.

A comprovação do que será invocado consta, substantivamente, dos documentos expendidos no primeiro '*Quo Vadis, Angola? ...*', datado de 1974. Começo por Lawrence Henderson, pastor protestante radicado em Nova Lisboa, pelo contributo antropológico, visão pastoral, abertura de espírito, determinação e coragem. É bom aprender com amigos, e ele tinha muito a transmitir porque, como antropólogo esclarecido, conhecia de amar os povos e a terra de Angola que escolheu servir. Impedido, em 1969, de regressar a Angola e à sua Missão Metodista em Nova Lisboa, após as férias 'graciosas', nos seus Estados Unidos da América, aproveitou para escrever a 'História das Igrejas de Angola'.

Com alcance simbólico determinante, recordo o padre capuchinho Adalberto Postioma, que em maio de 1968, endereçou ao Arcebispo de Luanda, D. Manuel Nunes Gabriel, uma carta a propor a necessidade de uma declaração da Igreja sobre o direito dos angolanos à independência nacional. Nessa carta invocava a situação dos padres angolanos exilados em Portugal, desde 1961. Explicitamente, invocava a impossibilidade de ensinar filosofia e ética social aos seminaristas do Seminário de Luanda, de quem era professor, escamoteando o direito do homem e dos povos à independência, justificando o desassombro desta iniciativa pessoal nos seguintes termos: '*Prefiro a verdade ao medo, a justiça à tranquilidade*'. A consequência foi a imediata expulsão de Angola, assumida pela hierarquia, para evitar contágios, apesar de Postioma ter tido o cuidado de esclarecer que se tratava de uma posição de consciência pessoal, não envolvendo os seus confrades.

Obrigatoriamente, junto os nomes de Jorge Sanches e de Waldo Garcia, não só pelo papel institucional e fundador que assumiram desde o princípio (1966-1968) junto de A. F. Santos Neves, mas também pela denúncia dos malabarismos dilatórios de uma Igreja comprometida com o poder colonial, incapaz de se libertar e cumprir o Evangelho e as orientações conciliares.

Ficaram registados os documentos que assinaram e que atempadamente publicitaram (1969 e 1970, W. Garcia a partir de Brazzaville e de Paris, e 1973, J. Sanches, a partir de Roma). Um e outro tiveram de abandonar Angola.

Datada de 30 de junho de 1970, recordo a carta que duas leigas (Isabel Pimentel, fundadora e primeira diretora do Instituto de Educação e Serviço Social, Pio XII, de Luanda e Lúcia Cardoso, enfermeira) escreveram ao mesmo Arcebispo de Luanda a denunciar o encerramento da missão Fraternidade dos 'Irmãozinhos de Jesus' (Padre Charles Foucauld), em Xamavera, junto dos bosquímanos e de alguns grupos bantos, com quem, entre 1968 e 1970, partilharam o dia a dia, como 'missionárias'. Pelos testemunhos recolhidos, o encerramento deveu-se à intervenção da PIDE, sem que a hierarquia católica tomasse posição, antes afirmasse que nada se perdia, sob o ponto de vista da missionação.

Merece uma atenção especial o chamado Dossier José Veiga, superior principal dos Espiritanos em Nova Lisboa, subscrito, em 11 de julho de 1970, por 22 missionários, em que se criticavam aspetos negativos da missionação, propondo à Conferência Episcopal de Angola uma Nova Missionação. Mais uma vez, a resposta do Presidente da Conferência, Arcebispo de Luanda, foi no sentido dilatório, tomada pelos signatários como rejeição.

Destaco a ação desenvolvida pelo Centro de Estudantes Católicos, de Luanda, juntando estudantes universitários e alunos dos últimos anos dos Liceus, do Instituto de Educação e Serviço Social Pio XII e das Escolas Industrial e Comercial de Luanda, a que estive ligado, desde o início, sendo substituído, mais tarde, por Francisco Freitas, cabendo-me assinalar o trabalho notável de João Conceição, Raúl Hendrick e Jorge Lima, lembrando a criação do Cine Clube Universitário, por iniciativa de Miguel Anacoreta, numa fase inicial, mais cultural e menos ecuménica.

Em Nova Lisboa, o 'Centro Cristão Universitário' desenvolveu atividade assinalável, contando com Inácio Rebelo de Andrade e Ricardo Paulo Serralheiro que tiveram papel relevante, com base no espírito conciliar, sempre visando uma verdadeira inserção no meio social. Waldo Garcia acompanhou de perto o Centro, tendo ficado na memória uma sua intervenção sobre: *'Teilhard de Chardin – uma antropologia que leva a Deus'*, em colóquios onde também participaram, entre outros, Marques Pinto, Carlos Alberto Portas e Rebelo de Andrade.

Posso testemunhar o alcance do trabalho pastoral junto do meio académico, a partir dos Cursos de Férias Universitários que marcaram uma época, e beneficiaram dos contributos de personalidades como L. Henderson, Hermann Pössinger, Eduardo Cruz de Carvalho, Noémia Coelho, Waldo Garcia, Santos Neves, entre muitos outros.

Em Sá da Bandeira, Nova Lisboa e Luanda, mas com repercussão em várias outras cidades, Luís Carlos, que fora seminarista em Nova Lisboa, ao tempo das ocorrências relatadas, abriu, mais tarde, uma frente de missionação junto da juventude, que teve como marco simbólico a célebre 'missa yé-yé', integrada na campanha 'Viver, é Viver em Paz', que decorreu no Cineteatro Ruacaná em Nova Lisboa, em abril de 1968. Luís Carlos prolongou a sua dedicação à juventude, com a criação da 'Comunidade Shalom', contando com o apoio de José Pinto, já mencionado como mecenas, movimento hoje implantado em vários países, a partir de Portugal e Brasil.

Poderia prosseguir com outras referências, mas prefiro concluir com pequenos gestos e ações simbólicas em que diretamente estive envolvido.

Ei-los: Ciclo de três palestras realizadas na messe dos oficiais da Força Aérea em Luanda, pelo Professor Miranda Santos; Ciclo de conferências realizadas na Imprensa Nacional de Luanda, sobre o Natal, em 1968, podendo o relato da intervenção de Bártolo Valente ser consultado na Torre do Tombo, pela crítica feita à missionação católica em África e à Guerra; Presépio vivo na igreja da Conceição, de Luanda, em 1968, em que 'Maria e o Menino Jesus' eram africanos, o que levou o Arcebispo a exigir-me explicações, perguntando-me se por acaso, o menino Jesus era negro; Conferência, na referida Igreja da Conceição, de José Veiga, sobre a Nova Missionação (1969); Homenagem a Martin Luther King, em 5 de abril de 1969, no primeiro aniversário da sua morte, no jardim da Igreja da Conceição, com chamada à PIDE; Debates realizados em casa de militantes católicos, com destaque para o casal António Nuno Melícias e Madalena

Belchior, sobre questões de atualidade, designadamente sobre história de África e temáticas sobre Angola, tendo como animadores palestrantes Pössinger, Cruz de Carvalho, Santos Neves, Waldo Garcia, que acabaram por ser interrompidos por ameaça de represálias da PIDE, sobre familiares; Projeto inovador de catequética e educação cristã, apoiado por Maria Alice Conceição e Manuela Leitão Fernandes, a partir do Secretariado Arquidiocesano de Catequese, que coordenei.

Quero lembrar o papel corajoso de Felisberto Lemos, coimbrão exilado em Luanda, 'livreiro especializado em livros proibidos', na Livraria Lello, onde contava com a proteção do já lembrado Gomes de Azevedo.

Outros nomes mereceriam ser invocados, para que não se apague a memória de muitos e diversificados gestos, por vezes desarticulados, mas tendencialmente vivificados pela mesma procura de liberdade, paz, desenvolvimento e dignidade de toda a pessoa humana.

Alguém terá de resgatar essa memória, pois como diz o cantor, 'a vida é feita de pequenos nadas'.

6. O que faz correr A. F. Santos Neves? – Admitido o fluxo da urgência na desmultiplicação dos conteúdos e propósitos de A. F. Santos Neves, através das diferentes reencarnações dos seus livros, designadamente dos que encontram razão e espaço em Angola, resta perguntarmo-nos o que o faz correr.

Um amigo comum, José Veiga Torres, já invocado, publicou, em 2013, um livro que traz no título uma mão cheia de interrogações: *'Ser cristão? Porquê? Para Quê? Que Discurso, Que Projeto?'* Trata-se de 'testemunho-reflexão', revisitando o Cristianismo a partir do confronto com aquelas perguntas, que nascem *do contexto da insatisfação e do desejo, que as suscitam*.

José Veiga responde à pergunta fulcral *'Para quê ser cristão?'* com as seguintes frases que fecham o livro: 'Para corresponder aos anseios mais profundos da evolução humana, na sua dimensão terrena e na sua dimensão transcendental, com o "espírito" de Yeshua, e o seu modelo de comunhão humana, em "ágape" fraterna, em partilha comunitária de emancipação dos espartilhos superestruturais, mesmo os religiosos, e de todas as espécies de contingências, de que a última será a abertura para a outra Páscoa.

Não creio que, nos últimos tempos, o questionamento de A. F. Santos Neves se centre nas interrogações de José Veiga. Também não vejo que se situem predominantemente na dimensão teológica do Cristianismo e menos ainda nas questões de espiritualidade. O que persiste e domina é a dimensão social e laica de poder realizar, através da concretização de projetos, sempre imediatos, os sonhos alimentados pela vontade e pela capacidade de idealizar e conceber futuros.

A este propósito apraz-me lembrar um pequeno episódio da vida de duas pessoas que, tendo optado por integrar um *'movimento internacional de mulheres motivadas pela procura espiritual e empenhadas na transformação do mundo'*, o GRAAL, chegaram a assumir papel relevante na política portuguesa, durante cem dias. Refiro-me a Maria de Lourdes Pintasilgo, então primeira-ministra, e Teresa Santa Clara Gomes.

Certo dia, em 1979, no intervalo de uma sessão, que decorria em Viana do Castelo, chegaram à fala com um pequeno grupo de animadores culturais. Na troca de impressões informal que se seguiu, a conversa andou à volta do que podia e deveria ser feito a favor das populações a partir da Cultura. Foi então que surgiu o desabafo de Lourdes Pintasilgo: 'Ai se nós mandássemos!'

Não acredito que a questão do poder seja nuclear em Santos Neves. Mas, certamente, tem consciência de que o poder constituirá uma condição instrumental para dar vida aos projetos que idealiza.

Aquilo que o faz correr é o desdobrar dos universos possíveis, impelido por ventos de liberdade, em que a palavra, sobretudo a escrita, transformada em livro, é quase tudo.

Gostaria de conhecer o real impacto deste 'movimento perpétuo' de palavras e escrita, sobre a geração de 60 e gerações seguintes, em Angola, convicto de que terá havido, entre tanta gente, muitas pessoas e instituições que foram influenciadas para a vida, pela sua persistência e convicção.

Cada livro publicado desencadeia novo processo de criação e de recriação, de modo que a sua obra, à semelhança de Herberto Helder, se constitui em 'poema contínuo', nunca definitivo, sempre recomeçado.

Prevejo que este não será o último livro de Fernando dos Santos Neves, mesmo que as socio-teologias e as teo-sociologias percam fulgor, perante a vivificação dos humanismos e ecumenismos seculares, ao serviço da Democracia, 'superação de todos os ismos', como costuma repetir.

Mesmo que assim não seja, e haja o regresso à seiva conciliar e evangélica, para A. F. Santos Neves todo o 'verbo' continuará a ser tendencionalmente 'bíblia', e, em consequência, será profecia que faz o anúncio de uma outra porta de saída.

Maio de 2014,
Esaú Dinis*

---

* Esaú Dinis, para além de todas as suas reconhecidas atividades no Portugal pós-25 de Abril 1974, era, no tempo em que muitas das coisas relatadas no presente livro se passavam em Angola, a Personalidade cultural mais brilhante e mais progressista da Igreja Católica Luandense. Quem não se lembra, por exemplo, do seu diário programa radiofónico **"Amanhã será diferente"**? (Nota de Fernando dos Santos Neves)

EPÍGRAFE

OS "DÊS" (QUE ATÉ PODEM NÃO COMEÇAR PELA INICIAL "D") QUE AINDA FALTAM AO PROGRAMA DO "25 DE ABRIL DE 1974", EM PORTUGAL E EM ANGOLA*

José Medeiros Ferreira tornar-se-ia justamente famoso por ter enunciado, anos antes do "25 de abril de 1974", exatamente no "Congresso da Oposição Democrática de Aveiro em Abril/1973", os três "Dês" ("Descolonizar", "Desenvolver", "Democratizar", por esta ordem e sem esquecer que, além desses três "Dês", existia também e logo a seguir ao primeiro "D" um "D" de "Dociali(sti)zar"...), que viriam a constituir as traves-mestras dos programas do "movimento dos capitães" e do "movimento das forças armadas", que simbolizaram o fim da ditadura salazarista (que, na altura, na linha de A. Sérgio, se designava geralmente de "salazarenta"), em 25 de Abril de 1974...

Independentemente da total pertinência ou não de tais expressões e respetivos entendimentos (por exemplo, no que respeita à "Descolonização", não foi por acaso que, logo em 1974, eu próprio escrevi

---

* Texto muitas vezes citado e adaptado às diversas situações de lugar e de tempo. Nem conviria nunca esquecer que o 1º dos famosos "Dês" do "25 de Abril 1974" é o "D" de "Descolonização"....

Como escrevi em artigo francês reproduzido no livro "Negritude, Independência, Revolução: As Colónias Portuguesas e o seu Futuro" (Edições ETC, Paris-Lisboa, 1975, pp. 11-15): "O «25 de Abril de 1974» é, sem dúvida, um «acontecimento maior» não só para a história de Portugal mas também, e até em muitos óbvios aspetos sobretudo, para a história das ex-colónias portuguesas, sendo o português «MFA – Movimento das Forças Armadas», também ele um «Movimento de Libertação», companheiro dos «Movimentos de Libertação das Colónias Portuguesas», segundo as palavras de Agostinho Neto, Presidente do MPLA, na conclusão dos Acordos de Independência de Angola..."

o livro que então defini como um "além-anti-Spínola de esquerda" e se intitulava, precisamente, não "Portugal e o (seu) Futuro" mas sim "as Colónias Portuguesas e o (seu) Futuro"...), e independentemente de tudo o que faltou e ainda faltaria aos diversos "Dês" do programa do 25 de Abril, muitos outros "Dês" se poderiam e deveriam acrescentar, em Portugal e em Angola, a esses três "Dês" históricos. Por exemplo, e estritamente só a título de exemplos, o "D" de "Descentralização" (que também publicamente lancei, a quando do mal fadado referendo sobre a "Regionalização"), o "D" da "Desburocratização" administrativa, o "D" da "Desanalfabetizarão" (ainda há pouco, por ocasião dos 30 anos do 25 de Abril, terminava eu um pequeno ensaio com a adaptação de um famoso slogan "agitprop": "25 de Abril sempre, analfabetismo nunca mais!"), o "D" de "Desprovincianização" (relativamente à "modernidade", à "Europa", à "Lusofonia", etc.), o "D" da "Declaração de Bolonha" sobre o "Espaço Europeu de Ensino Superior (EEES)", o "D" da "Declaração de Luanda e de Fortaleza" sobre o "Espaço Lusófono do Ensino Superior" (ELES), o "D" dos "Direitos Humanos", o "D" do "DIA D" por antonomásia do Século XX Português e Lusófono, que foi o "DIA 25 DE ABRIL DE 1974"...

Resumindo e concluindo: há ainda muitos "Dês" (mesmo que a primeira letra não seja propriamente um "d") a acrescentar aos "Dês" primordiais do programa do "25 de Abril de 1974", em Portugal e nas ex-colónias portuguesas. O que certamente não faz nem nunca fará falta alguma é o que, também paradoxalmente, constituiria o mais terrível dos "Dês", o "D" da explícita ou sub-reptícia, intencional ou ingénua e até disléxica ou aferética "desabrilização", de que, para alguns, um certo "11 de Março" e, para outros, um certo "25 de Novembro" teriam simbolizado e semeado todas as ambiguidades, que ameaçaram tirar à "Revolução do 25 de Abril de 1974" aquilo que a mesma histórica e virtualmente foi, a saber, A PRIMEIRA E PARADIGMÁTICA REVOLUÇÃO SIMULTANEAMENTE POLITICO-DEMOCRÁTICA (1879), ECONÓMICO-SOCIAL (1917) E CULTURAL-HUMANISTA (1968) DO SÉCULO XX.

1.

QUO VADIS, ANGOLA? Sobre a Presença
do Cristianismo na Angola deste tempo (1967)
e para o tempo futuro·

1) Muito mais que fim, deve dizer-se finalidade do Vaticano II a "Constituição Pastoral "Gaudium et Spes" ("Alegria e Esperança") sobre a presença da Igreja no Mundo deste tempo, finalidade, aliás, que de modo inconsciente mas real, motivou o primeiro ato verdadeiramente conciliar que foi a *"Mensagem a todos os Homens e a todas as Nações"*, em 20/10/1962...

E, no entanto, neste documento, tudo pode afirmar-se "novo". O próprio título, ultrapassando equívocas e mais que equívocas posições abstratas e dualistas, é de uma refontalização – atualização substancial, enquanto fruto de uma redescoberta que todo o Cristianismo é "por causa de nós homens e por causa da nossa salvação", bom anúncio ou evangelho da boa vontade de Deus para os homens de boa vontade. O cristianismo não deixa de ser doutrina para tornar-se pastoral, não deixa de ser revelação de Deus para tornar-se realização do homem, não deixa de ser exclusivamente divino para tornar-se exclusivamente antropológico... A "glória de Deus é o homem que vive", desde que, em Cristo, total ex-

---

* cf. palavras iniciais de Tony Neves na "Apresentação:" *Em Outubro de 1967 pronunciava Fernando dos Santos Neves, na então Nova Lisboa e na inauguração do Instituto Superior Católico de Angola (ISCA) por ele fundado ainda sob a influência dos ventos do Concílio Ecuménico Vaticano II, uma muito notada (e, acrescentaria eu, também muito notável) "Oração de Sapiência", com o título "QUO VADIS ANGOLA? SOBRE A PRESENÇA DO CRISTIANISMO NA ANGOLA DESTE TEMPO E PARA O TEMPO FUTURO", que estaria muito na base da sua expulsão estatal e eclesiástica da então colónia portuguesa de Angola..."*

plosão de Deus e total im-plosão do Homem, todas as alienações religiosas e religiões alienadoras foram superadas e o nome do Homem se tornou o único válido nome de Deus, a ser adorado e servido, e sem nenhuma espécie de idolatria..., embora talvez com todas as espécies de ateísmo... Pedindo desculpa deste parêntesis, evidentemente (ou talvez não) a despropósito, eu lançarei só mais uma pergunta: não estará aqui o único, eficaz e válido caminho da solução e valorização de todos os humanismos e ateísmos contemporâneos, cujas intenções profundas deles fariam "cristianismos anónimos e implícitos" e quantas vezes mais autênticos que muitos cristianismos nomeadíssimos e explicitíssimos?

2) De duas "presenças" na Humanidade quis o Vaticano II libertar a Igreja: da presença que habitualmente se designa de "constantiniana" e da presença, que é mais uma ausência, a que se costuma dar o nome de "estado de ghetto" ou "estado de sítio"

> a) A "Era de Constantino", para além da cronologia do imperador romano, caracterizou-se pela confusão do profano e do sagrado, do temporal e do espiritual, do político e do religioso, estendendo-se o fenómeno a todos os aspetos da vida europeio-ocidental e não apenas às estritas relações da Igreja e do Estado... O "Evangelho" "institucionalizou-se" e "institucionalizou-se" greco-romano... "*Ecclesia vivit jure romano*"..., como viveu do "logos" helénico, das suas línguas e culturas, das suas conceções antropológicas, económicas e sociais... A Igreja tornou-se uma "civilização", o "Reino de Deus" tornou-se o "Estado de Deus", o "Cristianismo" tornou-se "Cristandade", a "evangelização da Fé" tornou-se "dilatação do Império", a "expansão religiosa" tornou-se "guerra santa", "padroado" e "cruzada"...
>
> Em condições e por motivações nem sempre as melhores, está a processar-se (exceto naqueles meios geográficos e sociológicos que vivem fora do ritmo do Século e do Evangelho...) uma total "des-contantinização", que é, de facto, uma "des-paganização" (essencialmente pagão e não cristão é todo o "Estado Confessional",

mesmo e sobretudo se "cristão"...):

A Igreja, diante de uma Humanidade "adulta", "profana", "laica", "secular"..., em situação de pluralismo universal e de universal "diáspora" ou "dispersão", sem privilégios de nenhuma sorte, é como que re-obrigada a *"tornar-se puramente Igreja num Mundo plenamente Mundo"* (Y. Congar). Aliás, também a nível da história, que não só da teologia, a Igreja experimentou a verdade das palavras "duras" de A. Toynbee:

"... A Igreja Cristã, ao ser forçada pela generosidade de Constantino a tornar-se oficial, caiu num risco bem maior que a perseguição... Na verdade a Igreja estava a fazer com o Império a mesma aliança de Fausto com Mefistófeles..."

Em todos os sectores e a todos os níveis, qualquer espécie de "teocracia" ou de "cesaropapismo" (e aquela ainda mais que este...) corresponde a ausência de Evangelho e a recaída no paganismo... Mais que verificação da atual conjuntura histórica, deveria constituir programa eterno: *"Requiem à Cristandade, Viva o Cristianismo; Requiem ao Laicismo, Viva a Laicidade..."*

b) A atitude da Igreja para com o Mundo, e mais propriamente para com a Modernidade, fixara-se, por razões explicáveis ainda que não justificáveis, numa atitude de suspeita, de desconfiança, de defesa, de afastamento, de condenação, de anátema... Atitude "gnóstico-maniqueio-jansenística", atitude "monástica" de fuga, de que o expoente máximo é o livro da "Imitação de Cristo" (segundo, para não dizer primeiro evangelho da espiritualidade cristã, desde a idade média...), atitude de "ghetto" e de "sítio" perante a civilização moderna, atitude de que o "Syllabus", de fins de século XIX, é o clímax e o paradigma... Nesse "Inventário-Resumo" de proposições condenadas, não lemos a que afirma que *O Romano Pontífice pode e deve conciliar-se com a moderna civilização"?...* Não obstante todos os indispensáveis juízos históricos de lugar e tempo, não faltaram razões para este veredicto: *"Perante um Deus e uma Igreja que prescindiam do Homem e do Mundo, era inevitável que aparecessem um Homem e um Mundo que prescindissem da Igreja e de Deus".*

Ora, a Igreja é só isso e deveria ser isso tudo: o "Envio" ou o "Apostolado" ou a "Missão" do Amor de Deus, manifestado-realizado em Cristo, para ir testemunhando e efetivando esse Amor de Comunhão entre a Humanidade. Ser aberta ao Mundo, dialogar com o Mundo, estar presente ao Mundo, não é para a Igreja facultativo ou acidental; é questão de ser ou não ser. A Igreja ou é "Igreja-para-o-Mundo" ou não é de nenhum modo; a Igreja só é porque (e na medida exata em que) é para o Mundo e o mundo real e o mundo todo. Mais uma aplicação da universalíssima lei humana e cristã da "Caridade-Agapé", que é "ser-agir-para" e que é também, paradoxalmente, a única maneira de "ser-em-si-mesmo-e-para-si-mesmo"...

3) O fim (que, em alguns meios, parece ainda não principiou...) da "ambígua era constantiniana" e do "estado apologético de ghetto" não quer dizer nem o fim da Igreja nem o fim da presença da Igreja ao Mundo; significa, antes, um novo "regresso" à verdadeira natureza e missão do Cristianismo, que vai possibilitar e exigir uma nova assunção e encarnação do Mundo Contemporâneo..., muito mais cristão e cristianizável do que se pensa e do que ele mesmo pensa... (cf. toda a que se poderia designar de "Socio-Teologia" ou "Teo-Sociologia" dos "Sinais do Tempos").

Na melhor introdução às grandes intenções do Vaticano II que é o discurso de Paulo VI no início da segunda sessão, observa-se precisamente:

"... Fenómeno singular: a Igreja, ao mesmo tempo que, procurando animar a sua vitalidade no interior do Espírito de Cristo, se distingue e se desprende da Sociedade Profana, em que está imersa, vai-se, por outro lado, credenciando como fermento vivificante e instrumento de salvação desse mesmo Mundo, e descobrindo e fortalecendo a sua vocação missionária, isto é, o seu destino essencial de tornar a Humanidade, quaisquer que sejam as condições em que ela se encontra, participante do Evangelho"....

Aqui se exerce, em toda a extensão e profundidade, o movimento, estritamente correlativo e complementar, de "Refontalização-Atualização", que, para além de todos os "resultados" vários, constitui o único total "Resultado" do Vaticano II ...

De maneira específica, a modalidade "Evangélica" de presença que fará da Igreja o "Sacramento do Mundo", a "Ordem do Cosmos", a "luz, o sol e o fermento da terra", a "Alma da Sociedade", a "Forma da História", a "Vida da Humanidade", a *"intentio profundior"* e a *"consecratio"* do universo, a presença da Igreja que completará o Mundo sem o destruir e sem lhe diminuir o valor intrínseco próprio e a própria e insubstituível finalidade, é, para usar a fórmula doravante clássica sobre que vamos refletir uns momentos, a presença de uma **Igreja Livre, Serva e Pobre**:

a) Uma Igreja Livre...

Já antes lembrei duas fórmulas exemplares: *"Uma Igreja puramente Igreja num Mundo plenamente Mundo"; "Requiem à Cristandade, viva o Cristianismo; Requiem ao Laicismo, viva a Laicidade"...* Para além dos concretos pesos da história, é bem o sentido último do programa: *"Uma Igreja livre num Estado laico"*; é, sobretudo, a redescoberta da completamente nova sentença de Cristo: *"Dai a Deus o que é de Deus e a César o que é de César"*.

Tal distinção e autonomia do "sagrado e do profano", do "espiritual e do temporal", da "Igreja e do Estado" é algo especificamente cristão e inteiramente desconhecido, quer do Antigo Testamento, quer do Mundo dos Paganismos... E, assim, chegamos à conclusão, só aparentemente contraditória, de que o único "Estado Cristão" é o "Estado Laico" e de que o Estado mais pagão é o Estado Cristão confessional... Isto, evidentemente, chocará um pouco as nossas mentalidades, estruturadas na linha de outras "teses" e "hipóteses", mas não é outra a "mentalidade evangélica", a que o Vaticano II nos quis (quer) fazer "regressar", e por motivações teológicas, que não só nem sobretudo nem ultimamente de nenhuma maneira empíricas e oportunistas.

O advento do Cristianismo marca o fim de todas as "teocracias" e de todos os "Cesaropapismos" (dupla face da mesma realidade); mas a história mostra igualmente que é difícil renunciar à tentação das instalações, dos enfeudamentos, dos paternalismos e coisas semelhantes (tentação facilitista, sempre falsa e sempre dececionante...).

Uma Igreja Livre... O Presidente Kennedy gostava de afirmar que a América não seria livre enquanto houvesse um Americano que não fosse livre... Nenhuma Igreja cristã deveria sentir-se livre, enquanto houvesse outras Igrejas Cristãs ou quaisquer outras religiões e finalmente quaisquer grupos e qualquer homem que não gozem da "liberdade", que é direito inalienável da "Dignidade da Pessoa Humana"...

b) Uma Igreja serva...

O Senhor da Igreja disse: "*Não vim para ser servido, mas para servir e dar a vida pela salvação do Mundo*". O Senhor da Igreja disse e fez. A vitória da Cruz foi a sua única vitória e deu-lhe "um nome que está acima de todo o nome" e um "Reino que não terá fim"... Convenhamos que é um caminho difícil e aparentemente absurdo. Uma Igreja poderosa, brilhante e dominadora, uma Igreja cheia de prestígio a que tudo e mesmo todos se sacrificam, parece mais gloriosa e parece glorificar mais a Deus.

Mas tal "triunfalismo" nada tem de cristão e não há outra "glória" para Deus que o seu "Amor", que é a revelação da sua vontade de servir o Mundo, "a ponto de lhe enviar o seu Filho Unigénito para que todos os que n'Ele acreditam tenham a Vida Eterna"... Esse é que é o Amor de Deus; e é esse Amor, e não outro e não outra coisa, que Ele mesmo disse constituir a sua única definição...

A Igreja serva... O "Serviço da Igreja" pode e deve assumir infinitas concretizações históricas... Hoje, um dos seus nomes essenciais é a defesa consequente da Dignidade da Pessoa Humana..., em todas as suas expressões e exigências de "*desenvolvimento de todos os* *homens e do homem todo"*, da emancipação da Mulher, da liberdade política e religiosa, da supressão de todas as injustiças, da promoção da paz, etc.

"Uma Igreja que não se preocupa com as suas liberdades e os seus direitos (mesmo a pretexto de que são as liberdades e os direitos de Deus), mas das liberdades e dos direitos de todos os homens", assim definiu alguém uma Igreja autenticamente "serva", serva dos homens que são a única válida imagem e glória de Deus... Quando substituiremos o cântico de guerra e de triunfo "Queremos Deus, homens ingratos" ... pelo cântico evangélico de serviço "Onde haja verdadeira caridade, ai habita Deus", pelo cântico do "Mandamento Novo", exclusivo e exaustivo, do AMOR fraterno? ...

c) Igreja Pobre...

Será possível à "Igreja" viver sem Caridade que é justiça, que é comunhão, será possível à Igreja viver "ricamente" e testemunhar o Amor de Deus a uma Sociedade, em que 2/3 dos homens passam fome? A Igreja primeira dos "Atos dos Apóstolos (At. II, 42-47) dá-nos grande exemplo desta pobreza que é participação – comunidade de todos os bens... de maneira que *"não havia entre eles necessitados, pois tinham tudo em comum"*...**Igreja Pobre**, também, sobretudo, porque **"Igreja dos Pobres"**..., "assim como Cristo"...:

"O Espírito do Senhor está sobre mim, porque me urgiu;
Ele me enviou para evangelizar os pobres,
Sarar os de coração destroçado,
A pregar a liberdade aos cativos,
Aos cegos a recuperação da vista;
Para pôr em liberdade os oprimidos,
Para anunciar o ano da graça do Senhor"

(Lc. 4, 18-19 + Lc. 61, 1-2)

Poderá a Igreja acrescentar, em todos os lugares e em todos os tempos, as palavras com que Jesus terminou esta leitura do Profeta

Isaías, no início da sua vida pública: *"Hoje se cumpre esta escritura que acabais de ouvir"*?

Poderá a Igreja, lealmente e sem envergonhar-se, continuar o anúncio do Evangelho ou da boa nova das Bem-aventuranças: *"Bem-aventurados os Pobres, porque deles é o Reino dos Céus; Bem-aventurados os que choram, porque eles serão consolados; Bem-aventurados os que têm fome, porque eles serão saciados; Bem-aventurados os que sofrem perseguições, Porque deles é o Reino dos Céus"*?

Ou será que a Igreja não fará mais que ministrar "ópio", na expressão de Marx ou "D.D.T.", segundo Franz Fanon, em proveito e a serviço e a pago (mesmo se inconscientemente, o que só complica a situação e não diminui a tragédia) dos instalados e dos exploradores?

O grande significado e valor, bíblico-teológico e não só pragmático-social, da encíclica *"Populorum Progressio"* não estará precisamente no facto de ela reintegrar a Igreja na linha evangélica de preocupação dos pobres-pobres?

4) A Fenomenologia da Angola deste Tempo:

Uma das conclusões dos "Colóquios da Pastoral" (11-16 julho 1965) diz assim:

"É evidente que o Mundo Angolano não se identifica ao Mundo Negro e que deve ser aquele o campo total da Ação Cristã; mas é também evidente que o Mundo Negro é um dos elementos essenciais e fundamentais do Mundo Angolano, que, sem ele, nunca poderá realizar uma síntese válida de plenitude humana e cultural, no respeito, no serviço e no diálogo intersubjetividades, em ordem à civilização africana e planetária". E a terminar despretensiosa Nota da revista "Prisma" (Luanda, Outubro, 1967), eu mesmo observava:

"Prefiro não tirar conclusões. Direi apenas que a Negritude nem como Negritude se realizará plenamente, se não se abrir ao diálogo do Humanismo Universal; e que também o "Humanismo Universal

ficará mais pobre, menos universal e menos humano, sem o diálogo da Negritude. O que deveria bastar para que, em total dignidade, se iniciem novos caminhos que sejam também caminhos novos".

E assim fica introduzido o problema nº 1 da Angola deste tempo, problema que, muito mais exatamente e para utilizarmos a linguagem de Gabriel Marcel, é um "Mistério", em que todos vivemos os que vivemos em Angola e cuja solução máxima e vitalmente nos deve empenhar e comprometer.

"Mistério", aliás, que não é, a bem dizer, **questão racial,** porque é, fundamental e propriamente, **questão humana**, verificação que julgo essencial, tanto para que o "Mistério da Negritude" não deixe de pôr-se como para que se ponha em suas verdadeiras dimensões. *Trata-se, na verdade, e nos termos de Frantz Fanon, em "Les Damnés de la Terre", de recomeçar uma história do homem".*

É útil, é mesmo indispensável, elaborar uma caracterização da "maneira negro- africana de ser e de estar no Mundo", a que se dá o complexo nome de Negritude, de que existem várias tentativas, mais à base de intuições-especulações poético-filosóficas que de estudos rigorosamente científicos da psicossociologia, antropologia cultural, etc. e eu mesmo já não me tenho furtado a esse risco de lançar hipóteses de trabalho, eventualmente a corrigir, e sem dúvida a aperfeiçoar e a completar.

No entanto, parece-me ainda mais radicalmente útil e indispensável fazer um inventário das "desumanizações histórico-absolutas" do Homem Negro em ordem à sua "Re-humanização", que finalmente tudo engloba, tudo possibilita, tudo condiciona, tudo exige e tudo realizará! Deixem-me gritar bem alto, embora a frase possa tornar-se oca e ser mais um paliativo e uma desculpa dos que não chegam a fazer nada de concreto (é o perigo do abstracionismo das verdades essenciais e que tal perigo não torna menos essenciais): Tudo se reduz a uma questão de antropologia ou de Personalismo; tudo o mais virá por acréscimo e nunca haverá acréscimos que possam substituir este "único necessário", a não ser ilusória e até contraproducentemente! Mas Personalismo é o inverso tanto da maldade despótica como da bondade paternalista: os Africanos não precisam de, não querem, não devem ser "bem tratados"; precisam de, querem, devem ser tratados como "Homens", como "Pessoas". Tudo o que for menos e até mais do que isto resultará em pura perda!

Estes Africanos que Aimé Césaire identificou assim:

"Meu nome: ofendido; meu apelido: humilhado; minha situação: revoltado; minha idade: a idade da pedra"!.

Aimé Césaire é o inventor da palavra "Négritude", em 1939, no livro de título bem simbólico "Cahier d'un Retour au Pays Natal", onde se leem estes versos de conteúdo infinitamente doloroso e humano:

"Aqueles que não inventaram nem a pólvora nem a bússola,
Aqueles que nunca domaram nem o vapor nem a eletricidade.
Aqueles que não exploraram nem os mares nem os céus,
Mas conhecem nos menores recantos o país do sofrimento!
Aqueles que não fizeram outras viagens
além das viagens dos desenraizamentos.
Aqueles que se desfizeram em genuflexões.
Aqueles que foram domesticados e cristianizados,
Aqueles que foram inoculados de abastardamento,
Tan-tans de mãos vazias,
Tan-tans de chagas sonoras,
Tan-tans burlescos de traição...
...
Mas que estranho orgulho de súbito me ilumina?
...
Faz-me, ó coração, o executor das obras grandes,
Eis o tempo de cingir os rins como um homem valente...
Mas guarda-me, ó coração, de todo o ódio,
Não faças de mim este homem de ódio
...por quem não tenho senão ódio.
Bem sabes que tudo o que quero
É para a fome e a sede universal..."

Foi Mounier, o personalista, que definiu o homem negro como o homem do "desenraizamento" ("déracinement") e do "despedaçamento" ("écartélement"), "alienações" tão históricas que atingem a própria natureza e assumem as expressões mais diversas, mas igualmente trágicas, de total degeneração humana ou das reações violentas e até, no paradoxo famoso de Sartre em "L'Orphée Noir", *"ferozmente racistas porque ferozmente antirracistas"*...

Alan Paton, no tão humano livro "Chora, terra bem amada", exclama, repetidas vezes:

"Chorai pela tribo despedaçada! Chorai pela lei e pela moral desaparecidas! Sim, chorai bem alto pelo homem que morreu, chorai pela mulher e pelas crianças que ficaram ao desamparo! Chora, terra adorada, as desgraças não findaram ainda! O sol banha a terra, a terra formosa que o homem não pode gozar, porque conhece apenas o medo do seu coração".

E o mesmo autor, pela boca de "Msimangu, que não odiava homem algum", recorda, no mesmo livro, estas "graves e sombrias palavras":

"O medo que sinto no coração é o de que, um dia, quando se voltarem para o Amor, venham a encontrar somente o ódio".

Não é outro o medo de Martin Luther King, ao escrever: "É necessário que o homem branco aprenda o Amor, antes de o homem negro aprender o ódio", embora medo dominado pela esperança humana e cristã de ter, apesar de tudo, "Força para Amar"...

Mas a grande tentação dos melhores começa a ser a tentação de John Griffin, o homem branco americano que, literalmente, viveu "Na Pele de um Negro" e confessa que *"tudo está perdido e tudo acabará violentamente"*.

O poeta negro angolano Geraldo Bessa Victor abre a sua "Mucanda", com esta "Prenda para uma Criança Negra":

Não ofereçam à criança negra
Palavras (que as palavras são oferendas mortas):
Deem-lhe amor – a prenda que mais nos aconchega
E conforta.

Mas deem-lhe o amor em ato positivo,

43

E não na caridade complacente
De sorrisos esquivos
E gestos indulgentes.

Não lhe apaguem a mente com milhares de histórias,
(Palavras que envenenam):
Contem-lhe a história de Jesus, que ama as crianças
Todas, negras e brancas. E, pela vida fora,
Não lhe matem a fé nem a esperança,
Como se aquela História fosse uma história apenas.

Mas não lhe falem no Papá Natal
Nem lhe mostrem os lírios (vês os lírios do campo?),
Quando o menino, enfraquecido e bombo,
Quer pão e vinho para seu regalo.

Não lhe façam festinhas piedosas na cara,
Nem o deslumbrem com o trapo dos brinquedos:
Deem-lhe a força viva (que um dia lhe roubaram)
Para vencer duma vez os fantasmas do medo.

Não lhe ofertem palavras – que as palavras
São veneno que mata ou mesmo coisa morta:
Deem-lhe o amor, que lavra
E fecunda nas almas a vida sã e forte!

E a poetisa angolana branca, Alda Lara, aponta um "Rumo", que é apelo urgente:

É tempo, companheiro!
Caminhemos...
Longe, a terra chama por nós,
E ninguém resiste à voz
Da Terra...

Nela,

O mesmo sol ardente nos queimou,
A mesma lua triste nos acariciou,
E se tu és negro e eu sou branco,
A mesma terra nos gerou!
Vamos companheiro...
É tempo!

Que o meu coração
Se abra à mágoa das tuas mágoas
E ao prazer dos teus prazeres.
Irmão,
Que as minhas mãos brancas se estendam
Para estreitar com amor
As tuas longas mão negras...
E o meu suor
Se junte ao teu suor,
Quando rasgamos os trilhos
De um mundo melhor!
Vamos!
Que outro oceano nos inflama...
Ouves?
É a terra que nos chama...
É tempo, companheiro!
Caminhemos...

O facto de o movimento da "Negritude" relevar, inicialmente, mais da "poesia" que da "ciência" (primeiro passo que, em vias de necessária superação, tem ajudado a manter uma atmosfera de humanismo...) desculpar-me-á o fazer mais uma alusão a um romance "exemplar", independentemente do valor ou desvalor artístico, da história, que é tragédia, do Homem Negro, alienado, desumanizado. Falo do autor de "*A Vigésima Quinta Hora*", Virgil Ghorghiù e do seu livro "*Os Mendigos de Milagres*"...

O herói é um negro americano, traído, linchado, castrado, desumanizado pelos brancos... Depois de esse ato, "ninguém o conhece", "ninguém o viu jamais", nem sequer a própria noiva branca, com quem ia casar-se nos dias seguintes...

Assim, cheio de humilhação, ressentimento e de ódio, não homem, partirá para Moscovo, partirá para a África, a "libertar" os Negros africanos, também eles cheios de ódio, também eles "não homens".

Max Embilint (que é o nome do herói negro americano) "lembra-se" das palavras do Russo Krizza:

"Os negros prostrar-se-ão de joelhos para lhe suplicar que os faça brancos. Na realidade, pedem a mais pequena coisa que lhes é devida: serem tratados como homens, porque são homens..."

E o herói negro americano, na última página e no momento em que se entrega à justiça dos brancos, assim exprime toda a sua história e toda a história destes Negros que queriam tornar-se brancos e para isso mataram os quatro missionários evangélicos:

"Eles (os negros) estão-se nas tintas para ter a pele branca. Os negros não querem ter a pele branca pela cor. Os negros suportariam, quando muito, ter a pele branca para terem, ao mesmo tempo, uma reação normal de respeito. Foi por causa disso que mataram. Por causa disso: ter um mínimo de consideração..."

*"Expiei a minha pena **antes** de cometer os quatro crimes. Tive o meu castigo. Fui castrado. Fui julgado injustamente. Fui contratado pelos brancos de Moscovo como assassino. Expiei adiantado. Toda a minha família expiou e os meus antepassados. Toda a minha raça... A minha consciência está tranquila. Estou em ordem com a justiça..."*

Gostei de ler, por todas as razões e mais uma que é a de estas coisas serem "tabu" entre nós, o que, há dias, o Senhor Dr. Canhão Bernardes desassombradamente pronunciou, em conferência sobre "O Lobito e o Futuro" (30 setembro, 1967):

«...De todos os problemas que afetam as cidades angolanas, o da aculturação é o primeiro, não tendo talvez segundo e terceiro.

Há que fazer debater muito o assunto, há que vivê-lo, há que fazê-lo viver. Calar na ignorância, fossilizar no passado, é de peso negativo tremendo.

É preciso não esquecer que o reconhecimento mundial da dignidade humana ao homem preto é coisa recente...

Para calar a consciência, muita história da carochinha para adultos se criou e se enraizou nas mentes, a respeito do que é o africano negro. A aculturação exige a sua clareza...

... No começo deste século, houve a redescoberta do africano negro, pelos antropologistas culturais e pelos artistas. Para se ver até onde essa redescoberta alterou toda a visão culta ocidental, basta ter presente que o primeiro quadro cubista exposto - «Les Demoiselles d'Avignon», de Picasso - é seu fruto direto. Em 1920, Paulo Guillaume pensava que a «descoberta» da escultura negra iria ter para o Mundo um valor de nenhum modo inferior ao que a descoberta da antiguidade teve para a Renascença. E eu estou com ele 47 anos depois... Parece-me fundamental que se crie um Instituto de Antropologia Cultural, com missão de «viver» e «fazer viver» todos os reais valores, logo com estudo seriamente científico do mundo cultural negro angolano, com um museu cultural ativo (e não armazém da dita «arte indígena» amontoada), com espetáculos culturais... enfim, lançando a ponte para o encontro dos dois tipos de mentalidade, para compreensão e consideração mútuas...[1]».

Também há dias, e aliás no mesmo dia, o Senhor D. Altino Ribeiro de Santana, afirmava:

«...A todo o momento a Antropologia Cultural luta contra o etnocentrismo. A expansão mundial do Evangelho foi intimamente

---

1 - Canhão Bernardes O. N., *O Lobito e o Futuro*, palestra de 30 Setembro 1967.

ligada com o domínio de todos os continentes pela civilização técnico-moderna. Há quem se atreva a chamá-la a «civilização cristã». A Antropologia Cultural cria um certo espírito de relatividade cultural. Não há uma cultura divina; são todas humanas e relativas. O cristão procura conhecer a sua cultura, purificá-la, conservá-la, desenvolvê-la segundo as novas situações, enfim, dar-lhe a sua perfeição em Cristo a fim de que a fé em Cristo e a vida da Igreja deixem de ser estranhas à sociedade em que vive mas comecem a penetrá-la e a transformá-la, mas há sempre o perigo que o etnocentrismo substitua o cristo-centrismo. Antropologia Cultural é uma ciência secular, mas pode ajudar a eliminar os etnocentrismos que são inimigos da fé cristã...»

E o antropólogo e missionário protestante Lawrence Henderson, que lecionou a 1ª cadeira de Antropologia Cultural por mim criada em Angola, insistiu:

"A Antropologia Cultural dá-nos também a apreciação da seriedade do contacto cultural. Muitas vezes movidos de boa vontade e desejo de ajudar e até de fazer a vontade de Deus, o missionário pronuncia palavras ou faz coisas que têm resultados prejudiciais. No último número de Concilium encontra-se um artigo de um missionário na Tanzânia que põe em dúvida a proibição geral de poligamia na África. Muitas vezes a Igreja procura eliminar o costume do alambamento sem apreciar as repercussões em toda a estrutura social...».[2]

O conceituado etnólogo José Redinha já em 1956 escrevera (em: Etnossociologia do Nordeste de Angola, Ed. PAX, Braga, 1956):

"O homem africano, problema primordial da África dos nossos dias, mereceu-nos como pessoa, como arquiteto da sua cultura natural e autor das suas instituições, um especial interesse. Biografámo-lo, por

---

2 - Lawrence Henderson, *Introdução à Antropologia Cultural*, nos «III Colóquios sobre Cristianismo e Incarnação em Angola»

isso, embora em traços largos, tomando-o no terreno da etno-história e, seguidamente, até à sua transformação moderna – acidentada trajetória entre uma paleo – África que se esfuma e uma neo-África que surge, em ritmo crescente e acelerado.

Apreciaram-se diversos aspetos de contato social e cultural, empenhando-nos por uma posição isenta e por um critério de relativismo, interessados em conferir devidas proporções às qualidades e aos méritos dos autóctones por um lado, e, por outro, ao dogmático conceito de superioridade inata e absoluta que as civilizações genericamente designadas ocidentais põem nos métodos utilizados e na apreciação de culturas diferentes das suas.

É natural que muitos passos deste livro choquem com ideias feitas, por vezes consagradas. Não foi nosso intuito feri-las, como também não foi isentá-las".

E são já de Norton de Mattos, que falava das «lendas» sobre os Africanos que era necessário destruir, estas observações:

«... Terão ou não razão as conclusões de Léo Frobénius sobre a civilização africana? A sua unidade, já inteiramente realizada milhares de anos antes de Cristo...; o seu esplendor, num passado já muito remoto; a sua decadência, iniciada muito antes dos descobrimentos, por influências asiáticas, romanas e islamitas, e acelerada com o contacto com os europeus, a impropriedade do termo «bárbaro», aplicado aos pretos de África; a falsidade do fetichismo como equivalente de idolatria; a arte, revelada por milhares de estatuetas e pelos mais variados ornatos e, sobretudo, pela poesia dos contos transmitidos pela tradição oral, reveladora de um grande desenvolvimento intelectual e de uma conceção de vida, dignos da maior admiração?

Creio, mais com intuição baseada em muitos anos de contacto com os índios, chineses e africanos, e resultante de leituras dispersas, do que com estudo sistematizado, que há um grande fundo de verdade em tudo isto. Mas se assim é, quão grandes se levantam perante nós *europeus, a reparação e a restitui*ção, que devemos aos africanos… (em: Memórias e Trabalhos da minha Vida, II vol, 2 ed., Lisboa 1944, pp. 53-56).

A Humanidade encaminha-se, irreversivelmente, para a Unidade Planetária, senão interplanetária… Tal Unidade encontrou já os seus teóricos e os seus profetas, um dos maiores dos quais é, certamente, Teilhard de Chardin, que não hesitou em escrever (em: Le Phénomène Humain):

"O Ecumenismo está inevitavelmente ligado à maturação psíquica da Terra; e, por isso, há-de chegar, há-de acontecer"…

Essa unificação tem revestido a modalidade de absorção simplista e uniformizante pela cultura europeio-ocidental, fruto explicável (não digo justificável e, ainda menos, continuável…) de circunstâncias históricas que levaram a um imperialismo ou colonialismo cultural, em que muitos, até de boa vontade e de boa consciência, e refugiando-se nas palavras ocas de defesa da civilização cristã, etc. desfasadamente prosseguem vivendo. Mas, sem dúvida, após e mediante compreensíveis traumatismos, de europeus e não europeus, a Civilização Planetária Única (que o será!) será, para ser humana, única à maneira de síntese livre de todos os aspetos de todas as civilizações: unidade de pluralismo, de respeito, de serviço, de diálogo, de plenitude. Como bem disse o Africano Negro e máximo Apóstolo da Negritude, L. Senghor: **"Esta civilização universal será obra de todos ou nunca será"**!

Vou terminar esta intencionalmente muito desconexa e talvez algo provocante referência à questão número 1 da Angola deste tempo, confessando, ingenuamente, quanto me surpreendeu verificar como as tais **"histórias da carochinha para adultos"** formam (quer dizer, deformam) as mentalidades mesmo de Pessoas, válidas em outros aspetos.

Parece inacreditável, mas uma breve análise sociológica mostraria que as atitudes de grande parte são (mesmo se inconscientemente) motivadas e orientadas pelos pressupostos-base de que o Negro Africano é uma **Criança** (que até pode ser bonito que seja bem tratado) com estas qualidades inatas de ladrão, de mentiroso, de sensual, de bêbado, de preguiçoso, de ingrato….

E, para prova, a experiência de milhões de factos… Este simplismo, simplesmente ridículo se não fosse trágico, define bem a cultura dos seus sujeitos e faz-me lembrar, inevitavelmente, a sentença mordaz de André Gide: "*Quanto menos o branco é inteligente, mais o preto lhe parece estúpido*".

Além do resto, como se fosse possível falar-se, seriamente, de mentira, de roubo, etc., onde não existem relações interpessoais, onde só existem "rapazes" que se tratam por "tu", porque o "senhor" é reservado aos brancos…

E voltamos ao princípio e voltamos ao tudo, que não dispensa outras coisas (promoção cultural, económica, etc.) antes de todas é fundamento e exigência: o reconhecimento, teórico e prático, da dignidade da Pessoa Humana. Não é outro o único válido nome do Cristianismo em nosso tempo, também e sobretudo em Angola, que não precisa nem das maldades despóticas nem das bondades paternalistas (estas, aliás, não menos repelentes e mais perigosas do que aquelas), mas sim, exclusivamente, porque tudo o mais virá por acréscimo, de respeito consequente pelo Homem, que é a única imagem e glória de Deus, em especial desde que, parafraseando a intuição bela de Gilberto Freyre, o próprio Deus decidiu tornar-se não raça, não classe, não qualquer outra coisa, mas simplesmente e totalmente NATUREZA HUMANA.

5) A Presença da Igreja na Angola deste tempo…

a) Começarei por lembrar que a Igreja em Angola é uma **Igreja Missionária**…

> É de propósito que inseri esta frase, ultimamente sem sentido, porque toda a Igreja ou é missionária ou não é nenhum modo… Mas a Igreja em Angola "manifesta e realiza o Desígnio de Deus ou da História da Salvação, em determinadas condições extrínsecas (geográficas, sociológicas, humanas, religiosas) que fazem da mesma e única Igreja, Missionária em toda a terra, missionária não digo em sentido mais estrito ou mais próprio, mas num sentido

especial. A Igreja, que é Missão, em Angola torna-se Missões... e deverá tomar particularmente a sério o que o Vaticano II ensinou no "Decreto sobre a Atividade Missionária da Igreja Ad gentes"... Deveria, à maneira de exemplos:

- Lembrar-se que a Missiologia que não seja (e seja fruto de) autêntica Eclesiologia e autêntica Teologia da Salvação e do Paganismo, nunca passará de mitologia e que também toda a Eclesiologia e Teologia que não se tornem missiologias nunca passarão abstracionologias...

- Lembrar-se que todas as conceções "colonialista", "europeia" etc. de Missão (a exemplo da revista "Portugal em África", publicada em Lisboa e cujo título é, só por si, todo um anacrónico programa), estão definitivamente ultrapassadas por uma conceção verdadeiramente católica...

- Lembrar-se que só a plena catolicização levará à plena incarnação ou angolanização, último e único escopo da atividade missionária da Igreja...

- Lembrar-se que também, e sobretudo, na Atividade Missionária, "no princípio está a Palavra de Deus" e que o elemento primordial é a "Evangelização" e não a "Sacramentalização"...

- Lembrar-se que é toda a Igreja (todo o Povo de Deus) que é ativamente responsável pela Missão-Missões em toda Angola e em todo o Mundo... (Mas é evidente que isto seria não mais uma e sim mais várias "orações de sapiência" e passo a diante).

b) **Igreja Missionária**, a Igreja em Angola é também, e no mesmo sentido sem sentido, porque inteiramente redundante, uma **Igreja Ecuménica**...

Espero editar, brevemente, um pequeno livro sobre o "Ecumenismo em Angola, do Ecumenismo Cristão ao Ecumenismo Universal", o que seria mais uma razão para não dizer mais nada sobre o assunto... E direi apenas o seguinte: oxalá todos os cristãos em Angola, mesmo sem compreenderem e não obstante compreensíveis dificuldades na reestruturação de uma mentalidade, na dimensão ecuménica especialmente deformada, façam confiança no Vaticano II, que, também e especialmente no Decreto sobre a Atividade Missionária da Igreja, urge uma atividade ecuménica total[3].

É de "gestos" e mais "gestos" ecuménicos, gestos ecuménicos a tempo e fora de tempo (em linguagem de S. Paulo) que precisa a Igreja Missionária em Angola. E a Igreja Católica tem uma oportunidade única de provar o seu "Ecumenismo Cristão" na atual situação dolorosa das Igrejas Irmãs Protestantes... O meu receio é grande de uma reprovação total neste exame ecuménico nos próximos tempos...

6) A segunda parte da "Constituição Pastoral" "Alegria e Esperança" ("*Gaudium et Spes*") trata dos seguintes" **Alguns Problemas mais urgentes**", em outros tantos capítulos[4]:

Cap. I: A promoção da dignidade do Matrimónio e da Família.

Cap. II: A conveniente promoção da Cultura

Cap III: A vida económico-social

Cap. IV: A vida da comunidade política

Cap. V: A promoção da Paz e a Comunidade Internacional

7) A "hora" de hoje é a hora da presença da Igreja ao Mundo deste tempo, a "hora" da presença da Igreja na Angola deste tempo". Por isso mesmo, a "hora" de hoje é, essencialmente, a "HORA DOS LEIGOS", cuja definição estratégica é de "Igreja NO MUNDO"... É verdade que os leigos só animam o mundo, porque e na medida em que são Igreja, mas também é verdade que só por eles é que a Igreja animará o Mundo, por dentro e de dentro...

Quando teremos, em Angola, cristãos suficientemente adultos, para serem "eclesiais" sem serem "clericais", para serem "mundanos" sem serem "anti-religiosos", para serem "leigos" sem serem "laicistas"?

Leigos de sacristia (ou sacristães) e leigos sem Evangelho (ou "mata-frades") nem a Igreja nem o Mundo sabem que fazer deles. Melhor era que nunca tivessem nascido.

---

3 - Tal livro foi publicado em 1968, na Editorial Colóquios, com uma história atribulada de que se faz várias vezes eco ao longo do presente texto. cf, reedição em: Edições Universitárias Lusófonas, 2005.

4 - Tendo em conta o que sobre todas estas questões é escrito no referido livro e para evitar inúteis repetições, prescinde-se aqui de substanciais partes do que foi oralmente dito nesta "Oração de Sapiência".

A essencial "recuperação" do Vaticano II, em matéria de Igreja e de Eclesiologia, foi a do "POVO DE DEUS" como sujeito, ativo, responsável e adulto, de toda a vida, de toda a missão, de toda a "Presença" do Cristianismo no Mundo deste tempo.

E não é por acaso que foi ao tratar dos Leigos que o Concílio retomou a frase-síntese-programa da "Carta a Diogneto", que se aplica à totalidade da Igreja e à totalidade das suas funções na história humana: "Aquilo que a alma é no corpo, são os cristãos no Mundo".

E o texto antiquíssimo prossegue:

"... A alma está espalhada em todos os membros do Corpo, e os cristãos nas cidades do Mundo... A alma está encerrada no corpo e todavia é ela que dá consistência ao corpo, assim os cristãos é que dão consistência ao mundo... Tão nobre é o posto que Deus lhes assinalou que não lhes é permitido desertarem...".

8) Quase à maneira de *slogan*, mas com intenções bem conscientes de verdade e de empenho, costumo dizer e escrever que "**No princípio, estão os Colóquios da Pastoral...**", os "**Colóquios da Pastoral sobre a Refontalização ("Ressourcement") e a Atualização ("Aggiornamento") Conciliares da Igreja em Angola**", realizados em Nova Lisboa de 12 a 15 de abril de 1966, e renovados no Lobito de 11 a 16 de julho do mesmo ano, cujo programa anunciei, chocante, jovem, dinâmica e empenhadamente, nas seguintes linhas-MANIFESTO:

"A Igreja em Angola quer, conscientemente e consequentemente, entrar no ritmo iniciado pelo Vaticano II e atuar o seu espírito de omnitotidimensional Refontalização ("Ressourcement") em ordem à omnitotidimensional Atualização ("Aggiornamento").

Com estas intenções de fidelidade e de abertura, re-pensaremos as nossas atividades e mentalidades pastorais, lucidamente dispostos a reformarmo-nos com toda a Igreja Una, Santa, Católica e Apostólica.

A Refontalização e a Atualização Conciliares darão à nossa Pastoral a unidade, profundidade e catolicidade (em suma, eclesialidade) que a tornarão plenamente estruturada, substancial e encarnada na Realidade Angolana".

"NO PRINCÍPIO, ESTÃO OS COLÓQUIOS DA PASTORAL"... No princípio (princípio ainda mais ontológico que cronológico) dos grandes atos da renovação Vaticano II na Igreja e na Missão em Angola...; **no princípio também, e ouso dizer, sobretudo, do Instituto Superior Católico, que eles projetaram e que sintetiza a totalidade das suas conclusões e a totalidade do movimento de Refontalização-Atualização do Concílio Ecuménico Vaticano II.**

9) Se entendido em essencial relatividade ao Evangelho ("absolutizá-lo" seria apenas numa nova "idolatria") e não como termo ou limite, mas como princípio e farol de um dinamismo da "Re-forma" que nunca terminará, o Vaticano II consubstancia e pode afirmar-se a "GRAÇA de Deus em nosso tempo" (o que equivale dizer que a Graça de Deus em nosso tempo se chama Vaticano II); e é sempre trágico, sejam quais forem as "boas" razões e as "boas" motivações, ser indiferente ou infiel à "Graça de Deus", que até pode não voltar...

Cristianismos a (pre – ou contra) Vaticano II não podem ser mais que pseudo – ou, quando muito, mini-cristianismos, que, em termos de Evangelho, para nada servem senão para serem deitados fora e calcados pelos homens...

Karl Rahner, famoso teólogo e regente do Instituto de "Christliche Weltanschauung" de Munique (onde sucedeu a Romano Guardini), lançou, há anos, esta questão-desafio: *"O Cristianismo terá ainda a sua chance?* (E, mais recentemente: *"É possível ter fé ainda hoje?"* E inquietações análogas vemos, por exemplo, em: Fesquet H. *Catholicisme, Religion de demain?*; Paupert J.M., *Peut-on être chrétien aujourd'hui?* Robinson J.A., *Honest to God, The New Reformation?* Etc.)

Só terá chance no mundo atual e para o homem atual o Cristianismo autêntico e Cristianismo autêntico só é o Cristianismo Evangélico do Concílio Ecuménico Vaticano II.

O Cardeal Cerejeira fez esta síntese pastoral do Vaticano II: *"O*

Concílio é um programa, é ao Povo de Deus que cumpre realizá-lo"; o máximo teólogo Y. Congar escreveu: "*A obra do Concílio é fantástica, no entanto está tudo por fazer. Começou o nosso trabalho!*"; o pensador J. Guitton sapiencialmente observou: "*O Concílio tem de ser uma criação contínua*"; e todos conhecem o título de precioso livrinho de B. Häring: "*O Concílio começa agora*".

Em "Pastoral Coletiva" de 4 de fevereiro de 1966, o Episcopado de Angola urgia todos os cristãos a assumirem, adulta e ativamente, todas as suas responsabilidades eclesiais e mundanas, nesta "hora" única para a Igreja e para o Mundo, afirmando, culminativamente: "PORQUE A OBRA É DA IGREJA, ELA É DE TODOS NÓS. NÃO FRUSTREMOS AS ESPERANÇAS DA HUMANIDADE".

Qual tem sido e está a ser a resposta a este único válido "HOJE DE DEUS", único válido "tempo oportuno" ("KAIROS") do nosso tempo (Xronos), total "Sinal dos Tempos" do Mundo Sagrado para todos os "Sinais dos Tempos" do Mundo Profano, que unicamente poderá transformar a "Cronologia" em "Cairologia", a "História do Homem" em "História de Deus", a "tragédia humana" em definitiva "Divina Comédia", o "Homem de Hoje" no HOJE PLENO DE TODOS OS HOMENS E DO HOMEM TODO?

O apelo e o desafio estão lançados à Igreja e à Missão (que é todo o Povo de Deus, que são todos os homens de boa vontade); o "Instituto Superior Católico de Angola" (ISCA) quer ser o "princípio" e o "símbolo" de uma resposta digna, o "princípio" e o "símbolo" da "Presença Evangélico-Vaticano II do Cristianismo na Angola 1967 e para o tempo futuro".

NOVA LISBOA, OUTUBRO 1967.

2.

Da "Missão Europeia" à "Missão Católica"*

I

Falar, alguns anos atrás, da pluralidade e validade de culturas e civilizações, além da cultura e civilização europeia[1], era, para um Ocidental, absolutamente ininteligível. Com toda a evidência, usem-se as palavras ou não, a cultura, a civilização era a Europa, e civilizar não podia ser outra coisa que europeizar, ocidentalizar.

Depois, as situações mudaram, não raro bruscamente, não raro até brutalmente, e os Europeus foram obrigados a ver que "há mais coisas no céu e na terra do que eles sonham nas suas filosofias"[2]. Está mesmo na moda um antieuropeísmo, geralmente de retórica vã e demagoga, e cujas motivações e expressões dão matéria larga para a psicologia das profundezas.

As reações europeias são variadas, mas podem, esquematicamente, reduzir-se às seguintes: integralismo, demissionismo, paternalismo, abertura de boa vontade e abertura real.

Não faltam ainda os que, sincera e conscientemente, se mantêm fiéis à velha Europa, preferindo o isolamento e a morte à desonra e ao que, para eles, só merece um nome: a traição. "Velha guarda", "últimos abencerragens de uma raça de gigantes", quem não admirará a sua lealdade e valentia, mesmo se quixotesca, utópica, fora do ritmo da verdade e da

---

* Em: Estudos, Revista do CADC, Coimbra 1963; Portugal em África. Revista de Cultura Missionára, Lisboa, 1963.
1 - Damos ao termo "Europa", "Ocidente" e seus derivados idêntica extensão e compreensão.
2 - Acomodação dos famosos versos de Shakespeare, em Hamlet:
There are more things in heaven and earth, Horatio,
Than are dreamt of in your philosophy

história e, em suma, digna de melhor objeto e melhor sorte?

No extremo oposto, encontram-se os Europeus demitidos, inteiramente desenraizados, vítimas da desorientação da época em que se formaram, que não chegam a ser nada com a veleidade de se abrirem a tudo, puro acidentalismo insubstancial, de que o ideal generoso, se basta para nos merecer a compaixão, não basta para os libertar da total inutilidade que o seu suicídio acarreta para a Europa e, não menos, para o resto do mundo. Triste espetáculo de proletários culturais, cuja vaga, necessariamente passageira, afeta os ideais grandes de muitos dos espíritos mais sedentos de plenitude.

O paternalismo é o integralismo cientemente camuflado: é a sua escória. A sinceridade e o realismo, que se contam entre as melhoras aspirações do mundo atual, já não suportam essa hipocrisia, que, infelizmente, se estende aos mais diversos sectores.

Chegamos aos Europeus abertos de "boa vontade", aqueles que desejam ser abertos e totais, em relação aos outros povos e culturas. É um dos fenómenos mais simpáticos e que, ao mesmo tempo, nos mostra os limites da boa vontade humana: estes Europeus querem realmente ser abertos, mas, também realmente, continuam a ser velhos Europeus e nada mais. A sua mentalidade, a sua formação, a sua natureza é demasiado prevalente para uma mudança substancial. A sua boa vontade assegura-lhes um mérito certo, mas não os livra de muitas ilusões de perspetiva. Exemplo sugestivo o de um livro recente[3], que se propõe dar-nos um "panorama das ideias contemporâneas", numa visão total, à escala do mundo. São da introdução estas linhas "fortes" e, sem dúvida, bem-intencionadas:

"O homem branco, o homem europeu sente-se desapossado de um privilégio de direito divino...a História já não é a nossa história, a Arte já não é a nossa arte, os Livros já não são os nossos livros, o Pensamento já não é o nosso pensamento...O nosso mundo sabe que já não é a medida do Mundo; aprendeu a situar-se..."

---

3 - "Panorama des Idées Contemporaines", sous la direction de Gaetan Picon, Paris, 1957..

E isto, prossegue o autor, criticando, embora os Ocidentais *"apren-dam ainda a história em livros que cantam a epopeia da raça branca, herdeira do humanismo greco-latino, civilizadora dos povos bárbaros, continuando a gesta dos "homens Ilustres" e a "Gesta Dei per Francos" no surto da democracia universal; e aprendam ainda uma filosofia em que o pensamento ocidental quase não dialoga senão com ele mesmo, Platão com Aristóteles, Epicuro com Epitecto, S.Tomás com Guilherme de Occam, Descartes com Espinosa, Kant com Hume (e a Sorbona não se inclina sobre o pensamento hindu a não ser para relembrar o primado do pensamento ocidental...).*

Neste meio, alguns daqueles que pressentiram e formaram o mundo novo fazem ainda figura de clandestinos: Hegel só recentemente apareceu nos programas de filosofia e Marx ou Nietzsche esperam ainda uma promoção a que Hamelin e Comte acederam por direito de nascimento. Não obstante o "Museu Imaginário", a arte, como é ensinada e se manifesta nas grandes coleções europeias e vive nas nossas sensibilidades, é ainda a arte da tradição humanista...É ainda à Escola de Roma que os governos mandam os jovens pintores, à escola de Miguel Ângelo e Rafael. E podem vir dizer-nos que "o domínio oriental" excede o nosso em quantidade e autoridade...o certo é que as nossas "Bibliotecas Ideais" não ajuntam muito mais que a Bíblia (e "as Mil e Uma Noites") à lista dos clássicos do Ocidente...[4]

Qual não é, porém, a nossa surpresa ao verificarmos, pelo índice biobibliográfico, que, dos quase trezentos autores citados, apenas três não são ocidentais...[5]

Mas também há os Europeus realmente abertos, que sabem situar-se no mundo e na história, num espírito de complementaridade fraternal. Única atitude que pode tornar o Europeu integralmente europeu e libertá-lo de um erro essencial (que vem a ser o isolamento, o exclusivismo, a absolutização do relativo ou a totalização do parcial). Única atitude inteligente e realista até ao fim; mas quem pode sonhar com homens inteligentes e realistas até ao fim? Ao menos, será permitido o tentá-lo...

---

4 - O.C. p.9,7.
5 - Ib., p.763-781

II

Pode não se estar de acordo no determinar as componentes da civilização europeia[6]; pode-se-lhe, inclusivamente, negar o apelido de civilização cristã[7]; mas tem de afirmar-se que, historicamente, o cristianismo andou unido a este mundo europeu greco-romano, nele se exprimiu, nele, ao menos de alguma maneira, incarnou. E daqui, também historicamente, muitas implicações e complicações...

Em primeiro lugar, não tenhamos receio da objetividade e abandonemos a "apologética de ditirambo", que já fez a sua época "pomposa" e tem direito a um merecido repouso eterno. Dizer que a Igreja erra constantemente, a Igreja do estádio peregrinante, esta Igreja de homens, essencialmente santa e essencialmente pecadora, esta Igreja que é a verdadeira Igreja de Deus e de Cristo, esta Igreja real, que é a nossa Igreja, que somos nós...Qual poderia ser, aliás, o sentido do aforismo tradicional *"Ecclesia semper reformanda"*? Um cristianismo adulto não receia uma eclesiologia adulta, ao contrário, exige-a e não suporta outra coisa[8].

A Igreja, na sua atividade missionária, a Missão da Igreja, também ela foi "europeia" durante vários séculos, como "europeu" era tudo o que na Europa se fazia.

Verdade é que são do início da idade moderna estas palavras claras de Roma, dirigidas aos missionários:

"O que há de mais absurdo que transplantar para a China a França, a Espanha, a Itália ou qualquer outro país da Europa? Não leveis os nossos países, mas a fé; e esta fé não rejeita nem minimiza os ritos e os costumes de nenhum povo, desde que não sejam evidentemente contrários à Religião e à Moral, antes manda conservá-los e protegê-los.

---

6 - Cf., p.e.: J.Ladrière, "La culture et les cultures", em "Mission et Cultures non-chrétiennes (XXIX Semana Missiológica de Lovaina), p.11-44; Jean Guitton, "Crise et valeurs permanentes de la civilisation ocidentale", em "Peuples d'Outremer et civilisation ocidentale (XXXV Semana Social de França, Lyon, 1948), p.53-57; J.Daniélou e F.Mauriac, "Vérités et équivoques de la civilisation chrétienne", em "L'Église et les civilisations" (Semana dos intelectuais católicos franceses, 1955), p. 18-43.

7 - Cf.nota precedente. Um texto de J. Daniélou: "...Mais il est vrai aussi que cette civilisation (occidentale) est la caricature d'une civilisation chrétienne, qu'elle est infidèle aux principes qui sont les siens. Et c'est pourquoi nous éprouvons une telle répugnance à l'appeler telle..." (o.c., p.24)

8 - Sobre o sentido de uma crítica da Igreja, ver o pequeno e já famoso livro de H.Küng, "Concile et retour a l'unité" (trad. francesa), Paris, 1962

É próprio de todos os homens estimar, amar acima de tudo o seu país e as suas tradições.

Assim, não há maior causa de afastamento e de ódio que o introduzir mudanças nos costumes próprios de uma nação, em especial os mais antigos... Não ponhais em confronto os usos destes países e os da Europa..."[9].

Verdade é que esta é a genuína tradição cristã das fontes, de que S. Paulo nos deu a formulação teórica[10] e o exemplo insuperável e cheio de perigos na incarnação do cristianismo na civilização helenística e no império romano.

Verdade é que nunca faltaram na Igreja, mesmo no auge do período "europeu", vozes, que eram do seu Espírito e a chamavam a um exame de consciência, como estas de um missiólogo antes da letra, em pleno século XIX:

"...Não deis ouvidos fáceis aos dizeres dos homens que percorrem essas terras, mesmo que lá tenham vivido vários anos. Escutai o que vos dizem, mas sem vos deixardes influenciar pelas suas palavras. Estes homens examinam as coisas do seu ponto de vista, com os seus preconceitos e poderiam levar-vos as ideias falsas...Não julgueis à primeira impressão nem tão pouco segundo o que vistes na Europa, segundo aquilo a que estais habituados na Europa;

---

9 - Instrução da S.C. da propaganda aos Vigários Apostólicos Franceses na China, em 1659. Cf. "Le Siège Apostolique et les Missions, Textes et Documents Pontificaux, I", Paris-Lyon, U.M. du Clergé, p.9-20.

10 - Cf. I Cor. IX, 19-23

A propósito, e no seu estilo inconfundível, escreveu P.Charles: "Il est bon de nous souvenir que, lorsque Saint Paul déclarait au centurion qu'il était "citoyen romain", le mot signifiait tout autre chose que nous ne le pensons aujourd'hui. Le "civis romain", bon gré mal gré, faisait partie d'une culture et celle-ci impliquait, aux yeux de tous, la loyauté religieuse aux divinités de Rome. Un citoyen romain chrétien était alors une sorte de monstrusité contradictoire, comme le serait un citoyen français apatride ou un orateur muet... Il fallut trois siècles et les persécutions des empereurs réactionnaires comme Dèce, Aurélien, Dioclétien, pour que cette intrusion du chrétien dans la cité romaine fut enfin légalisé. Un bon siècle plus tard, le vieux titre, tout païen jadis, de Pontifex Maximus devenait vacant. Il passera au pape, et aujourd'hui le mot du catholicisme s'est identifié avec celui de romain. Peu importe désormais que la nomenclature des jours de la semaine et des mois de l'année soit encore toute pleine de paganisme. Isidore, cet enfant donné par Isis, est un saint. Apollinaire à ravenne ne fait plus songer au dieu soleil. Le pape donne sa bénédiction "auspicem coelestis favoris" sans qu'on pense au vol des oiseaux de présage et Benoit XIV, si intransigeant au sujet des rites chinois ou malabares, peut tolérer la fontaine de Trevi avec son Neptune, ses tritons et ses naiades. La culture du vieux monde romain a été christianisée parce que des chrétiens s'y sont d'abord installés et l'ont transformé sans la détruire et Rome, que l'Apocalypse considère encore comme satanique, deviendra le centre et le symbole de la catholicité". Em: "Études Missiologiques", 1956, p.151-152 *despojai-vos da Europa, dos seus costumes, do seu espírito; fazei-vos negros com os negros e julgá-los-eis como eles devem ser julgados; fazei-vos negros com os negros para os formardes como eles o devem ser, não à maneira da Europa, mas deixando-lhes o que lhes é próprio; sede para eles como os criados, que se adaptam aos usos e costumes dos senhores e isto para os aperfeiçoardes, para os santificardes, para os levantardes da miséria e deles fazerdes, com o tempo, um povo de Deus. Não é outra coisa o que S. Paulo chama fazer-se tudo para todos, a fim de ganhar a todos para Jesus Cristo..."[11].*

Tudo isto é verdade. Mas também é verdade (e estas recomendações instantes e isoladas o provam) que a Missão da Igreja se confundiu, muitas vezes, com a Missão da Europa e que a equação "civilizar-europeizar" se completou, normalmente, pacificamente e evidentemente, do novo termo "missionar-cristianizar".

Quais os resultados de toda esta atividade, heroica e santa, da Missão da Igreja?

"Tomamos brutalmente consciência do facto de que só a civilização ocidental é que foi evangelizada. Certamente que há cristãos em todas as partes do mundo. Mas o cristianismo coincide com a esfera da influência ocidental...No momento em que os povos se libertam do Ocidente, apercebemo-nos de que o cristianismo não se tinha enraizado na sua cultura, não faz parte do seu património. Impossível uma história do Ocidente que não fale de Agostinho e de Basílio, de Dante e de Shakespeare. A história da filosofia indiana ou da literatura chinesa pode fazer-se toda sem encontrar um nome cristão..."[12].

"Nós fundamos, no Extremo Oriente, não a Igreja com as suas bases normais, mas as missões estrangeiras e a Ásia não se converteu. Os Apóstolos e os missionários da idade sub apostólica fundaram a Igreja com o clero autóctone e converteram o mundo ocidental.

---

11 - De uma carta do Venerável Libermann aos seus missionários de Dacar e Gabon, em 1847, em "Notes et Documents relatifs à la vie et à l'oeuvre du Vénérable Libermann", Paris, ed.privada, vol.IX, p.330-331
Cf. P.Blanchard, "Le Vénérable Libermann", Paris, 1960, II, p.235-342, troisième séction, L'Éxpérience Missionaire.
12 - J.Daniélou, o.c., p.25, 26

Qual o método utilizado pelos missionários da idade apostólica e subapostólica? Utilizamos nós esses mesmos métodos? Nós utilizamos métodos inteiramente diversos, que nos parecem mais perfeitos, mas de que a experiência de quatro séculos demonstrou a perfeita esterilidade. Estes primeiros missionários fundaram a Igreja com a hierarquia local e serviram-se, para a Liturgia, das línguas locais...Nós quisemos fazer passar o Oriente através duma hierarquia estrangeira e através do latim, mas o Oriente não passou...

Quantos missionários não gastaram a sua vida nestas regiões de antiga civilização, pregando o Evangelho? Constituem um imenso exército e a muitos deles não faltou a santidade, o zelo, a ciência, o favor dos poderes políticos. E os resultados? "Et erat videre miseriam"...[13].

"Se os Bantos possuem uma filosofia definida, uma sabedoria profunda e uma conduta fundamentada, talvez tenhamos lá uma base sobre que os Bantos poderão construir a sua civilização. Verificaremos, talvez, que, até ao presente, edificámos sobre a areia e compreenderemos as razões da pouca influência da nossa obra educadora. Sofreremos, talvez, do tempo e do trabalho perdidos, mas teremos a alegria da esperança de havermos, enfim, nos próprios Bantos, alguma coisa a enobrecer. Sabendo o que os torna homens, poderemos fazê-los homens melhores, sem nos crermos obrigados a matar primeiro o homem que neles vive. É muito fácil negar e desconhecer a humanidade dos "selvagens" e destrui-la com as melhores intenções do mundo. É sem dúvida mais difícil, já que supõe uma forte dose de humildade, de generosidade e de interesse por outrem, amar o homem tal qual é, tentar compreendê-lo, pôr-se no seu lugar, adquirir a sua mentalidade. E, todavia, como será possível "educar" e ganhar a confiança, sem dar esta prova de caridade humana?"[14].

"Enquanto a Igreja, a exemplo de Paulo, se tornou helenista com os helenistas e bárbara com os bárbaros, não se tornou árabe com os árabes, negra com os negros, indiana com os indianos, chinesa com os chineses... A Igreja de Jesus Cristo, no seu conjunto, é algo europeu - ocidental"[15].

---

13 - C.Costantini, numa conferência publicada no "Osservatore Romano" de 25 de janeiro de 1940.
14 - P. Tempels, "La philosophie bantoue", Paris, 1961, 2ªed., p.III
15 - H.Kung, o.c., p.14-15

III

Atualmente, as coisas mudaram na Igreja[16]. Oportunismo tático e nada mais? É inegável que a força da história (ou a violência dos factos) levaram, eventualmente, a soluções individuais comprometedoras e infelizes; no entanto, mais exato que de oportunismo é falar de oportunidade, já que estas situações, cheias de equívocos, foram para a Igreja a ocasião de se descobrir, refontalizando-se, entrando mais em si, aprofundando a sua natureza "na linha da sua identidade"[17], tornando-se aquilo que realmente é desde sempre.

Pio XII, todo europeu que era, exprimiu infinitas vezes esta consciência da Igreja[18]; João XXIII personifica-a, na sua polivalente ecumenicidade.

Só um texto de Pio XII, a dar-nos a orientação oficial:

"O missionário é apóstolo de Jesus Cristo. Não tem a missão de transplantar a civilização propriamente europeia, mas antes a de dispor as gentes, que não raro gozam de uma cultura milenária, a acolher e a assimilar os elementos vitais do cristianismo, que devem harmonizar-se, naturalmente e sem dificuldade, com toda a verdadeira civilização, tornando-a capaz de garantir a dignidade e a felicidade do homem. Os católicos nativos devem ser membros da família de deus, sem por isso deixarem de continuar cidadãos da sua pátria terrestre. O grande fim das Missões é estabelecer a Igreja onde ela não existe, de maneira a lançar raízes profundas e a poder um dia viver e desenvolver-se sem a ajuda da obra das Missões. Estas não existem em si mesmas e retiram-se desde que atingiram o nobre fim que lhes é próprio."[19]

A Missão contemporânea, nas suas expressões válidas, desenfeudou-se da cívilização europeia[20]. Esta poderá ter sido uma civilização cristã; de

---

16 - Para convencer-se, basta ler as grandes Encíclicas Missionárias dos últimos Papas: Maximum Illud (Bento XV), Rerum Ecclesiae (Pio XI), Saeculo Exeunte Octavo, Evangelii Praecones, Fidei Donum (Pio XII), Princeps Pastorum (Joao XXIII).

17 - Cf. Pastoral Colectiva sobre o Concílio Ecuménico do Vaticano II, em "Lumen 27" (1962), 647-650, p.650

18 - Cf. uma recensão de textos em "Église Vivante", 6 (1958) 444-452; I (1959) 43-50 em "L'Église et les Cultures"

19 - Cit. por H.Chappoulie, "L'Action Missionnaire et les Églises Indigènes" em «Peuples d›Outre-Mer et Civilisation Occidentale» (XXXV Semana Social de França), Lyon, 1948, p.326-327

20 - O que, evidentemente, não é o mesmo que afirmar que a Missão pode viver sem a Europa ou que

modo nenhum foi "A" civilização cristã e, muito menos, o cristianismo[21].

É essencialmente inexato reduzir a Missão ou mesmo incluí-la em um processo de aculturação, se por esta se entende o conjunto de fenómenos que resultam do contacto de culturas diferentes[22]. Poder-se-ia e dever-se-ia falar de inculturação[23], se não houvesse perigo de confusões.

A tentação, para a igreja, em determinadas épocas mais subtil que noutras, é de todos os tempos, de fossilizar-se, de se instalar; mas tal fossilização-instalação só aparentemente dá a segurança, não pode deixar de levar à morte. Mantenhamos o bom senso de evitar anacronismos e não ousemos atirar as primeiras pedras; mas as acusações de um Lefèbvre, atacando a ideia de "a Missão como expansão do cristianismo ocidental, a absolutizar uma situação contingente" revestem-se, neste ponto, de justiça e oportunidade[24].

A Missão da Igreja, de europeia-ocidental, torna-se católica por exigências profundas da sua natureza, quero dizer da natureza da Igreja. Mais ainda que prolongamento e continuação de Cristo, a Igreja é a sua visibilidade histórica, a sua presença real, o seu grande, original e único Sacramento[25]; n'Ela e por Ela, é Ele, Cristo, que atua-atualiza a sua Incarnação salvadora, que realiza o seu "Ministério Nupcial"[26] com a natureza humana de todos os tempos, de todos os lugares, de todas as culturas, em todos os seus aspetos e dimensões. E esta natureza humana não é destruída, mas assumida e aperfeiçoada, mesmo enquanto humana,

---

a Europa pode deixar de ser missionária... Mas a verdade é que à Europa Missionária é pedida uma atitude de pobreza, de apagamento, de serviço puro, de gratuidade absoluta, a que os cristãos europeus não estavam habituados, nas suas pseudo-evidencias seculares. É um tempo de crise e de prova, que exige um repensamento e reaprofundamento da mentalidade missionária.

21 - Ver: J.Daniélou, o.c., p.24-28

22 - cf. "Portugal em África", 100, número especial (1960-1961), com o título "Diagonais da Aculturação". Em particular, A.Miranda Santos, "Um fenómeno e um método - a Aculturação", p.12-54

23 - Por "inculturação" entendemos nós a simples "animação" ou "informação" de uma cultura pelo cristianismo.

24 - P.Lefèbvre, em "Église Vivante", 1954, 339-343, "À propos de quelques déviations de l'idée missionaire. Em "Neue Zeitschrift fur Missionwissenchaf", 1955, 15-29, "La Théologie Missionaire", Gustav Warneck. Cf. Edouard Loffeld, "Le problème cardinal de la Missiologie et des Mission Catholiques", (1956), p.258-264

25 - Sobre o assunto, cf. Estudos Teológicos, "Actas da I Semana Portuguesa de Teologia", Lisboa, 1961. A.Ferreira Marques, "A Orientação da Eclesiologia Moderna", p.115-124

26 - Cf. "Initiation Théologique", IV, Paris, 1956, 2ª ed., p.403-404

nas suas plurifacéticas virtualidades[27].

É a virtude totivalente da Incarnação, que não se esgota em nenhuma realização concreta, que pode e deve tornar-se todos os homens e todo o homem. É a verdadeira transcendência da Igreja, que não somente não se opõe à imanência e à incarnação, mas a torna possível e necessária[28]. "Desincarnação" perene e perene "Reincarnação" da Igreja, segundo bela e exigentíssima fórmula...

Cristo só será verdadeiramente "Total" e a Igreja só será verdadeiramente "Católica" quando esta incarnação-assunção for plena e omnitotidimensional. Sabemos que este ideal será apenas atingido no fim ou na plenitude dos tempos, mas o tempo da Igreja é o tempo da sua realização progressiva[29].

Entretanto, *"faltam ainda muitos que devem entoar o "Sursum Corda" do universo...Ignoramos ainda que nota profunda, patética, adoradora, a Igreja da India lançará no concerto da oração; ignoramos ainda de que fidelidade calma e heroica o Japão revestirá a sua confissão de fé; ignoramos ainda com que exuberante entusiasmo os Africanos acolherão o Salvador; ignoramos ainda com que persistência silenciosa e sagaz os Chineses rodearão o altar de Deus...Não temos ainda senão duas ou três cordas na nossa harpa... Toda a riqueza humana dos povos não cristãos, todas as vibrações dessas almas incontáveis, tudo isso é necessário integrar na Igreja; e só então é que ouviremos a voz total do mundo, feito cristão"*[30].

Mas, também entretanto, o universo aspira a essa totalidade católica:

"Sou confucionista, porque esta filosofia em que recebi a educação penetra profundamente a natureza do homem e traça claramente a sua linha de conduta...Sou cristão e católico, porque a Santa Igreja, preparada desde a origem da humanidade, fundada por Jesus Cristo, Filho de Deus, ilumina e sustém divinamente a alma do homem e dá a resposta definitiva a

---

27 - Ainda não se tiraram todasas consequências missionárias dos aforismos tradicionais: "Gratia non destruit naturam, sed supponit ac perficit"; "Anima naturaliter christiana".
Cf. a substancial lição de Olegario Dominguez, OMI, "Teologia de la adaptación misionera", em "La Adaptatión Misionera" (Semanas Missionárias de Burgos), 1957-1958, p. 2-21, sobretudo p.6
28 - Cf. as páginas árduas mas pertinentes de E.Loffeld, o.c., p.170-175, sobretudo p.173.
29 - Cf. Olegario Domingues, OMI, o.c., p.8 ss
30 - Texto de P.Charles, citado por A.Rétif em "Initiation à la Mission", Paris, 1962, p.238

todos os nossos pensamentos mais altos, a todos os nossos melhores desejos, a todas as nossas aspirações, a todas as nossas necessidades...A Santa Igreja Romana é o complemento divino, maravilhoso e insubstituível de tudo o que eu possuía, de tudo o que eu pressentia, procurava e desejava, o complemento das instituições fundamentais do meu povo"[31].

> *"Vós sois amarela com os amarelos,*
> *Preta com os pretos,*
> *Qual mãe que tivesse vários filhos*
> *De cor diversa*
> *E em todos se reconheceria.*
> *Não é verdade que sois também a mãe dos pretos,*
> *Uma Mãe com o Menino Jesus às costas?"*[32]
> *"Senhor, que presides à marcha do tempo,*
> *Faz que a hora da África, que soa,*
> *Não seja de afastamento a Ti,*
> *De perdição e morte,*
> *Que ela se mova sob a tua influência*
> *E que ela traga e imprima a sua nota própria*
> *Na sinfonia das gentes em marcha para Ti.*
> *Que ela não seja um filho mudo.*
> *Que, na tua grande família,*
> *Depois da palavra dos irmãos mediterrânicos,*
> *Ela se levante para Te falar, para Te rezar, para Te amar,*
> *Para Te adorar o seu modo próprio,*
> *para Te conhecer,*
> *Não somente para Te pensar, mas também*
> *Para Te sentir..."*[33]

---

31 - Texto de Dom Lou Tseng-Tsiang, citado por H.Chappoulie, o.c., p.342-343
32 - Oração Africana reproduzida em "L'Ami du Clergé", 6, 1963, p.82
33 - Id.Ibid.

Estamos realmente em presença de que a Liturgia chama "Insondabilidade das riquezas do Mistério do Cristo"[34], que "encerra todos os gostos e sabores"[35].

Em última análise, e sem dúvida inconscientemente, a solução "europeia-europeizante" é uma solução de facilidade, de falta de coragem, falta de fé no poder de Cristo, falta de confiança no homem, falta de caridade em relação aos outros e aos seus valores[36]. Em resumo, tudo menos uma solução autenticamente cristã. Cerfaux escreveu a propósito uma página notável:

"A experiência crucial do cristianismo realizou-se em Corinto. Paulo, o grande aventureiro de Deus, aí jogou a mais bela aventura da sua vida. Que foram os riscos da sua viagem, dos seus naufrágios e das suas flagelações ao lado do perigo que o cristianismo teve de enfrentar em Corinto?

Sabemos agora de que se tratava. O cristianismo era, até então, uma planta judaica; era preciso aclimatá-la em solo pagão...Por maravilha de Deus, o solo, ingrato em aparência, enriqueceu e fortificou a jovem planta.

Deixemos a alegoria, que é, aliás, de S. Paulo. A inteligência grega, apaixonada pelo pensamento e investigação de Deus, adotou o cristianismo e Paulo, em nome de Cristo, adotou-a a ela. Reações inevitáveis se produziram entre as tendências da inteligência humana pervertida pelo paganismo e a vida cristã de fé, de esperança e de caridade...Outro qualquer teria recuado... Outro qualquer teria reconduzido o cristianismo dos Coríntios ao nível do

---

34 - Cf. Eph. III, 8
35 - Cf. Liturgia do Corpo de Deus e Eucarística em geral: "Panem de coelo praestitisti eis, omne delectamentum in se habentem"
36 - "Les Bantous peuvent êtres éduqués, si l'on prend comme point de départ leur indestructible aspiration vers le renforcement vital, sinon on ne les civilisera pas. La masse sombrera, toujours plus dans les aplications fausses de sa philosophie, c'est à dire dans les humiliations pratiques "magiques"; pendant ce temps, les autres, les évolués, constitueront une classe de pseudo-européens, sans principes, sans caractère, sans but, sans sens...
Le paganisme bantou, l'antique sagesse bantoue aspire du fond de son âme bantoue vers l'âme même de la spiritualité chrétienne. Ce n'est que dans le christianisme que les Bantous trouveront l'apaisement de leur nostalgie séculaire et la pleine satisfaction de leurs aspirations les plus profondes. Voila ce qu'on me répète tant de paiens bantous. Le christianisme, et notamment dans sa forme la plus haute et plus spiritualisée, est le seul assouvissement possible de l'ideal bantou. Mais il est indispensable d'exposer la pérennale doctrine dans les termes de la pensée bantoue, de faire apparaitre comme renforcement vital et élévation vitale la vie chrétienne que nous leur proposons"
P.Tempels, o.c., 119-121

das Igrejas da Palestina e teria abafado a inteligência desta comunidade empreendedora. S. Paulo fez-lhe confiança"[37].

IV

Que a abertura cristã não nos leve, todavia, para o reino do simplismo. Cristo e a Igreja incarnam e assumem todo o humano, mas esta assunção-incarnação não vai sem a renúncia essencial da fé, início e fundamento de toda a justificação. A solução católica paira a igual distância acima dum protestantismo-jansenismo de negação e dum pelagianismo de suficiência. Uma conclusão da Semana Missiológica de Lovaina de 1959 relembrava explicitamente:

"Cada cultura, para receber o batismo, deve passar através da morte purificante...Nenhuma cultura é inteiramente santa. Tem de morrer ao seu pecado para guardar ou reencontrar uma vida autêntica. Todas as culturas, a ocidental, a chinesa, a africana, a indiana, a japonesa e todas as outras têm necessidade de redenção"[38].

Em seguida é, pelo menos, falta de realismo esquecer que, de facto, o cristianismo vingou e floresceu no mundo ocidental e que também este acontecimento não se deve subtrair à Providência de Deus. Um autor de ecumenicidade a toda prova não duvida escrever:

"Este carácter acidental-ocidental do cristianismo (vindo para compensar o carácter acidental-oriental da primeira pregação da Galileia) conservar-se-á até ao fim"[39].

Não que eu aceite todas as suas razões[40]. Mas uma atitude realista impedir-nos-á de dar mais que o justo valor a reflexões como esta de um autor chinês:

"O império romano estendera o seu domínio até às regiões asiáticas em que nasceu o Messias e se fundou a Igreja. Se o império chinês, que lhe é muito anterior e que um dia se estendeu aos confins da Pérsia, tivesse tido

---

37 - L.Cerfaux, "L'Église des Corinthiens", p.109-110, cit. por J.Bruls, "Pour une Église Universelle", em "Église Vivante", I. 1962. p.7

38 - "Mission et cultures non-chrétiennes", XXIX Semana Missiológica de Lovaina, p.315

39 - J.Guitton, o.c., p.72

40 - Cf.id.ibid. p.70 ss: "Pourquoi le Christianisme s'est'il développé d'abord en Occident?"

algum protetorado na Palestina, os primeiros discípulos de Jesus teriam muito bem podido fixar-se em Pequim, em vez de Roma, e estes dois mil anos haveriam tomado um curso histórico completamente diverso"[41].

Embora não devamos também esquecer que a civilização europeia de hoje é, quando muito, uma civilização ex-cristã e que o seu elemento mais universal e universalizante, a razão, a ciência e a técnica, nada tem a ver com o cristianismo.

"Enfim, resta saber se a questão não é já uma falsa questão, ultrapassada já pelos acontecimentos. Na sua história das civilizações, Toynbee mostra que, das vinte e cinco civilizações que a história da humanidade conheceu, mais de metade desapareceram...Assim, a questão é saber se as demais civilizações não são meras sobrevivências, se não vamos para a unificação do mundo pela civilização técnica. Ora, a grande vontade de um jovem chinês, indiano ou árabe é adquirir a civilização técnica do ocidente. E são etnólogos ou mistagogos ocidentais que se apaixonam pelas civilizações tradicionais dos Bantos ou dos Australianos. A questão é, pois, saber se o homem de todas as partes do mundo não é, daqui em diante, o homem da civilização técnica"[42].

Estaremos já, realmente, no início ou a caminho de uma civilização única, "planetária", simplesmente humana? E quais as partes das diversas civilizações para esta civilização universal? O Ocidente dará a sua razão, a sua ciência e a sua técnica, o Oriente dará a sua sapiência mística e atemporal, a África o seu calor de sentimento e a totalidade concreta.

O problema da inculturação do cristianismo não seria um pseudoproblema, seria outro problema, nada mais fácil e nada menos urgente e grandioso. A esta civilização omnitoticompreensivamente humana o cristianismo daria a forma da vida, a alma plasmadora e transfiguradora, sem a qual todas as civilizações e culturas não passam de cadáveres ou abortos[43]. Poderia haver mais bela missão para a Missão

---

41 - Texto de Dom Lou Tseng-Tsiang, cit. por J.Guitton, o.c., p.70
42 - J.Daniélou, o.c. p.28. Ainda sobre cristianismo e cultura, cf. o debate recente entre L.Elders e Antoine
43 - Exemplo "histórico" são as históricas encíclicas de João XXIII "Mater e Magistra" e, mais ainda, "Pacem in Terris"; e, em última análise, não é outra a finalidade desse também "histórico" aconteci-

Católica da Igreja?

Eis o repto lançado pela nova humanidade de hoje, cheia talvez de defeitos mas a única real e a única que pode e deve ser batizada, à nova Igreja de hoje, a cada um de nós, que somos a Igreja real do século XX.

---

mento que é o Concílio Ecuménico Vaticano II.

3.
Democratização das mentalidades[*]

"Democratização" das mentalidades em ordem à "Democratização" da sociedade, neste sentido essencial e pleno e dêem-se-lhe as concretizações e os nomes que se quiserem (promoção das massas, desenvolvimento dos povos, emancipação da mulher, triunfo da subjetividade, liberdade religiosa e política, etc.), eis o ser ou não ser do Homem, eis o único necessário de que tudo ou mais virá por acréscimo e que jamais todos os acréscimos do mundo poderão substituir, a não ser ilusória e até contraproducentemente.

E nesta tarefa, que tudo engloba e tudo condiciona, os meios de comunicação social têm um papel único de manifestação e realização. Se tiverem, evidentemente, a lucidez e a coragem de uma tal honestidade, que nunca é sem perigo. O que, primordialmente, deve ser válido para uma emissora para quem o nome de "católica" não seja só um mero rótulo decorativo.

Cristianismo não democrático e não democratizante é uma contradição nos próprios termos, pois que rodo o cristianismo e todas as igrejas não têm outra missão que a de respeitarem, servirem, promoverem, amarem, realizarem os direitos do Homem, que é a imagem e a glória de Deus. Qualquer outro Evangelho, por mais espiritual ou santo ou ortodoxo que se pretenda, não é "o Evangelho" (ou "a boa, alegre e democratizante

---

* Em: Revista Prisma, Luanda, setembro de 1967, com as seguintes palavras de explicação:.
Com o título acima, proferi recentemente, nos emissores de Rádio Ecclésia de Luanda, algumas pala-vras definidoras de atitudes autenticamente cristãs (e humanas), atitudes que consubstanciei, global e dinamicamente, na categoria de "democratização".
Em "Quotidiano" de "A Província de Angola" de 14/7/67, teve o jornalista H. Rola da Silva, com o apoio de alguns excertos, referências maximamente elogiosas (que, evidentemente, não me compete julgar) e de várias origens me têm chegado pedido das palavras em causa. Por isso, e uma vez assim devida-mente situadas, as transcrevo na íntegra.

notícia") de Jesus Cristo.

Assim, mais que a nenhuma outra, à Emissora Católica não é permitido, é obrigatório tornar-se cada vez mais uma tribuna livre em que livremente se dialogue, no respeito e para o serviço de todos os homens e do homem todo; um lugar de encontro, em que as opiniões livremente (o que significa responsavelmente) sejam apresentadas, conversadas, discutidas, dialogadas, independentemente de todos os "particularismos", todos os "amicismos", todos os "tribalismos", todos os "confessionalismos", todos os "ismos" que não se radiquem em ou não tendam à democratização da sociedade.

Também neste aspeto (e sobretudo nele), a emissora católica, por ser católica, deveria ser o sacramento de todas as outras emissoras e demais órgãos de informação; sacramento, ou seja símbolo, modelo e real início, assim como a igreja deve ser o "sacramento do mundo", ou o protótipo e o princípio duma comunidade exclusiva e exaustivamente democrática, exclusiva e exaustivamente humana, exclusiva e exaustivamente cristã.

"Homem (ou sociedade ou autoridade ou quem quer que seja) que não dialoga é homem perdido", assim sintetizam as modernas filosofias personalistas, explicitando as mais profundas exigências do fermento cristão. Escandalizar-se por ver a Emissora Católica fazer seu o programa do humanismo eterno: "Sou Homem, nada do que é humano me é estranho ou indiferente"; escandalizar-se por ver a Emissora Católica assumir atitudes democráticas de diálogo livre, responsável e adulto, a serviço de Angola, é farisaísmo ou fraqueza, mas em nenhuma circunstância, cristianismo autêntico do Evangelho e do Concílio Ecuménico Vaticano II.

A bom entendedor, meia palavra basta. Ou, pedindo vénia do uso do texto sagrado: quem tem ouvidos para ouvir, que ouça!

4.

Para uma caracterização da Negritude*

É evidente que o «mundo angolano» e o «mundo negro» não se identificam e só aquele representa o «mundo total» das atividades sociais em Angola. Mas também é (ou deveria ser) evidente que o mundo angolano sem o mundo negro, embora livremente integrado e sublimado na plenitude do «humanismo universal», nunca poderá ser o autêntico mundo angolano. Pelo que se me afigura essencial, independentemente de todas as motivações históricas eventuais e em ordem a uma sociedade sem amputações ou recalcamentos sempre perigosos, uma consideração desapaixonada da maneira de ser negro-africana de estar no mundo, a que se dá o nome de Negritude.

1 - O Homem Negro é essencialmente "religioso e cultual". Para ele o "sagrado" e o "verdadeiramente real" identificam-se, o mundo dos deuses é o mundo autêntico do ser, as "hierogonias-hierofanias" constituem as únicas "cosmogonias-cosmofanias".

Neste aspeto, o Homem Negro é o protótipo e como que pura encarnação do homem primitivo, ou melhor, do que de mais primitivo, primordial, original ou humano existe em todos os homens.

A moderna Ciência das Religiões (cf., por exemplo, o livrinho de Mircea Eliade, "O Sagrado e o Profano", Enciclopédia LBL) e a moderna Psicologia Profunda (em especial com C.G.Jung) disseram-nos muitas coisas insuspeitadas sobre este inconsciente inevitável e sobre as influências da ignorância ou negação do mesmo em muitas nevroses individuais e coletivas da nossa época.

---

* Em: Revista Prisma, Luanda, outubro 1967.

2 - O Homem Negro é essencialmente "simbólico", no sentido mais ordinário da palavra, enquanto o seu mundo é o mundo das imagens, dos sinais, do concreto e, no sentido mais rico e etimológico, de as realidades materiais visíveis e imediatas serem anunciadoras e portadoras (sacramentos, que manifestam e realizam) de outras realidades mais importantes e verdadeiras: a realidade do Sagrado e do Ser. O que, simultaneamente, constitui uma superação da mundividência pseudo-espiritualista e pseudo-intelectualista maniqueia e cartesiana, assim como da mundividência pseudorrealista e pseudo-objetiva do materialismo e do cientismo.

3 - O Homem Negro é essencialmente "rítmico": exprime-se, faz-se, vive, existe pelo movimento, pelo gesto, pelo canto, pela dança, ou seja pelo ritmo, que nele assume dimensões existenciais e insuprimíveis de ontologia e antropologia.

4 - O Homem Negro é essencialmente "oral", o homem da palavra que soa, evoca, conserva e cria. Para ele, o Homem é, em toda a verdade, o "animal que fala". A multifacética "palavra viva" é o princípio e o sustentáculo de toda a sua existência, de toda a sua religião, de toda a sua cultura, de todo o seu humanismo.

5 - O Homem Negro é essencialmente "vital", essencialmente "fecundo", essencialmente "forte", no sentido em que, para ele, o ser é Vida, Fecundidade, Força (intenção que não é, aliás, pelo menos a nível das expressões, isenta de perigosas ambiguidades). O filósofo pioneiro da filosofia Banta, P. Tempels, não caracterizou a sua ontologia como uma ontologia da "vida, da vida intensa, da vida plena, da vida forte, da vida fecunda, da vida comungante, da vida total"?

6 - O Homem Negro é essencialmente «cósmico», «natural», «sapiencial» e «contemplativo», para quem a mentalidade científica e utilitarista não (ainda não?) destruiu o mistério do cosmos e dos seus elementos (a água é mais que a fórmula H_2O e o trovão e o raio algo mais que o resultado de uma descarga elétrica...) nem o gosto desinteressado e global dos últimos sentidos e realidades das coisas...

Questão obviamente decisiva: saberá o Homem Negro tornar-se «científico», «técnico», «secular», «moderno»…, sem deixar de ser «sapiencial », «aberto », «religioso », «tradicional»?…

7 - O Homem Negro é essencialmente «comungante», «comunitário», «social»…, numa unidade rácica, psicológico-biológica, de vida e de morte, de fortuna e desgraça, de amor e ódio, de passado, de presente e de futuro…

Sékou Touré ousou escrever que a «solidariedade é a virtude cardeal do Africano»; e, ainda há pouco, falando sobre a Eucaristia em Angola, eu lançava a pergunta: «Haverá outra maneira, eficaz e válida, de saciar e cristianizar a ontológica sede de comunhão do Homem Negro e, independentemente de todas as políticas, a inevitável unidade para que se encaminha a civilização planetária de que a pluri-racialidade da África moderna é somente um aspeto?»

8 - O Homem Negro é essencialmente o homem do «coração»; para ele, é pelo «coração», e não pelos sentidos ou inteligência ou quaisquer outras faculdades, que o homem ultimamente se define, que o homem ultimamente vale e é julgado. No dizer de um provérbio africano, é o «coração» do homem que é o seu «rei» e seu «oráculo».

De tais características da «Negritude» muitas conclusões se têm tirado. Os teólogos e os missionários, por exemplo, vêem nelas um parentesco notável com a mentalidade bíblica e uma notável harmonia com um cristianismo litúrgico, de que essas características seriam admiráveis «preparações evangélicas» (ou «pierres d'attente»); alguns chegaram mesmo já a esta dupla afirmação de máximas incidências: o Homem Negro é privilegiadamente cristão e eclesial; a civilização banta ou será cristã ou não será de nenhum modo (Cf. O número especial da Revista «Ora et Labora», Singeverga, 1967, I-2, por mim organizado e todo dedicado a Angola).

Prefiro não tirar conclusões. Direi apenas que a «Negritude» nem como «Negritude» se realizará plenamente, se não se abrir ao diálogo do «Humanismo Universal»; e que também o «Humanismo

Universal» ficará mais pobre, menos universal e menos humano, sem o diálogo da «Negritude». O que deveria bastar para que, em total dignidade, se iniciem novos caminhos que sejam também caminhos novos.

5.

Fenómeno Cultural, Fenómeno Humano[*]

Em sentido lato, o Vaticano II descreveu assim o «FENÓMENO CULTURAL»:

«Tudo aquilo com que o homem aperfeiçoa e desenvolve os inúmeros dotes do corpo e do espírito; procura submeter o universo, pelo conhecimento e pelo trabalho; torna mais humana a vida social, tanto na família como em toda a comunidade civil, mediante o progresso dos costumes e das instituições; finalmente, traduz, comunica e conserva, nas suas obras, no decurso dos tempos, as grandes experiências espirituais e as aspirações maiores do homem, para que sirvam ao progresso de uma grande número e até de todo o género humano».

E o Concílio enumera, a seguir, algumas das questões maiores da Cultura, no mundo de hoje:

«Que fazer, para que os frequentes contactos entre Culturas, que deveriam levar a um diálogo verdadeiro e fecundo, não perturbem a sabedoria dos antigos ou ponham em perigo o génio próprio de cada Povo?»?

«Como fomentar o dinamismo e a expansão da nova Cultura, sem deixar perder a fidelidade viva à herança tradicional? Problema que surge com particular acuidade, quando se trata de harmonizar uma Cultura nascida dum grande progresso das ciências e da técnica com a que se alimenta dos estudos clássicos das diversas tradições».

«Como conciliar a rápida e progressiva especialização das várias disciplinas com a necessidade de construir a sua síntese, e ainda de conservar no homem a capacidade de contemplação e admiração, que conduzem

---

[*] Em: Revista Prisma, Luanda, fevereiro 1968.

à sabedoria?».

«Que fazer, para que todos os homens do mundo participem dos bens culturais, uma vez que a cultura das elites é cada vez mais elevada e complexa?»

«Enfim, como reconhecer a legitimidade da autonomia que a Cultura reclama, sem cair num humanismo meramente terreno ou até hostil à religião?»

O «FENÓMENO CULTURAL» é difícil de analisar, pelas suas ambiguidades, de que as «limite» são o artificialismo antinatural e o ateísmo tentador e pelas suas múltiplas expressões (sabedoria e ciência, contemplação e técnica, personalismo-liberdade e cibernética-automação, naturalidade e urbanismo, tradição e modernidade, pluralidade e planetarização...), mas é, por identidade, o FENÓMENO HUMANO, o seu núcleo, a sua síntese, a sua plenitude.

O que especifica o Homem no conjunto dos seres e o faz emergir do conjunto das coisas, é a sua dimensão «cultural». Os outros seres são, não se «cultivam»; o Homem é, «cultivando-se», fazendo-se, em «tarefa» de liberdade e responsabilidade. Ser, para o Homem, é «ek-sistir» (ou «tirar-se do nada»), é «pro-gredir» (ou «avançar»), é «criar-inventar-criar-se-inventar-se», é levar à perfeição todas as possibilidades e exigências da sua natureza humana, carne que é espirito ou espirito que é carne, natureza pessoal, livre, histórica, numa palavra «NATUREZA CULTURAL». No fundo, não é outro o significado dos modernos, ao dizerem que só o Homem «existe», «progride», «cria» e que toda a sua tarefa humana é «existir-progredir-criar-autenticamente»... E não é preciso ser «Teilhardiano» para se admitir que o Homem se vai tornando cada vez mais «cultural» (o que significa, para o Homem, cada vez mais «natural», cada vez mais «Homem») e que a «Evolução» não parou ao atingir a «Noosfera», antes se intensificou, ganhando modalidades propriamente humanas de liberdade e responsabilidade (tradução humana da necessidade irreversível da história do Mundo...).

Mas, se o FENÓMENO CULTURAL, em todas as suas implicações e complicações, é, por identidade, o FENÓMENO HUMANO, afirmar que a «intenção» ou «preocupação» específica do Vaticano II é a Presença ou Re-Presença do Cristianismo ao Homem Atual, equivale a afirmar que tal «intenção» ou «preocupação» específica é a Presença ou Re-Presença do Cristianismo no Universo da Cultura, em todas as suas implicações e complicações.

Em mais palavras do Concílio:

«Os cristãos, em marcha para a cidade celeste, devem procurar e saborear as coisas do alto, mas isso, longe de diminuir, aumenta a gravidade da obrigação que têm de trabalhar com todos os homens na construção de um mundo mais humano. E, na verdade, o mistério da Fé cristã fornece-lhes estímulos e apoios inapreciáveis para se entregarem com maior entusiasmo a esta tarefa, e, sobretudo, para descobrirem o pleno significado das atividades capazes de dar à Cultura o seu lugar proeminente na vocação integral do Homem».

Como a Humanidade, de que é a expressão mais plena, a CULTURA encaminha-se, rápida e irreversivelmente, para a UNIDADE PLANETÁRIA, senão interplanetária... Tal unidade encontrou já os seus teóricos e os seus profetas, o maior dos quais é, certamente, Teilhard de Chardin, que não hesitou em escrever:

«O Ecumenismo está inevitavelmente ligado à maturação psíquica da Terra; e por isso, há de chegar, há de acontecer...»

Essa unificação tem revestido a modalidade de absorção simplista e uniformizante pela Cultura europeio-ocidental, fruto explicável (não digo, justificável e ainda menos, continuável...) de circunstâncias históricas, em que muitos desfasadamente prosseguem vivendo; mas tal «colonialismo» ou «imperialismo» cultural é já uma fase do passado, até porque o Ocidente foi obrigado a descobrir e a aceitar, para usar os versos Shakespearianos de Hamlet, que «há mais coisas no céu e na terra do que as sonhadas em muitas filosofias...»

E, sem dúvida, após e mediante compreensíveis traumatismos (de europeus e não europeus), a CULTURA PLANETÁRIA ÚNICA (que o será), será, para ser humana, única à maneira de síntese livre de todos os aspetos de todas as culturas: unidade de pluralismo, de respeito, de serviço, de diálogo, de plenitude. Como bem disse L. Senghor: «ESTA CIVILIZAÇÃO UNIVERSAL SERÁ OBRA DE TODOS OU NUNCA SERÁ».

Uma das CONCLUSÕES dos recentes «Colóquios da Pastoral do Lobito», notava, significantemente:

«É evidente que o Mundo Angolano não se identifica ao Mundo Negro e que deve ser aquele o escopo e o campo total da Ação Cristã; mas é também evidente que o Mundo Negro é um dos elementos essenciais e fundamentais do Mundo Angolano, que, sem ele, nunca poderá realizar uma síntese válida de plenitude humana e cultural, no respeito, no serviço e no diálogo intersubjetividades, em ordem à civilização africana e planetária».

E em recente e despretensiosa nota «PARA UMA CARATERIZAÇÃO DA NEGRITUDE» (Revista «Prisma», Outubro 1967), observei a terminar, como agora termino:

«Direi apenas que a «Negritude» nem como «Negritude» se realizará plenamente, se não se abrir ao diálogo do «Humanismo Universal»; e que também o «Humanismo Universal» ficará mais pobre, menos universal e menos humano, sem o diálogo da «Negritude». O que deveria bastar para que, em total dignidade, se iniciem novos caminhos que sejam também caminhos novos».

6.

Universo da Cultura e Cristianismo[*]

Relativamente ao UNIVERSO DA CULTURA, universo propriamente humano (cf. número anterior de PRISMA, pg. 23-24) qual será a atitude do CRISTIANISMO e dos cristãos "enquanto cristãos"?...

1 – O universo da Cultura Humana é distinto e autónomo do Cristianismo, situando-se aquele no domínio do 'temporal' ou do 'mundano' e este no domínio do 'espiritual' ou do 'religioso'. Também (ou sobretudo) aqui vale o dado-tarefa essencial dos 'novos' tempos da Igreja e do Mundo: uma Igreja puramente Igreja num Mundo plenamente Mundo; requiem à cristandade, viva o cristianismo; requiem ao laicismo, viva a laicidade; requiem à era de Constantino, viva o espírito do Evangelho!

Ou, ainda para exemplo e noutra perspetiva: a atividade missionária não pode entender-se em termos de "transculturação" ou de "aculturação", já que o Cristianismo não é nenhuma cultura especial, de todas devendo constituir a "alma", a "forma" e o "fermento", para a todos promover à dignidade de "culturas ou civilizações cristãs". E bastava um tal "abc" de teologia eclesial e missionária para revelar o desfasamento de títulos como o da revista «Portugal em África» ou o anacronismo de slogans como o de «dilatar a fé e o império».

2 – Tal distinção e autonomia, absolutamente a respeitar, não excluem, antes exigem e, só elas, possibilitam a mútua complementaridade entre o universo cultural e o Cristianismo (independentemente de anormais, ainda que às vezes obrigatórias e duradouras situações de

---

[*] Em: Revista Prisma, Luanda, março 1968.

supleção ou substituição).

Assim o exprimiu Paulo VI no famoso discurso de abertura da segunda sessão do concílio ecuménico:

«... *Fenómeno singular: a Igreja, ao mesmo tempo que, procurando animar a sua vitalidade interior no Espírito de Cristo, se distingue e se desprende da sociedade profana, em que está imersa, vai, por outro lado, credenciando-se como fermento vivificante e instrumento de salvação desse mesmo mundo, e descobrindo e fortalecendo a sua vocação missionária, isto é, o seu destino essencial de tornar a Humanidade, quaisquer que sejam as condições em que ela se encontre, participante do Evangelho...»*

3 – Sem a presença do Cristianismo (evidentemente do autêntico e na autêntica modalidade!), o universo da Cultura seria um universo objetivamente inacabado e frustrado, como a Natureza Humana sem o «SUPLEMENTO DE ALMA» da Graça, que não destrói a primeira, antes a supõe e exige, mas também aperfeiçoa e leva à plenitude...

No livro por excelência dos "novos tempos" que é «O FENÓMENO HUMANO», escreveu Teilhard de Chardin sobre «O FENÓMENO CRISTÃO» (ed. portuguesa, Livraria Tavares Martins, pg. 330-331):

«...*Que quer dizer, pois, tudo isto, senão que ele (o Cristianismo) preenche todas as condições que temos o direito de esperar de uma Religião do Futuro, e, portanto, que doravante por ele passa verdadeiramente, como ele próprio o afirma, o eixo principal da Evolução?... Perante tanta perfeição na coincidência, ainda que eu não fosse cristão, mas tão-somente homem de ciência, creio que me faria tal pergunta».*

4 – Historiadores das Religiões (e lembro a notável e acessível síntese de Mircea Eliade, O Sagrado e o Profano, Enciclopédia LBL) e Psicólogos (entre os quais saliento o nome do Mestre Psicanalista de Zurique, C.G. Jung) deram finalmente razões aos teólogos e filósofos, mostrando, pela ciência, que a relação-abertura ao Divino seria tão essencial ao Homem, faz tão parte da sua estrutura ontológica, que nunca pode deixar de existir (ao menos ao nível do inconsciente...) e universalmente se manifesta em idênticos símbolos fundamentais. De tal modo que já não faltam autores

(como L. Bouyer) a sugerirem que o "ateísmo" significaria tal negação e desagregação da Personalidade individual e coletiva que não deixará de conduzir à alienação e à nevrose, na linha dos romances de Dostoievsky...

Que pretende ser o Cristianismo senão a realização total (e mesmo "suprareligiosa" e de certo modo "ateia"...) desta essencial, primitiva ou originária dimensão do Homem e da Humanidade?

5 – Problema vital e difícil (autêntica "Nova Reforma") é o problema da "Re-tradução-Re-incarnação" do Cristianismo no universo da Cultura Atual, o problema da "Re-atitude" em face do "Homem Moderno" ("secular", "laico", "cientifico", "adulto", "arreligioso", "ateu"...), problema (que é de Bultmann, de Tillich, de Bonhoeffer, de Teilhard de Chardin, do Vaticano II...) clamorosamente divulgado pela obra do bispo J.A. ROBINSON, Honest to God. UM DEUS DIFERENTE (trad. Portuguesa em Livraria Morais) e aprofundado brilhantemente no ensaio do teólogo evangélico HARVEY COX, The Secular City (trad. Francesa em Ed. Castermann: La Cité Profane).

Em palestra sobre as «Perspetivas da transmissão da Fé aos Não-Cristãos», o tão apreciado Professor do Instituto Superior Católico de Angola (Nova Lisboa). Dr. Jorge Sanches, frisou, muito a propósito, embora também muito adiante do ritmo da nossa sociedade e das nossas preocupações:

"... É o homem da "urbs" moderna, ou "tecnopólis", que se sente totalmente responsável pelo seu mundo e por si mesmo. O mundo é a cidade do homem em que o homem é responsável pelo homem. É a época da URBANIZAÇÃO, que significa igualmente a época da SECULARIZAÇÃO.

Talvez aqui se possa perceber melhor o chamado fenómeno de DESCRISTIANIZAÇÃO. Não será afinal uma simples visão, ainda muito provinciana e por isso anacrónica do fenómeno mais geral de SECULARIZAÇÃO ou DESSACRALIZAÇÃO? E, paradoxalmente, não seria descristianização mas possibilidade de um mais autêntico cristianismo...

Tomemos como fio condutor a semântica das palavras. URBANIZAR, semanticamente, equivale a DES-PAGANIZAR. A palavra PAGÃO, na sua incidência e conteúdo histórico, opõe-se a CRISTÃO, devido à coincidência

– *casual ou intrínseca? – de o cristianismo ter começado nas cidades e só pelo século IV ter começado a sério nos "Pagi". Mas não foi aqui que o Cristianismo se coloriu – demasiadamente? – daquela religiosidade, que, ao fim e ao cabo, é que está a ser destruída? Não vamos assim ao encontro do facto de que a 'Fé' se está a despojar dos seus invólucros (e o "religioso" é o mais tenaz e o mais delicado de manusear…), o que lhe permite ser cada vez mais missionária? E missionária precisamente para o nosso tempo, o tempo da SECULARIZAÇÃO…"*

6 – Gostava, finalmente, e sem me contradizer, de aludir a um duplo fenómeno, muito generalizado na velha Europa e que era necessário, a todo o custo, impedir nos jovens Cristianismos Africanos.

O primeiro é o que chamarei INFANTILISMO DE CRISTÃOS CRONOLÓGICA E CULTURALMENTE ADULTOS.

Muitos cristãos, adultos e cultos, são, globalmente considerados, verdadeiros "monstros": cresceram em todas as dimensões, exceto na dimensão religiosa… Quem não vê as trágicas consequências individuais e comunitárias de uma tal anormalidade?

Introduzirei o segundo fenómeno com uma pergunta: acham absurdo existir um país com 100% (ou quase e, às vezes, dir-se-ia até que mais…) de "cristãos" que seja, não obstante, uma terra "pagã"?

Um país em que as mais válidas manifestações da Cultura Humana (literária, filosófica, cientifica, artística, socioeconómica, política, desportiva…) não se encontram "animadas" do espirito cristão (evidentemente do autêntico e na autêntica modalidade, volto a repetir) deve chamar-se uma terra pagã; os factos mostram que uma tal aberração não é só do reino das hipóteses. Valeria a pena, se necessário (e é necessário!), fazer um esforço suplementar, para que, nas terras em inícios de promoção cultural moderna como a terra de Angola, se evite este "mau caminho", de influências tão radicais e nefastas sobre o futuro como as influências do "pecado original" sobre a Humanidade.

7.

Dos resultados ao Resultado
do Concílio Ecuménico Vaticano II*

O Concílio Ecuménico Vaticano II é, certamente, a maior graça do nosso tempo feita por Deus à sua Igreja e, mediante ela, a toda a Humanidade. Graça omnitotidimensional e cuja atuação não só não terminou como verdadeiramente só principiou no momento em que os Padres Conciliares entregaram a toda a Igreja esse englobante programa de ação eclesial que constitui a englobante tarefa da Igreja dos nossos dias, da Igreja que são todos os cristãos, da Igreja que somos todos nós. Os cristãos fazem exames de consciência sobre muitas coisas, até de importância duvidosa e secundária; quantos se lembraram de se examinar já sobre a sua existência eclesial conciliar e pós-conciliar, nas suas ativas responsabilidades santificantes, apostólicas, missionárias, ecuménicas, humanistas, cristãs?...

A relação da Igreja ao Mundo contemporâneo (mundo da ciência e da técnica, da evolução e da história, da cultura e do progresso, da unidade pluralista, da socialização, da subjetividade, do humanismo...) tornara-se, aliás explicavelmente, uma atitude de marasmo, de afastamento, de condenação, de anátema... Graças a Deus que houve a "oportunidade bíblica" de João XXIII; graças a Deus que houve e há a "oportunidade bíblica" do Concílio e do Pós-concílio...

Mas como há de a Igreja (quer dizer nós) levar a cabo a solução desses problemas, que encerram todos os demais? Recorrendo a um meio, que encerra, igualmente, todos os demais e que, virtualmente e como por

* Em: Revista PORTUGAL EM ÁFRICA, II Série, Vol. XX, V, Jan-Fev. 1967.

acréscimo, é a solução desses e todos os outros. Esse meio é a Reforma geral e total da Igreja, que se explicitará nas várias reformas parciais (litúrgica, bíblica, espiritual, pastoral...) e é um dinamismo constante da Igreja, no sentido de constantemente atingir ou re-atingir a sua "Forma", cuja identidade e unidade não contradiz mas implica as diversidades infinitas de incarnação-assunção dos tempos e lugares. Objetivamente, a Reforma não consiste numa restauração de sabor arqueológico, estético ou romântico de saudosismo passadista, nem numa revolução de tipo anárquico que determinasse um início absoluto, nem ainda num conjunto de receitas de aplicação mágica infalível, a tentação facilista sempre dececionante; consiste numa renovação primordial, num aprofundamento da natureza da Igreja na linha espiritual e purificante da "Tradição", numa omnitotidimensional "Refontalização", que é um regresso às fontes, aos princípios, às origens..., regresso não de ordem material, cronológica ou geográfica, mas de ordem propriamente intencional ou ontológica. A fonte, a origem, o princípio..., a que é necessário constantemente regressar, é o Espirito de Cristo, o Espirito do Evangelho, que, se for autêntico e para ser autêntico, assumirá – incarnará, no século XX, de maneira diversa, toda a realidade do século XX, não a receando ou condenando, mas salvando... Exatamente, a autêntica refontalização não impede, ao contrário facilita, exige, e, só ela, possibilita a autêntica adaptação-atualização, aquele "Aggiornamento" de João XXIII, que, para além do alcance fenoménico e quase jornalístico imediato, significa a virtude e a característica essencial do cristianismo de progressiva incarnação da humanidade. Assim se encontram relacionadas as duas categorias centrais do Concílio e do pós-concílio, "Ressourcement" e "Aggiornamento": refontalização em ordem à adaptação, atualização total mediante uma total principialização. É uma outra maneira de o Senhor nos lembrar a admoestação evangélica: "Uma só coisa é necessária... Procurai o Reino de Deus e a sua justiça e tudo o mais vos será dado por acréscimo". (Tudo o mais: a Re-unidade da Igreja, a sua Re-presença ao Mundo contemporâneo, etc.; por isso, não sem razão à graça da Reforma se chama a graça "primordial" da cairologia conciliar e pós-conciliar).

Dum ponto de vista mais subjetivo (como atitude pessoal intrínseca), a única Reforma válida é a educação-iniciação eclesial-teológica (como totalidade, como espirito, como ritmo existencial...), que é possível, mesmo sem as reformas objetivas, aliás necessárias, e sem a qual, estas, ainda as melhores, resultarão em pura perda.

Muitos se perguntam, com interesse louvável mas nem sempre esclarecido: quais são, afinal, os resultados do Concílio? E enquanto alguns procuram alegrar-se com as reformas litúrgicas, etc., outros não deixam de sentir e eventualmente exprimir uma inegável desilusão... Uns e outros são vítimas de erros profundos de perspetiva. O resultado único-essencial do Concílio foi levar todos os cristãos a colocarem-se em "estado de Concílio", o que significa em "estado de Reforma", em "estado de Evangelho", em "estado de Missão-Apostolado", mais originariamente ainda, em "estado de Igreja".

É da tomada prática de consciência desta verdade elementar que dependem todos os resultados do Concílio e do Pós-concílio. Melhor: esse é que é o único Resultado que valha a pena. Tudo o mais não passa de marginalidade. E não é com o paliativo ou a ilusão de marginalidades que se hão-de resolver os autênticos e eternos problemas da Igreja, do Homem e do Mundo.

8.
Aggiornamento Vaticano II em Angola*

Em Pastoral Coletiva sobre o Concílio Ecuménico Vaticano II
(9 Fevereiro 1966), o Episcopado de Angola urgia todos os cristãos
assumirem, adultamente e ativamente, todas as suas responsabilidades
eclesiais e mundanas, nesta "hora" única para a Igreja e para o Mundo:

*"Ao dispersarem-se, em 8 de Dezembro de 1965, os Padres Conciliares
levavam consigo a certeza de que ia começar verdadeiramente a grande obra
que determinara a sua convocação, a renovação da Igreja pela consciência
plena de si mesma e da sua função pastoral e pela busca incessante da
Unidade, sob a ação invencível do Espírito Santo.*

*PORQUE A OBRA É DA IGREJA, ELA É DE TODOS NÓS. NÃO
FRUSTREMOS AS ESPERANÇAS DA HUMANIDADE..."*

Eis três momentos e factos, de maneira nenhuma exaustivos ou
exclusivos, do essencial AGGIORNAMENTO VATICANO II da Igreja e
da Missão em Angola.

1. NO PRINCÍPIO, OS COLÓQUIOS DE PASTORAL
    O grande princípio de tudo, princípio ainda mais ontológico que
    cronológico, foram os "COLÓQUIOS DE PASTORAL SOBRE A
    REFONTALIZÇÃO E A ATUALIZAÇÃO CONCILIARES DA
    IGREJA EM ANGOLA", realizados, em Nova Lisboa, de 12 a 15
    de abril e, em Benguela-Lobito, de 11 a 16 de julho de 1966, que
    anunciei, jovem dinâmica e prospectivamente, como segue:

---

* Em: Jornal "Acção Missionária", número especial sobre os 100 anos da presença da Congregação do
Espírito Santo em Angola (1866-1966), agosto-setembro 1968.

"A Igreja em Angola quer, conscientemente e consequentemente, entrar no ritmo iniciado pelo Vaticano II e atuar o seu espirito de omnitotidimensional REFONTALIZAÇÃO ("Ressoucement" em ordem à omnitotidiensional ATUALIZAÇÃO ("Aggiornamento").

Com estas intenções de fidelidade e de abertura, repensaremos as nossas atividades e mentalidades pastorais, lucidamente dispostos a reformarmo-nos com toda a Igreja Una, Santa, Católica e Apostólica.

A Refontalização e a Atualização Conciliares darão à nossa Pastoral a unidade, profundidade e catolicidade (em suma, eclesialidade), que a tornarão plenamente estruturada, substancial e incarnada na Realidade Angolana".

Em 1967, os Colóquios de Pastoral realizaram-se na modalidade de uma "ASSEMBLEIA PASTORAL DO PRESBITÉRIO DE NOVA LISBOA" (28-31 Março) e, em 1968, de 28 a 31 de Maio, sobre o tema "CRISTIANISMO E INCARNAÇÃO EM ANGOLA". Os resultados efetivos irão mostrando a autenticidade de um tal "princípio" e a maturidade da Igreja nesta terra de África.

2. INSTITUTO SUPERIOR CATÓLICO DE ANGOLA

No dia 16 de junho de 1966, o Senhor Bispo de Nova Lisboa, D. Daniel Gomes Junqueira, publicava o seguinte documento de ereção do Instituto Superior Católico:

"I – Uma das primeiras e mais específicas intenções do Concílio Vaticano II foi a de tornar o Cristianismo presente ao Mundo Contemporâneo, podendo dizer-se que o seu último documento, constitui, em muitos aspetos, a finalidade, a síntese e a plenitude de todos quantos o precederam. E o facto de novas modalidades haverem sido marcadas a esta presença do Cristianismo no Mundo, que se tornou, mais conscientemente, uma atitude de respeito, de serviço, de diálogo, de testemunho e de informação espiritual, só aumenta a urgência e a complexidade da tarefa.

II – Entre as necessárias presenças do Cristianismo, a presença ao polidimensional universo da Cultura é, certamente, a mais fundamental e de maiores incidências, na medida em que o universo da Cultura consubstancia e condiciona todas as atividades propriamente humanas. O que, se é válido em todos os tempos e lugares, é-o especialmente num tempo e num lugar como os de Angola, onde tudo assume proporções únicas de graças ou desgraças originais, de consequências imprevisíveis. Assim, não podemos deixar de louvar e estimular todas as Pessoas que se dedicam a um trabalho tão meritório.

III – Por todas estas razões e, exatamente, em ordem à animação-complementação cristã da Cultura, a um nível superior ou universitário: Em ação de graças pelo vigésimo quinto aniversário do nosso Episcopado e pelo centenário da chegada dos Missionários do Espirito Santo a estas terras de Angola:
Como fruto dos primeiros "Colóquios de Pastoral sobre a Refontalização e a Atualização Conciliares da Igreja em Angola", realizados, em Nova Lisboa, de 12 a 15 de abril de 1966;
Usando dos nossos poderes ordinários, HAVEMOS POR BEM ERIGIR CANONICAMENTE O INSTITUTO SUPERIOR CATÓLICO, com sede em Nova Lisboa e regendo-se pelo Programa e Estatutos anexos a esta Portaria".

Os programas do Instituto Superior Católico englobam o Curso de Teologia, o Curso de Pastoral, o Curso de Cultura Religiosa, os Cursos de Mundividência Cristã e os Círculos de Estudos Superiores; e é sobretudo responsabilizante o facto evidente de o Instituto Superior Católico constituir a "realização institucional maior" e de maiores consequências culturais do Aggiornamento Vaticano II em Angola.

3. EDITORIAL COLÓQUIOS
    Em janeiro de 1968, aparecia o primeiro volume da EDITORIAL COLÓQUIOS, (A.F. Santos Neves "ECUMENISMO EM ANGOLA, DO ECUMENISMO CRISTÃO AO ECUMENISMO UNIVERSAL", 384 páginas) e que, no início, assim apresentava as intenções da mesma:

"I – Orientada e administrada pela Direção do Instituto Superior Católico, a EDITORIAL COLÓQUIOS pretende lançar, em Angola e para Angola, uma BIBLIOTECA DE CULTURA PASTORAL, no sentido largo e pleno: uma biblioteca de livros reflexivo-prospetivos da presença-atuação dos cristãos e dos homens de boa vontade na Sociedade Angolana, em todos os aspetos e dimensões, ao ritmo dos tempos da Igreja e do Mundo e no espírito evangélico do Segundo Concílio Vaticano.

II – Explicitando e exemplificando, a EDITORIAL COLÓQUIOS será uma editorial:
- BIBLÍCO-LITÚRGICA, ou fundada no "princípio" eterno de toda a Pastoral, que é a Palavra de Deus e o seu "Evangelho"...
- APOSTÓLICO-SOCIAL, ou que exprima o serviço-testemunho de "Caridade" de todos os cristãos e de todos os homens...
- ECUMÉNICA, ou de e para todas as Igrejas Cristãs, em ordem ao Ecumenismo Universal...
- MISSIONÁRIA, ou ocupada com a realização do Desígnio Salvado de Deus, na situação angolana e em todo o Mundo...
-PSICO-SOCIOLÓGICA, ou cientifico-teologicamente determinada pelo total universo humano de Angola...
- MUNDANO – ANTROPOLÓGICA, ou em atitude de respeito, de diálogo e de serviço de todos os homens e do homem todo, de defesa e promoção da liberdade, responsabilidade e dignidade da Pessoa Humana em Angola.

III – A EDITORIAL COLÓQUIOS desejaria constituir o início real e o símbolo eficaz de uma INCARNAÇÃO AUTENTICAMENTE ANGOLANA DA IGREJA UNA – SANTA – CATÓLICA – APOSTÓLICA E DA CIVILIZAÇÃO AFRICANO – PLANETÁRIA, o início real e o símbolo eficaz da adultez cultural do Humanismo e do Cristianismo da "Angola deste – tempo – para – o – tempo - futuro".

Se entendido em essencial relatividade ao Evangelho (absolutizá-lo seria apenas uma nova idolatria...) e não como limite mas como princípio e farol de um dinamismo de "Re-forma" que nunca terminará, o Vaticano II consubstancia e pode afirmar-se a "GRAÇA DE DEUS EM NOSSO TEMPO"; e é sempre trágico, sejam quais forem as "boas" razões e as "boas" motivações, ser indiferente ou infiel à Graça de Deus que até pode não voltar...

9.

O Dia Mundial das Comunicações Sociais[*]

A grande e mesmo única tarefa da Igreja é estar presente ao Mundo. A Igreja é só isso, mas deveria ser tudo isso: o Envio ou o Apostolado ou a Missão do Amor de Deus, manifestado-realizado em Cristo, para ir testemunhando e efectivando esse mesmo Amor de Comunhão entre a Humanidade. Estar aberta ao Mundo, dialogar com o Mundo, não é, para a Igreja, facultativo ou acidental; é questão de ser ou não ser. A Igreja ou é Igreja-para-o-Mundo ou não é de nenhum modo. É pena que muitos ainda não hajam descoberto todo o alcance das «Mensagens do Concílio Ecuménico Vaticano II à Humanidade» nem a razão por que o seu último documento, síntese e intenção de todos quantos o precederam, foi uma «Constituição Pastoral sobre a Igreja no Mundo Contemporâneo.

Nesta perspectiva, essencial e total, se deve situar a celebração do «Dia Mundial das Comunicações Sociais» «imprensa, rádio, televisão, cinema..., a que se dá o nome de «mass-media»). Perspectiva, em que se podem distinguir vários aspectos complementares e igualmente importantes.

O primeiro aspecto é um convite à lucidez e ao realismo, que sempre exigem um esforço, sobretudo quando pressupõem desinstalações não isentas dos perigos das novas realidades. O Mundo Contemporâneo é o mundo das Comunicações Sociais. É por elas e nelas que o Mundo se vai tornando UM mundo e se vai tornando HUMANO. A planetarização é, concretamente, sinónimo de humanização. E esta planetarização humanizante ou humanização planetária é obra dos Meios de Comunicação

---

[*] Luanda, maio 1967, em: "Rádio Ecclésia" e Jornal "O Apostolado".

Social. Tal é o Mundo do século XX, o único real, o único que pode e deve receber da Igreja aquela informação ou animação, sem a qual, aliás, nunca passará de um cadáver ou de um aborto. (Mas também a Igreja, sem este Mundo, nunca passará de um projecto falhado e sem conteúdo). O Mundo Humano, exactamente porque humano, é um Mundo de História e de Históricidade; conscientemente e consequentemente, a Igreja 1967 quer ser a Igreja do Mundo 1967, a Igreja do Mundo das Comunicações Sociais...

Esta presença da Igreja ao Mundo-Mundo-das-Comunicações-Sociais realiza-se em dois momentos, que é tão necessário distinguir um do outro como um e outro urgentíssimamente actuar e que derivam da dupla dimensão da Realidade Igreja, «Instituição Salvadora» e «Comunidade de Salvados». Como «Instituição Salvadora», a Igreja deve tomar consciência da autonomia da Sociedade Humana, cuja independência e leis próprias deve respeitar, promover e servir. Tal o sentido das palavras de Paulo VI no famoso e programático discurso de abertura da segunda sessão do Concílio Ecuménico: «... Fenómeno singular: a Igreja, ao mesmo tempo que, procurando animar a sua vitalidade interior no Espírito de Cristo, se distingue e se desprende da Sociedade profana, em que está imersa, vai, por outro lado, credenciando-se como fermento vivificante e instrumento de salvação desse mesmo mundo, e descobrindo e fortalecendo a sua vocação missionária, isto é, o seu destino essencial no sentido de tornar a humanidade, quaisquer que sejam as condições em que ela se encontre, objecto da sua apaixonada missão evangelizadora...».

O fim da chamada «era de Constantino» e o fim da «Cristandade» não excluem ou dispensam, antes exigem, condicionam e possibilitam uma presença mais pura e mais profunda da Igreja à Sociedade Moderna, .uma presença mais pura e mais profunda às Comunicações Sociais: presença de testemunho, de orientação, de serviço espiritual. De serviço espiritual, mas Presença; presença, mas de serviço espiritual. A dupla eterna tentação de domínio e de absentismo deve ser igualmente superada.

Tanto como «Instituição Salvadora», a Igreja é a «Comunidade dos Salvados», a Igreja é todos o Povo de Deus, a Igreja são todos os Cristãos, a

Igreja são todos os Leigos. E o Concílio Ecuménico resumiu a natureza da actividade do Povo de Deus na pregnante frase da Tradição: «Aquilo que a alma é no corpo, sejam os cristãos no Mundo». É no Mundo, realidade consistente, positiva e autónoma, é no Mundo das Comunicações Sociais, é no MUNDO-MUNDO que os cristãos devem viver e agir como cristãos, animando, por dentro e de dentro, esse Mundo-Mundo com os princípios, melhor ainda, com a semente, com o fermento do Evangelho. Não é outro o Apostolado essencial, próprio e insubstituível dos Cristãos, em que a ameaça de um eclesialismo que nada tem de eclesialidade e de um mundanismo que nada tem de mundanidade não é apenas imaginária... Quando teremos cristãos suficientemente adultos para serem eclesiais sem serem clericais, para serem mundanos sem serem mundanistas, para serem leigos sem serem laicistas?

O Mundo Contemporâneo, o Mundo das Comunicações Sociais espera e anseia por estes Cristãos adultos; e só estes Cristãos adultos interessam ao Mundo Contemporâneo, ao Mundo das Comunicações Sociais, Cristãos de sacristia ou Cristãos sem Evangelho, nem a Igreja nem o Mundo sabem que fazer deles.

E os Meios de Comunicação Social têm algo mais a dizer à Igreja do nosso tempo. É tarefa primordial da Igreja anunciar o Evangelho, proclamar a Palavra eficaz e salvadora de Deus. Esta sua missão «profética» é o princípio eterno da sua actividade sacerdotal de unir o homem a Deus e da sua actividade real de servir o Mundo. Mas quem não vê que é pelas Comunicações Sociais que a Igreja tem, modernamente, de realizar esta sua missão fundamental?

De S. Paulo foi dito que, a viver em nosso tempo, seria jornalista (radialista, cineasta, etc.); em todo o caso, não pode haver dúvidas que a Voz de Deus, em nosso tempo e para o nosso tempo, tem de fazer-se ouvir por estes meios que são os meios de comunicação entre os homens, em que a Palavra Divina incarnou e se adaptou, em todas as suas condições e consequências. Nos Profetas Bíblicos há uma expressão de sublime antropomorfismo, que diz assim: «A boca do Senhor falou». Os Meios de Comunicação Social, a imprensa, o cinema, a rádio, a televisão..., eis a

«Boca de Deus» em nosso tempo...; os Meios de Comunicação Social eis o meio que, finalmente, permitirá à Boa Nova ou Evangelho de (que é) Nosso Senhor Jesus Cristo chegar a todo o Universo.

Oxalá, em todo o Mundo e em Angola, os cristãos saibam descobrir e sejam inteiramente fiéis ao grande «Sinal dos Tempos» dos «Meios de Comunicação Social, para a glória de Deus que é o serviço da Humanidade.

10.

Ecumenismo em Angola: do Ecumenismo Cristão ao Ecumenismo Universal[*]

Manifesto Político do Eumenismo em Angola 1968[**]

a) Princípio da "autodeterminação / independência nacional"

Não pode haver tradições ou histórias ou doutrinas ou estratégias, ainda menos leis ou decretos ou discursos, que justifiquem a negação ou a supressão do direito inalienável de qualquer povo à independência, ou, mais exactamente, a escolher e a orientar, por si mesmo, a sua maneira de existir em comunidade e na comunidade das Nações.

Todas as declarações dos «Direitos do Homem» confirmam tal direito e na sua ressurgência viu o Papa João XXIII, na encíclica «Pacem in Terris», um dos primeiros «sinais dos tempos» para todos aqueles que se dizem cristãos:

«...Uma vez que todos os povos já proclamaram ou estão para

---

[*] Angola, Editorial Colóquios, 1968.

Desta obra, que foi, cronologicamente, o primeiro livro pleno do autor e que, por todas as razões, se pode considerar um livro eminentemente socio-teológico, teo-sociológico e político (a PIDE até confundiu "ecumenismo" e "comunismo" e nele se publicaram, como documentos, textos tão político-revolucionários, na Angola e Portugal daquele tempo, como "A Declaração dos Direitos do Homem e do Cidadão da Revolução Francesa de 1789", a "Declaração Universal dos Direitos Humanos de 1948 da ONU" e a "Encíclica Pacem in Terris" do Papa João XXIII...) permitimo-nos citar, além da "Separata" correspondente aos capítulos V e VI "misteriosamente" desaparecidos durante a impressão do livro (CF. ADIANTE, Nº11), por um lado, um breve comentário do jornalista Rola da Silva para o jornal "A Província de Angola" (evidentemente proibido pela censura) intitulado "Coisa Rara: a Coragem como é dita" (cf. "Epílogo" do presente livro) e, por outro lado, o "Manifesto Político do Ecumenismo em Angola 1968" e o prefácio da re-edição de 2005, intitulado "Para uma Epistemologia do Ecumenismo: a Rotura Ecuménica Primordial".

As citações são feitas a partir da reedição pelas Edições Universitárias Lusófonas, Lisboa, 2005.

[**] o.c., pp. 62-65.

proclamar a sua independência, já não existirão, dentro em breve, povos dominadores e povos dominados. Os homens de todos os países ou já são cidadãos de um Estado independente ou estão para sê-lo. Hoje comunidade alguma de qualquer raça sofre estar sujeita ao domínio de outrem...».

Sem se ignorarem, simplistamente, as dificuldades e implicações da concreta situação portuguesa e angolana (e os laços que o neo-imperialismo-neo-colonialismo esconde sob todas as independências), era mais que tempo que todas as Igrejas cristãs em Angola proclamassem a sua palavra inequívoca sobre o direito das gentes angolanas à autodeterminação política e à independência nacional. O que implicaria, necessariamente, o reconhecimento dos *"movimentos de libertação angolanos"* que, mais propriamente desde 1961, lutam pela sua aquisição. Na ausência desta palavra e reconhecimento e na presença, ao contrário, de um «constantinismo» e «colonialismo» anacrónicos, o cristão e homem angolanos devem fazer apelo a uma lucidez e coragem maiores.

b) Princípio da "Socialização"

A independência nacional, por mais essencial que deva afirmar-se, não pode constituir (sob pena de ser, ela também, um alibi alienante) senão um começo da «*revolução humana*», que, de maneira global, transforma as estruturas e superestruturas da sociedade, convertendo-a numa «*casa habitável*» ou numa «*terra dos homens*», em que estes deixam de ser «*objetos*» para se tornarem «*sujeitos*», em que o motor deixa de ser o «*lucro*» de uns tantos para tornar-se o «*serviço*» de todos, em que cesse, de uma vez para sempre, a desigualdade das chances e a «*exploração do homem pelo homem*». Esta «*Revolução*», que tende à realização última de uma Humanidade, «*em que tudo será de todos segundo as suas capacidades para todos segundo as suas necessidades*», recorda inevitavelmente a comunidade dos primeiros cristãos descrita no livro bíblico dos «*Atos dos Apóstolos*» (em que "*todos tinham tudo em comum...*") e só ela é que poderá atuar aquele «*desenvolvimento de todos os homens e do homem todo*», a que Paulo VI dedicou a encíclica «*Populorum Progressio*», em que não hesita afirmar:

«*...Há, sem dúvida, situações injustas a bradar aos céus... e grande* *é a tentação de repelir com a violência tais injúrias à dignidade humana e de estender a insurreição revolucionária para além do caso de tirania evidente e prolongada que atinge gravemente os direitos fundamentais da Pessoa Humana e do bem comum do País. Quereríamos não ser mal-entendidos: a presente situação deve ser enfrentada corajosamente e as suas reais injustiças combatidas e vencidas. O desenvolvimento exige transformações audaciosas e profundamente renovadoras. Reformas urgentes devem ser empreendidas...» (nn. 30-32).*

c) Princípio da "Democracia"

«*Democracia*», em seu núcleo e em sua essência, é apenas o efeito (e a causa) do reconhecimento, teórico e prático, da dignidade da Pessoa Humana, Pessoa Humana que constitui o princípio, o meio e o fim, o objeto único e o único sujeito, o valor e o critério supremos e incondicionais de todas as atividades e de todas as verdades do universo. É toda a moderna (e cristianíssima) «*revolução copernicana*» da subjetividade antropológica, que divinamente humanizará e humanamente divinizará a face da terra.

Tal «*democracia*» nada ou pouco tem a ver com esta ou aquela forma de governo (haverá «*Monarquias*» democráticas e «*Democracias*» totalitárias) e vai muito além dos métodos de regência dos Povos, estendendo-se a todos os setores e aspetos da Sociedade Humana, onde é sinónimo de adultez, saúde, normalidade, dignidade, êxito final. Onde quer que ela falte (na Igreja ou no Mundo, nas instituições ou nas empresas, nas fábricas ou nas escolas...), falta inevitavelmente o Homem e inevitavelmente aparecerão os subprodutos, sub-humanos e sub-humanizantes, que se chamam intransigência, intolerância, autoritarismo, fanatismo, integrismo, violência, campos de concentração, etc. etc. etc. (podem alinhar-se aqui as universais desgraças da Igreja e do Mundo, passadas, presentes e futuras).

"*Democratização das Mentalidades*" em ordem à "*democratização da Sociedade*", neste sentido essencial e pleno, e sejam quais forem os seus nomes, etapas e concretizações («*Liberdade-Igualdade-Fraternidade*»,

103

«*direitos do homem*», «*promoção das massas*», «*desenvolvimento dos povos*», «*socialismo*», «*contestação*», «*emancipação da mulher*», «*liberdade religiosa e política*», etc.), eis o ser ou não-ser do Homem, eis o «*único necessário*» de que tudo o mais virá por acréscimo e que jamais todos os acréscimos do mundo poderão substituir, a não ser ilusoria e até contraproducentemente.

Para uma Epistemologia do Ecumenismo: a "Rotura Ecuménica Primordial"*

Algures no presente livro, aludindo à conhecida "*Rotura Epistemológica*" que significa o abandono das "certezas" e "evidências" do senso comum e que, segundo o filósofo e historiador das ciências, Gaston Bachelard, era a condição *sine qua non* para qualquer conhecimento científico digno desse nome, sugeria eu já a necessidade de, também nas questões do Ecumenismo, romper com todas as "certezas", "evidências" e "verdades únicas", para se poder chegar a qualquer Ecumenismo que valha a pena.

Na epistemologia das ciências, não se avançou verdadeiramente até ao momento em que, de facto, se deu o que, a partir dos anos 80, venho apelidando de "*Rotura Epistemológica Primordial*" e que, da maneira mais sintética e substantiva, consiste na passagem de uma conceção monoparadigmática, centralista e imperialista de uma qualquer área científica a uma conceção pluralista, universal e democrática de todas as ciências, que se tornam, literalmente, todas iguais (em dignidade e valor científico) sem deixarem de ser todas diferentes (nos seus métodos e objetos), podendo, assim e só assim, instituir um verdadeiro diálogo que se costuma designar por interdisciplinaridade. Também assim e só assim deixou de haver, a nível epistemológico, os cientistas propriamente ditos e os impropriamente ditos, os "duros" e os "moles", os "verdadeiros" e os "falsos", os "bons" e os "maus", os "sérios" e os "assim assim", etc.

---

* Prefácio da reedição 2005 do livro citado de Fernando dos Santos Neves, Do Ecumenismo Cristão ao Ecumenismo Universal, Edições Universitárias Lusófonas.

Mutatis mutandis, competirá à "Epistemologia do Ecumenismo" efetuar uma *"Rotura Ecuménica Primordial"*, que faça passar todos os sujeitos (indivíduos e grupos, igrejas e comunidades) de uma conceção monoparadigmática, centralista e imperialista a uma conceção pluralista, universal e democrática da verdade, de modo que tais sujeitos se sintam aquilo que realmente são, todos diferentes (nas suas crenças e convicções) e todos iguais (na sua dignidade e direitos). E isto, quer a nível do *"ecumenismo primário"* (relações entre as diversas igrejas cristãs), quer a nível do *"ecumenismo secundário"* (relações entre as diversas religiões) e do *"ecumenismo terciário"* (relações entre os diversos seres e grupos humanos, a que dei o título de "Ecumenismo Universal").

No momento em que Hans Küng lúcida e famosamente distinguiu os três círculos ascendentes, prospectivamente, do *"ecumenismo cristão"* (entre as diversas igrejas cristãs), do *"ecumenismo religioso"* (entre as diversas religiões) e do *"ecumenismo humano"* (entre as diversas sociedades), não escondo a minha satisfação por, já no ano de 1968, ter conscientemente subintitulado este que também foi, em absoluto, o meu primeiro livro: **"Ecumenismo em Angola, Do Ecumenismo Cristão ao Ecumenismo Universal"!**

A presente "Reedição", não obstante todos os aligeiramentos de escrita, de linguagem e de anexos, não quer ser e não é um novo livro (**de propriamente novo apenas o "Prefácio" e o "Posfácio"!**) e, paradoxalmente, sob muitos aspetos essenciais, é mesmo uma edição mais fiel à edição original que a reedição de 1975, na Editorial Colóquios, sob o título *"Para um Ecumenismo Omnitotidimensional em Angola".*

Situando-se em Angola e nos anos 60, no momento em que as minhas atividades socioculturais nesse país africano eram seguidas e perseguidas com desconfiança pelas autoridades eclesiásticas, civis e policiais de Angola, e eram, em Paris, capital de todas as Culturas e de todas as Revoluções, com alguma simpática sobranceria qualificadas pelo grande intelectual português Alfredo Margarido na revista *"Le Mois en Afrique, Revue d'Etudes Politiques Africaines"*, de iniciativas próprias de *"socio-teólogos"* (os outros *"socio-teólogos"* sendo, para o caso, os meus companheiros de trabalho e de trabalhos Jorge Sanches e Waldo Garcia), este livro, que, repito, foi o meu primeiro livro propriamente dito, poderá e deverá, na para mim agradável opinião de muitas testemunhas da época, ser lido com interesse não meramente documental em Angola, em Portugal, nos Países Lusófonos e outros, e designadamente nessa nação globalizada por excelência até por razões de etimologia, que é a nação universal (ou *"católica"*) de todas as Igrejas Cristãs.

Por isso aceitei deixá-lo reeditar em 2005, com a mesma afetividade de então e com a mesma intenção de contribuir para que Angola se torne, finalmente, uma *"terra ecuménica"*, ou seja, uma *"terra habitada e habitável"*, e até, como tenho escrito, um *"país de referência"* para toda a África e para todos os Países e Povos Lusófonos...

11.

O "Momento Ecuménico" do Protestantismo e do Catolicismo em Angola 1968[*]

1) *História simbólica das Missões Protestantes*[**]

A maioria dos leitores tem (ao menos em possibilidade de fácil atuação) um conhecimento razoável do que foram e são as missões Católicas em Angola; talvez o mesmo não se possa dizer relativamente às Missões Protestantes, pelo que não julguei impertinente delas oferecer alguns breves dados estatísticos e históricos. É uma primeira homenagem (embora apenas simbólica) aos trabalhos evangélicos destes irmãos, que vão celebrar também, dentro de pouco, o centenário; é, sobretudo, a primeira condição para o diálogo ecuménico, indispensável, entre todos os cristãos que trabalham na Igreja e na Missão de Angola.

a) Data de 1878 a chegada ao norte de Angola dos primeiros Missionários Protestantes, da Sociedade Baptista: George Grenfell (1848-106) e Thomas Comber (1852-1887). Em 8 de Agosto, eram recebidos pelo rei do Congo, D. Pedro V, em S. Salvador, que lhes ofereceu um terreno vizinho da antiga Missão Católica. Em menos de 10 anos, estava formada uma igreja; 30 anos depois, escrevia Thomas Lewis o seguinte comentário sobre estes princípios da Missão Protestante em Angola:

---

[*] Texto completo da "Separata" correspondente aos capítulos V e VI do livro "**Ecumenismo em Angola: Do Ecumenismo Cristão ao Ecumenismo Universal**",(Editorial Colóquios, Angola 1968), que, como já foi dito, misteriosamente desapareceram durante a impressão do livro.

[**] Servir-me-ei, mais imediatamente, de uma pequena brochura de L.W. Henderson, The Protestant Church in Angola. O autor, missionário protestante em Angola, é exemplo do cristão notavelmente culto e notavelmente ecuménico.

"Não impusemos nenhuma constituição formal a esta sociedade de cristãos. Contentámo-nos em dizer-lhes que havia um Novo Testamento e que Ele é que devia ser a regra e o guia da Igreja Cristã: não fomos mais longe, de sorte que a igreja nativa pudesse desenvolver-se por si mesma, segundo o génio africano..."

"Na formação desta nova igreja, tivemos cuidado em introduzir o menos possível o que quer que fosse "europeu". Chegámos mesmo a usar "kwanga", em vez do pão do homem branco, para a comunhão. Desde que o pão se tornou parte da alimentação nativa, começámos a usá-lo na Mesa do Senhor... O termo "Baptista" nunca se espalhou, porque sempre fomos conhecidos como a "Missão Inglesa".

Outras Sociedades Missionárias vieram trabalhar ao lado da Sociedade Baptista e todas realizaram diversas fundações. Desde que a zona se tornou zona militar (1961), as Missões Protestantes foram encerrando, de modo que, hoje, todo o pessoal missionário desapareceu e apenas três centros continuam um mínimo de atividade organizada. No entanto, pode afirmar-se que em nenhuma raça de Angola o Protestantismo se estabeleceu tão fundamente como entre os "Kikongo" destas regiões.

b) A 20 de Março de 1885, desembarcava em Luanda, com alguns missionários, o famoso bispo William Taylor, que, como alguém escreveu, tinha feito de todo o mundo a sua paróquia e tinha já trabalhado no Canadá, Austrália, Inglaterra, India, Chile, Bolívia, Peru, Costa Rica, Panamá, África do Sul..., e vinha agora, como "Bispo de África", tentar uma evangelização mais eficaz. Quando retirou, em 1896, o seu trabalho, em toda a zona do "Kimbundo", foi herdado pela Igreja Metodista, que estabeleceu os centros principais de atividade em Luanda e Malanje e, até ao presente, constitui a secção das Igrejas Protestantes mais bem organizada em toda Angola, embora os resultados propriamente religiosos não tenham sido extraordinários.

c) Em Outubro de 1879, era aprovado pelo "Conselho Americano para as Missões Estrangeiras" o restabelecimento da "Missão de África Centro-Ocidental", em sequência a uma relatório do Dr. John O. Means, que apresentava três razões para a escolha da escolha da região de "Bié e Cuanza":

1) Esta área ainda não se abriu ao comércio. Quando o Evangelho chega depois do comércio, tem de enfrentar um duplo inimigo: não somente os demónios do paganismo, que já são bastante maus, mas também os demónios ainda piores de uma civilização corrupta e sem princípios.

2) Esta área, donde vieram tantos escravos, falará de maneira especial aos cristãos americanos, que suportaram a escravatura.

3) Bié e Cuanza são facilmente acessíveis e saudáveis. Além de quem a densidade e a permanência da população e as suas relações com as tribos do interior tornam esta zona especialmente convidativa.

A 13 de Novembro, entravam no porto de Benguela os primeiros três Missionários: Ver. William Bagster, Ver. William H. Sanders, Mr. Samuel Taylor Millar. Depois de muitas peripécias e rudes golpes (o chefe da expedição, Ver. William Bagster, morria em 1882), em 1887 existia já uma igreja de Protestantes no Bailundo, e as diretrizes eram sensivelmente as mesmas dos primeiros Missionários na região do Congo:

"A minha intenção é convencê-los de que sobre eles cai a responsabilidade da obra de Cristo no Bailundo e de que nós estamos aqui só para ajudar. Não me considero o pastor desta igreja nem permito que me chamem assim; procuro mostrar-lhes que sou apenas um irmão mais velho e que eles terão o seu próprio pastor, em devido tempo."

Em 1950, quando festivamente foram celebradas as bodas de oiro, havia as seguintes missões e igrejas entre os "Ovimbundu": Bailundo (1881), Camundongo (1884), Chissamba (1886), Chilesso (1892), Elende (1906), Dondi (1914), Bunjei (1923), Lobito (1924); e os progressos continuaram depois, em todos os aspetos (ordenação de ministros, formação do "Conselho de Igrejas Evangélicas de Angola Central", etc.). O conjunto das numerosas Missões e Igrejas Protestantes do centro e sul de Angola chegou a atingir a cifra aproximada de 300.000 cristãos.

d) Antes de terminar este sumaríssimo quadro da Missão Protestante em Angola, juntaria ainda o seguinte:
- Os "Adventistas do sétimo dia", sobretudo a partir de 1961 e por razões de ordem política, des-solidarizaram-se das outras igrejas protestantes; aliás, do ponto de vista ecuménico são, em princípio, bastante deficientes
- De todas as Sociedades Missionárias Protestantes, a única alimentada por Missionários Portugueses é a "Sociedade Baptista" da região de Nova Lisboa, onde, desde 1936, trabalharam Manuel Ferreira Pedras e Esposa, deixando, ao partirem em 1963, uma igreja (material e espiritual) e vários centros de pregação.
- Entre todas as Missões Protestantes do Centro de Angola, merece especialíssimo relevo a "Missão Evangélica do Dôndi" (Bela Vista-Nova Lisboa), cujas múltiplas constituem, há muitos anos, impressionante testemunho da Caridade de Cristo a favor dos mais necessitados, material e espiritualmente.

Tenho entre mãos o "RELATÓRIO GERAL DA MISSÃO EVANGÉLICA DO DÔNDI, BELA VISTA, 1965" com minuciosas estatísticas relativas ao "Instituto Currie" (formação de rapazes), "Instituto Means" (formação de raparigas), "Seminário Emmanuel" (formação de pastores), Hospital, Escolas Primárias, Pastoratos, etc. Mais importante, porém, ainda que todo esse admirável trabalho é o espirito que o anima e que o citado Relatório assim traduz:

"Os resultados e benefícios colhidos da Acão desta Missão, que se podem medir já, aparecem nas estatísticas acima. Os mais importantes não se podem medir, tais como a conversão a Cristo, o crescimento espiritual, o fortalecimento da fraternidade cristã, et.. Damos a graças a Deus pela sua

imensa graça derramada sobre esta Missão durante o ano findo. Pedimos perdão pela nossa infidelidade e fraqueza.

"Tem-se aproveitado desta secção do Relatório Geral para expor os problemas que aparentemente impedem uma Acão mais eficaz da Missão. Estes problemas são já bem conhecidos:

1) falta de pessoal missionário; restrições nos movimentos dos missionários;

2) falta de reconhecimento de personalidade jurídica das entidades evangélicas;

3) impedimentos à matrícula dos alunos;

4) dificuldade dos alunos evangélicos em ingressar nos cursos oficiais de monitores e regentes escolares;

5) colocação de escolas rurais oficiais ao lado de escolas evangélicas, ainda que existam muitas áreas sem escola nenhuma;

6) falta de confiança mútua entre as missões e as autoridades;

7) falta de autorização para reuniões eclesiásticas; etc...

"*Criámos entre nós, evangélicos, um complexo de inferioridade, se não de perseguição ou de mártires. Isto não está certo. Se é verdade que todos os problemas que se costumam citar são reais e importantes, também é verdade que todos têm o seu aspeto positivo. Ou, para falar em linguagem mais bíblica e cristã: "... Sinto prazer nas fraquezas, nas injúrias, nas necessidades, nas perseguições, nas angústias, por amor de Cristo. Porque, quando estou fraco, então sou forte". (II Cor. XII, 10).*

"*A falta de pessoal missionário tem levado os dirigentes locais da Igreja a assumir muito mais responsabilidade. As maçadas das autorizações de deslocação ligam mais fortemente os missionários com o povo que conhece as mesmas maçadas constantemente. A separação do Estado e da Igreja nas escolas, hospitais, etc., produz uma Igreja mais forte e um povo mais responsável. (Muitos Católicos Romanos reconhecem que os seus "privilégios" têm prejudicado a vida espiritual e mesmo material daquela Igreja).*

"*Portanto, para findar estas observações, em sinceridade damos graças a Deus não só pelo privilégio que temos de continuar a testemunhar a*

Cristo – pregando, ensinando e curando nesta Província – mas agradecemos também os impedimentos e dificuldades, confiando que mesmo neles o Espírito de Deus opera para cumprir a sua Vontade".

Tenho também entre mãos o "RELATÓRIO GERAL ANUAL DA MISSÃO EVANGÉLICA DE ANGOLA, RAMO METODISTA" (1966), com igualmente pormenorizadas e impressionantes estatísticas de promoção escolar, social e religiosa. Particularmente esclarecedoras do momento ecuménico da Igreja em Angola são estas "CONSIDERAÇÕES" finais, que transcrevo:

"Pelo que fica exposto se compreenderá que o trabalho tem alcance e projeção e como é natural cada dia requer mobilidade de movimentos visto que tudo quanto progride cria maiores necessidades e estas precisam ser supridas para que o programa proposto se realize satisfatoriamente para bem de todos dentro da visão e do espirito Nacional e da Igreja.

Deste modo é com franqueza e todo o amor cristão que fazemos alguns pedidos para cuja satisfação contamos, certamente, com o favor do Governo.

1 – Lugares a reabrir
A igreja está espalhada por quase todos os Distritos da Província, e adultos e crianças contam com ela não só pela assistência religiosa como também pela sua operosidade no campo educativo, escolar, etc. Rogamos a atenção do Governo no sentido de mandar promover a abertura de lugares de culto e escolas que nos foram fechadas nomeadamente nos Distritos de Quanza Norte e Sul, Dembos e Luanda.

2 – Igreja de Salazar
Fechada desde 61, temos noticias que está servindo de curral de gado. Completamente mobilada entristece-nos a condição daquela igreja onde se prega a palavra de Deus, casa de culto e do amor dos fiéis. Desejamos ser integrados na posse desta nossa propriedade.

3 – Dondo
Igreja e moradia na posse do exército. Todos esses imóveis são de construção recente portanto novos. Na medida em que o exército já os pode dispensar,

agradecemos ao Governo-Geral veja as medidas para que aqueles prédios retornem à nossa mão e passem a funcionar conforme o fim para que foram criados.

4 – Posto de Dange

Neste posto temos duas residências novas, mobiladas e mais armazéns e plantações de café. Rogamos a posse dessas propriedades e licença para entrarem em funcionamento.

5 – Entrada de missionários na Província

Missionários, médicos, agrónomos, pastores e professores, etc., fazem uma falta enorme no trabalho da Missão em Angola e seu programa. Rogamos uma revisão do assunto a fim de os missionários poderem vir dar seu contributo ao progresso desta terra e da Igreja. Outrossim, pedimos que os missionários residentes na Província possam obter vistos, nos seus passaportes, de reentrada na Província, na altura em que regressam de férias no país natal, à semelhança do que acontece nas outras Províncias portuguesas, e como era hábito aqui em Angola, anteriormente.

6 – Prisioneiros

Temos alguns pastores presos e membros evangélicos cuja situação ainda não foi esclarecida. Detidos há muito tempo, pedimos entretanto nos seja permitido ajudá-los com assistência religiosa. Do mesmo modo pedimos livre entrada nas prisões nos dias e horas permitidos para prestar assistência religiosa a todos os presos em geral.

7 – Liberdade religiosa

Temos muito prazer em aqui frisar os bons encontros ecuménicos com os representantes da igreja católica em Malanje e em Luanda. Entretanto, desejamos que esta liberdade religiosa de expressão da lei portuguesa vá sem empecilhos a todos os pontos onde há povos necessitados. Desejamos poder ir, como vão os nossos irmãos católicos nos seus programas de evangelização. Mais. Temos vários rapazes e raparigas com o 1º e 2º ciclos do Liceu que não conseguem licença para ensinar nas nossas escolas e todavia é-lhes permitido lecionar sem dificuldades nas escolas católicas e do Estado, sem os tais *documentos – licença para ensinar – que procuram obter sem o conseguirem. Ainda. Muitos dos nossos jovens quiseram frequentar os cursos de monitores e não viram seus desejos satisfeitos por serem protestantes. Esta mentalidade em certas individualidades de alguma responsabilidade é deveras muito prejudicial. Estes jovens estão preparados e animados a ganhar a vida honestamente. Porque não se lhes abrir a porta?*

Outras informações no género poderão ser prestadas oportunamente.

8 – Soldados evangélicos e capelões

Como frisamos no nosso relatório do ano anterior os nossos soldados precisam ser cuidados conforme a sua fé por um capelão nosso. Com a formação evangélica que tem, a presença de um capelão nosso será muito salutar na vida desses jovens. Conhecidos pelos seus pastores ninguém melhor do que esses, religiosamente falando, poderá auxiliar os jovens no seu serviço à Pátria.

9 – Algumas autoridades

Algumas autoridades administrativas tratam bastante rudemente as gentes protestantes, afinal esquecendo-se que todos nós formamos um bloco português e portanto a raça ou o credo não podem impedir o nosso portuguesismo.

10 – Correspondência

A nossa correspondência ao ser fiscalizada no C.T.T. chega-nos às mãos muito danificada tornando-se muito dificultosa a sua leitura. Já que o serviço tem que ser feito pedimos então que seja feito com mais cuidado e que a correspondência não fique tantos dias retida com prejuízo de vários assuntos que às vezes demandam urgência.

11 – Estatística da Igreja

Desejamos e pedimos que a nossa ação educadora, com o número dos aproveitamentos respetivos, escolas e colégio, hospital e atividade geral da Igreja, conste nas estatísticas oficiais da Província, visto o trabalho ser para o país, para o cidadão e para Deus.

Com isso queremos exprimir (em virtude deste relatório e outros anteriores), que a ação evangelizadora e educadora tanto moral como social e intelectual da Igreja Evangélica é de tal monta que não só a Igreja como o imenso povo evangélico deve ser contado e acarinhado no plano dos interesses da Nação. Não obstante a nossa modéstia achamos útil tal consideração.

12 – Ecumenismo
É-nos grato informar por nossa parte o ilustre Governo-Geral dos encontros entre católicos e evangélicos.
Encontros muito felizes das duas igrejas com os Bispos e ministros de ambas num ambiente de fraternal comunhão. E cremos que rompeu a manhã da grande fraternidade humana. Fraternidade, a maior força universal no campo do espírito e nas relações humanas. E às igrejas incumbe promover a sementeira. Oxalá esses encontros progridam e todos compreendam bem a importância de tão grande momento histórico não como apenas um eco, mas sim um abraço a todo o homem...

2) Caracterização das Igrejas Evangélicas

Na "Assembleia Pastoral do Presbitério de Nova Lisboa", realizada de 28 a 31 de março de 1967 com numerosa participação de Ministros Protestantes, leu o Rev. Dr. L.W. HENDERSON um muito apreciado trabalho sobre "AS IGREJAS EVANGÉLICAS À LUZ DO VATICANO II", conforme o plano seguinte:

1. Introdução
1.1 Base do Movimento Ecuménico
1.2 Existência Protestante, segundo a estatística
1.3 Existência protestante como impedimento à realização da catolicidade

2. A Dimensão Bíblico-Litúrgica
2.1 As igrejas protestantes são igrejas bíblicas
2.2 As igrejas evangélicas são igrejas que cantam
2.3 As igrejas evangélicas são igrejas que oram
2.4 As igrejas protestantes e os sacramentos

3. A Dimensão Eclesial-Eclesiológica

3.1 As igrejas protestantes herdaram a estrutura social tradicional

3.2 A comunidade evangélica é um povo

4. A Dimensão Ecuménica

4.1 Fraternidade Evangélica

4.2 Enraizamento étnico-linguístico

4.3 Liberdade Religiosa

5. Dimensão Missionária

5.1 A Ilusão missionária

5.2 Os meios missionários

5.2.1 A estação missionária

5.2.2 A escola

5.2.3 A aldeia cristã

5.2.4 Assistência sanitária e social

6. Conclusão

Desse trabalho reproduzo os números 3. e 4., sobre "A DIMENSÃO ECLESIAL-ECLESIOLÓGICA" e "A DIMENSÃO ECUMÉNICA" (publicação integral em: Portugal em África, n. 141 (1967) 40ss).

A Dimensão Eclesial-Eclesiológica

As igrejas protestantes herdaram a estrutura social tradicional

As principais sociedades missionárias em Angola Central enviaram embaixadores de Cristo para pregar o Evangelho e plantar a Igreja (Cf. "Decreto sobre a Atividade Missionária da Igreja, n. 6). Não trouxeram uma estrutura eclesiástica para impor à igreja que brotasse da semente plantada. A tradição eclesiástica dos primeiros missionários era congregacionalista, i. e., cada congregação local seria autónoma. Com certeza foram influenciados pelo meio em que se formaram, mas não pretendiam exportar essa tradição para Angola. A igreja evangélica herdou a estrutura tradicional da cultura mbunda. A missão tornou-se "ombala". O missionário era soba e os anciãos da igreja exerciam funções de conselheiros da corte. Com a expansão da igreja, formaram-se centro pastorais. O pastor ou ministro ordenado era o sobeta. Completando a hierarquia, os catequistas eram os "akulu" das aldeias. O meio principal para organização, disciplina e formação era o "onjango". Aos diversos níveis da igreja, era o "onjango" que tinha a palavra final. Os membros dos "olonjango" são em grande maioria leigos.

Classificar assim os membros da igreja como leigos é pouco evangélico. A distinção entre laicado e clero não é importante nas igrejas evangélicas. Neste aspeto também estamos "em estado de concílio". A igreja é "o povo de Deus". É verdade que os pastores – o nosso clero – têm a função especial de administrar os dois sacramentos. Porém, não há separação entre clero e laicado no povo de Deus. As categorias na igreja são três: 1) a massa dos membros, 2) os profissionais – pastores, professores, enfermeiros e outros funcionários da missão ou igreja – e 3) os missionários. Praticamente formam uma hierarquia, mas esta hierarquia, mas esta hierarquia, mas esta hierarquia não está formalmente reconhecida. O "Estatuto do Conselho das Igrejas de Angola Central" – o órgão eclesiástico superior – sejam eleitos pelas igrejas associadas, tomando "em consideração a proporção de pastores e leigos, homens e mulheres, professores, enfermeiros, etc., de maneira que todos os ramos de trabalho sejam representados" (artigo 4º, 9).

O perigo, agora que já não podemos reunir em Assembleia Geral ou outro corpo representativo, é que haja um excesso de profissionalismo. Os que estão em posições administrativas têm de tomar decisões sem poder consultar a Igreja ou o "onjango".

A comunidade evangélica é um povo

Para nós não constitui novidade que a Igreja seja o povo de Deus. A coesão da comunidade evangélica baseia-se na coesão familiar e tribal ou, para dizer a mesma coisa por outras palavras, Deus tem-se servido do povo "mbundo" para estruturar o seu Povo em Angola Central.

Esta coesão social contém a semente da destruição da Igreja – humanamente falando. A estrutura social tradicional está em acelerada desintegração. A Igreja está a cair na tentação de "instalação" ou "paralisação".

Desaparecendo o meio em que se plantou e cresceu, a Igreja encara uma crise de adaptação. A comunidade coerente que tinha força para se expandir e evangelizar, agora está a criar uma mentalidade de "ghetto". Nas palavras do Sr. Padre Santos Neves, proferidas na III Semana Portuguesa de Teologia realizada em Lisboa em 1963:

"Por facilidade ou receio (falta de fé e amor, em última análise), a Igreja absolutiza contingências, refugiando-se no irreal e recusando-se à missão salvadora-baptizadora-animadora-informadora" (A.F. Santos Neves, A Igreja Forma da História, em: Estudos Teológicos, III, Para uma Eclesiologia Total, Lisboa 1964, p. 202).

Este perigo para a vitalidade da Igreja manifesta-se de muitas maneiras. Aqui só cito duas delas:

- A Igreja recusa-se a reconhecer que os centros do povo já não são "olombala" ou mesmo as missões rurais, mas sim as cidades e vilas.

- A Igreja continua a confiar na escola como meio principal de evangelização, embora o número proporcional de crianças nas escolas evangélicas seja cada vez menor.

A ambiguidade da dimensão eclesial-eclesiológica da Igreja Evangélica de Angola Central apresenta uma comunidade que tem sido forte porque herdou a estrutura social tradicional e agora é cada vez mais fraca, porque esta estrutura tradicional está a desaparecer. Na implantação da Igreja em Angola fez-se a adaptação de um aforma eclesiástica individualista criada no norte da Europa e da América para uma forma comunitária africana. Tem agora a igreja a vitalidade que vem do Espírito Santo para adaptar-se a um novo meio ambiente?

A Dimensão /Fraternidade Evangélica

Embora os missionários protestantes tivessem vindo de diversas tradições e denominações, tem havido um espírito muito aberto e uma fraternidade evangélica muito real em Angola. Um crente evangélico pode ir de Cabinda ao Cunene e do Lobito a Teixeira de Sousa, e com carta de recomendação será recebido como membro em plena comunhão. Desde 1922, a "Aliança Evangélica de Angola" tem unido, se não organicamente, pelo menos em espírito e verdade, todos os cristãos evangélicos. A única exceção é a "Igreja Adventista do Sétimo Dia" e, nos últimos três ou quatro anos, umas pequenas congregações batistas. Um fator na criação desta "harmonia protestante" era a oposição da Igreja Oficial. Agora, esta harmonia está ameaçada de diversos lados:

a) A "Aliança Evangélica de Angola", "Congresso Evangélico", "Congresso de Juventude Evangélica" não podem realizar os seus encontros regulares devido a impedimentos oficiais.

b) Os missionários estrangeiros não se podem deslocar sem autorização prévia da Polícia em Luanda, o que restringe muito os contactos entre as diversas seções da comunidade evangélica.

c) A aproximação de alguns elementos da comunidade evangélica à Igreja Católica ofende outros membros da comunidade evangélica.

Enraizamento étnico-linguístico

As igrejas evangélicas radicaram-se nos principais grupos étnico-linguísticos de Angola. As quatro principais sociedades missionárias centraram-se nos quatro principais grupos étnico-linguísticos: a "Baptist Missionary Society" entre os quicongos, a Missão Metodista entre os quimbundos, a Junta Americana (mais tarde com a colaboração da Igreja Unida do Canadá) entre os ovimbundos, e os Irmãos (Plymouth Brethren) no meio dos quiocos.

A igreja evangélica nesta diocese de Nova Lisboa é a igreja mbunda. A Palavra de Deus lê-se em umbundo. Os hinos cantam-se em umbundo. Os pregadores usam umbundo. Aqui não entro na questão da justificação nem política nem teológica deste fenómeno. Apresento-o só como sinal de enraizamento da Igreja na cultura dos povos e como perigo para a dimensão ecuménica da Igreja. Que as igrejas sejam enraizadas no povo, não há dúvida. Devemos, porém perguntar, como aponta o "Decreto sobre a Atividade Missionária da Igreja" (n. 22), se são também "enraizadas em Cristo".

Generalizando este fenómeno, verificamos que a igreja evangélica *se situa no meio da comunidade indígena ou tradicional. Os europeus, missionários ou membros leigos, ocupam lugares na periferia da comunidade. A Igreja Católica em Angola situa-se no meio da comunidade europeia. Os autóctones ficam na periferia, embora sejam estatisticamente em grande maioria. Sei que estas generalizações podem ser discutidas, mas acho que apontam para certas verdades que teremos de enfrentar, se esperamos progressos ecuménicos num sentido que poderá ter realidade para a nossa situação em Angola.*

Liberdade Religiosa

No decorrer do Concílio Vaticano II, as propostas que por fim formaram a "Declaração sobre a Liberdade Religiosa" faziam parte, primeiro, da "Constituição sobre a Igreja", e depois, do esquema sobre o Ecumenismo. Julgo mais apropriado fazer umas ligeiras considerações sobre a liberdade religiosa neste capítulo da dimensão ecuménica.

Com certeza, um dos impedimentos maiores ao espírito ecuménico em Angola é o contraste entre a situação da Igreja Católica e a das igrejas protestantes, quanto à liberdade religiosa. Não entro aqui em pormenor nos casos concretos em que os protestantes não gozam os mesmos direitos dos seus irmãos católicos; cito só a questão-base. As diversas organizações eclesiásticas protestantes em Angola não têm personalidade jurídica. Quer dizer que legal e oficialmente não existem. Toda a discussão de casos específicos de falta de liberdade é secundária, se as comunidades religiosas não existem. A "Declaração sobre a liberdade religiosa" afirma (n.4):

"... na natureza social do homem e na própria índole da religião se funda o direito que os homens têm de, levados pelas suas convicções religiosas, se reunirem livremente ou estabelecerem associações educativas, culturais, caritativas e sociais".

Ao mesmo tempo que reconhecemos este impedimento à obra evangélica em Angola, sabemos que a mesma dificuldade nos dá uma certa isenção. Lembramo-nos das palavras do Apóstolo S. Paulo: "... quando estou fraco, então sou forte" (II Cor., XII, 10)".

3) *Para uma caraterização litúrgica do Protestantismo em Angola*, recordaria o pormenorizado artigo de LAWRENCE W. HENDERSON – A. PINTO RIBEIRO, A Pastoral Litúrgica nas igrejas evangélico-protestantes de Angola, que assim descreve "ALGUNS TRAÇOS CARATERISTICOS DO CULTO EVANGÉLICO-PROTESTANTE" (em: Revista "Ora et Labora" (1967, 1-2):

> *"1 – Um traço característico comum aos atos de todas as Igrejas Evangélicas, em Angola, como no resto do mundo, é o lugar importante que se dá ao cântico de hinos religiosos. Estes cânticos sacros são quase sempre do género dos corais, sendo a melodia (ou soprano) harmonizada com mais três vozes dela suspensas (o contralto, o tenor e o baixo). Mas também se usam antífonas e cânticos bíblicos com músicas do tipo polifónico, do gregoriano e do canto chão. Este último tipo de cânticos está ser mais e mais usado nas antigas Igrejas Protestantes, devido ao movimento litúrgico que nelas se processa; mas aqui em Angola ainda não é comum. O que é facto é que todas as Igrejas Evangélicas usam grande número de hinos sacros nos seus ofícios do culto divino: Eucaristia, Batismo, Confirmação, Santo Matrimónio, Ordenação de Ministros, Matinas, Vésperas, Festas do Ano Litúrgico, etc. Às vezes, até no Ofício de Sepultura se cantam hinos. Raro é o ofício em que se cantem menos de dois hinos; geralmente, entoam-se três e até quatro. Vozes; mas a maioria dos hinos é cantada (às vezes bem, outras mal) por toda a congregação. Os hinários das diferentes tradições evangélicas contêm entre 300 a 600 hinos sacros.*
>
> *2 – Outra característica não menos importante na ação cultural das Igrejas Evangélicas, especialmente com referência a Angola, é o papel dos leigos na direção do culto. Nas áreas rurais, os ministros ordenados têm sob os seus cuidados pastorais entre 20 a 50 catequeses, em todas as quais se realizam serviços regulares de culto que, como é óbvio, não podem ser todos dirigidos pelo pastor. Estes dirigentes leigos do culto (catequistas, diácono-leigos, anciãos, consagrados da Igreja local)*

contribuem, de modo notável, para a manutenção da vida cristã, através do meio de graça do culto público. Fazem tudo com muita simplicidade e com não pouca fraqueza, mas sem a sua ação a Igreja perderia muito da sua vitalidade. Com ministro ordenado, ou sem ele, isso o seu carisma. Em reuniões íntimas de estudo a Celebração da Palavra de Deus vai tendo lugar e ela é o Ato Central do Culto entre os cristãos-evangélicos.

3 – Finalmente, apontaremos como terceiro traço característica do culto evangélico, o lugar que nele têm as orações improvisados, ou "ad libitum", feitas não só pelos ministros e pelos dirigentes autorizados do culto, mas até por outros fiéis que o dirigente do culto convida a orar. Se bem que se ouvem às vezes irmãos que fazem orações que poderíamos classificar de "muito pobres", a verdade é que a maioria deles dirigem muito bem os seus irmãos em oração ao senhor e manifestam uma vivência cristã notável, a qual não pode ser senão o fruto da graça do senhor. Claro que os dirigentes que convidam outros irmãos a orar, já sabem geralmente aqueles a quem o Senhor deu para bíblico e oração, é vulgar convidar-se a orar quem quer que o deseje fazer e irmãs que manifestam assim a intimidade, reverência e amor com que estão habituados a conversar com Deus. Cremos ser esta uma dimensão válida com que os cristãos evangélicos contribuem para a vitalidade espiritual da Família Universal do Senhor".

E cito ainda as palavras finais deste documentadíssimo artigo sobre "A Pastoral Litúrgica nas Igrejas Evangélico-Protestante de Angola":

"… Com certeza que, para uma pessoa criada numa Igreja com um a hierarquia bem definida, liturgias autorizadas e cânones oficiais, o quadro da pastoral litúrgica das Igrejas Evangélico-Protestantes de Angola parecerá deveras confuso. Todavia, na prática a unidade é mais notável do que a variedade. O crente evangélico de Luanda vai para Sá da Bandeira com uma carta de recomendação e é recebido lá como irmãos em Cristo e membro comungante. A Celebração da Palavra é igual. O crente do Moxico que vá para o Litoral encontra lá uma igreja que canta os mesmos hinos e lê a mesma

Palavra. De facto há os diversos e mais de notar ritos que mencionámos, mas o que é igual ou semelhante é mais importante e mais de notar do que aquilo em que há diferenças. As barreiras que atualmente impedem uma união mais perfeita são os dois diferentes vernáculos e culturas, pois o culto cristão incarnou muito bem nestas expressões humanas das diversas etnias.

"Nota-se um fio de unidade através de toda esta variedade de formas na expressão da pastoral litúrgica das Igrejas Evangélico-Protestantes de Angola. Este fio é o lugar preponderante das Sagradas Escrituras em todos os atos de culto".

4) Protestantismo e portuguesismo-portugalização

Em Angola, as ambiguidades históricas das Missões Protestantes são grandes e originais. Já o historiador da primeira das suas Missões observava que ela era usualmente conhecida como a "Missão Inglesa". E, depois, vieram as "Missões Americanas", as "Missões Canadianas", as "Missões Suíças", etc., ao passo que, não menos ambiguamente, as Missões Católicas eram as "Missões Portuguesas". É dizer que, desde o início, as Missões Protestantes foram consideradas estrangeiras, não portuguesas, o que significava, para muitos, anti-portuguesas[1].

Qual deverá ser o nosso juízo sobre a questão, sem entrarmos, o que quer que seja, no domínio político, que, no caso, é inteiramente alheio

---

1 - Não escreveu já Monsenhor Keiling as mil vezes citadas e histórico-teologicamente tão ambíguas *palavras:*
"... A luta que hoje se encontra travada entre as missões católicas e as missões protestantes é mais do que uma luta de credos religiosos, é mais do que uma luta de dogmas, é mais do que uma luta de princípios teológicos; é uma luta de nacionalidades. Em Angola, ou vencerá o catolicismo, que andou sempre em terras portuguesas abraçado com a bandeira das quinas, ou trinfará o protestantismo...; e o resultado, ide-o perguntar aos manes de Mandume, ide interrogar a história de todas as revoltas dos pretos que em Angola e Moçambique se têm dado" (Em: Quarenta Anos de África, Braga, 1934, pg. 189).
"Um dos "Votos da Primeira Assembleia Pastoral do Prebistério de Nova Lisboa" (28-31 março de 1967) era o seguinte:
"TOTAL DES-POLITICIZAÇÃO, OU, MELHOR, TOTAL ECLESIALIZAÇÃO DA ATIVIDADE MISSIONÁRIA EM ANGOLA".
Aliás, também a nível da história, que não só da teologia, a Igreja sempre experimentou a verdade das palavras "duras" de A. Toynbee:
"... A Igreja Cristã, ao ser forçada, pela generosidade de Constantino, a tornar-se oficial, caiu num risco bem maior que a perseguição... Na verdade, a Igreja estava a fazer com o Império a mesma aliança de Fausto com Metistófeles..." (Em: An *Historian's Approach to Religion*, Londres, 1956, pg. 105-108).

à Igreja Missionária? Prescindindo de eventuais pecados históricos, da parte de todas as Igrejas e não em direção única (e para que, na moderna ordenação jurídica, existem os poderes e os processos legais), é evidente, como acabamos de dizer, que tanto as Missões Protestantes como as Missões Católicas são apolíticas e só lhes interessa a dimensão do Reino de Deus. E é também assim que, indiretamente, melhor servirão todas as válidas políticas.

Não será impertinente relembrar as orientações dos primórdios da "Congregação da Propaganda", que continuam atuais para todos os Missionários de Cristo, católicos ou protestantes:

"... Que há de mais absurdo que transplantar as terras de missão a França, a Espanha, a Itália ou qualquer outro país da Europa? Não leveis os vossos países, mas a fé; e esta fé não rejeita nem minimiza os ritos e os costumes de nenhum povo, desde que não sejam evidentemente contrários à religião e à moral, antes manda conservá-los e protege-los...."[2]

Relativamente ao espírito ecuménico (cristão), seria ingénuo pensar que a sua falta é apanágio ou monopólio dos católicos romanos; por desgraça, essa falta também existiu e existe nos protestantes... Os Padres do Vaticano II reconheceram, pública e solenemente, os pecados da igreja católica, em matéria de ecumenismo, e, publica e solenemente, "pediram perdão a Deus e aos irmãos separados"; mas todos os cristãos, para não serem mentirosos, devem entrar no mesmo espírito de reconhecimento e penitência. O que, de facto, há muito acontece nos meios autenticamente evoluídos das igrejas protestantes em Angola.

5) O grande "Exame Ecuménico" da Igreja Católica

Dias antes de um colóquio sobre as "inter-exigências e incidências ecuménicas da Igreja e da Missão em Angola", de muito conceituado chefe protestante vieram-me as seguintes sugestões:

---

2 - Instrução da Sagrada Congregação da Propaganda aos Vigários Apostólicos Franceses na China, em 1659 (Em: Le Siège Apostolique et les Missions, Textes et Documents Pontificaux, I. Paris-Lyon, 9-20). Cf. Santos Neves A.F., Da Missão Europeia à Missão Europeia à Missão Católica, em: Portugal em África, XX (1963) 173-185; Estudos, n, 422 (1963) 60-3616.

"... Talvez na sua palestra pudesse citar o facto que há um número cada vez maior de missões evangélicas em Angola sem pessoal missionário. Em 1961, havia 256 missionários evangélicos; hoje, há 85. Qual será a atitude das Missões Católicas para com estas Missões Evangélicas que ficam desamparadas? ...

"Sem citar todos os problemas, em suma, qual é a atitude da Igreja Católica, que se esforça por estabelecer novas relações com os irmãos separados e ao mesmo tempo apoia e é apoiada por um Governo que procura eliminar estes mesmos irmãos? Este assunto é melindroso, mas de qualquer maneira a Igreja Católica em Angola terá de enfrentá-lo mais cedo ou mais tarde..."

Repetindo e generalizando a questão: qual será a válida atitude dos católicos em face da atual "situação dolorosa" das Igrejas e Missões Protestantes em Angola?

Tal situação consubstancia o apelo máximo das Igrejas Protestantes à Igreja Católica e constitui para esta o máximo desafio e a máxima prova de autenticidade ecuménica... De qualquer modo, não interessa dar receitas; haja espirito ecuménico (cristão) e tudo o mais virá por acréscimo e nunca haverá acréscimos que possam substituir, a não ser ilusoriamente, este "único necessário"...

E permitir-me-ia transcrever um breve artigo que editei ultimamente, sobre toda a problemática deste capítulo, pedindo vénia para relembrar e repetir velhas sentenças:

"Em "O Planalto" de 6 de janeiro, publicou o ilustre jornalista Serafim Molar um artigo de fundo intitulado "A Ressurreição de Judas", sendo o pérfido traidor, afinal, as Missões Protestantes de Angola, sobre as quais se lançam as mais graves acusações, para se terminar com esta sentença ameaçadora e radical:

"...Não podemos admitir que em nome do cristianismo, cujos ideais urge difundir por todo o mundo, se realize ação nefasta e corrosiva de desnacionalização e incitamento à violência. Os que assim procedem, autênticos espectros de Judas ressuscitado, deverão ser impedidos de prosseguirem em sua criminosa atividade, encerrando-se-lhes os estabelecimentos abertos entre nós e convidando-os a procurarem, em seus

países de origem, a conquista do que entre nós já de há muito existe: a igualdade racial.

"Verdade é que afirmações tão gerais não chegam, por si mesmas, a atingir ninguém: mas também é verdade que, não raro, é com generalidades semelhantes que se formam ou deformam mentalidades e se vêm mesmo a perpetrar as mais clamorosas injustiças. Por isso, gostaria, em clima de positivo diálogo, de avançar alguns esclarecimentos.

"Em Angola, as ambiguidades históricas das Missões Protestantes são grandes e originais. Já o historiador da primeira das suas Missões (Congo, 1878) observava que ela era usualmente conhecida pela "Missão Inglesa". E, depois, vieram as "Missões Americanas", as "Missões Suíças", etc. (ao passo que, não menos ambiguamente, as Missões Católicas eram as "Missões Portuguesas"). Mas tais ambiguidades devem ser apenas razão suplementar que leve as pessoas responsáveis a buscar a realidade autêntica, para além de todos os primarismos e paixões inconfessadas. Ora, para nos confinarmos às linhas essenciais de pensamento, podemos reduzi-las aos seguintes dois pontos:

a) Todas as Missões (Protestantes ou Católicas) são, por natureza, apolíticas, e, pelo facto mesmo, diretamente, nem são nacionalizadoras nem desnacionalizadoras, mas apenas (só isso, isso tudo) cristianizadoras e eclesializadoras (o que é possível e necessário em todas as retas situações políticas e em todas as retas nacionalidades). A razão é tão óbvia que bastará enuncia-la: todos os Missionários (Protestantes ou Católicos) não são missionários (ou apóstolos ou enviados) de nenhuma política ou nacionalidade, mas sim, e exclusivamente, de Cristo e da sua Igreja (que têm de estar presentes a e salvar todas as políticas e todas as nacionalidades).

E também é da história (que não só da teologia) que é na medida em que os Missionários forem apenas missionários do Reino de Deus que, indiretamente e como por acréscimo, melhor servirão a dimensão temporal ou política de quaisquer sociedades.

b) As Missões (Protestantes e Católicas) não são impecáveis e não é impossível, é mesmo *"a priori"* quase certo que tenha havido e haja faltas e crimes de natureza política, faltas e crimes oriundos, exatamente, do facto de os Missionários terem deixado de ser, exclusivamente e exaustivamente, missionários da Igreja de Cristo, para se tornarem missionários das suas pátrias ou dos seus interesses.

Mas é sabido que tais faltas e crimes não se imaginam, provam-se; não se traduzem em imprecisões ambíguas, individualizam-se na sua existência concreta: e, na ordenação jurídica de todos os estados modernos, existem os poderes legais, que devem, legalmente, julgar de tais questões segundo os legais processos da moderna jurisprudência.

Parece-me gravemente injusto recorrer-se a acusações gerais ou a atribuição não especificada de nefandos crimes a quaisquer pessoas ou instituições, mesmo (ou sobretudo) se, à maneira de boatos, andam na boca de toda a gente. O momento que atravessamos é demasiado sério para tais simplismos irresponsáveis.

"Esta doutrina tão elementar e tão universal é de uma aplicação bem mais urgente e mais vasta que os motivos que deram origem aos presente diálogo franco com o grande amigo das Missões, que é o Senhor Serafim Molar; quer-me parecer que ela resolveria, na base, muitos problemas (e pseudoproblemas), doutro modo insolúveis e de pesadas consequências.

"Mas para findar e voltando ao caso das Missões Protestantes de Angola, penso que, ao menos por natural justiça, se não por espirito ecuménico ao ritmo do Concilio Vaticano II, não se pode esquecer ou denegrir todo seu admirável trabalho (evangélico, escolar, assistencial), reconhecidamente do melhor que se tem feito neste pais. Todas as boas vontades não são de mais para valorizar esta prometedora terra de Angola; não se expulse, antes se agradeça (e legalmente se julgue nos pecados eventuais) a certa boa vontade das Missões Protestantes, que, fraternamente com as Missões Católicas, estão a anunciar o Evangelho da Paz e a fundar a Igreja de Cristo em Angola[3].

De qualquer modo, o Ecumenismo não deixará de ser, cada vez mais, o grande critério de autenticidade do Cristianismo da Igreja Católica em Angola.

3 - Em: Jornal "O Planalto", Nova Lisboa, 10 de janeiro de 1967.

12.

NEGRITUDE E REVOLUÇÃO EM ANGOLA

Edições ETC, Paris, 1973*
Projeto Político de ETC

No interior do Movimento Revolucionário Mundial, na sua real concretidade histórica e nas suas reais novidades deste tempo, «ETC» quer tornar-se um «lugar» de criatividade, para-em-de o espaço de língua original ou colonial portuguesa (Portugal, Angola, Moçambique, Guiné, Cabo Verde, Brasil...).

A «revolucionaridade» radical e omnidimensional constituirá o único e essencial denominador comum (não mínimo mas máximo) de todas as suas atividades incoativas e futuras: livraria, biblioteca, encontros, edições, intervenções, etc.

Será uma tal «revolucionaridade» que lhe fará ultrapassar todos os grupismos – ortodoxismos – profissionalismos – arqueologismos – mitologismos... e todos os «ecletismos» - ecumenismos – subjetivismos – idealismos – atualismos..., assim como todo o «nacionalismo provinciano» e todo o «alibismo internacional»; e só ela tornará possíveis e reais o pluralismo e a democracia.

Estes «princípios» e «intenções» ou melhor, esta «teoria» animará toda a «praxis» de «ETC», e designadamente:

- a sua abertura permanente a todos quantos se sintam de acordo com a dita «teoria»;

---

* Desta obra publicada em Paris no período do exílio político em que o autor também era docente no Departamento de Ciências Políticas da Universidade de Paris VIII (Vincennes), apresentamos, além do "**Projeto Político de ETC**" (exarado na contracapa), o não menos político "**Esboço de uma carta aberta de um grupo de cristãos e de homens de boa vontade sobre a Presença do Cristianismo na Angola deste tempo**" (Luanda, Abril 1968).

- as suas relações com grupos, movimentos, personalidades...;
- a realização progressiva dos diferentes aspetos e etapas do seu projeto revolucionário;
- ETC.

Esboço de uma Carta Aberta de um grupo de cristãos e de homens de boa vontade sobre a Presença do Cristianismo na Angola deste Tempo (Luanda, Abril 1968)

1 - Dois factos constituem a «oportunidade» imediata desta CARTA ABERTA: a apreensão, pela PIDE, do livro "ECUMENISMO EM ANGOLA, DO ECUMENISMO CRISTÃO AO ECUMENISMO UNVISERVAL, de A.F. Santos Neves, e a proibição, igualmente pela PIDE, dos «PRIMEIROS COLÓQUIOS SOCIAIS DE ANGOLA», a realizar em Luanda de 1 a 4 de Abril, conforme o programa divulgado.

> *O livro em questão era início da «EDITORIAL COLÓQUIOS», que, lemos a pg. 10, pretendia, por sua vez, ser «o início real e o símbolo eficaz de uma incarnação autenticamente angolana da Igreja Una-Santa-Católica-Apostólica e da Civilização Africano-Planetária, o início real e o símbolo eficaz da adultez cultural do humanismo e do cristianismo na Angola-deste-tempo-para-o-tempo-futuro». Independentemente do seu valor teológico, tal livro apareceu-nos como tradução exata de projeto válido de Acão Cristã na Sociedade Angolana. Por outro lado, os «COLÓQUIOS SOCIAIS DE ANGOLA» (citamos o texto da apresentação do programa), «na linha da intenção profunda do «cristianismo social», estão abertos a todos aqueles que, independentemente do sexo, idade, raça, convicções ideológicas, etc., reconhecem a Pessoa Humana como o valor e o critério supremos de pensamento e acão, em que todos podem encontrar-se, coloquiar e colaborar, em dignidade e em verdade».*

2 - Em carta assinada por várias centenas de pessoas e dirigida aos Bispos portugueses (Lisboa, 13 abril 1967), por ocasião do encerramento, ainda pela PIDE, de «PRAGMA-COOPERATIVA DE DIFUSÃO CULTURAL E ACÇÃO COMUNITÁRIA», lemos as seguintes palavras finais:

«... Cremos chegado o momento de os nossos bispos esclarecerem de forma inequívoca se o autêntico espírito da «Pacem in Terris», como o do Concílio, da declaração de Paulo VI nas Nações Unidas ou da encíclica «Populorum Progressio», é também válido em Portugal ou se, ao contrário, a verdade, a justiça, a caridade e a liberdade são definitiva e irremediavelmente valores subversivos entre nós». Era tempo (esperemos que ainda seja tempo!) de todos os cristãos e homens de boa vontade em Angola (de que não desejaríamos ter de excluir os Bispos da Igreja Católica!) encararem de frente a situação, sem se refugiarem, por exemplo, em alibis de soluções ou respostas juristas, que, evidentemente, não convencem ninguém e, de qualquer modo, não são a atitude digna exigida pelos tempos da Igreja e do Mundo contemporâneos. Ao ritmo evangélico do Concilio Vaticano II e à luz da «CONSTITUIÇÃO PASTORAL GAUDIUM ET SPES» («Alegria e Esperança»), queremos dizer uma palavra (a nossa palavra de testemunho, de comunhão e de serviço) sobre a presença da Igreja na Sociedade Angolana deste Tempo em que vivemos. O que também concerne mais imediatamente e mais responsavelmente os leigos, cuja definição específica é a de Igreja-No-Mundo.

3 - *A evangélica e válida atitude ou PRESENA DA IGREJA AO MUNDO DESTE TEMPO pode traduzir-se na tripla categoria de LIBERDADE, SERVIÇO E POBREZA...*

II.

A IGREJA CATÓLICA EM ANGOLA NÃO É, DE MANEIRA ALGUMA, UMA IGREJA EVANGELICAMENTE LIVRE, SERVA E POBRE, segundo o espírito e a letra do Concílio Ecuménico Vaticano

4 - *Seguindo o plano da CONSTITUIÇÃO PASTORAL SOBRE A IGREJA NO MUNDO DESTE TEMPO, vamos apresentar, de maneira prática e seletiva e no mesmo espírito de corresponsabilidade e empenho, algumas*

reflexões sobre o Cristianismo e o Universo da Cultura, o Cristianismo e o Universo Político, o Cristianismo e o Universo da Paz, adentro e o serviço do total Universo Humano, em Angola.

5 - SOBRE A PRESENÇA DO CRISTIANISMO AO UNIVERSO DA CULTURA EM ANGOLA, fundamental na medida em que o Universo da Cultura condiciona e consubstancia o Universo propriamente Humano, regozijamo-nos com a organização dos CURSOS DE MUNDIVIDÊNCIA CRISTÃ (Benguela-Lobito, 1966), a fundação do INSTITUTO SUPERIOR CATÓLICO (Nova Lisboa, 1966) e o lançamento da EDITORIAL COLÓQUIOS (Nova Lisboa, janeiro 1968), fazendo votos por que estas iniciativas se consolidem e encontrem as portas abertas também em Luanda, onde são maximamente necessárias e, à exceção das hierarquias instaladas, maximamente queridas; e sobre os «Meios de Comunicação Social», dizemos apenas que o jornal «O APOSTOLADO» está absolutamente fora do ritmo dos tempos e não só é inútil mas prejudicial e que RADIO ECCLESIA necessita igualmente de total revisão, afim de que o nome de «EMISSORA CATÓLICA» passe de mero rótulo decorativo ou mistificante.

6 - Nada mais urgente em Angola que uma reflexão evangélica SOBRE A PRESENÇA DO CRISTIANISMO AO UNIVERSO ECONÓMICO-SOCIAL, onde existem os mal-entendidos mais trágicos, que tornam muito verdadeira acusação de que o nosso cristianismo é um CRISTIANISMO RELIGIOSO e não um CRISTIANISMO SOCIAL OU HUMANO. Ora, que será um «cristianismo não social ou não humano» senão caricatura e traição farisaica do Evangelho, alibi e pretexto de uma «boa consciência», que justamente escandaliza os homens de autêntica «boa vontade»?
O referido programa dos COLÓQUIOS SOCIAIS DE ANGOLA dizem tudo o que desejaríamos dizer sobre a questão.

7 - Relativamente à DIMENSÃO POLÍTICA, a Igreja-Instituição, na linha da sua essencial atitude de LIBERDADE, SERVIÇO E POBREZA, deveria, por um lado, cessar o seu evidente enfeudamento ao regime colonialista, e, por outro lado ou consequentemente, intervir a favor dos direitos inalienáveis da Pessoa Humana (liberdade de consciência e de expressão, liberdade religiosa e política, etc.) em Angola constantemente violados; e de qualquer modo, os cristãos, responsabilizando-se a eles mesmos, têm a obrigação grade de se empenharem, indivíduos e grupos, no terreno da política e das suas opções concretas.

Na legítima diversidade dos caminhos, gostaríamos de dar três nomes ao único espírito evangélico que, em Angola, deve animar os cristãos e os homens de boa vontade: a AUTODETERMINAÇÃO, o SOCIALISMO e a DEMOCRACIA.

8 - Ao abordarmos o tema da PAZ, é o nome de Paulo VI que imediatamente nos ocorre: Paulo VI e o seu discurso na O.N.U. (4/10/65) e a sua mensagem para o «dia da Paz» (8/12/67) e todas as suas palavras e catos que traduzem toda a sua obsessão pela «paz entre os homens». Também nós deveríamos tornar-nos conscientes de que:

- Só a paz é digna e toda a guerra é a total negação do homem e do cristão...

- A paz é possível e perder a fé na paz é perder a fé no homem, o que é a maneira mais sutil e mais trágica de perder a fé em Deus, de perder toda a fé...

- Os nomes-caminhos essenciais da paz são o reconhecimento, teórico e prático, da dignidade da pessoa humana ou dos direitos do homem, na linha da encíclica de João XXIII «Pacem in Terris», e o desenvolvimento dos povos ou de todos os homens e do homem todo, na linha da encíclica de Paulo VI «Populorum Progressio»; nomes-caminhos, que, se forem autênticos e para serem autênticos, se polarizam no movimento revolucionário mundial, nas suas expressões angolanas de movimentos de libertação...

- O Cristianismo ou é EVANGELHO DA PAZ ou se torna mentira no próprio nome, também e mesmo sobretudo na Angola deste tempo.

9 - Antes de terminarmos esta carta aberta, queríamos ainda alertar a nossa consciência com o que já se chamou o «GRANDE EXAME» da Igreja Católica em Angola, que vem a ser a sua atitude perante a situação dolorosa das Igrejas Irmãs Evangélicas ou Protestantes, e o que também já se chamou o nosso

«PECADO COLETIVO», que vem a ser a nossa atitude perante a não menos dolorosa situação de vários Padres Angolanos.

A primeira questão é assim exatamente posta por um Missionário Evangélico: «... Sem citar todos os problemas, em suma, qual a atitude da Igreja Católica, que se esforça por estabelecer novas relações com os irmãos separados e ao mesmo tempo apoia e é apoiada por um governo que procura eliminar estes mesmos irmãos? Este assunto é melindroso, mas de qualquer maneira a Igreja Católica terá de enfrentá-lo, mais tarde ou mais cedo».

Sobre e segunda questão, citamos um parágrafo da carta de Nuno Teotónio Pereira à revista «Informations Catholiques Internationales», n. 305: «... O caso dos Padres Angolanos exilados em Portugal constitui um destes pecados coletivos de que só mais tarde tomaremos toda a consciência...».

10 - E só mais uma referência aos PROBLEMAS NÚMERO UM DA ANGOLA DESTE TEMPO: O PROBLEMA DA ACULTURAÇÃO-NEGRITUDE E O PROBLEMA DA REVOLUÇÃO-INDEPENDÊNCIA. E só para dizer que fazemos nossas as intenções do capítulo X, ECUMENISMO E NEGRITUDE, do citado livro «ECUMENISMO EM ANGOLA, DO ECUMENISMO CRISTÃO AO ECUMENISMO UNIVERSAL» e que, para nós, não pode haver outra maneira de ser evangelicamente cristãos que a de nos empenharmos concretamente nos «Movimentos Revolucionários Angolanos».

Na presente conjuntura humano-religiosa de Angola, todo o silêncio (por infinitas que sejam todas as «boas razões» que levam a uma infinita «boa consciência») nos parece uma traição ao homem; por isso, e só por isso, aqui deixamos a nossa palavra, palavra não infalível mas palavra de boa vontade para todos os homens de boa vontade na Angola deste tempo.

13.

QUO VADIS, ANGOLA?

Sobre a Presença do Cristianismo
na Angola deste Tempo[*]

Desta obra que, no essencial e como se diz no "Prefácio", reproduz, "com modificações e achegas de "notas" e "documentos", o discurso pronunciado na abertura do ano letivo 1967/1968 do Instituto Superior Católico de Angola "SOBRE A PRESENÇA DO CRISTIANISMO NA ANGOLA 1967 E PARA O TEMPO FUTURO" e que constitui o 1º capítulo do presente livro, limitamo-nos a transcrever, aqui, a emblemática "DEDICATÓRIA" e o englobantíssimo "ÍNDICE GERAL".

---

[*] Livro de A.F. Santos Neves publicado na Editorial Colóquios – Angola 1974 e distribuído nos Países de Língua Portuguesa pela Livraria Ler, Campo de Ourique, Lisboa.

DEDICATÓRIA

A todos quantos, em Angola e no Mundo, independentemente do sexo, idade, raça, ideologia, religião... são HOMENS e reconhecem o HOMEM como o valor e o critério supremos de pensamento e ação, em que todos podem dialogar, encontrar-se, ser..., em dignidade e em verdade;'

A todos quantos, em Angola e no Mundo, trabalham, sofrem, lutam e morrem pelos Direitos e pelo Desenvolvimento do «Homem de Hoje» que é o único válido «Hoje de Deus»;

A todos os «condenados da terra», em Angola e no Mundo, para que do seu sangue frutifique o «reino de Deus» de uma «terra-habitável-para-o-homem», na Verdade, na Justiça, na Liberdade e no Amor;

A todos os jovens de todas as idades que em todo o mundo, como nos acontecimentos de Paris de Maio 1968, «contestam» por e para o «Homem omni-toti-dimensional»;

A todos os Luther King e Camilo Torres e Alípio de Freitas e Che Guevara e Amílcar Cabral... de ontem e, mais ainda, de hoje e de amanhã;

Aos Movimentos de Libertação de Angola, que exprimem e realizam, nesta terra e neste tempo, o movimento Revolucionário Mundial de Libertação de todos os Homens e do Homem todo;

A todos os Angolanos e a todos os Humanos da nova Angola e da nova Humanidade.

ÍNDICE GERAL DO LIVRO "QUO VADIS, ANGOLA"?

SOBRE A PRESENÇA DO CRISTIANISMO NA ANGOLA DESTE TEMPO"

(Editorial Colóquios, Angola 1974)

UM PREFÁCIO E DOIS POST-SCRIPTA

1

A CONSTITUIÇÃO PASTORAL "GAUDIUM ET SPES"

("ALEGRIA E ESPERANÇA") SOBRE O CRISTIANISMO

2

DE VÁRIAS "PRESENÇAS" FALSAS OU AMBÍGUAS

DO CRISTIANISMO AO MUNDO

3

A PRESENÇA EVANGÉLICA VATICANO II
DO CRISTIANISMO AO MUNDO

4

O "MISTÉRIO" DA NEGRITUDE,
DA ACULTURAÇÃO E DA INCARNAÇÃO

5

ALGUNS PROBLEMAS NÃO-TRATADOS

6

CRISTIANISMO E UNIVERSO DE CULTURA

7

CRISTIANISMO E UNIVERSO ECONÓMICO-SOCIAL

8

CRISTIANISMO E UNIVERSO POLÍTICO

9

CRISTIANISMO E UNIVERSO DA PAZ

10

OS MEIOS DE COMUNICAÇÃO SOCIAL

11

O FENÓMENO DOS "CURSOS DE CRISTANDADE"

12

OS MISSIONÁRIOS DO ESPÍRITO SANTO

13

AGGIORNAMENTO VATICANO II EM ANGOLA

DOCUMENTOS

14.

PARA UMA SOCIOLOGIA INTEGRAL
DO MUNDO ANGOLANO*

Para que todos os problemas de Angola ganhassem todo o sentido, era indispensável uma aproximação sociológica que superasse os positivismos conservadores e gestionários da «(des)ordem estabelecida» e os dogmatismos abstratos que se tornam também «ideológicos» (no sentido pejorativo da palavra), embora por motivos diversos; aproximação sociológica que seria a de um G. BALANDIER animado pela perspetiva de K. MARX, aproximação sociológica integral e integralmente cientifica[1].

Formulada a intenção e lançado o apelo, vou limitar-me a

---

* Cf., designadamente: Quo Vadis, Angola? Sobre a Presença do Cristianismo na Angola deste Tempo, Editorial Colóquios, Angola, 1974, Cap. IV. Sigo, quase à letra, uma parte da exposição de Lawrence Henderson, intitulada precisamente "PARA UMA SOCIOLOGIA INTEGRAL DO MUNDO ANGOLANO" e preparada para os "I COLÓQUIOS SOCIAIS DE ANGOLA", anunciados para Luanda (1-4 Abril 1968) , autorizados pelo Governo Geral e à ultimíssima hora proibidos pela PIDE.
1- Como «tipos», indicaria algumas «introduções» ao conhecimento da África:
- Balandier G., Socíologie Actuelle de l'Afrique Noire (Paris. PUF, 1955).
- Davidson B., Les Africains, introduction à l'histoire d'une culture (Paris. Seuíl, 1971).
- Maquet J., Les Civilisations Noires (Ed. Marabout, 1966).
- Benot Y., Idéologles des Indépendances Africaines (Paris, Maspéro, 1973).
- Munzer Th.-Laplace G., L'Afrique Recolonisée (Paris, CCES, 1966).
-Terray E., Le Marxísme devant les Sociétés primitives (Paris, Maspéro, 1968).
É, por exemplo, enquanto meramente sociólogo científico (que, é verdade. tomou o *«parti pris de* *la totalité»* **e proclama a urgência** *«d'une anthropologie et d'une sociologie dynamiques»)* **que G.** **Balandier caracteriza o que ele chamou** *«situation coloniale»:*
«...La domination imposée par une minorité étrangère, «racialement», et culturellement différente, au nom d'une supériorité ethnique et culturelle dogmatiquement affirmée, à une majorité autochtone matériellement inférieure; la mise en rapport de civilisations hétérogênes: une civilisation à machinisme, à economie puissante, à rythme rapide et d'origine chrétienne s'imposant à des civilisations sans techni-ques complexes, **à économie retardée, à rythme lent** *et radicalement «non chrétiennes»; le caractère antagoniste des relations intervenant entre les deux sociétés qui s'explique par le rôle d'instrument auquel est condamnée la société dominée; la nécessité pour maintenir la domination, de recourir non seulement à la «force» mais encore à un ensemble de pseudo-justifications et de comportements stéréotypés...»* *(o.c., pp. 34-35).*

apresentar um brevíssimo quadro, que nem sequer merece o nome de antropológico ou etnológico, porque não passa de simples resenha etnográfica, dos diversos mundos culturais que formam o integral Mundo Angolano.

a) O Mundo Kikongo

Em Angola, o Mundo Kikongo abrange os dois distritos administrativos de Zaire e Uige. Segundo o censo de 1960, 81,5% da população daquela área (então toda no núcleo do Distrito do Congo) pertencia aos diversos povos que compõem o grupo etnolinguístico Kikongo. Os 500 000 Kikongos em Angola, em 1960, representavam só 25% da população total do Mundo Kikongo. A maioria residia na bacia do fio Zaire, e nos territórios vizinhos do Congo-Kinshasa e Congo-Brazzaville. Pode, toda via, dizer-se que se centra, etnicamente, em Angola, visto que a antiga capital do Reino do Congo é a cidade de S. Salvador.

Este Mundo é bem conhecido, pelo menos de nome, devido ao papel político predominante que desempenhou durante os séculos XV e XVI, mesmo se alguns historiadores julgam que se tem exagerado a importância do Reino do Congo.

O Mundo Kikongo não é homogéneo. O Professor Doko fala de três secções linguísticas e J. Redinha nomeia quinze povos. Todos esses povos, porém, têm a consciência de pertencer ao mesmo Mundo, embora a estrutura política seja, talvez, artificial e a unidade linguística um tanto ténue. A deslocação da maioria dos Kikongos e o transtorno de toda a sua vida nos últimos sete anos trará, com certeza, mudanças radicais, mas é cedo para analisar tais alterações e profetizar o que será o Mundo Kikongo de amanhã.

b) O Mundo Kimbundo

No século XVI, o Povo Kimbundo foi a primeira Nação Africana a ser sujeita a uma Nação Europeia. Segundo a tradição oral, um caçador chamado Ngola invadiu a terra dos Kimbundos, ao Sul do

Reino do Congo entre o rio Dande e o Cuanza. Impôs assim um governo monárquico e o reino enriqueceu-se à custa dos escravos que vendeu a Portugal através do Reino do Congo. Em 1557, o Ngola enviou um embaixador a Lisboa, pedindo ao Rei de Portugal que um representante fosse enviado. Porém, antes de chegar a expedição, sob a direção de Paulo Dias de Novais, o velho Ngola, que tinha convidado a expedição, faleceu e foi sucedido por um Ngola que não se interessava por essa visita. Alguns meses Dias de Novais seguiu o Cuanza até à capital Ndongo e o aceitou as ofertas enviadas pelo Rei de Portugal, mas não consentiu qualquer espécie de proselitismo ou ensino no Reino. Dias de Novais ficou detido cinco anos e só foi solto quando a capital se incendiou e o Ngola queria substituir os bens europeus que tinha perdido. O Padre Gouveia, um dos jesuítas que tinha acompanhado Dias de Novais, ficou preso no Ndongo até à sua morte em 1575. Até então, a política portuguesa tinha sido a de exploração comercial sobretudo de escravos e o reconhecimento das autoridades tradicionais. Durante a sua detenção, o Padre Gouveia tornou-se um advogado da necessidade duma política militar. Os jesuítas convenceram-se de que a evangelização em África só se conseguia, se fosse acompanhada pela espada. Em 1575, Paulo Dias de Novais voltou a Angola, já não para fins comerciais e religiosos, mas para conquistar e colonizar.

Esta nota histórica ajuda a compreender em parte o facto que os Kimbundos são os mais assimilados ou aculturados entre todos os povos de Angola. O Reino de Ndongo foi o primeiro conquistado por Portugal, sendo a área ocupada pelos Kimbundos a que tem tido a mais densa e contínua colonização europeia. Demograficamente, os Kimbundos, segundo grupo etnolinguístico de Angola, contam, em números redondos, um milhão.

c) O *Mundo Umbundo*

É o maior grupo demográfico -1 500 000 - e é o grupo que mais se integrou na vida económica e social de Angola. Desde o Lobito a Teixeira de Sousa, os ferroviários subordinados são Ovimbundos. Verifica-se a mesma coisa no Caminho de Ferro de Moçâmedes, que não passa por terras dos Ovimbundos. O café do Norte é apanhado pelos Bailundos, nome do povo mais vigoroso do grupo Umbundo que se generalizou a todos os outros. Trabalham nas minas de Cassinga, pescam em Benguela, cortam a cana de Catumbela e carregam os barcos em Luanda.

É o grupo etnolinguístico mais homogéneo. Os ovimbundos nunca tiveram uma estrutura política central como os Kikongos, e Kimbundos. No fim do século XIX e antes da ocupação efetiva portuguesa, os Ovimbundos estavam divididos numa dúzia de sobados, sendo o maior deles o de Bailundo. Mas o Mundo Umbundo nunca esteve profundamente dividido, nem linguística nem politicamente.

Os Ovimbundos eram os comerciantes, não só de Angola mas da África Central. Causa ou efeito, são grandemente maleáveis ou adaptativo-adaptáveis, característica que alguns interpretam como falta de personalidade e outros como polivalência.

d) O *Mundo Kioco*

O quarto-grupo etnolinguístico é o dos Kiocos, que também se designava por Lunda-Kioco.

Estabelecendo-se nos atuais distritos administrativos de Lunda e Moxico no fim do século XIX, os Kiocos continuam a ser o elemento étnico predominante do Nordeste de Angola. A tendência expansiva que os trouxe para Angola continua em evidência e os Kiocos irradiam sempre em todos os sentidos. Presentemente, o grupo Kioco estende-se da fronteira leste até à fronteira sul de Sá da Bandeira. A diáspora Kioca difere da dos Ovimbundos, Enquanto estes seguem as Iinhas de comunicação e a população europeia, aqueles procuram terrenos melhores a uma distância pequena da aldeia antiga ou fogem dos espíritos maléficos quando alguém morre. Como a população total do mundo Kioco é apenas da ordem dos 360000 e está espalhado através de tantos milhares de quilómetros quadrados, não tem nenhuma concentração populacional densa.

Se os Ovimbundos são por alguns acusados de falta de personalidade, tal não é possível em relação aos Kiocos. Por tradição, são caçadores, embora hoje vivam da agricultura. São também artistas a trabalhar o metal ou a madeira. Têm sido chamados os «ciganos de Angola». O missionário-explorador Livingstone, depois de atravessar toda a África, classificou os Kiocos como os mais selvagens e os menos hospitaleiros de todos os povos.

e) O Mundo Ganguela

O mundo Ganguela é o mais heterogéneo de Angola. Está dividido em dois hemisférios devido â penetração Kioca através de Angola Central. Subdivide-se em vinte povos, entre os quais só dois utilizam o nome Ganguela. Os principais povos deste mundo são: Luimbe, Luena, Bunda, Lutchazi e Gonzelo, além dos que usam o próprio nome de Ganguela. A população total deste mundo é de 300000 e espalha-se através de Moxico, Quando-Cubango e Huila.

O mundo Ganguela é o mais heterogéneo de Angola. Está dividido em dois hemisférios devido â penetração Kioca através de Angola Central. Subdivide-se em vinte povos, entre os quais só dois utilizam o nome Ganguela. Os principais povos deste mundo são: Luimbe, Luena, Bunda, Lutchazi e Gonzelo, além dos que usam o próprio nome de Ganguela. A população total deste mundo é de 300000 e espalha-se através de Moxico, Quando-Cubango e Huila.

O nome de Danda Candundo aponta uma característica de alguns dos povos do Grupo Ganguela, Ela foi uma Rainha dum povo tributário dos Luenas. Na Iiteratura antiga sobre os Ganguelas, a organização social foi chamada ginecocracia.

Tanto entre alguns povos fora de Angola como entre os Ovimbundos, «Ganguela» é um termo de desprezo. «Hamanuko van Ganguela» quer dizer: «Não é gente; é Ganguela».

f) O *Mundo Nhaneka-Humbe*

Este mundo confina-se ao distrito da Huíla. Um dos de que se compõe, os «Muíla», dá o seu nome ao Distrito. é *o* grupo etnolinguístico mais conservador de Angola. Embora ligado aos «adaptativo-adaptáveis» Ovimbundos, o mundo Nhaneka-Humbe é fechado e pouco flexível. Seria interessante especular como é que duas culturas tão semelhantes diferem tanto em psicologia social. A população do mundo Nhaneka-Humbe é de 200000.

g) O *Mundo Cuanhama*

Este mundo seria mais cientificamente intitulado o Mundo Ambó. Como na fronteira Norte só uma minoria dos Kíkongos mora em Angola, mas a antiga capital deste mundo fica aquém da fronteira, também no Sul, só uns 20% dos Cuanhamas, 63 000, residem em Angola e os restantes 230 000 no Sudoeste Africano, mas a antiga capital Njiva, Vila Pereira d'Eça, fica em Angola. A cultura dos Cuanhamas baseia-se numa economia pastoril.

h) O *Mundo Português (brancos, mestiços e assimilados)*

Os sete mundos negros já descritos abrangem 95% da população de Angola. Resta só mencionar os Hereros do deserto de Moçâmedes e *os* não-Bantos: Koísan, Vatwa e Português. Segundo o censo de 1960, o mundo português era o sexto grupo etnolinguístico, Contava 256000 (172 000 brancos; 53392 mestiços e 30 000 assimilados). O Mundo Português, no sentido dum grupo etnolinguístico em Angola, distingue-se facilmente dos outros mundos:

- É branco, enquanto todos os outros mundos são pretos.

- É o grupo que acusou maior acréscimo desde o recenseamento de 1950 até ao de 1960. O Mundo Português aumentou 118,87% enquanto a população preta aumentou só 14,06%.

- É um mundo urbano. Em 1960, 32% dos brancos moravam em

Luanda. Hoje, pelo menos 80% da população branca reside em centros urbanos.

- Este mundo domina todos os outros mundos: política, económica, comercial e religiosamente.

- Como já notámos em referência aos Kikongos e Cuanhamas, a grande maioria da população do Mundo Português também está fora de Angola. Este, como todos os grupos etnolinguísticos, é composto de diversos povos. Além dos brancos metropolitanos que lhe dão o seu cunho especial, o Mundo Português inclui o povo mestiço e o assimilado. A população do povo mestiço é diminuta, mas cresce mais depressa do que a população geral de Angola. A percentagem geral de aumento da população de Angola de 1950 a 1960 é de 16,53%. A percentagem de aumento dos mestiços no mesmo período foi de 80,09%. Porém, mesmo depois deste aumento, só tinha o total de 53392. O fator mais importante na criação deste povo tem sido o excedente de homens no Mundo Português em Angola. O excedente ainda existia em 1960: homens, 96374 e mulheres, 76155. Porém, no espaço 1950-1960, a percentagem de aumento das mulheres (130,83%) foi superior à dos homens (110,26%). Se esta tendência continuar, reduzirá a probabilidade dum grande aumento da população mestiça. Estatisticamente, ignora-se ainda qual terá sido e virá a ser o influxo «mestiço» da recente grande invasão das tropas europeias.

Desde a revogação do Decreto-lei n." 39 666, já não existem «Assimilados» como um grupo legalmente reconhecido. Este povo, todavia, existe ainda. Segundo o último censo que registou os e civilizados pretos», havia só 30 000, menos de 1% da população total. O termo mais exato para este povo seria e destribalizados» em vez de «assimilado». O termo pejorativo de «calcinhas» mostra-nos a realidade. Os membros deste povo já se separaram da cultura tradicional, mas não estão ainda «naturalizados, no Mundo Português.

Outro problema na definição deste povo é a dificuldade linguística.

Os «assimilados» já não dominam bem a língua materna e ainda não são senhores da língua portuguesa. É claro que falam e compreendem as duas línguas, mas nem uma nem outra lhes serve perfeitamente como meio da expressão. Esta falta de capacidade para se exprimir verbalmente pode ter sérias complicações psicossociais. Esta sumaríssima resenha etnográfica do «Mundo Angolano» deveria, no mínimo (que até talvez fosse o máximo!), servir para ilustrar a sentença que me permito repetir, em conclusão e para conclusão: «É EVIDENTE QUE O «MUNDO ANGOLANO. NÃO SE IDENTIFICA AO MUNDO NEGRO» E DEVE SER AQUELE O CAMPO TOTAL DA ACÇÃO CRISTÃ; MAS É TAMBÉM EVIDENTE QUE O «MUNDO NEGRO» É UM DOS ELEMENTOS ESSENCIAIS E FUNDAMENTAIS DO «MUNDO ANGOLANO», QUE, SEM ELE, NUNCA PODERÃ REALIZAR UMA SÍNTESE VÁLIDA DE PLENITUDE HUMANA E CULTURAL, NO RESPEITO, NO SERVIÇO E NO DIÁLOGO INTER-SUBJECTIVIDADES, EM ORDEM A CIVILIZAÇÃO AFRICANA E PLANETÁRIA»

15.
Ensaio Histórico sobre o "Movimento da Negritude"*

Na moderna «descoberta» da África, três foram, factual e indiscutivelmente, as vias principais: via «cultural» da «Negritude» e da «Personalidade Africana»; via «política» do «Panafricanismo» e das «Independências Nacionais»; via «omnitotidimensional» da «Revolução da Democracia e do Desenvolvimento»[1]. Sejam quais forem as cronologias e as taras ou virtudes históricas de um tal processo, atual e futuramente só no interior da citada via «revolucionária, democrática e desenvolvimentista» é que a via «cultural» («negritudinista», «autenticista», «especifista», etc.), como, aliás, também a via «política» («independentista», «nacionalista», «panafricanista», etc.), poderão conservar ou readquirir todo o seu

---

* Em: Revista de Humanidades e Tecnologias, Dossier Línguas e Culturas, nn. 6/7/8, 2001/2002, pp. 261-277.

1 - Sem esquecer o que de artificial comporta uma tal classificação: assim, por um lado, os «anglófonos» promotores da «African Personality» (expressão que teria sido pela primeira vez utilizada por E. W. Blyden, em 1893, e retomada por Sylvester Williams, em 1900, a quando da convocação, em Londres, da «Primeira Conferência Panafricana») não desejam confundir-se com os «francófonos» arautos da «Negritude»...; e, por outro lado, tais «vias», nem historicamente nem teoricamente (nem mesmo terminologicamente, não faltando autores que designam a «Negritude» como «Panafricanismo Cultural» ou «Literário» e outros o «Panafricanismo» como «Negritude Política»...) necessariamente se excluem. Quanto ao «Movimento da Negritude» propriamente dito, em língua portuguesa se poderão encontrar algumas das suas mais fundamentais abordagens, em textos, por exemplo, de Amílcar Cabral ou de Mário de Andrade, de Alfredo Margarido ou de Manuel Ferreira, para além de interessantes ensaios como o de Maria Carrilho (Sociologia da Negritude, Lisboa, Ed. 70, 1975) ou de úteis resenhas como as de Eduardo dos Santos (A Negritude e Luta pelas Independências na África Portuguesa, Lisboa, Ed. Minerva, 1975) e José Montenegro (A Negritude, dos Mitos às Realidades, Braga, Ed. Pax, 1967) ou de complexas aproximações psico-socio-teológicas como a A. Miranda Santos (A Mitificação da Cor, Lisboa, Ed. LIAM, 1966)...

Entre os autores portugueses contemporâneos que mais têm investigado e divulgado a «problemática da Negritude», quero salientar o nome do Professor Pires Laranjeira (cf., nomeadamente, a sua tese de doutoramento na Universidade de Coimbra, A Negritude Africana de Língua Portuguesa, Porto, Edições Afrontamento, 1995).

Eu próprio penso publicar em Português, provavelmente, o ensaio histórico-teórico mais exaustivo sobre o «Movimento da Negritude», originariamente redigido em Francês: NEVES Fernando, Africano-Logiques, Étude Scientifico-Politique de la Negritude (Paris, 1979).

pertinente sentido e conteúdo, na linha da famosa intuição-questão de J. P. Sartre[2], a que, por exemplo, Amílcar Cabral daria uma resposta, de ciência e experiência feita, em textos como o seguinte:

«... O «regresso às fontes» da Negritude não é historicamente consequente senão na medida em que implica não só um empenho real na luta pela independência mas também uma identificação total e definitiva com as aspirações das massas populares, que não contestam apenas a cultura do estrangeiro, mas igualmente toda a dominação estrangeira. Sem o quê, o «regresso às fontes» ou à «Negritude» não seria mais que uma solução que tem por fim a obtenção de vantagens temporárias, uma forma consciente ou inconsciente de oportunismo político...»[3].

Assim, este «Ensaio Histórico sobre o Movimento da Negritude»[4]

---

2 - Sartre J. P., Orphée Noir, Prefácio à «Anthologie de la Nouvelle Poésie Nègre et Malgache de Langue Française», de L. S. Senghor (Paris, PUF, 1948), pp. 9-44:
«...Le Nègre comme le travailleur blanc est victime de la structure capitaliste de notre société; cette situation lui dévoile son étroite solidarité, par-delà les nuances de peau, avec certaines classes d'Européens opprimés comme lui, elle l'incite à projeter une société sans privilège où la pigmentation de la peau sera tenue pour un simple accident...Qu'arrivera-t-il si le Noir dépouillant sa Négritude au profit de la Révolution ne se veut plus considérer que comme un prolétaire?...»
3 - Amílcar Cabral, La Culture et le Combat pour l'Indépendance (estudo elaborado para a UNESCO em Julho 1972 e publicado em: Le Courrier, November 1973, Afrique «Portugaise», la Lutte pour l'Indépendance, pp. 12-20).
Cf.: Amílcar Cabral, Unidade e Luta, textos coligidos por Mário de Andrade, 2vls. (Lisboa, Ed. Seara Nova, 1975).
4 - Para uma visão «global» do «Movimento da Negritude», cf., designadamente, para além da obra antes citadas, os vários livros do autor («Negritude e Revolução em Angola», Paris, 1973; «Negritude, Independência, Revolução», Paris-Lisboa, 1975; etc.) em que se historiam, se analisam e se criticam todas as espécies de «Negritude»: «Negritude Literária», «Negritude Antropológica», «Negritude Filosófica», «Negritude Política», «Negritude Omnitotidimensional»...
Para uma noção «enciclopedico-geral», cf., p.e.:
Encyclopaedia Universalis, vol. I, «Afrique», pp. 413ss...
Grande Encyclopédie Larousse, vol. 14, «Négritude», pp. 8444-8448.
Dictionnaire des Civilisations Africaines (Paris, 1968), «Négritude», «Africanité»...
Extraímos desta última obra a seguinte breve noção de «Négritude», da autoria de um dos «patriarcas-mores» da Africanologia contemporânea, G. Balandier (p. 291):
«Negritude. Le poète Aimé Césaire a conçu le mot «Négritude» durant les années 1932-1934. Il l'a inséré dans son coevre pour affirmer et exalter son appartenance à l'humanité noire: «La Négritude n'est pas une tour ni une cathédrale. Elle plonge dans la chair rouge du sol ...»
L. S. Senghor en est, à la fois, le co-inventeur et le théoricien. Il la définit: «La Négritude, c'est l'ensemble des valeurs de civilisation culturelles, économiques, sociales, politiques qui caractérisent les peuples noirs». Mais c'est J. P. Sartre qui a donné à la théorie son statut philosophique dans l'étude intitulée: «Orphée Noir» (1948). Il en manifeste la signification politique, elle est instrument de combat contre la domination coloniale; et la portée littéraire, elle «envahit» le poète africain afin qu'il puisse s'identifier à son peuple. La Négritude a déjà ses exégètes (Th. Melone, L. V. Thomas); elle a aussi ses critiques, qui la dénoncent comme une «idéologie mystifiante». Le plus inlassable de ses militants reste L.S Senghor (voir son ouvrage «Liberté I»). Il l'explique; il la justifie; il la communique comme on transmet une foi.

conscientemente se inserirá na perspetiva das «Africano-Lógicas», cuja unidade fundamental (mas de maneira nenhuma, redutora ou totalitária) não poderá deixar de situar-se pelos lados da «base real» da real Sociedade Africana que é o seu contemporâneo «modo de produção», o qual não exclui, antes exige e torna consistentes todos os outros «modos» de consumo, de pensamento, de ação, de organização, de vida e de tudo o mais[5].

Últimas questões introdutórias ou, melhor, constantes escrúpulos de um «cientista-apesar-de-tudo-ocidental»: não obstante a necessidade urgente de descobrir o «País de Bandúngia»[6] e de compreender em toda a sua amplidão humana a «Revolta de Caliban»[7], poderá um «Ocidental», independentemente da sua boa ou má vontade, fazer algo mais que «ocidental etnocentrismo» e, portanto, em última análise, «etnocídio» mais ou menos subtil? Ou, numa perspetiva ainda mais radical, uma qualquer «Ciência da África», uma qualquer «Africanologia» não - (vetero-neo-futuro) colonialista será possível?[8]

Elle n'est pas, pour lui, un simple moyen: celui du renouveau culturel; elle a une valeur permanente; elle exprime l'être profond de l'homme noir et sa vocation dans le monde actuel. Elle est une ontologie, en tant que système de pensée, un messianisme, en tant que système de conduite. La théorie de la Négritude est l'un des moyens utilisés pour que les Africains redeviennent «des producteurs et non des consommateurs de civilisations». Le «Premier Festival des Arts Nègres», réuni à Dakar en avril 1966, a tenu lieu des «Etats Généraux de la Négritude».

5 - Cf. as relações «infraestrutura-superestrutura» necessariamente «dialécticas» e as constantes «tentações» (e «pecados»!) quer de «idealismo» quer de «mecanicismo» e «economicismo» de que são vítimas. Sem esquecer a asserção, apenas arentemente contraditória, de Karl Marx: «Quanto a mim, Deus me livre de ser «marxista»...» (Cf., p.e., Rubel M., Marx Critique du Marxisme, Paris, Ed. Payot, 1974).

6 - Cf. Vera Micheles Dean, The Nature of the Non-Western World (Nova Iorque, 1965), p.16:
«...Here is «terra incognita» of the twentieth century... Here is the land of which we know so little – the land that we might call «Bandungia», in honor of the first Afro-Asian conference in history held at Bandung, in Indonesia, in April 1955... The west must rediscover «Bandungia» –its spirit and its ideas– as it once discovered its geography...»

7 -Cf. Claude Julien, La Révolte de Caliban (in: Le Monde Diplomatique, Paris Fevereiro 1974):
«... Parlant de ce gnome qu'il a voulu monstrueux, Shakespeare fait dire à Prospero: «Nous avons besoin de lui». Comme main-d'oeuvre, comme producteur, comme homme à faire des basses besognes. Mais Caliban, en lequel le tiers-monde peut se reconnaître, se dresse pour répondre au Maître:
«Tu m'as appris ta langue et tout ce que j'en ai retiré c'est la possibilité de te maudire. Que la peste rouge t'emporte pour m'avoir appris ta langue...»
Tels sont encore, après des siècles, le drame et la colère des peuples tiraillés entre leurs meilleures traditions et la fascination que l'Occident exerce sur eux. Le dialogue entre pays riches et nations prolétaires prendra toute son ampleur humaine, ou bien il éclatera en affrontement brutal et en révolte...»

8 - Sobre todas estas questões, desde já indico as seguintes obras:
Leclerc G., Crítica da Antropologia (tr. Port., Ed. Estampa, 1973).
Copans J., Críticas e Políticas da Antropologia (tr. Port., Ed. 70, 1981).

Consciente dos perigos e sempre atento ao que precisamente denominei «Crítica da Razão Africanológica»[9], mas também sem complexos provincianos de qualquer espécie, empreendo a viagem através deste «reino das ambiguidades»[10], suplementarmente estimulado pela convicção expendida de que toda a verdadeira «ciência social» da África constitui também um dos parâmetros historicamente essenciais e estruturais de uma verdadeira «ciência social» da Sociedade Portuguesa e de todas as Sociedades Lusófonas, numa implicação teórico-prática, ainda maximamente por descobrir e atuar, das «AFRICANO-LÓGICAS», das «LUSITANO-LÓGICAS» e das «LUSOFONO-LÓGICAS»[11].

Moutinho M., Introdução à Etnologia (Ed. Estampa, 1980).

Vários, Antropologia, Ciência das Sociedades Primitivas? (tr. Port., Ed. 70, 1974).

Godelier M., Horizontes da Antropologia (tr. Port., Ed. 70, 1982).

Jaulin R., La Paix Blanche, Introduction à l'Ethnocide (Paris, 1970).

Garaudy R., Pour un Dialogue des Civilisations, L'Occidente est un Accident (Paris, 1977).

Anthropologie et Impérialisme, sous la dir. de Copans J. (Paris, 1975).

Adotévi S., Négritude et Négroloques (Paris, 1972).

F. Santos Neves, Texto Introdutório à Assembleia Constituinte da «SALP – Sociedade Africanológica de Língua Portuguesa», intitulado «Para uma Crítica da Razão Africanológica» (p. ex., em: Revista de Humanidades e Tecnologias, nº4/5 pp. 316-317).

9 - Cf. F. Santos Neves, l.c. na nota imediatamente anterior e também em: O Lugar e o Papel das Ciências Sociais e Humanas, Edições Universitárias Lusófonas, 2ª ed., 2002.

10 - Cf., p.e.:

Balandier G., Afrique Ambigue (Paris, 1957);

– Anthropologie Ambigue, le Dossier (in: Les Nouvelles Littéraires, Paris, 1976).

Obras citadas acima, nota (8).

11 - No fundo, não é outra, por exemplo, a «justificação» apresentada para a inclusão de um livro «sobre a África» (Carreira A., Angola: da Escravatura ao Trabalho Livre, Lisboa, Ed. Arcádia, 1977) na coleção «TEMAS PORTUGUESES», dirigida pelo Prof. Vitorino Magalhães Godinho:

«...Ao propormo-nos perscrutar o que somos, o que temos sido e o que queremos ser, não podemos ficar confinados ao retângulo inscrito na Península Ibérica, mesmo com os seus prolongamentos nas Ilhas adjacentes. Porque, ao desfiar dos séculos, em pedaços pelo mundo repartidos, só compreendemos os Portugueses no contexto das múltiplas sociedades e civilizações que descobriram, com que contactaram, em que se integraram; e também a história delas não se pode desligar tantas vezes da presença ou da ação dos nossos...» (o.c., capa).

Cf., numa perspetiva ainda mais vasta: F. Santos Neves, Para uma Crítica da Razão Lusófona, Onze Teses sobre a CPLP e a Lusofonia, Lisboa, Edições Universitárias Lusófonas, 2002, 2ª ed.

I

«Américas Negras», «Negritudes Americanas»: o Proto-Movimento da Negritude ou a Negritude «antes da letra»

«Américas Negras»[12], «Negritudes Americanas»[13]: antes da letra, mas já com muita realidade, a «Negritude» surge entre os Negros da América, em diversas formas e nomes: «Regresso à África» («Back to Africa Movement»), de Marcus Garvey; «Desenvolvimento separado e gradualista», de B.T. Washington; sobretudo, W. E. B. Du Bois, com todos os seus filhos e frutos, desde o «Movimento de Niagara» (1905) e a «NAACP» (1909, «National Associatiom for the Advancement of Colored People») até ao movimento do «Renascimento Negro» (1918, «Black Renaissance»), de que fazem parte Langston Hughes, Claude Mc Kay, Countee Cullen, Sterling Brown, Jean Tooner, Richard Wright, Chester Himes, James Baldwin..., e, sem dúvida, até todos os «Movimentos» da «Negritude», do «Panafricanismo» e da «Revolução Africana»[14].

Em 1890, o jovem estudante DU BOIS gritava já estas palavras «incríveis»: «Sou Negro e disso me glorio; glorio-me do sangue que me corre nas veias»; e o seu livro «Souls of Black People» (1903) viria a ser

---

12 - É o título de um livro de Roger Bastide, LES AMÉRIQUES NOIRES, Les Civilisations Africaines dans le Nouveau Monde (Paris, 1967). Uma das obras clássicas de Roger Bastide na matéria («O Candomblé da Bahia») acaba de ser reeditado no Brasil com prefácio do Presidente do Brasil, Fernando Henrique Cardoso (São Paulo,2001)
Cf. todo o «fenómeno» de e à volta da obra de Alex Haley, Raízes (tr. Port., Lisboa, Edições Livros do Brasil, 1978).
13 - Cf. René Depestre, Les Métamorphoses de la Négritude en Amérique (in: Présence Africaine, n. 75, 1970, pp. 19-33), onde o autor sugere todo um vasto «Plano de Trabalho» e define a «Negritude» como «l'équivalent moderne du vieux marronnage, un marronnage culturel conscient..., une forme vigoureuse de contestation qui rejoint la pensée révolutionnaire de notre époque et qui complète le marxisme, en lui ajoutant la connaissance de nos singularités dans l'histoire, du fait de l'esclavage et de la colonisation, du fait du racisme et de ses graves conséquences socio-culturelles et socio-psychologiques..., tout en devenant un dogme dangereux, quand elle ne prend pas en considération le désordre radical des rapports sociaux que l'impérialisme et le néo-colonialisme entretiennent dans le tiers-monde africain, asiatique et afro-américain...»
14 - Cf. Majhemout Diop, Histoire des Classes Sociales dans l'Afrique de l'Ouest, 2: Le Sénégal (Paris, 1972), pp. 262ss. («W.E.B. DU BOIS ET L'AFRIQUE»): «... C'est une certitude que les rêves et les actes de DU BOIS triompherent. L'Afrique sera un jour complètement libérée. Elle fera son unité. Elle sera une grande puissance socialiste et, partout dans le monde, l'homme noir réhabilité pourra promener un front altier, S'il est encore une autre certitude, c'est qu'alors, non seulement les Africains mais tous les opprimés de la terre, se souvenant de WILLIAM L'AFRICAN, dédieront à sa mémoire et à sa gloire leurs plus belles actions et leurs plus nobles pensées».

chamado «Bíblia do Mundo Negro», como o seu autor viria a receber o nome de «Pai da Negritude», ele que escrevera, na «Introdução»:

«... Será necessário acrescentar que eu, que aqui falo, sou o sangue do sangue e a carne da carne daqueles que vivem no interior do véu?» [15].

Quanto à intenções da equipa de «Renascimento Negro» (que se reclamará de correntes tão diversas como o socialismo e a doutrina de Gandhi, a justiça cristã e a revolta do proletariado), bastará recordar algumas das proclamações do seu «manifesto»: «Nós, criadores da nova geração negra, queremos exprimir a nossa personalidade negra, sem vergonha e sem medo. Se isso agradar aos brancos, tanto melhor. Se não agradar, pouco nos importa. Sabemos que somos belos e feios também. O tam-tam chora e ri. Se isso agradar às pessoas de cor, tanto melhor. Se não agradar, pouco nos importa. É para amanhã que construímos os nossos templos sólidos como só nós sabemos construir, e colocamo-nos no alto da montanha, plenamente livres»[16].

---

15 - W. E. B. Du Bois, Âmes Noires, tr. fr., Ed. Présence Africaine, Paris, 1959, p. 10.   Cf. as extremamente lúcidas linhas que o mesmo Du Bois escreveu «Cinquante Ans plus tard» (ib., pag. 12):
«... Tandis que je relis ces messages d'un demi-siècle, j'aperçois deux questions laissées dans l'ombre. Ceci n'est pas tellement dû à une omission de ma part mais doit plutôt être considéré comme une indication de ce que je ne connnaissais pas ou ne savais concevoir. L'une est relative aux travaux de Freud et de ses collaborateurs, en psychologie. L'autre, est le choc extraordinaire produit sur le monde moderne par la pensée de K. Marx...
Mon éducation universitaire ne laissa pas complètement Marx de côté. Il fut mentionné à Harvard et pris en considération à Berlin. Mes professeurs ne l'omirent point, mais ils ne surent comprendre avec suffisamment de clarté ce que signifiait la Révolution dans la pensée et dans l'action. Aussi dois-je peut être terminer ce rappel du passé en disant simplement: je pense encore aujourd'hui comme hier que la question de «couleur» est un grand problème du siècle. Mais aujourd'hui je vois plus clairement qu'hier que derrière le problème de race et de couleur repose un problème plus grand qui les obscurcit ou les exécute tous deux...»
16 - Para toda a documentação e, em geral, para a toda chamada «questão racial», «questão negra» na América, cf., p.e.:
Fabre M., Os Negros Americanos (tr. Port., Lisboa, 1968).
Black Protest: history, documents and analyses, 1619 to the present, edited with introduction and commentary by Joanne Grant (Nova Iorque, 1968).
African Heritage, an Anthology of Black African Personnality and Culture selected and edited, with an introduction, by Jacob Drachler, preface by M.J. Herskovits (Nova Iorque, 1964).
Report of the National Advisory Commission on Civil Disorders: What happened? Why did it happen? What can be done? (Nova Iorque, 1968)
Allen R., Histoire du Movement Noir aux Etats-Unis, 2 vls. (Paris, Ed. Maspéro, 1971).
Guérin D., De 'Oncle Tom Aux Panthéres Noires (Paris, Ed.. 10-18, 1973).
–Les Panthères Noires parlent, documents rassemblés et présentés par Ph. S. Foner (tr.fr., Paris, Ed. Maspéro, 1971).
–Black Power, Étude et Documents (Y. Loyer, Paris, Edi, 1968).
Davis Angela, Autobiographie (tr. Fr., Paris, 1975).

O «Movimento da Negritude» pré-nasceu na América; paradoxalmente, será que a América virá a constituir o último reduto a vencer neste refazer da história do Homem Negro e do Homem sem mais?

II
Haiti de Toussaint Louverture, J. Price-Mars, etc.

Haiti de Toussaint Louverture e da revolução da independência (1804) teria sido o país «em que a Negritude se pôs de pé pela primeira vez»[17]. Mas só bastante mais tarde (1915...), Haiti faria (ou refaria) o verdadeiro «regresso às suas fontes africanas», em grande parte sob a influência de JEAN PRICE-MARS, de que os numerosos trabalhos de etnografia haitiana e o papel de conselheiro junto de «Présence Africaine» fizeram verdadeiramente o «tio» ou o grande antepassado de toda esta geração à procura da sua «identidade», quer dizer, da sua «africanidade»:

«...À força de nos crermos franceses «de cor», deixamos de ser simplesmente Haitianos... Não poderemos jamais ser nós próprios repudiando uma parte qualquer da nossa herança ancestral. E esta herança é, oito sobre dez, um dom da África...»[18].

E depois (1931...) são os nomes de L.Laleau, J. B. Cinéas, J. F. Brierre, J. Roumain, R. Depestre, J. C. Bajeux, J. S. Alexis, G. Bissainth e, C. Souffrant, L. Hurbon... que contam entre as expressões mais típicas e mais plenas da «Negritude Moderna»[19], a qual, evidentemente, nada tem a ver com a «Negritude-alibi-Ditadura» dos Duvalier[20], e à qual deve associar-se o nome cubano de Nicolau Guillén, que, trinta anos antes de Fidel Castro,

---

Haley Alex, Raizes (tr. port., Lisboa, 1978).

17 - Aimé Césaire, em, Toussaint Louverture, la Révolution Française et le Probléme Colonial (Paris,Ed. Présence Africaine, 1961).

18 - Price-Mars J., Ainsi Parle l'Oncle, essai d'ethnographie (Compiègne, 1928), pp. 11, 210.
Ver o quadro bio-bibliográfico de Price-Mars elaborado por C. Souffrant, in: Une Négritude Socialiste...(Paris, 1978), pp. 107-108.

19 - Porque geralmente mais esquecido, recordaria o notável contributo Haitiano ao que poderia chamar-se a «Teologia da Negritude» ou a «Negritude da Teologia», p.e.:
Souffrant C., Une Négritude Socialiste, religion et développement chez J. Roumain, J.S. Alexis et L. Hughes (Paris, 1978).
Hurbon L., Dieu et le Vaudou Haitien (Paris, 1972).

20 - Mesmo se é verdade que a «Negritude Duvalieriana» aponta uma das soluções possíveis (e realizadas!) do «Movimento da Negritude», num grau de extremismo caricatural, de que a «Negritude Senghoriana» constituiria, para alguns, o grau «moderado», «democrático» e até «africano-socialista»...

157

denunciou o verdadeiro rosto das Antilhas, destruindo a mentira do exotismo e indicando já o único válido caminho da Negritude[21].

III

Paris, anos 30: «Légitime Défense» e «L'Étudiant Noir»; a «letra» da Negritude com Léon Contran DAMAS, Aimé CÉSAIRE e Léopold Sédar SENGHOR

Em 1932, um grupo de estudantes antilhenses em Paris, sob a orientação de Etienne Léro, editava a revista «LEGITIME DEFENSE», que não foi além do primeiro número e não passava de um «manifesto surrealístico-comunista» contra toda a «assimilação» (literária, cultural, religiosa, económica, política...) de que sofria o mundo colonial[22]; e dois anos mais tarde, também em Paris, outro grupo de jovens antilhenses e africanos lançava o jornal «L'ETUDIANT NOIR», que marcaria o princípio da «letra» do «Movimento da Negritude», cuja «paternidade histórica oficial» se costuma atribuir[23] aos nomes seguintes: o Guianense Léon Gondran DAMAS, o Martiniquenho? Aimé CÉSAIRE e o Senegalês Léopold Sédar SENGHOR, pessoas, personalidades e personagens[24] que, desde o início, exprimem todas as futuras complementaridades, complexidades e

---

21 - Não terá sido por acaso que Francisco Tenreiro e Mário de Andrade dedicaram o «PRIMEIRO CADERNO DE POESIA NEGRA DE EXPRESSÃO PORTUGUESA» (Lisboa, 1953) a «Nicolau Guillén, a voz mais alta da Negritude de expressão hispano-americana» e o abriram com um dos seus poemas («Son Número 6»: «Yoruba soy, lloro en yoruba...»).

22 - Além de Étienne Léro, eram signatários de «Légitime Défense»: Thélus Léro, Jules Monnerot, René Ménil, Maurice-Sabot Quitman, Michel Pilotin, Simone Voyette, L. Théses.

23 - A origem do próprio termo de «Negritude» dever-se-à a A. Césaire, segundo o testemunho de L.S. Senghor (in: Liberté 1, Négritude et Humanisme, Paris, 1964, pag. 8): «... Il faut rendre à Césaire ce qui est à Césaire. Car c'est lui qui a inventé le mot dans les années 1932-1934». Além de Césaire, Senghor e Damas, faziam parte do grupo de «L'Etudiant Noir»: Léonard Sainville, Aristide Maugée, Birago Diop, Ousmane Soce, os irmãos Achille.

24 - Para uma introdução biobibliográfica a Damas, Césaire e Senghor, cf., p.e.:
Kesteloot L., Les Ecrivains Noirs de Langue Française: Naissance d'une Littérature (Bruxelas, 1965);
Anthologie Négro-Africaine: Panorama critique des Prosateurs, Poètes et Dramaturges Noirs du XX siècle (Ed. Marabout, 1967).
Jahn J., Manual de Littérature Néo-africaine (tr. fr., Paris, 1969).
Chevrier J., Littérature Négre (Paris, 1974).
Cornevin R., Littératures d'Afrique Noire de Langue Française (Paris, 1976).
Kesteloot L. Kotchy B., Aimé Césaire, l'Homme et l'Oeuvre (Paris, 1973).
Milcent E. – Sordet M., L. S. Senghor et la Naissance de l'Afrique Moderne (Paris, 1969).
Wauthier C., L'Afrique des Africains. Inventaire de la Négritude (Paris, 1972, 2ª ed.).

ambiguidades do «Movimento da Negritude»[25]. E o «Cahier D'un Retour au Pays Natal»[26], de Aimé Césaire, tem sido justamente considerado como a «epopeia» e o «hino nacional» da «Negritude» ou dos «Homens Negros»:

> «... *Aqueles que não inventaram nem a pólvora nem a bússola,*
> *Aqueles que não domaram nem o vapor nem a eletricidade,*
> *Aqueles que não exploraram nem os mares nem os céus,*
> *Mas conhecem nos menores recantos o país do sofrimento.*
> *Aqueles que se desfizeram em genuflexões,*
> *Aqueles que foram inoculados de abastardamente...*
> *«Eia por aqueles que nunca inventaram nada,*
> *Eia por aqueles que nunca exploraram nada,*
> *Mas se entregam à essência de todas as coisas,*
> *Ignorantes das superfícies, mas ao ritmo do movimento das coisas,*
> *Indiferentes à dominação, mas jogando o próprio jogo do mundo,*
> *Porosos a todos os sopros do mundo,*
> *Faíscas de fogo sagrado do mundo,*
> *Carne da carne do mundo,*
> *Palpitando com o próprio movimento do mundo!*
> *Eia, círculo perfeito do mundo e suprema concórdia!...*
> *Faz-me rebelde a todas as vaidades, mas dócil ao seu génio.*
> *Eis o tempo de cingir os rins como um homem valente!*
> *Mas guarda-me, é coração, de todo o ódio,*
> *Não faças de mim este homem de ódio*
> *por quem não tenho senão ódio.*
> *Porque, embora desta única raça,*

---

25 - Os primeiros «poemas históricos» dos históricos poetas-pais» da Negritude foram:
Damas L. G., Pigments (Paris, 1937).
Césaire A., Cahier d'un Retour au Pays Natal (Paris, 1939).
Senghor L. S., Chants d'Ombre (Paris, 1945); Hosties Noires (Paris, 1948).
De entre os ensaios destes «Pais Fundadores do Movimento da Negritude», cuja influência política talvez tenha sido mais importante que a dos seus poemas» (Kesteloot L., Anthologie..., pg. 80), deverão salientar-se:
Damas L.G., Le Retour de Guyanne (Paris, 1938).
Senghor L.S., Ce que l'Homme Noir Apporte (Paris, 1939).
Césaire A., Discours sur le Colonialisme (Paris, 1950).
26 - Césaire A., Cahier d'un Retour au Pays Natal (Paris, 1939).

Bem conheces o meu amor tirânico,
Bem sabes que não é por ódio às outras raças,
Que me proponho construtor desta única raça,
Bem sabes que tudo o que procuro
É para a fome e a sede universal...
Para que ela possa produzir na liberdade
A suculência dos frutos...»[27]

IV
Martinica, 1941...: «Tropiques, Revue Culturelle»

Em Abril de 1941, sob o impulso de Aimé Césaire, nascia em Fort-de-France, na Martinica, «para dizer não à sombra e porque o mundo precisa de todos os seus filhos, mesmo os mais humildes»[28], a revista «TROPIQUES», «cronologicamente a primeira das iniciativas que darão ao Movimento da Negritude uma envergadura internacional»[29] e que, embora quase sempre esquecida, se reveste de tanto maior importância quanto, logo desde o princípio de toda a «história», assinalou ao «Movimento da Negritude» os parâmetros fora dos quais o mesmo ficaria condenado a tornar-se folclore impertinente ou álibi ideológico[30].

27 - Aimé Césaire, o.c., tradução do autor.
Quanto a ulteriores (e definitivas?) precisões sobre o exato surgimento cronológico do termo «Negritude», cf. Pires Laranjeira, o.c., p. 73.
28 - Palavras da apaixonada «apresentação» de Aimé Césaire, no primeiro número de «TROPIQUES, REVUE CULTURELLE» (Abril, 1941).
29 - Afirmação de Kesteloot L., in: La Grande Encyclopédie Larousse, «Négritude», Vol. 14, pg. 8445.
30 - Cf. «REPRODUCTION ANASTALTIQUE DE LA COLLECTION COMPLÉTE DE LA REVUE TROPIQUES», 2 tomos (Ed. Jean-Michel Place, Paris, 1978), incluindo:
«Tropiques, collection complete, avril 1941 à septembre 1945;
Une interview d'Aimé Césaire par Jacqueline Leiner;
– Pour une lecture critique de «Tropiques», par René Ménil;
– Un index des collaborateur» (notícia da capa da publicação).

V

Paris-Dakar, 1947: «Présence Africaine, Revue Culturelle du Monde Noir»

Em Novembro – Dezembro de 1947, em Paris e Dakar simultaneamente, surge o primeiro número da revista «PRESENCE AFRICAINE», dirigida pelo Senegalês ALIOUNE DIOP, à frente de todo o grupo de herdeiros dos «Negritudinistas». Patrocinada pela maior parte dos intelectuais franceses de «esquerda» (E. Mounier, A. Gide, J. P. Sartre, A. Camus, Th. Monod, M. Griaule, G. Rosenthal, D. Rousset, P. Rivet, M. Leiris, direção da «Revista Internacional»...) e «negros» (L. S. Senghor, A. Césaire, R. Wright, P. Hazoumé), «PRESENCE AFRICAINE» «não se coloca sob a obediência de nenhuma ideologia filosófica ou política e quer abrir-se à colaboração de todos os homens de boa vontade (brancos, amarelos ou negros), susceptíveis de nos ajudarem a definir a originalidade africana e a apressar a sua inserção no mundo moderno»[31].

Sob o lema de Saint-Exupéry, «só podem dizer-se irmãos os homens que colaboram», foram essas as primeiras palavras de Alioune Diop, que afirmava ainda: «A ideia é de 1942-1943. Éramos, em Paris, um certo número de estudantes do ultramar, que, no meio dos sofrimentos de uma Europa que se interrogava sobre a sua essência e a autenticidade dos seus valores, nos reunimos para estudar a situação e as características que nos definiam a nós próprios...

Incapazes de tornar inteiramente às nossas tradições de origem ou constituir uma raça nova, mentalmente mestiçada...

Desenraizados? Éramo-lo, exatamente na medida em que não tínhamos ainda pensado na nossa posição no Mundo e nos abandonávamos entre duas Sociedades, sem significado reconhecido nem numa nem noutra, a uma e a outra estrangeiros...

O Negro, que brilha pela ausência na elaboração da cidade moderna,

---

31 - O «Comité de Redacção» era formado pelos seguintes nomes:
B. Dadié, C. Dia, Ayeuné, G. Balandier, F. D. Cissokho, M. Dia, P. Mercier, Meyé, H. Panassié, A, Sadji, T. Serpes, M. Sillret.

poderá, pouco a pouco, dar significado à sua presença, contribuindo para a recriação dum humanismo verdadeiramente à medida do homem. Porque é certo que nunca se chegará ao autêntico universalismo, se, na sua formação, concorrerem apenas subjetividades europeias...

Nós, os africanos, devemos apropriar-nos das questões que se põem no plano mundial e pensá-las com todos os homens, para que possamos encontrar-nos um dia entre os criadores de uma ordem nova...»

Tornada, explicitamente, «Revista Cultural do Mundo Negro» e publicada em francês e inglês, a revista «Presence Africaine», com os «números e cadernos especiais», com as «Edições» do mesmo nome, com as atividades da «Sociedade Africana de Cultura» (S.A.C.), etc., constitui, à imagem do seu «programa» ou das suas «razões de ser», um conjunto extremamente eclético e ambíguo mas também extremamente rico e, em todo o caso, indispensável a qualquer abordagem científica do «Movimento da Negritude» e da «África Moderna» sem mais [32].

VI

Paris, 1948: «Anthologie de la Nouvelle Poésie Nègre et Malgache de Langue Française», de L. S. Senghor, com o «Prefácio» de J. P. Sartre, «Orphée Noir»

Alguns meses depois do lançamento da revista «Présence Africaine», editava L. S. Senghor uma «Anthologie de La Nouvelle Poesie Nègre et Malgache de Langue Française»[33], que fez data na história da Negritude,

---

32 - De facto, maneira ótima de estudar a «África Moderna» e o «Movimento da Negritude» seria estudar, de forma exaustiva (a exemplo do que fez Sartre em relação a Flaubert em «L'Idiot de la Famille», «analítico-existencialisticamente, marxisticamente, estruturalisticamente»...) toda a eclética e ambígua realidade de «Présence Africaine».
Cf. utilíssimo «Index Alphabétique des Auteurs et Index Méthodique des Matières de la Revue Présence Africaine, 1947-1976» (Jacques Howlett, Paris, 1977).
33 - Indice Geral da «Anthologie de la Nouvelle Poésie Nègre et Malgache de Langue Française» (Paris, P.U.F., 1948):
Avant-Propos, par Ch. Julien, VII
Orphée Noir, par J. P. Sartre, IX-XLIV
Introduction, par L.S. Senghor, I
Guyane
Léon G. Damas, 5-218
Martinique
Gilbert Gratiant, 29-44

por várias razões:

Selecionava os poemas mais violentos, mais dolorosos, os mais «não-franceses» dos escritores negros, elaborando assim um verdadeiro «Manifesto da Rebelião Africana» contra a opressão política e cultural do Ocidente;

Era como a «Acta Oficial» do nascimento de uma literatura Negro-Africana de língua francesa, própria e irredutível;

Finalmente, mas não minimamente, a «Antologia» do Negro-Africano Senghor trazia o «prefácio» do Branco-Europeu Sartre, intitulado «Orphée Noir», brilhante ensaio filosófico e brilhantíssimo texto literário, depois do qual «toda a gente se pôs a falar da Negritude» [34].

Etienne Léro, 49-53
Aimé Césaire, 55-81
Guadeloupe
Guy Tirolien, 85-89
Paul Niger, 91-101
Haiti
Léon Laleau, 107-109
Jacques Roumain, 111-119
Jean F. Brière, 121-124
René Belange, 129-130
Afrique Noire
Birage Diop, 137-145
Léopol Sédar Senghor, 147-170
David Diop, 173-176
Madagascar
Jean Joseph Rabéarivele, 179-180
Jacques Rabémananjara, 193-204
Flavien Ranaivo, 207-216
34 - Kesteloot L., o.c. «Anthologie...», pp. 132ss.
No entanto, o que se poderia chamar «idealismo dialéctico» de Sartre também tem sido violentamente criticado: no que se refere ao «idealismo», cf., p.e., a brochura de Alfredo Margarido, Negritude e Humanismo (Lisboa, 1964), de um «marxismo» quase super-ortodoxo; quanto à «dialéctica», cf., p.e., as palavras de L. Kesteloot, o. c., p. 133:
«... Questions absurdes de Sartre: «Qu'arrivera-t-il si le Noir, dépouillant sa Négritude au profit de la Révolution, ne se veut plus considérer que comme un prolétaire? La source de la poésie tarira-t-elle? ou bien le grand fleuve noir colorera-t-il malgré tout la mer dans laquelle il se jette?» Je ne me rappelle pourtant pas que les Révolutionnaires Russes aient perdu leur langue, leur littérature, leur musique, bref leur culture et leur âme parce qu'ils avaient fait la Révolution!»

VII

Os «Ensaistas» («Africanistas» não-africanos e africanos) e os «Romancistas» da Negritude

Neste inventário genético-histórico, o nome de J.P. Sartre simboliza muitos outros nomes, africanos e não-africanos, que poderíamos apelidar de «ENSAISTAS da NEGRITUDE (antes, durante e depois da «letra», evidentemente).

Entre os não-africanos e muito antes da «letra», como não recordar, antes de mais, os nomes do alemão Leo Frobenius e do francês Maurice Delafosse, que foram os grandes pioneiros da destruição dos «mitos» e «tabus» que a Europa criara sobre a África e os «primitivos», os «selvagens», os «bárbaros», os «não-civilizados», etc. Por exemplo, frases como as seguintes de Leo Frobenius aparecem constantemente citadas pelos apóstolos da Negritude:

«A ideia de Negro bárbaro é uma invenção europeia. Os Negros são civilizados até à medula dos ossos».

«Onde quer que possamos ainda encontrar esta velha civilização, ela traz a mesma marca. Quando visitamos os grandes museus da Europa, o Trocadero, o Museu Britânico, os museus da Bélgica, da Itália, da Holanda ou da Alemanha, em toda a parte reconhecemos um espírito, um carácter, uma essência semelhantes. De qualquer ponto deste continente que provenham os objetos dispersos, eles unem-se para falar a mesma língua»[35].

Ainda entre os não-africanos, seria impossível nomear todos os historiadores, linguistas, antropólogos, teólogos, etc., que constituíram o exército pioneiro de uma «Africanologia Diferente»[36]. E entre os «Africanistas

---

[35] - As obras de Leo Frobenius (Histoire de la Civilisation Africaine, tr. Fr., Paris, 1936, 3ª ed.) e de Maurice Delafosse (Les Noirs de l'Afrique, Paris, 1922; Civilisations Négro-Africaines, Paris, 1925; Les Nègres, Paris, 1927; L'Âme Nègre, Paris, 1927...) tornaram-se «livros de cabeceira» de muitos dos estudantes negros na Europa.
Para um breve mas inflamado «bestiário» dos «mitos» e «tabus» ocidentais, ler: Césaire A., Discurso sobre o Colonialismo (tr. port., Lisboa, Ed. Sá da Costa, 1978).
[36] - Alguns nomes-símbolo desta «Africanologia Diferente»: G. Hardy, R. Delavignette, Ch. A. Julien, Th. Monod, P. Rivet, M. Leiris, M. Griaule, A. H. Junod, J. Suret-Canale, G. Balandier, P. Mercier, J. Maquet, L. V. Thomas, M. Herskovits, B. Davidson, P. Tempels, E. Mounier, A. Gide...

Africanos», seria necessário nomear todos aqueles que, pela tripla via da «cultura», da «política e da «revolução», modernamente redescobriram a «sua» África[37], seria necessário, por exemplo, nomear grande parte dos colaboradores de «Présence Africaine»[38]. Como seria injusto não fazer, ao menos, uma alusão aos escritores «ROMANCISTAS», desde René Maran (com «Batouala, Véritable Roman Nègre», «escandalosamente» galardoado, em 1921, com o prémio «Goncourt») e principalmente desde que, pelos anos 50, o «Romance» teria tomado o lugar da «Poesia» como expressão mais típica do «Movimento da Negritude»[39].

VIII

Alguns outros «Acontecimentos Maiores» do «Movimento da Negritude»

Terminaria esta «génese histórica» com a recensão de alguns outros «Acontecimentos Maiores» que, nos últimos anos, significativamente «marcaram» o «Movimento da Negritude»[40].

1. **«La Philosophie Bantoue», do Padre Placide Tempels[41]**, de que

---

37 - Além dos já citados históricos «Pais da Negritude», poderíamos recordar os nomes de Cheikh Anta Diop, Jomo Kenyatta, G. Padmore, K.Nkrumah, Sékou Touré, J.Nyerere, J.Ki-Zerbo, E.Mueng, M.P.Hebga, M.Ngouabi, O.Odinga, P.Lumumba, Franz Fanon, Amílcar Cabral, Mário de Andrade, Agostinho Neto, Samora Machel, etc... Independentemente, claro está, de todas as concordâncias ou discordâncias politico-ideológicas.

38 - «Présence Africaine»: revista, edições, congressos, «Sociedade Africana de Cultura», etc. (cf., acima, notas 31, 32).

39 - Cf. Chevrier J., Littérature Nègre (Paris, 1974), pp.124 ss., «L'Âge du Roman»: ... «Une des questions que l'on est amené a se poser est, en effet, de savoir pourquoi, brusquement, les voix pathétiques de Césaire, Damas et Senghor se sont tues, laissant ainsi le champ libre à des romanciers aux noms désormais célèbres, les Mongo Béti, Camara Laye, Cheikh Hamadou Kane ou Sembene Ousmane..».

40 - Esta recensão é, por um lado, apenas exemplificativa, limitando-se, por outro lado, a acontecimentos mais especificamente conexos com a «via cultural» própria do «Movimento da Negritude»...Parece óbvio que acontecimentos como a «Conferência de Bandung» (Abril 1955), «acta do nascimento do Terceiro Mundo, dos Povos Não-Alinhados», etc. ou a criação da «Organização de Unidade Africana (O.U.A., Addis-Abeba, Maio 1963), data histórica para todo o «Movimento Panafricanista» e para todos os «Movimentos de Independência Política», poderiam ser assinalados como ainda «maiores» que os «maiores acontecimentos» recenseados no texto.

41 - Tempels P. Père, La Philosophie Bantoue (Elisabethville, 1945, Paris, Ed. Présence Africaine, 1949). Todo o espírito da obra transparece das seguintes linhas (pp. 111 ss.): «... Si notre hypothèse correspond à la réalité, et nous fait toucher le fond de l'âme primitive, nous nous verrons dans l'obligation d'opérer une révion de nos conception fondamentales au sujet des non-civilisés... Cette "découverte" de la philosophie des Bantous pourra paraître déconcertante. On sera tenté de se croire devant un phénomène de mirage...

165

Alioune Diop não hesitou em escrever:

«...*Eis um livro essencial ao Negro, à sua tomada de consciência, à sua sede de situar-se relativamente à Europa. Deverá também tornar-se o livro de cabeceira de todos quantos se preocupam em compreender o Africano e em com ele dialogar autenticamente. Para mim, este pequeno livro é, simplesmente, o mais importante de quantos li sobre a África*[42]...»

2. **«Nations Nègres et Culture», de Cheikh Anta Diop**[43]», «o livro mais audaz que um Negro jamais escreveu» (Aimé Césaire) e que se tornaria «a carta magna da inteligência negra», de um autor que, em 1966, o «Festival das Artes Negras de Dakar» honraria como «o intelectual negro de influência mais fecunda sobre o século XX», mostrando, com palavras e exemplos, «a indispensabilidade de os Africanos se consagrarem à sua própria história e civilização, para melhor as conhecerem e assim tornarem arcaicas, grotescas e de futuro inofensivas as armas culturais do colonialismo...»[44].

On sent qu'il s'agira de parler de "sagesse à sagesse", "d'idéal à idéal", de "conception du monde à conception du monde". N'est-ce pas "le crépuscule des dieux"?...»

42 - Alioune Diop, palavras da apresentação do livro.
Todos os entusiasmos relativamente a este «trabalho pioneiro» e subjetivamente generoso do P. Tempels não deverão fazer esquecer as críticas de que também foi alvo, por exemplo:
A.Césaire, o.c. «Discurso sobre o Colonialismo».
Hountondji P. J., Sur la «Philosophie Africaine», Critique de l'Ethnophilosophie (Paris, Ed.Maspéro, 1977).
Towa M., Essai sur la Problématique Philosophique dans l'Afrique Actuelle (Yaundé, 1971).
Eboussi-Boulaga F., Le Bantou Problématique (in: Présence Africaine, nº 66, 1968).
43 - Cheikh Anta Diop, Nations Nègres et Culture, De l'Antiquité Nègre-Egyptienne aux Problèmes Culturels de l'Afrique d'Aujourd'hui (Paris, Ed. Présence Africaine, 1955).
44 - Palavras do «Prefácio», verdadeiro «Manifesto da Cultura e do Homem de Cultura Negra», em que o Autor ataca nomeadamente os «cosmopolito-scientiste-modernisans, l'intellectuel qui a oublié de soigner sa formation marxiste ou celui qui a étudié rapidement le marxisme dans l'absolu sans en avoir jamais envisagé l'application au cas particulier qu'est la réalité sociale de son pays, les anti-nationalistes formalistes, le groupe composé d'éléments pensant que seule la lutte pour le pain quotidien importe, tout le reste n'étant que préccupation d'intellectuel...», para concluir:
«...Cet ouvrage n'est pas une «invention» sur des questions données: quiconque voudra se servir du marxisme comme guide d'action sur le terrain africain arrivera sensiblement aux mêmes conclusions....» (o.c.,pp.9-17).
Outras obras de Cheikh Anta Diop (Paris, Ed. Présence Africaine):
L'Unité Culturelle de l'Afrique Noire, Domaines du Patriarcat et du Matriarcat dans l'Antiquité Classique (1959).
L'Afrique Noire Pré-Coloniale, Etude Comparée des Systèmes Politiques et Sociaux de l'Europe et de l'Afrique Noire, de l'Antiquité à la Formation des Estats Modernes (1960).
Les Fondements Culturels, Techniques et Industriels d'un Futur État Fédéral d'Afrique Noire (1966).
Antériorité des Civilisations Nègres: Mythe ou Vérité Historique? (1967).

3. «**Primeiro Congresso Internacional dos Escritores e Artistas Negros**» (Paris-Sorbona, 19-22 de Setembro de 1956)», o qual será registado em letras de outro, porque se, desde o fim da guerra, o encontro de Bandung constitui, para as consciências não europeias, o acontecimento primeiro, creio poder afirmar que este congresso mundial dos homens de cultura negros representará, para os nossos povos, o segundo acontecimento da década...»[45] e cuja «Resolução Final» designadamente «convida artistas, escritores, teólogos, pensadores, sábios e técnicos a participarem na tarefa histórica de fazer reviver, de reabilitar e desenvolver as culturas negras a fim de favorecer a integração das mesmas no conjunto da cultura humana...»[46].

4. «**Segundo Congresso dos Escritores e Artistas Negros**» (Roma, 26 de Março -1 de Abril de 1959), de cuja extrema abundância de comunicações e resoluções me limito, aqui e agora, a assinalar a característica «Resolução Geral, Independência e Unidade», na qual o Congresso recomenda aos Escritores e Artistas Negros que «tenham como tarefa essencial e missão sagrada inserir a sua atividade cultural no grande movimento de libertação dos seus Povos particulares, sem perder de vista a solidariedade que deve unir todos aqueles, indivíduos e povos, que combatem pela liquidação da colonização e suas sequelas, como todos aqueles que no mundo lutam pelo progresso e pela liberdade».[47]

Parenté génétique de l'Egyptien Pharaonique et des Langues Négro-Africaines (Dakar, 1978).

45 - Alioune Diop, «Discours d'Ouverture».

Cf. atas e atos completos nos seguintes números especiais de «Présence Africaine»:

Numéro Spécial VIII-IX-X (Compte-rendu complet du Primier Congrè International des Ecrivains et Artistes Noirs).

Numéro Spécial XIV-XV (Contribuitions au...).

46 - Cf. Texto integral da «Résolution Finale» no cit. «numéros spéciaux VIII-IX-X» de Présence Africaine».

47 - Igualmente para as atas e os atos completos do «Segundo Congresso dos Escritores e Artistas Negros», cf. os seguintes dois «numéros spéciaux» de «Présence Africaine»:

Tome I (nn.XXIV-XXV): L'Unité des Cultures Négro-Africaines.

TomeII (nn.XXVII-XXVIII): Responsabilités des Hommes de Culture.

Eis o texto integral desta tão «política» «Resolução Final, Independência e Unidade» de um «Congresso de Escritores e Artistas Negros» que marca uma das etapas importantes da «via cultural» própria do «Movimento da Negritude»:

«Les écrivains et artistes noirs réunis à Rome se félicitent du processus de décolonizations largement commencé dans le monde.

Ils considèrent que ce mouvement doit être élargi et amplifié:comme le XIX siècle a été celui de la colonisation, le XX siècle doit être celui de la décolonisation généralisée.

Ils considèrent que c'est un devoir impérieux pour les membres de la Société Africaine de Culture de se faire

5. «**Primeiro Festival Mundial das Artes Negras**» (Dakar-Senegal), 1-24 de Abril de 1966), o qual pretendeu realizar os «Estados Gerais da Negritude» e foi aberto e animado por um «Colóquio sobre a Função e o Significado da Arte Negra na Vida do Povo e para o Povo» [48].

6. «**Colóquio sobre a Negritude**» (Dakar-Senegal, 12-18 de Abril de 1971), de que as (demasiado grandes e finalmente demasiado apologéticas senão defensivas?) ambições aparecem, nomeadamente, na vasta comunicação programática de L.S.Senghor, intitulada «Problemática da Negritude»[49].

---

dans tous les domaines les militants actifs de cette décolonisation indispensable à la paix du monde et au développement de la culture.

Ils protestent contre toutes les manifestations et contre tous les actes de violence, où qu'ils se situent, et par lesquels un colonialisme attardé veut empêcher les peuples colonisés de ressaisir leur liberté.

Ils réaffirment leur conviction:

1º que l'indépendance politique et la libération économique sont les conditions indispensables à l'essor culturel des pays sous-développés en général et des pays négro-africains en particulier;

2º que tous les efforts vers le regroupement de pays ou de nations artificiellement divisés par l'impérialisme, toute prise de conscience d'une solidarité fondamentale, toute volunté d'unité sont positives, profitables au rééquilibre du monde comme à la revitalisacion de la culture;

3º que tout effort pour la personnification et l'enrichissement des cultures nationales, comme tout effort d'enracinement des hommes de culture noirs dans leurs propres civilisations, constituent, en fait, un progrès vers l'universalisation des valeurs et sont une contribution à civilisation humaine.

En conséquence, le Congrès recommande aux écrivants et artistes noirs d'insérer leur activité culturelle dans le grand mouvement de libération de leurs peuples particuliers, sans perdre de vue la solidarité qui doit unir tous ceux, individus et peuples, qui combattent pour la liquidation de la colonisation et de ses séquelles, comme tous ceux qui dans le monde luttent pour le progrès et pour la liberté».

48 - Cf. Os dois volumes publicados pela «Société Africaine de Culture» (Paris, Ed. Présence Africaine) sobre o «Colloque sur l'Art Nègre»:

Tome I: Rapports (1967)

Tome II: Communications (1971)

49 - Cf. «Colloque sur la Négritude, tenu à Dakar, Sénégal, du 12 au 18 Avril 1971, sous les auspices de L'Union Progressiste Sénégalaise» (Paris, Ed. Présence Africaine, 1972) e respetiva «TABLE DES MATIERES»:

Problématique de la Négritude, par L.S.Senghor

Les Précurseurs Négro-Américains de la Négritude, par Mercer Cook

Négritude et Civilisation Gréo-Romaine, par le R.P.E. Mueng

Négritude et Humanisme, par T.Melone

Négritude et Littérature, par M.Kane

Comunication de R.L.F.Durand

Négritude et Musique, par M. Lonoh

Négritude et Arts Plastiques Contemporains, par P.I.Tall

Négritude et Art Nègre Traditionnel, par G.Niangoran-Bouah

Négritude et Développement, par A.Diouf

Négritude et Education, par A. Seck

Négritude et Politique, par A.Sène

Négritude et «African Personnality», par A.Irele

Négritude et Droit Africain, par R.Amonoo

7. «**Segundo Festival Mundial das Artes Negras**» (Lagos-Nigéria, 1975), cujo «Colóquio» foi subordinado ao tema «Civilização Negra e Educação», em vistas de «restituir ao Povo Negro a autoridade e a iniciativa culturais que lhe são próprias e cujo exercício é necessário à existência e à renovação dos valores da civilização Africana...»[50].

8. «**Africacult: Conferência Intergovernamental da Unesco sobre as Políticas Culturais em África**» (Acra-Gana, 27 Outubro-6 Novembro 1976), em que foram abordados quatro temas principais, a saber: a afirmação da identidade cultural, a ação cultural, o desenvolvimento cultural como fator de transformação social, a cooperação cultural, designadamente com o objetivo de um «Projecto de Carta Cultural de África»[51].

9. «**Les Africains, Encyclopédie de l'Histoire Africaine**»[52], verdadeira «saga de um continente», na expressão de Jean Ziegler[53] e que o seu grande animador e patrono, Charles-André Julien, «prefaciou-

---

Négritude et Droit Moderne, par S.M.Sy
Négritude et Science, par E. Belinga (Annexes par M.Mizoni et E. Mueng)
Négritude et Mathématique, par S.Miang
Entre la Négritude et le Pouvoir Noir, par R.Piquion
Discours de Clôture, par Léon Damas
Nous passons le flambeau, par A.Cissé Dia
A longa «comunicação programática» de L. S. Senghor ocupa as páginas 13-28, para concluir:
«...*Le débat n'est pas d'aujourd'hui, nous avons commencé de l'engager dans les années trente contre des congénères qui plaçaient le Marxisme avant la Négritude. Notre thèse était, est que la Culture est supérieure à la Politique, dont elle est la condition préalable et le but ultime. En d'autres termes, que l' homme est au commencement et à la fin du développement. Ou encore, que le Marxisme doit être, non pas révisé, mais repensé par des têtes noires et selon les valeurs de la Négritude.*
Il est vrai que nous avons pas attendu, comme nos soi-disant «révolutionnaires», Marx ni Lénine, ni Mao Tsé-Toung, pour penser notre situation et travailler à nous construire un modèle culturel et politique, économique et social accordé en même teps aux valeurs de la Négritude et à celles de la Modernité. Nous ne récusons les civilisations ni de l'Europe ni de l'Amérique ni de l'Asie; nous ne refusons même pas emprunter aux idéologies – capitalisme libéral ou socialisme démocratique, marxisme-léninisme à la russe ou à la chinoise – dont se servent les impérialismes en lutte pour la domination du monde, singulièrement en Afrique, et où nous, militants de la Négritude, avons à prendre et à apprendre. Mais comme Lénine après Marx, nous devons, après Mao Tsé-Toung et Nehru, penser et agir par nous-mêmes et pour nous-mêmes, en Nègres...»
50 - Cf. Alioune Diop, Du Festival des Arts Nègres de Dakar au Festival de Lagos, Itinéraire, in: Présence Africaine, n.92(1974)pp.3 ss.
51 - Cf. Os dois números de Présence Africaine» (nn.98 e 99-100, 1976) sobre «Identité Culturelle Négro-Africaine», «Negro-African Cultural Identity», com numerosos «Documentos» em francês e em inglês.
52 - LES AFRICAINS, sous la direction de Ch.-A.JULIEN et Megali Morsy, Catherine Coquery-Vidrovitch, Yves Person (Paris, Ed.Jeune Afrique, 12 vls., 1977...).
53 - Ziegler J., La Saga d'un Continent, in: Le Nouvel Observateur, Paris, 12 Junho 1978, pg. 76.

apresentou» como a «realização» da «Encyclopedia Africana» sonhada por W.E.B. Du Bois[54]...

10. **«História Geral da África», da UNESCO**[55], cujas ambições estão patentes nas seguintes linhas de «Apresentação do Projecto»:

«...Neste projeto, a história da África é enfocada do ponto de vista da própria África. Obra erudita, ela é também, em grande medida, o reflexo fiel da maneira como os autores Africanos veem sua própria civilização. Ainda que seja elaborada dentro de um quadro internacional e utilize os dados científicos atuais, a «História» será também um elemento capital para o reconhecimento do património cultural Africano e colocará em evidência os fatores que contribuíram para a unidade do continente...»[56]

IX

«Primeiro Festival Cultural Pan-Africano» (Argel, Julho-Agosto 1969), as «Exéquias Gerais» do Movimento da Negritude?

Ao lado de e em oposição a todos os «acontecimentos maiores» do «Movimento da Negritude», antes simbolicamente recenseados, deverá colocar-se o «maior anti-acontecimento», real e simbólico, («Exéquias Gerais da Negritude», assim foi apelidado...), que constituiu o «FESTIVAL CULTURAL PAN-AFRICANO DE ARGEL» (Julho-Agosto 1969) e de que todo o espírito se encontra sintetizado na fórmula-choque-slogan do filme-reportagem-panfleto de William Klein: «A CULTURA AFRICANA

---

54 - Ch.-A.Julien, Les Africains, vol. I, pp. 9 ss.
55 - «História Geral da África», projeto decidido pela UNESCO em 1970 e principiado a publicar em 1980, em francês e em inglês, com o seguinte plano:
Vol. I: Metodologia e Pré-história da África
Vol. II: A África Antiga
Vol. III: A África do século VII ao século XI
Vol. IV: A África do século XII ao século XVI
Vol. V: A África do século VI ao século XVIII
Vol. VI: A África do século XIX até 1880
Vol. VII: A África sob dominação estrangeira, 1880-1935
Vol. VIII: A África a partir de 1935
A tradução-edição portuguesa, está a cargo da Ed. Ática, Brasil.
56 - Cf. «Apresentação do Projecto», por Bethwell A.Ogot, Presidente do Comité Científico Internacional para a Redação de uma História Geral da África, nas primeiras páginas do vol.I.

SERÁ REVOLUCIONÁRIA OU NUNCA SERÁ!»[57] e no «MANIFESTO CULTURAL PANAFRICANO» da «Conclusão» do «Simpósio», reunido em vistas de *um debate de fundo sobre as realidades da Cultura Africana, sobre o papel da Cultura Africana nas lutas de Libertação Nacional e na consolidação da Unidade Africana, sobre o papel da Cultura no Desenvolvimento Económico e Social da África»*[58].

X

O «Movimento da Negritude» nas ex-colónias portuguesas

Que «o Mundo Negro seja um dos elementos essenciais e fundamentais do Mundo Africano» e que, «sem o Mundo Negro, o Mundo Africano nunca possa realizar uma síntese válida de plenitude humana e cultural, no respeito, no serviço e no diálogo, em ordem à civilização africana e planetária[59] ou que «Angola, Moçambique, Guiné, Cabo Verde ou S.Tomé e Príncipe se situem em África»(!), eis truísmos e evidências que, no espaço colonial-português, constituíam revelações, heresias e crimes de lesa-ignorância, de lesa-estupidez, de lesa-doutrina ou de lesa-Pátria!

---

57 - Falo do filme de William Klein consagrado ao acontecimento do «Primeiro Festival Cultural Panafricano» e com o mesmo título.

58 - **São estas as primeiras linhas (que constituirão outros tantos subtítulos) do «MANIFESTO CULTURAL PANAFRICANO DE ARGEL», de que a revista «Présence Africaine» (n. 71, 1969, pp. 115 ss.) publicou os textos francês e inglês, mas, significativamente, apenas a título de «documento» e sem qualquer comentário...**
Cf. texto integral do citado «MANIFESTO» e de todo o «SIMPÓSIO DE ARGEL», em:
La Culture Africaine, Le Symposium d'Alger, 21 Juillet-Ier Aout 1969 (Argel, Ed. S.N.E.D., 1969).
Para ilustrar a afirmação: «O Primeiro Festival Cultural Panafricano de Argel constituiu as «Exéquias Gerais» do Movimento da Negritude»...,bastará consultar algumas das passagens mais expressivas dos «discursos», «mensagens», «comunicações», etc. de participantes como: A.Sékou Touré (o.c., pp.36-37), Delegação da República do Congo-Brazzaville(ib., pp.76-79) Delegação da República de Daomé (ib.,pp.83-88), Delegação da República da Guiné (ib.,pp.94-104), Delegação da República Democrática do Sudão (ib., pp.152-155), René Depestre (ib.,pp.250-254), J.Ki-Zerbo (ib., pp. 341-345)...
(Cf. o.c. «La Culture Africaine...», Index Analytique, «Négritude»)

59 - **Cf. «Conclusões» dos «Primeiros Colóquios para a Refontalização-Actualização do Cristianismo em Angola» (Lobito, Julho 1966): «...4) É evidente que o Mundo Angolano não se identifica ao Mundo Negro e deve ser aquele o campo total da Acão Cristã; mas é também evidente que o Mundo Negro é um dos elementos essenciais e fundamentais do Mundo Angolano, que, sem ele, nunca poderá realizar uma síntese válida de plenitude humana e cultural, no respeito, no serviço e no diálogo intersubjetividades, em ordem à civilização africana e planetária».**
Cf. texto integral em:
Santos Neves A. F., Quo Vadis, Angola? Sobre a Presença do Cristianismo na Angola deste Tempo (Ed. Colóquios Angola, 1974); Para um Ecumenismo Omnitotidimensional em Angola (Id., ib, 1975).

Sob muitos aspetos, a África, nas ex-colónias portuguesas, continuava a ser a «terra incógnita» dos antigos e vinha quase a propósito a frase com que David Livingstone, em 1857, iniciara o seu relatório, na Sociedade de Geografia de Londres: *«Dão-me licença de chamar a Vossa atenção para a África?»*.

São já de Norton de Mattos, que falava das «lendas sobre os Africanos que era necessário destruir», as seguintes observações, que não nos cansamos de repetir:

«...Terão ou não razão as conclusões de Léo Frobénius, sobre a civilização africana? A sua unidade, já inteiramente realizada, milhares de anos antes de Cristo..., o seu resplendor, num passado já muito remoto; a sua decadência, iniciada muito antes dos descobrimentos, por influências asiáticas, romanas e islamitas e acelerada no contacto com os europeus; a impropriedade do termo «bárbaro», aplicado aos pretos de África; a falsidade do feiticismo como equivalente da idolatria; a arte revelada por milhares de estatuetas e pelos mais variados ornatos e, sobretudo, pela poesia dos contos transmitidos pela tradição oral, reveladora de um grande desenvolvimento intelectual e de uma conceção de vida, dignos da maior admiração?

Creio, mais com intuição baseada em muitos anos de contacto com os índios, chineses e africanos, e resultante de leituras dispersas, do que com estudo sistematizado, que há um grande fundo de verdade em tudo isto. Mas se assim é, quão grandes se levantam perante nós, europeus, a reparação e a restituição que devemos aos africanos...» [60].

E, no entanto, uma grande especialista do «Movimento da Negritude», Lilyan Kasteloot, pôde escrever:

«...As colónias portuguesas não estão em atraso no que se refere ao despertar cultural que caracteriza a África moderna. Este despertar cultural, já antigo com as revistas «Claridade» (1936) e «Certeza»(1947) em Cabo Verde, com poetas como Francisco Tenreiro (1942), é um movimento análogo ao «Renascimento Negro» americano e chamava-se, em 1945, «Vamos Descobrir Angola». Não era mais que a tomada de consciência da

---

60 - Norton de Mattos, Memórias e Trabalhos da Minha Vida, II vol., 2 ed.,Lisboa, 1944, pp.53-56.

sua Negritude nos intelectuais Afro-Portugueses. Esta corrente, já antes das independências africanas, tinha atingido o rio de «Présence Africaine», que revelou ao mundo romancistas mestiços como Castro Soromenho e poetas militantes como Mário de Andrade...»[61].

E como não recordar a pequena mas «histórica antologia» que constitui o «PRIMEIRO CADERNO DE POESIA NEGRA DE EXPRESSÃO PORTUGUESA» (Lisboa, 1953), organizada por Mário de Andrade e Francisco Tenreiro, em cujo «Limiar» apelava o primeiro dos seus autores:

«... Este caderno é, em última análise, a expressão duma ansiedade; possam todos compreendê-la e amá-la. Não se destina, pois, aos que em matéria de poesia apenas sabem esquadrinhar os exercícios formais ou àqueles que, para iludir os seus preconceitos e o seu racismo, nos acusam de racismo. Destina-se, fundamentalmente, aos que sabem encontrar-se refletidos nesta poesia, e aos que, compreendendo a hora presente de formação dum novo humanismo à escala universal, entendem que os Negros exercitam também os seus timbres particulares para cantar na grande sinfonia humana»[62]. A publicação de «Antologias» assinalará, aliás, outros tantos marcos na história do «Movimento da Negritude» nas ex-colónias portuguesas, nomeadamente:

Antologia da Poesia Negra de Expressão Portuguesa, de Mário de Andrade (Paris, 1958);

Poetas e Contistas Africanos de Expressão Portuguesa, de João Alves das Neves (São Paulo, 1963);

Nova Suma de Poesia do Mundo Negro, de «Présence Africaine», número especial (Paris, 1966)

---

61 - Lilyan Kesteloot, o.c. «Anthologie Négro-Africaine...», pp. 399-400.
62 - Francisco Tenreiro e Mário de Andrade, PRIMEIRO CADERNO DE POESIA NEGRA DE EX-
PRESSÃO PORTUGUESA (Lisboa, 1953), com os seguintes poetas e poemas (além do «Limiar», de
Mário de Andrade, e da «Nota Final» de Francisco Tenreiro):
Nicolau Guillén, Som Número 6
Alda do Espírito Santo, Lá no Água Grande
Agostinho Neto, Aspiração, Criar
António Jacinto, Monagamba
Francisco José Tenreiro, Coração em África
Noémia de Sousa, Magaiça, Deixa passar o meu Povo
Viriato da Cruz, Mamã Negra

Antologia Temática da Poesia Africana, de Mário de Andrade (Lisboa, 1975...), I: A Noite Gravidade Punhais, II: O Canto Armado;

No Reino de Caliban: Antologia Panorâmica da Poesia Africana de Expressão Portuguesa, organização, seleção, prefácio e notas de Manuel Ferreira (3 vls, Lisboa, 1975...).

«Marco histórico» do «Movimento da Negritude» nas ex-colónias portuguesas constituiu também o aparecimento (Lisboa, Julho 1975...) da revista «ÁFRICA, Literatura, Arte e Cultura», da iniciativa e sob a direção do já citado Manuel Ferreira, que escreve, na «Apresentação» do número I (pp. 2-4):

«...Interessa-nos a África livre, independente, para com ela tecermos o jogo solidário de dinâmico entendimento. E perseguirmos aqui desta banda, em tudo quanto pudermos, em tudo quanto soubermos, a «lavra e oficina» que, na curva de muitos anos, um século diríamos, os escritores mais lúcidos e mais corajosos da África foram tecendo, por seu esforço e inteligência, para a destruição dos liames colonialistas. Até que alcançaram todos eles e cada um a sua própria identidade e libertação. E homenageando este esforço longo, dorido, gostaríamos de fixar aqui, na abertura das primeiras páginas de «ÁFRICA», o nome de algumas revistas. Aquelas que, por uma ou por outra razão, foram das que desempenharam, na caminhada triunfante, um papel de consciencialização libertadora. «CLARIDADE», «CERTEZA», para Cabo Verde, «MENSAGEM», «CULTURA», para Angola, «MSAMO», para Moçambique, «MENSAGEM», da «Casa dos Estudantes do Império» (Lisboa), para toda a África de expressão portuguesa. E ainda «PRÉSENCE AFRICAINE», que desde 1947, vem empunhando o facho na defesa do seu ideário anticolonialista. Gostaríamos, um dia, de ser reconhecidos como seus legítimos, embora modestos, herdeiros, tornarmo-nos, assim, uma espécie de ponte, um elo de ligação entre nós, portugueses, e os novos países africanos...»

Mesmo que seja legítimo pensar que uma tal empresa chega decididamente demasiado tarde...

E, sobretudo, não datam já de 1911 os textos-manifestos-programas do «PARTIDO AFRICANO» e do jornal «O NEGRO», produzidos na efémera primavera anunciada pela jovem República Portuguesa, que alguém não hesitou em classificar de «Pré-história da Negritude»[63] e que, pela sua relevância histórico-teórica (do tríplice ponto de vista «cultural», «político» e «revolucionário»...) e até para obviar ao esquecimento e ignorância de que são alvo, a seguir reproduzo na íntegra, não obstante o seu estilo cronológica e culturalmente situado[64]:

EDITORIAL DO Nº 1 DO JORNAL «O NEGRO»
(Lisboa, 9 de Março de 1911)

Reflitamos...

A nossa escravidão é secular e em virtude dela temos sofrido todos os vexames e tiranias e em virtude dela temos sido o alvo onde a inveja, o crime e o insulto têm crivado impunemente as suas setas venenosas.

Como o resignado mártir do Calvário, que rezou pelos seus verdugos e perdoou aos seus carrascos, os nossos avós e os nossos pais têm bendito e pago aos seus magistrados, aos seus exploradores, aos seus parasitas e tiranos.

Têm pago governo, justiça, renda, contribuição e soldado. Têm pago por tudo: para comprar e vender, para beber e comer, para respirar o ar e gozar a luz do sol, e até para nascer e morrer.

Cremos ter chegado para todos nós, velhos ou crianças, adultos ou novos, o momento azado para refletirmos: não queremos continuar a ser enganados, porque estamos fartos de pagar, estamos fartos de tutores, de Salvadores e Senhores, e tudo o que aspiramos é aprender a orientar as nossas ideias e a libertar-nos de todas as formas de tirania e exploração com que nos têm escravizado, esmagando em nós todas as energias e inteligências e todas as manifestações de vida social.

A nossa orientação...

---

63 - Maria Helena V. Neves M. Gil, Les Mouvements Messianiques en Angola (Paris, École Pratique des Hautes Études, 1972), Annexe II: Pré-histoire de la Négritude».
64 - «O NEGRO, ORGÃO DOS ESTUDANTES NEGROS» (Lisboa, 1911) publicou três números e não apenas um, como se continua a pensar ou a ignorar (cf. Biblioteca Nacional de Lisboa, col.8)...
Inserindo-se embora, mais imediatamente, nas vias do «Panafricanismo» inspirado por Marcus Garvey e também, ainda que em menor grau, da Revolução Social (ista)», esses textos não deixam, pelo facto mesmo, de «pré-anunciar» a «Via Cultural do Movimento da Negritude», que, se for e para ser autêntica, não poderá não inserir-se na «Via Política» e na «Via Revolucionária» antes referidas...

É simplesmente irrisório o argumento de alguns filantropos de que, para o levantamento moral, político e económico das populações negras, indígenas de África, bastariam, como preconiza Lucien Hubert no seu folhetim «Le Devoir de l'Europe en Afrique», um sistema completo de garantias jurídicas, servido por austeras instituições e especialmente a do trabalho livre e a sua remuneração, e alguns elementos de instrução.

E achamos simplesmente irrisório o argumento de tais filantropos, porque, a nosso ver, admitida a hipótese de que são sinceras as suas intenções, nem as normas de direito podem modificar o estado social dum povo, nem a instrução, por si só, pode levantar o nível moral e intelectual duma raça. O direito tem sido o arbítrio dos factos e, tendo irrompido da consciência seletiva das categorias sociais dominantes, é um produto da idiossincrasia social, modificando-se conforme esta se vai modificando, harmonicamente com as condições da estrutura económica. E, assim, nunca poderá ser um fator modificador o que é apenas um resultado.

O fator instrução, por si só, também não poderá realizar o desideratum de tais filantropos, porque é insuficiente para minorar a essas populações a escravidão política e económica de que têm sido vítimas há mais de cinco séculos.

Por maiores que sejam as mentirosas liberdades jurídico-políticas de que possam gozar e os progressos da sua educação, como sucede aos Negros da América do Norte e aos povos das nações alcunhadas de cultas, a sua quase totalidade despojada das suas terras, por uma minoria que domina em todas as partes do mundo e que quer dominar na África, servindo-se dos mesmos processos de escravidão, não poderá jamais considerar-se emancipada e livre, enquanto tiver necessidade, para viver, de se vender aos seus carrascos e opressores.

Também será eternamente uma utopia, quanto à solução da magna luta social, o pretender-se resolvê-la instaurando um equitativo modus vivendi entre o capital e o trabalho.

A universalização da instrução é uma utopia sem a universalização da propriedade, e portanto nunca, pela instrução, se conseguirá a emancipação integral dum povo ou de uma raça, qualquer que seja o presumido valor potencial das suas faculdades mentais.

A ação desta é eficaz sob o ponto de vista revolucionário, porque os povos como os indivíduos, quanto mais instruídos mais conscientes são da sua situação de escravos e de explorados, e portanto mais prontos a rebelarem-se contra as opressões de que são vítimas e mártires.

Mas quanto à esperança de ser possível emancipar-se um povo difundindo nele apenas alguns elementos de «instrução avariada» e promulgando contra os seus usos e costumes e instituições político-sociais características, um sistema de garantias jurídicas que lhe seriam impostas pela força, não nutrimos dúvidas a respeito da sua inanidade.

Para modificar e engrandecer as ideias do homem é preciso, antes de tudo, modificar e engrandecer as condições de toda a natureza do meio sociológico em que ele vive, e, para a modificação eficaz deste, é necessário modificar as condições materiais da sua existência. É que as ideias são a representação cerebral do ambiente cósmico e social que o cerca.

A única transformação a conseguir é a transformação do modo da posse da propriedade pela expropriação dos que a conquistaram e gozam, em detrimento dos seus legítimos donos, qualquer que seja o ponto de vista sob que é encarado moral, político ou económico.

Queremos a África propriedade social dos Africanos e não retalhada em proveito das nações que a conquistaram e dos indivíduos que a colonizam roubando e escravizando os seus indígenas.

E, para realizarmos o nosso ideal, é necessário que a camada mais instruída e ilustrada da raça negra enverede todos os seus esforços a fim de constituir com os menos cultos um forte PARTIDO AFRICANO que, pouco a pouco, lutando e vencendo, consiga fazer triunfar as reivindicações da sua raça escravizada.

E é legítima a nossa forma de ver, porque é um facto a luta das raças, como é um facto em cada raça, e principalmente nas civilizadas, a luta das classes, de povos contra povos e de nacionalidades contra nacionalidades.

Não há ainda povos que se creem aristocráticos e povos alcunhados de plebeus? Não há ainda raças que se creem eleitas para reinar e dominar, e não há raças malditas para as quais todo o esforço tendente a fazê-las progredir equivale desafiar a «Vontade Suprema», como disse catedraticamente Carlos Carrol no seu «interessante» livro «Le Nègre est une Bête»?

Em nome da aristocracia de sangue austríaco, a Áustria não continua a perseguir os judeus com ferocidade e rancor? Os russos ainda há pouco não nos tornaram a falar do perigo amarelo? E não continuam a exterminar os polacos, esse punhado de heróis cuja vida de sacrifícios e heroicidades enche de assombro o universo? Os turcos não continuam a perseguir e trucidar os arménios? A Europa na África e os americanos na América não continuam a linchar os negros, confiantes na impunidade e na inferioridade mental e morfológica, fatal e irremediável, dessa raça em cuja frente da cor da noite eles conseguiram ler a maldição das sentenças inexoráveis? Que significam o panlatinismo, o pangermanismo, o panamericanismo e todas as concentrações étnicas que avidamente buscam, em detrimento de todas as outras, a supremacia baseada na mentira da unidade de sangue? É que cada ramo de sangue crê-se de família privilegiada e aristocrática, e a «alma mater» de tudo quanto é belo e grande no mundo – a arte, a ciência e a filosofia. Pois bem, é necessário vencer todos esses erros e prejuízos. Pois bem, é forçoso que cada raça trabalhe para emancipar-se, vencendo todos os obstáculos da realidade presente, porque a emancipação de cada raça só pode e deve ser o resultado dos seus próprios esforços.

Expressámos com lealdade, mas também com audácia, nas suas linhas gerais as nossas convicções.

Não nos moveram nem ódios, nem ressentimentos, absolutamente incompatíveis com a nossa mocidade e sobretudo com a nossa compreensão da solidariedade.

Embora pertencentes à raça por excelência escravizada, ao iniciarmos a sua publicação, sentimos nós o dever de saudar todas as raças do mundo, porque todas são irmãs, todas descendem da animalidade e ascendem à vasta fraternidade universal.

É que, para nós, a paz entre os povos e a vasta solidariedade humana, este sonho bom duma manhã distante, não poderão jamais triunfar sem se apoiarem na convicção geral e universal da unidade orgânica e mental de todos os povos e na realização e efetivação de bem estar para todos.

E tu, oh! Raça Negra, desperta do teu sono secular, durante o qual te infligiram tantos vexames e te cobriram de tantos insultos, e trabalha, trabalha sempre no impalpável, luminoso éter da esperança imortal para vencer os obstáculos da realidade, até moldá-la à fórmula mais conveniente ao triunfo integral de todos os direitos dos indivíduos, à reconstituição orgânica de todas as agremiações humanas e à confederação de todas as raças.

Benditas serão todas as torrentes de lágrimas, todas as bagas de suor e todas as gotas de sangue que verteres para a efetivação desse ideal que há-de trazer um novo e mais fulgido lampejo à consciência humana. Perdoa a todos os povos os insultos de que foste vítima e as tiranias de que foste mártir, para que eles te perdoem a lentidão da tua evolução progressiva para a perfeição.

EDITORIAL DO Nº 2 DO JORNAL «O NEGRO»
(Lisboa, 21 de Maio de 1911)

A liberdade é o alfa e o ómega dos tempos modernos.

Nada de grilhões, ainda mesmo que eles sejam de oiro.

Fartai, Vilanagem!

É impossível negar a existência, para os filhos de África, de uma questão social, baseada no facto secular da sua violenta exclusão da posse e usufruto dos bens da terra que lhes foi berço. E este facto é, por si só, importante ponto.

Assim é. A terra, cujo culto é eterno e que, pelos mil cuidados que exige para produzir, encadeia as gerações que se extinguem às que despontam, passando a estas as faltas e as responsabilidades das precedentes, é consequentemente a primeira fonte da solidariedade e da moral. Há, pois, um direito natural violado e é inutilmente que alguns colonialistas, a soldo dos «beati possidentes», negam a conculcação deste direito. A sua violação é hoje mantida por todos os processos que, pela sua baixeza e pelo carácter ofensivo da nossa dignidade, merecem o nosso mais formal desprezo.

E assim deve ser e será. Em nossa própria casa somos afinal os párias e felizes os que nos expoliam, na administração das nossas pessoas e bens. Nela não temos liberdade, não temos direito, nem garantias.

A legislação que nos rege só atende às conveniências políticas e aos privilégios económicos das nações que nos roubaram a terra natal, em nome da força mais tirânica, posta ao serviço da ambição mais ignominiosa e do latrocínio tornado virtude.

E mais, muito mais. Não nos é dado protestar nem contra os processos da administração que nos impõem, nem contra as imperfeições escandalosas da justiça que julga os nossos atos e regula a nossa conduta, nem contra as extorsões criminosas do fisco que nos esmaga.

Foi-nos vedado o exercício das funções públicas superiores e postergados todos os nossos direitos de instrução, de ciência e de vida intelectual. Todos os nossos tentames de industrialismo estão aniquilados. O comércio está esmagado por um regime tributário criminoso e a agricultura apenas vive à custa de sacrifícios sobre-humanos e de canseiras exaustivas.

Enfim, a África não pertence aos seus diletos e legítimos filhos.

Mas desengane-se a vilanagem, é já agora irredutível o divórcio entre as nossas esperanças de redenção social e os seus sonhos de maior preponderância económica e política em detrimento da nossa honra e dignidade.

Em cada minuto que passa, em cada segundo que voa, em nosso peito radica-se mais a convicção desse antagonismo redentor, dessa antinomia irredutível, entre os nossos legítimos interesses e as suas famintas ambições, entre o nosso ideal político social que será a consagração da liberdade sem peias e sem atritos a todas as expansões da atividade do indivíduo, apenas limitada pelas necessidades da coexistência social e os egoísmos, as ganâncias e as usurpações dos que hoje vivem do nosso trabalho e exploram a nossa terra.

Mas este antagonismo redentor realizará maravilhas. Impulsionará a organização do «PARTIDO AFRICANO» que saberá ser conscienciosamente hostil aos seus opressores e tiranos. Em cada província, em cada cidade, em cada vila, em cada aldeia, constituir-se-ão Associações, Grémios, Caixas

Económicas, Cooperativas, cujo o ideal supremo será a realização da «Máxima de Monroe» aplicada à África e cuja missão será a de nos ensinar a ser livres e pela liberdade a ser bons; como fortes pela sabedoria, solidários uns com os outros e pela solidariedade iguais ante um só direito – o direito à vida integral.

E assim o «PARTIDO AFRICANO», com o coração a transbordar de afetos nobres e com os olhos extasiados na contemplação dos esplendores que entrevê, dirigir-se-á para o paraíso, onde cada indivíduo poderá viver na paz do coração e na tranquilidade da própria consciência, na fúlgida irradiação da justiça e da verdade, abençoado pela carícia dos sonhos bons e das aspirações para o ideal, com o cérebro fortalecido pela ciência e com o coração cheio de amor da humanidade.

Ah! Sabemos bem. Este movimento de protesto de organização do «PARTIDO AFRICANO» encontrará inimigos irredutíveis, adversários coléricos. Levantará tempestades ruidosas, ateará labaredas lampejantes de incêndios. Rugirão as cóleras imortais e as paixões frementes. Revolver-se-ão os lodos dos ódios insaciáveis e das ambições desregradas. Os Estados modernos, as nações que na África usam de todos os desmandos, abusando de todos os direitos, serão porventura os seus rancorosos adversários e quando não possam vencer pela força, trapacearão, transigindo para melhor esmagar. Mas...

Preparemo-nos para a luta com muita decisão e audácia e gritemos bem alto para que o Futuro nos ouça: a nossa atitude nada tem de terrível quanto ao seu objetivo, nem nada tem de sinistro quanto aos seus propósitos, é apenas a atitude dos que muito amam a liberdade própria e a desejam. A nossa bandeira é a bandeira branca da paz humana. Que ninguém atente contra ela! Que ninguém ouse embargar-nos o passo! Seria em vão. Quem poderá deter o raio refulgente que serpeia pelas nuvens?

EDITORIAL DO Nº 3 (E ÚLTIMO) DO JORNAL «O NEGRO»
(Lisboa, 23 de Outubro de 1911)

O nosso pensamento é de amor e de justiça.

Já mais de cinco meses passaram sobre as nossas primeiras declarações, sinceras todas elas e todas elas impregnadas dos princípios supremos da civilização moderna, da revolução e da liberdade, alentadas pelo ardor da nossa mocidade, enaltecida pela pureza das nossas intenções de justiça e de solidariedade para todos. Apesar disso, o nosso aparecimento e as nossas modestas palavras deram lugar a insinuações, a impropérios, a insultos, não só por parte dos que nos não compreenderam os pensamentos por incapacidade mental, senão também por parte dos que se obstinam em nos condenar inexoravelmente, deslealmente. Os primeiros quiseram combater-nos com ironia, que tanto contrastou sempre com a sinceridade com que lhes falámos, por amor de nós mesmos e sobretudo por amor das nossas convicções; os últimos foram mais infortunados e repelentes, porque desceram à calúnia, à infâmia e ao insulto; por isso são dignos do nosso desprezo, por esmola.

Todavia, não foi um pensamento de rancor, de ódio e de vingança, que presidiu à nossa iniciação no jornalismo; foi e manter-se-á eternamente um pensamento de amor e de justiça. Entramos para essa arena das lutas inexoráveis do pensamento com um ramo de oliveira nas mãos impolutas.

Mas, porquê? Que motivos, que razões supremas nos atraíram? Que problemas temerosos nos coagiram a erguer a voz ardente no meio destas lutas fratricidas?

Ah! Foram os infortúnios e as desditas da nossa raça que nos compungem dolorosamente os corações juvenis; foram a miséria social e universal, a tragédia política, e a ignomínia religiosa em que o presente se extenua e se entibia; foram os problemas temerosos cujas soluções difíceis ou sombrias entenebrecem o futuro de todos os povos.

Pois quê? Em face da cruzada dos povos em marcha inconsciente para um horizonte desconhecido; em face dos enigmas fatais que os acontecimentos, precipitando-se, apresentam a todos os que amam e pensam, o que seria necessário intentar? Era invocar o direito, era conjurar as procelas do futuro, por meio da tolerância e da justiça de hoje, implantadas nas relações de convivência social de todos os povos.

Pois quê? O presente deve ser a imagem fiel do passado que foi de ignomínia e de opressão e tudo poderia continuar como dantes?

Podia continuar a persistir esta triste ordem de coisas: povos que se creem aristocráticos e povos alcunhados de plebeus? A Áustria reacionária a crer, por inépcia incompreensível, na aristocracia do seu sangue a perseguir por esse motivo os judeus, bem mais ativos e progressivos do que ela? Os turcos a exterminar os arménios, os russos a assassinar os polacos e a Europa com a América a trucidar... ou a escravizar os negros, confiados na inferioridade mental e morfológica, fatal e irremediável das suas vítimas.

Todos sabem que a história da ação europeia na África, como por exemplo recente, a ação da Itália na Tripolitânia, é uma larga história de luto e de sangue. Os crimes, as matanças, as guerras e as traições, as torturas, os incêndios, tudo isso aí se tem justificado com os interesses da civilização que é a máscara de ferro com que os estados colonizadores afivelam a face hedionda dos seus interesses mesquinhos.

Pois quê? E os assalariados, os humildes – ah! «les pauvres sont les Nègres de l'Europe» – os famintos de todos os povos e de todas as raças, o povo que nada possui, senão o trabalho e a canseira, há-de definitivamente afundar-se no mar de lama da mais terrível degradação económica, política e moral, enquanto uma minoria de ociosos, um verdadeiro bando de aves de rapina se locupletam com os produtos das suas canseiras e do seu contínuo mourejar, batizados com as torrentes sanguinosas das próprias lágrimas?

Ah! Este estado de coisas não é justificação mais eloquente dos nossos princípios da revolução e da liberdade, das nossas aspirações de triunfo e de emancipação integral para nós e para todos?

«Ce n'est point à conquérir le pain même avec le vin et le sel que se borne notre ambition. Il faut conquérir aussi tout *ce qui est nécessaire ou même simplement utile au confort de la vie, il faut que nous puissions assurer à tous la pleine satisfaction des besoins et des juissances».*

São adversários deslealmente implacáveis, os nossos adversários...

Pois bem. Podem continuar a malsinar e a deprimir as nossas intenções e as nossas esperanças e também os nossos pensamentos e as nossas convicções, que nós continuaremos a apelar para a ressurreição moral, para a reabilitação dos costumes, para a consagração da consciência humana universal, pelo direito, pela justiça e pela liberdade para todos os indivíduos ou povos, sem distinção de raças ou de nacionalidades...

E até lá... Seja a nossa emancipação integral o nosso ideal eternamente querido, por muito longínqua que pareça a sua realização efetiva.

Não nos deixemos embair pelas promessas vãs dos que se arrogavam o direito de nos escravizar, impondo-nos a sua proteção e tutela liberticida. Que também nos façam esquecer o nosso fim as reformas políticas e económicas com que pretendem engodar-nos, simulando conceder-nos liberdades e respeitar os nossos direitos violados.

Reneguemos o hábito de identificar o bem imediato que dia a dia conquistarmos com o bem definitivo que ansiamos com frenesi, confundindo os triunfos efémeros de momento com a nossa suprema esperança no futuro. Por mais remoto que seja o fim e ainda que muitos obstáculos nos impeçam de o conseguir imediatamente e nos desviem do caminho mais curto, não o esqueçamos jamais e confiemos sempre e só no nosso próprio esforço para o realizarmos.

E daqui até lá exijamos em nome da justiça que a África, o nosso berço e o sarcófago imortal que abriga as ossamentas dos nossos pais não seja partilha exclusiva de estranhos que a empolgaram e a retalharam. **Viva a liberdade.**

Quanto à cronologia de aparecimento do «Movimento da Negritude» no antigo espaço colonial português, nada nos impede de continuar a aceitar o veredicto do grande teórico da questão que foi o intelectual Angolano Mário Pinto de Andrade:

«... Quem pela primeira vez exprimiu a «Negritude» em língua portuguesa foi, sem sombra de dúvida, FRANCISCO JOSÉ TENREIRO, no

seu livro «ILHA DO NOME SANTO»[65], *datado de 1942; devemos assinalar que ele encontrou por si, individualmente, as formas mais autênticas da expressão subjetiva e objetiva da «Negritude»; a «Ilha do Nome Santo» aparece, assim, como um feliz encontro dos temas da sua terra de origem (S. Tomé) e ainda como exaltação do Homem Negro de todo o mundo...»*[66].

Embora também se possa pensar que as duas citadas «ANTOLOGIAS» de 1953 (Lisboa) e de 1958 (Paris), com os dois tão elaborados ensaios do mesmo Mário Pinto de Andrade que as prefaciam, constituem, de facto, a histórica grande entrada em cena das ex-colónias portuguesas no «Movimento da Negritude»[67].

Mas, para além de quaisquer cronologias e factualidades[68], gostaria

---

65 - Francisco José Tenreiro, Ilha do Nome Santo (Coimbra, Novo Cancioneiro, 1942).

66 - Mário Pinto de Andrade, in: Primeiro Caderno de Poesia Negra de Expressão Portuguesa (Lisboa, 1953), «Limiar», p. 2.

67 - Cf. opera citata:

Primeiro Caderno de Poesia Negra de Expressão Portuguesa (Lisboa,1953), com o prefácio «LIMIAR», de Mário Pinto de Andrade, e a «NOTA FINAL», de Francisco José Tenreiro, e incluindo os seguintes poetas: Nicolau Guillén (Cuba); Alda do Espírito Santo (S. Tomé); Agostinho Neto, António Jacinto, Viriato da Cruz (Angola); Noémia de Sousa (Moçambique); Francisco José Tenreiro (S. Tomé).

Antologia de Poesia Negra de Expressão Portuguesa (Paris, 1958), com o prefácio «CULTURA NE-GRO-AFRICANA E ASSIMILAÇÃO», de Mário Pinto de Andrade, e os seguintes poetas: Aguinaldo Fonseca, Gabriel Mariano, Jorge Barbosa, Osvaldo Alcântara, Ovídio Martins, Pedro Corsino Azevedo (Cabo Verde); Terêncio Casimiro Anahory (Guiné); Alda do Espírito Santo, Costa Alegre, Francisco José Tenreiro (S. Tomé); Agostinho Neto, António Jacinto, Geraldo Bessa Victor, Mário de Andrade, Mário António, Viriato da Cruz (Angola); José Craveirinha, Kalungano, Noémia de Sousa, Rui Noro-nha (Moçambique); Solano Trindade (Brasil).

68 - Cf., p.e., Tomás Ribas, A Negritude na Literatura de Língua Portuguesa (em: A Capital, Lisboa, 27 de Janeiro de 1975):

«Num artigo – "Repensando a Negritude" – há poucas semanas publicado neste jornal chamei a atenção para o facto de só agora, derrubados os condicionalismos e as limitações que o antigo regime nos impunha e iniciado o processo de independência das antigas colónias portuguesas, nos ser possível encarar e dis-cutir publicamente numerosos problemas e assuntos de ordem cultural relacionados com a África e com o chamado mundo de língua portuguesa. A Negritude é, precisamente, um desses problemas e assuntos... Conquanto se considere – e, de certo modo, com alguma justiça – que o primeiro eco da Negritude em Por-tugal é o livro de poemas «Ilha do Nome Santo», de Francisco José Tenreiro, publicado em 1942, e incluído na «Colecção Novo Cancioneiro», de Coimbra Editora, a verdade é que anteriormente a 1942 surgiram em língua portuguesa obras que podem ser facilmente incluídas na corrente mundial da Negritude... É com objetivos culturais, históricos, literários, artísticos e sociológicos, e, também, políticos (todo um panorama em que a Negritude se insere) que dois Angolanos – Agostinho Neto e Mário Pinto de Andrade – e um Guineense de ascendência Cabo-Verdiana – Amílcar Cabral – fundam em Lisboa em 1948, com outros estudantes ultramarinos, o «Centro de Estudos Africanos»..., onde, como Agostinho Neto, na «As-sociação Portuguesa de Escritores», nos recordou, «verdadeiramente se iniciou o grande movimento para a independência das colónias portuguesas de África»...»

Desde 1995, o texto fundamental (mesmo se algo demasiado académico, na forma) sobre a questão é a tese de Pires Laranjeira, A Negritude Africana de Língua Portuguesa (Porto, Edições Afronta-mento) designadamente pp. 93-170: «A Formação da Negritude Africana de Língua Portuguesa:

de chamar a atenção para um triplo «fio condutor» que nos permitirá situar e julgar devidamente o passado e (porque não?) o futuro do «Movimento da Negritude» no ex-espaço colonial português e que designarei pelas noções de «**Realidade Negritudinista**», de «**Especificidade Luso-tropicalista**» e de «**Tipicidade Revolucionária**»:

1) Tudo o que antes referimos parece sobejamente demonstrar que a muitas vezes afirmada ou pressuposta «Não-Realidade» do «Movimento da Negritude» nas ex-colónias portuguesas seria mais da ordem das aparências e relevaria quer do desconhecimento e ignorância, quer de uma leitura «oficial» e «colonial» da história[69].

2) Quanto à apregoada «Especificidade Luso-Tropicalista» das ex-colónias portuguesas, parece estar, enfim, a descobrir-se, simultaneamente, a sua acidental pertinência óbvia, já que é evidente que terá existido uma «especificidade» na colonização portuguesa como existiu, aliás, nas colonizações francesa, inglesa, belga, etc.[70], e a sua essencial e não menos óbvia impertinência, já que uma tal explicação psicossociológica nada poderia contra a comum realidade fundamental de qualquer colonialismo nas suas comuns, ainda que maximamente diversificadas, realidades de genocídio cultural, de dominação política e de exploração económica[71].

História e Teoria».
69 - Vid., complementarmente, a observação de Alfredo Margarido, «Le Colonialism Portugais et l'Anthropologie», in: Coppans J. Et Alii, Anthropologie et Impérialisme (Paris, 1975, pp.307-344): «...*Dès que l'appui des populations n'est pas nécessaire au projet de la colonisation, elles sont transformées en seul réservoir de force de travail. Toute formulation anthropologique devient alors inutile, sinon peu convenable...*» (ib., p. 344).
Como exemplo de uma leitura «Não-oficial» e Não-colonial» da história angolana, cf. a monumental obra («Trata-se, e de longe!, da melhor história existente sobre Angola», segundo o mesmo A.Margarido, in: Estudos sobre Literaturas das Nações Africanas de Língua Portuguesa, Lisboa, Ed. A Regra do Jogo, 1980, p.156) de PELISSIER R., Les Guerres Grises, Résistances et Révoltes en Angola, 1845-1941 (Montamets, Orgeval, 1978); La Colonie du Minotaure, Nationalismes et Révoltes en Angola, 1926-1961 (Id.,ib.).
70 - Assim se falou de «domínio indireto» («indirect rule») para a colonização inglesa, de «assimilação» para a colonização francesa, de «paternalismo» para a colonização belga, etc...Com justeza, aliás, desde que a «diversidade» das árvores não chegue a esconder a «identidade» da floresta e não se chegue a descobrir um «quase bom-colonialismo», um «quase bom-racismo», etc...
71 - Para o significado do «LUSO-TROPICALISMO», nada melhor que recorrer ao próprio inventor do termo, o sociólogo brasileiro Gilberto Freyre (passim):
«...*Assim se teria iniciado desde o século XV um novo tipo de civilização, para o qual se sugere a caracterização de CIVILIZAÇÃO LUSO-TROPICAL, dado o seu carácter singularmente simbiótico de*

3) Por razões sociais e políticas que relevavam da sobrevivência de um «arqueo-ultra-colonialismo» e que provocaram o surgimento de «Movimentos de Libertação Revolucionários» e de Sociedades com algo mais que a independência formal, as ex-colónias portuguesas teriam podido tornar-se (embora não infalivelmente nem irreversivelmente nem, segundo parece, factualmente!) «casos típicos e pioneiros» de uma «Negritude» situada num processo concreto de Revolução Global.

E não deixarei de fazer uma vez mais referência àquele que constituiu a trave-mestra e agora constitui o símbolo da «Tipicidade Revolucionária» das ex-colónias portuguesas, Amílcar Cabral, cuja «arma da teoria», posta ao serviço da «teoria da arma», superou todo o «folclore e instrumentalidade ideológica» de uma certa «etnologia-sociologia-Negritude...» e todo o «abstratismo e dogmatismo» de uma certa «Política», de um certo «marxismo» e de uma certa «Revolução»...[72]

Depois de tudo quanto escrevemos, não correrá o perigo de más interpretações e ajudará a chamar simbolicamente a atenção para a indispensável e já referida implicação «virtuosa» das «Africano-Lógicas», das «Lusitano-Lógicas» e até das «Lusófono-Lógicas», a transcrição de um

---

união do europeu com o trópico – união que em nenhum outro europeu chegou a ser assim intensa e simbiótica em suas constâncias em diferentes áreas tropicais...Ao lado desse novo tipo de civilização, vir-se-ia desenvolvendo um novo tipo de conhecimento ou saber dos trópicos pelo europeu, para o qual se sugere a caracterização de LUSO-TROPICOLOGIA...»
De GILBERTO FREYRE, cf., p.e.:
Casa Grande e Senzala (Rio de Janeiro, 1933);
O Mundo que o Português Criou (ib., 1940);
Aventura e Rotina (ib., 1953);
Etc...
Quanto aos usos e abusos da «ideologia luso-tropicalista» pelo colonialismo português, depois de um primeiro tempo de hesitação e de recusa, cf. o livro «cristalino» de J.Montenegro, A Negritude, dos Mitos às Realidades (Braga, 1967), designadamente o cap. V: «O Caso Português: A Negritude em Face do Luso-Tropicalismo» (pp. 151 ss.); ou, noutro plano, as obras de A. Miranda Santos, p.e.: Diagonais da Aculturação, Ensaio de Portugalidade», número especial da revista «Portugal em África» (Lisboa, Julho, 1960-61); Mitificação da Cor (Lisboa, 1966).
Para uma recensão crítica do «Luso-Tropicalismo», cf. Manuel R. Laranjeira de Areia, O Luso-Tropicalismo Revisitado, A Miscegenação em «Casa Grande e Senzala», em: Fernando Santos Neves, Org., A Globalização Societal Contemporânea e o Espaço Lusófono, Mitideologias, Realidades e Potencialidades, Edições Universitárias Lusófonas, pp. 55-64; Cláudia Castelo, «O Modo Português de Estar no Mundo»: O Luso-tropicalismo e a ideologia colonial portuguesa (1933-1961), Porto, Edições Afrontamento, 1998.
72 - Cf. o.c. de Amílcar Cabral, Unidade e Luta, textos coligidos por Mário de Andrade, 2 vls. (Liboa, Ed. Seara Nova, 1975); ou ainda o «Simpósio A. Cabral», efetuado na Praia, Cabo Verde (Janeiro 1983).

poema de Senghor, intitulado «ELEGIA DAS SAUDADES»[73]:

«Escuto no fundo de mim com voz de sombra o canto das «saudades».
É a voz antiga, a gota de sangue português que sobe do fundo dos tempos?
Meu nome que retorna à sua nascente?
Gota de sangue ou o tal «Senhor», alcunha dada por um capitão outrora a bravo marinheiro?
Reencontrei o meu sangue, descobri o meu nome no outro ano em Coimbra, sob a selva dos livros.
Mundo selado de caracteres estritos e misteriosos, ó noite das verdes florestas, madrugada das praias inauditas!
Bebi – muros brancos, colinas de oliveiras – um mundo de façanhas, de aventuras, de amores violentos e de ciclones.
Ah! Beber todos os rios: o Niger, o Congo e o Zambeze, o Amazonas e o Ganges.
Beber todos os mares de um único trago negro sem cesura ou mesmo sem acentos.
E todos os sonhos, beber todos os livros os ouros os prodígios de Coimbra.
Recordar-me, tão simplesmente recordar-me...
Um dia em Lagos aberto sobre o mar como o outro Lagos.
Não um rio mas um milhar de rios, não uma laguna mas um milhar de lagunas.
Um único mar nas quatro distâncias.
Em vez de paletúvios, uma floresta no dilúvio, sobre o lodo efervescente dos répteis do terceiro dia.
E por entre as aves trombeteiras, os macacos com gritos de címbalos,

---

73 - Tradução portuguesa de David Mourão Ferreira (em: A Capital, Lisboa, 27 de Janeiro de 1975), por ocasião da visita a Portugal de L. S. Senghor, em que este proferiu, nomeadamente, uma soleníssima e muito «Luso-tropicalista» oração retórica, que epigrafou «Lusitanité et Africanité» (cf. Texto em: Jeune Afrique, nº 41, 21 de Março de 1975, pp. 22-25).
A transcrição deste poema de L.S.Senghor pretende igualmente evocar e continuar a homenagem que, por ocasião da sua morte, lhe foi prestada na Universidade Lusófona de Humanidades e Tecnologias, em sessão solene em que intervieram oradores tão notáveis e tão plurais como Benjamim Pinto-Bull, Alfredo Margarido e Adelino Torres.

a germinação dos odores mortais,
E de outros, suaves como oboés.
Reinava o dia terceiro e a vida estava certa.
«Milhões de homens como formigas carnívoras, queimando as pistas
do desejo, e mulheres jacentes,
Ébrias de sémen de espasmos, ébrias de vinho de palma.
Compreendi os signos da tribo.
O Amor: a morte em quanta exultação! A Morte: o renascer do raio.
«Saudades» dos amores antigos, «saudades» das minhas «saudades»
Do vazio imenso e vermelho de Imerina.
Ah! Confunde, tudo confunde, confunde presente e passado...
Morre e volta a nascer conforme quero...Meu amor é milagre.
Era muito longe no tempo e no espaço, e o mar estava pacífico.
Não cantarei façanhas nem reinos conquistados sobre os índios dos
dois horizontes.
Quantas aventuras bebidas nas nascentes dos rios sagrados!
Mas não tenho o gosto da magia, somente o Amor me é maravilha.
O meu sangue português perdeu-se no mar da minha Negritude.
Amália Rodrigues, canta ou canta com a voz baixa as «saudades» dos
meus amores antigos
Dos rios das florestas das velas dos oceanos das praias de sol
E os golpes vibrados e o sangue vertido por coisas fúteis.
Escuto no fundo de mim com voz de sombra a queixa das
«saudades»...»

E a minha conclusão para este «Ensaio histórico sobre o Movimento da Negritude» serão as palavras que escrevi no livro «Negritude – Independência – Revolução, As Colónias Portuguesas e o seu Futuro»[74]:

...Como harmonizar a «Negritude» e a «Revolução», para que os Africanos, por um lado, não sejam mistificados e, por outro lado, se tornem «produtores» e não apenas «consumidores» de civilizações?

É certamente a falta de teoria (e praxis) científico-revolucionária

---

74 - Fernando Neves, Negritude, Independência, Revolução, Paris, Ed. ETC, 1975, pp. 134 e ss.

que não permitiu à generalidade dos «Negritudinistas» situar a «Negritude» (realidade, mas «superestrutural» e, portanto, em última análise, relativa a e dependente de outras realidades «infraestruturais») no conjunto do «bloco histórico» da sociedade africana e mundial... ainda que forçoso seja constatar que muitas interpretações «marxistas» (e não só do tempo cronológico de Estaline) resvalaram num «economicismo», «mecanicismo» e «universalismo» que não deixam nenhum lugar para a «subjetividade», a «cultura», a «nacionalidade», a «Negritude» e muitas outras coisas (movimento feminino, minorias étnicas, questão sexual, etc.).

É da superação de todo um marxismo dogmático e truncado e da inserção de todas estas realidades na realidade global da «figura revolucionária» contemporânea que poderá sair uma verdadeira e integral TEORIA CIENTIFICA DA NEGRITUDE. O que, seja dito concluindo mas insistindo, escassamente tem sido feito, da parte dos pro – como dos anti-Negritudinistas. E não haverá outra maneira de encontrar, depois dos eventuais primeiros «Sentidos» e dos realíssimos segundos «Des-sentidos», os necessários últimos «Re-sentidos» da Negritude.

16.
"COLÓQUIOS SOCIAIS DE ANGOLA"

OS PRIMEIROS COLÓQUIOS SOCIAIS DE ANGOLA (à ultimíssima hora proibidos pela PIDE) estavam programados como segue (Luanda, 1-4 Abril 1968):

- Tema Geral: EXIGÊNCIAS E INCIDÊNCIAS DO CRISTIANISMO NA SOCIEDADE ANGOLANA.

- Temas particulares:
    I - SOBRE O SAGRADO E O PROFANO, por A. F. Santos Neves;
    II - PARA UMA SOCIOLOGIA INTEGRAL NO MUNDO AN-GOLANO, por Lawrence Henderson;
    III - PARA UM AUTÊNTICO CRISTIANISMO SOCIAL, por Esaú Dinis;
    IV - CONCLUSÕES E VOTOS, por toda a Assembleia.

Tentei definir os COLÓQUIOS SOCIAIS DE ANGOLA nas seguintes alíneas, que constituem o seu dado e a sua tarefa de «princípio»:
1. OS COLÓQUIOS SOCIAIS têm, no âmbito da total socialidade-sociabilidade humana, a mesma finalidade do Instituto Superior Católico: a animação-complementação cristã de Angola, a nível cultural e ao ritmo e no espírito evangélico do Concílio Vaticano II.
2. OS COLÓQUIOS SOCIAIS não pretendem substituir ou dispensar as aproximações-realizações de ordem «técnica», mas antes urgi-las, situando-as e integrando-as no pleno (e não idealístico-ideológico, mas realístico-revolucionário) desenvolvimento pessoal de todos os homens e

do homem todo, em Angola.

3. OS COLÓQUIOS SOCIAIS estão abertos a todos os Homens de Boa Vontade, que, independentemente do sexo, idade, raça, convicções partidárias, etc., reconhecem a Pessoa Humana como o valor e critério supremos e absolutos de pensamento e de ação, onde todos podem encontrar-se, coloquiar e colaborar, em dignidade e em verdade.

4. OS COLÓQUIOS SOCIAIS, «grandemente» políticos no sentido de inequivocamente empenhados na defesa dos «DIREITOS DO HOMEM e na luta contra a «EXPLORAÇAO CAPITALISTA» e a «SITUAÇÃO COLONIAL», procuram informar os participantes para que estes «grandemente» e «inequivocamente» se empenhem nas opções concretas, à luz e sob a moção das exigências e incidências do Cristianismo.

5. OS COLÓQUIOS SOCIAIS, a organizar todos os anos, são da exclusiva responsabilidade de uma equipa de cristãos e de homens de boa vontade, que, intencionalmente evitando qualquer aprovação oficial ou mandato hierárquico, desejam, de maneira adulta e dialogante, prestar um «serviço» necessário e urgente a uma Sociedade que a si mesma gosta de apelidar-se «Sociedade Cristã».

17.

Sentidos e Des-sentidos da Lusofonia em Angola: Da "Lusofonia Colonialista" à "Lusofonia Pós-colonial"*

Em 1968 publicava eu, aqui em Luanda, o meu primeiro livro, intitulado **"Ecumenismo em Angola: do Ecumenismo Cristão ao Ecumenismo Universal".**

Censurado pela Igreja Católica Angolana e pelo Governo da Nação Portuguesa (seria porque, entre outras coisas, eu afirmava que, *"por absurdo que pareça, Angola situa-se em África!"* e se davam à luz os "perigosos" textos das *"Declarações Universais dos Direitos Humanos"*, incluindo a "perigosíssima" declaração contida na Encíclica de João XXIII *"Pacem in Terris"?),* tal livro constituiu a gota de água que levou ao meu exílio, de imediato, das terras de Angola e, a seguir, das terras de Portugal.

Mais de trinta anos passados e no momento em que todas as esperanças de futuro são permitidas para estas maravilhosas terras e gentes de Angola, não é sem uma grande emoção que me vejo nos mesmos lugares a falar fundamentalmente das mesmas coisas ou seja, do que, glosando o título do livro de então, eu poderia chamar: **"Lusofonia em Angola: Da Lusofonia Colonialista à Lusofonia Pós-Colonial",** o que poderia ser outra maneira de dizer **"Sentidos e Des-sentidos da Lusofonia".**

Á semelhança do que o filósofo Kant pretendeu fazer tanto

---

* Comunicação ao "XII Encontro da Associação das Universidades de Língua Portuguesa" (A.U.L.P.), em Luanda, Maio 2002, onde, pela primeira vez foi por mim lançada a ideia, o apelo e o voto do "ELES, Espaço Lusófono do Ensino Superior", que, por referência à "Declaração de Bolonha" sobre o "Espaço Europeu de Ensino Superior" ("EEES"), viria a designar-se de "Declaração de Luanda".

para a *"Razão Pura"* como para a *"Razão Prática"*, e até para responder fundamentadamente aos inevitáveis discursos incómodos sobre eventuais *"lusofonias suspeitas, patrioteiras, colonialistas e outras que tais"*, há que elaborar a **"Critica da Razão Lusófona"**, ou seja, estabelecer as condições de legitimidade, de possibilidade, de pertinência e de urgência da construção da **Lusofonia**, as quais, também Kantianamente, poderiam intitular-se de **"Prolegómenos a toda a Lusofonia Futura"**.

Da realidade e projeto de tal **"Lusofonia"**, **"Espaço Lusófono"**, **"CPLP"**, **"União ou Comunidade Lusófona"** ou designações semelhantes não devem considerar-se ausentes nem as diásporas mais históricas simbolizadas por Macau e Goa nem as diásporas mais modernas dos Emigrantes Lusos e demais Povos Lusófonos espalhados pelo Mundo, **a começar pelas Gentes Africanas a viver em território português e que, no mínimo, deveriam ter direitos de cidadania idênticos às pessoas provenientes dos Países Europeus**. Mesmo que, para tal, fosse necessário afrontar Bruxelas e Schengen e outros "Europeismos" e "Europeíces"!

A Lusofonia não pode ser, mas não está automaticamente excluído que seja ou se tome, uma versão retardada ou camuflada dos colonialismos políticos, económicos e culturais de antanho, ou de agora ou do futuro. E, por exemplo, certos apregoados lusos "regressos a África" e a outros sítios poderiam fazer lembrar alguns desses remanescentes fantasmas.

A Lusofonia deverá igualmente e consequentemente implicar a superação definitiva das clássicas ideologias do género do *"luso-tropicalismo"*, do *"bom colonialismo português"*, do *"não-racismo brasileiro"*, do *"colonialismo antieconómico"* e quejandas, e designadamente desses dois indestrutíveis mitos que dão pelo nome do *"passado glorioso de Portugal"* e do não menos *"glorioso futuro do Brasil"*, Embora, por razões diversas e ultrapassadas as suas mitideologias e os seus provincianismos, de que já falaremos, **Portugal e Brasil** possam e devam ser os primeiros grandes motores da Lusofonia e da CPLP e sejam os responsáveis históricos do seu possível êxito ou do seu não impossível fracasso. Oxalá as atuais classes dirigentes de Portugal e do Brasil estejam ao nível deste desafio histórico, o que não parece, visivelmente, ser o caso, para desgraça de todos os lusófonos. Aliás, **Lusofonia e C.P.L.P.** (e não gostaria de ter de acrescentar outros nomes e outras siglas, como o *"Instituto Internacional de Língua Portuguesa, a Associação das Universidades de Língua Portuguesa"*, o *Acordo Ortográfico*, etc...) quase não passam ainda, na linguagem dos antigos filósofos medievais, de *"entes de razão sem fundamento na realidade"* (*"entia rationis sine fundamento in re "*). Caberá a todos os que pensam que o projeto vale a pena demonstrar que somos capazes de as transformar em *"entes reais e vivos"*, com lugar e papel insubstituíveis na realidade geopolítica Portuguesa, Brasileira, Africana, Timorense, Europeia, Americana, Asiática e Mundial!

Especificamente sobre a *"**Crítica da Razão Lusófona**"*, essencial é a superação de todos os **provincianismos**, tanto os mais grosseiros de isolamento e de atraso como os mais subtis de heterocentramento e de alienação, que afetam, com maior ou menor consciência e virulência, os diversos espaços do Espaço Lusófono ou os diversos Países e Povos de Língua Portuguesa, e de que, a seguir, apresento uma pequena lista meramente exemplificativa.

1 - Relativamente a **Portugal** e para além de um "imperial-saudosismo", "à prova de bala", que releva mais da psicanálise que de qualquer análise económica ou política, relembro o nauseabundo **provincianismo** que, desde há tempos, venho chamando a "**doença infantil do europeísmo**" ou a "**conceção novorriquista, pacóvia, discipular e Schengeniana da integração europeia de Portugal**", como se, por ser e para ser Europeu, Portugal devesse deixar de ser Português e Lusófono e como se, ao contrário, e se não houvesse outras razões ainda mais válidas, até não fosse a "Lusofonia", retomando as palavras de Almeida Garrett, o grande e específico peso de Portugal *"na balança da Europa"* e do Mundo. Embora não me admirasse que, dentro de algum tempo, tal *"doença infantil do europeísmo"* viesse a ser substituída ou até acompanhada pelo não menos nauseabundo provincianismo da *"doença senil do anti-europeismopatrioteiro..."*

2 - Relativamente ao **Brasil,** mencionarei aquele **provincianismo** a que ultimamente chamei, por analogia, *"granderriquismo ilusório e pseudorrealismo economicista"* de alguns novos senhores do País, que quase lamentam o facto e quase se envergonham de serem lusófonos, não se dando conta de que, na geopolítica multipolar que se desenha e se deseja, a **"Lusofonia"** constitui chance única para o Brasil vir a ser alguém no concerto das potências do século XXI. Não haverá ninguém que consiga abrir os olhos dos Lusófonos Brasileiros a este axioma tão óbvio como essencial: Sem Brasil não haverá Lusofonia, mas também sem a Lusofonia que interessa não haverá Brasil que venha a interessar! E quando tomarão os Brasileiros a sério a frase terrível do seu Presidente, Fernando Henrique Cardoso: "O *Brasil não é um país subdesenvolvido, é um país injusto"*, até porque, com as estruturas sociais existentes, dificilmente deixará de ser o eterno *"país de nenhum futuro"*. Será que as celebrações dos quinhentos anos do seu "achamento" pelos Portugueses terão conseguido levar o Brasil a "reachar-se lusofonamente" e, sobretudo, "humanamente" a si próprio?

3 - Relativamente aos **Países Africanos**, lembrarei, por um lado, o provincianismo da não-resolução ou da reemergência de certos complexos (e não só os clássicos de Édipo) e, por outro lado, o **provincianismo** típico de certas elites pseudo-globalizadas, des-africanizadas e des-humanizadas. O Colonialismo ou Imperialismo foi, certamente, o *"último estádio do Capitalismo"* (Lenine dixit!), o Neocolonialismo foi, certamente, o *"ultimo estádio do Imperialismo"*, (dixit Nkrumah!) um certo Desenvolvimento e uma certa Cooperação e uma certa Lusofonia poderão ter sido ou querer ser o *"último estádio do Neocolonialismo"* (dixerunt alii!), a tão badalada *"Globalização Contemporânea"* poderá ser ou vir a ser o *"último estádio de todas estas explorações e alienações"* (timent multi!), fenómenos como guerras e catástrofes naturais poderão ter "explicado" coisas intoleráveis; mas nada justifica e nada desculpa muitas das desgraças africanas do nosso tempo como nada justifica e

nada desculpa muitos dos comportamentos de certas elites africano-lusófonas. Para dizer que não é coisa nenhuma, um dos últimos números da revista *"Angolê"* terminava um justíssimo ataque ao Governo Português, dizendo, prosaicamente, que *"Lusofonia rima ... com utopia" (Angolê, Revista de Sociedade e Cultura*, Março 2002, p.66). A "Lusofonia" aqui avançada, essa tem que rimar, poética mas realisticamente, com a "utopia" a que eu, aqui mesmo em Luanda também há muitos anos, dei o nome de *"pantopia"* dos direitos humanos, da democracia e do desenvolvimento económico-social de todos os Países Africanos de Língua Portuguesa.

4 - Relativamente à **Galiza** (de certo modo, com a Região Norte de Portugal, a mãe de todas as Lusofonias!) e reconhecendo embora todo o peso da história, darei o exemplo do provincianismo que designei de "**questão espanhola**" (a não confundir com a "questão do Castelhano", que é toda uma outra questão) e que poderíamos traduzir na seguinte fórmula: a Galiza, por ser e para ser Lusófona, por ser e para ser um espaço integrante e ativo do Espaço Lusófono e membro da C.P.L.P., não precisa minimamente de pôr em causa a sua pertença ao Estado Espanhol, no quadro da grande Região Transfronteiriça Europeia do Noroeste Peninsular, de que a cidade do Porto é reconhecidamente a Capital incontestada (não se entendendo, aliás, porque não faça parte das "Cidades Capitais" componentes da *"UCCLA -União das Cidades Capitais de Língua Portuguesa")*.

Muitos Galegos já começaram a percebê-lo, a maior parte dos Portugueses (sobretudo, Lisboetas e até alguns Nortenhos!) e dos outros Lusófonos ainda não. **A propósito: onde estão os representantes galegos na "AULP - Associação das Universidades de Língua Portuguesa"**, como, a um nível mais geral, se poderia perguntar: "onde estão os representantes galegos na **"CPLP. Comunidade dos Países de Língua Portuguesa"**?

5 - Relativamente ao caso de **Timor**, permito-me começar por

citar palavras minhas escritas em 1996, felizmente, na substância mas não sob todos os aspetos, inatuais: "Num mundo que proclama colocar no centro das suas preocupações o respeito e a implementação dos Direitos Humanos e especificamente o Direito à Autodeterminação dos Povos, a situação de **Timor-Leste** é um dos pecados que bradam aos céus (infelizmente, mais que à terra!) e um dos escândalos intoleráveis do nosso tempo: uma CPLP que, por pensamentos, palavras, obras ou omissões, esqueça ou adie a solução do "**caso timorense**", continuando a permitir que a força do direito fique subordinada ao direito da força, será a negação prática permanente da sua reclamada existência e finalidade. A inclusão explícita de Timor-Leste entre os membros da CPLP aparece como a prova mínima da seriedade ativa e passiva deste projeto lusófono." Será que tanto Portugal como a **C.P.L.P. e Timor Lorosae** já perceberam que os seus verdadeiros interesses humanos e estratégicos, ao contrário do que, a curto prazo e a curtas vistas possa parecer, a lúcido e definitivo prazo passam pela Lusofonia? Xanana Gusmão dixit e Xanana Gusmão é que sabe!

6 - Relativamente a todas as Diásporas Lusófonas (e até às simplesmente Lusófilas ou Lusótopas) e sem prejuízo da integração geral nas Sociedades em que vivem, que enormes tarefas e potencialidades recíprocas no sentido de reforçar uma identidade transnacional e transgeográfica, que vá além dos clássicos três "F" do Futebol, do Fado e de Fátima e que, sabendo que a Lusofonia não é só nem sobretudo uma questão de língua, saiba também tirar partido do facto de ter como símbolo e instrumento uma das poucas "línguas universais" do século XXI (enquanto, segundo as palavras de Fernando Pessoa já nos anos 20 do século passado, "língua falada em todos os continentes e enquanto língua falada por um grande pais como o Brasil")! Para quando o oficial reconhecimento efetivo de uma efetiva "cidadania comum lusófona" que faça passar a CPLP a algo mais do que a pouco mais que nulidade real que ainda não deixou realmente de ser? Até quando, no âmbito de

todos os Países Lusófonos e respetivas estruturas governamentais, tudo o que releva da "Cooperação Inter-Lusófona", continuará a relevar do "Ministério dos Negócios Estrangeiros" ou das "Relações Exteriores"? Será necessária uma qualquer viagem entre os Países Lusófonos para nos darmos conta do trogloditismo das respetivas inter-relações? Quando é que, não os "cidadãos lusófonos" (que é coisa que não existe) mas, pelo menos, os "cidadãos dos Países Lusófonos" tomarão suas as palavras furiosas de Cícero contra Catalina e dirão: "Quousque tandem abutere patientia nostra... Até quando continuarão todos os Estados de Língua Portuguesa e respetivas burocracias a abusar da nossa paciência lusófona?"

A presente "**Crítica da Razão Lusófona**" mais não visa do que contribuir para que a "Lusofonia" passe de mero mito, dúbia ideologia ou vã retórica a um "Espaço Lusófono" realista que colabore no diálogo humano com todos os outros "Espaços" do Mundo Contemporâneo, "Desígnio Lusófono" não ultrapassado mas, ao contrário, tomado mais necessário e mais urgente pelos processos em curso da "Integração Europeia de Portugal e da Galiza", das várias "Integrações Regionais dos PALOP" ou de "Timor Lorosae", da "Mercosulização ou Panamericanização do Brasil", de todas as «Aculturações das Lusodiásporas», da "Globalização Societal à Escala Planetária" e até da "loucura terrorista" e da histeria antiterrorista" que o dia II de Setembro despoletou na Humanidade e que, uma e outra, constituem, por razões diversas mas com possíveis idênticos resultados, sérias ameaças de regresso à barbárie, mediante o incumprimento ou o esquecimento da tão longa e tão difícil conquista que é o Estado Democrático de Direito e da única e para todos ("Terroristas", Não-terroristas" e "Anti terroristas") obrigatória "Carta Magna" da civilização que é a "Declaração Universal dos Direitos Humanos".

Numa história generalíssima das Universidade Portuguesas, às épocas já consagradas da "Universidade de Coimbra" (I" época), das "Universidades de Lisboa e Porto" (2" época, da implantação da 1" República em 1910), das "Universidades Novas" (3" época, dos anos 70), foi com alguma surpresa mas total acordo que, há alguns anos, ouvi o Catedrático da Universidade de Coimbra, Professor Doutor Gomes Canotilho, acrescentar a 4" época das "Universidades Privadas" como fruto histórico do 25 de Abril de 1974 (aquele "25 de Abril Português" que foi justamente caracterizado pelos três "DDD" da "Descolonização, Democratização, Desenvolvimento", a que eu costumo acrescentar o quarto "D" da "Descentralização", três **DDD** ou quatro **DDDD** que não podem deixar de reduzir-se e sintetizar-se no único e omnitotidimensional "DH" dos "Direitos Humanos") .

Em recente "**Manifesto para a Educação em Portugal**" (caso queiram, até poderão assiná-lo em www.ulusofona.pt. passe a publicidade abusiva mas espero que não enganosa...) e na sequência das minhas recorrentes declarações, designadamente em "Onze Teses sobre o Ensino Superior em Portugal e no(s) Espaço(s) Lusófono(s)" (cf. "Anuário da Educação"), 1999-2000), mais uma vez escrevi que é, hoje, evidência axiomática e imperativo categórico a necessidade de que se tome, finalmente, "legislação aplicável, aplicanda e aplicada" a grande conquista democrática e revolucionária do "Ensino Universal, Obrigatório e Gratuito", norma que, hoje, se deve estender não só ao "Ensino Primário", como no tempo dos nossos Avós e ao "Ensino Secundário", como no tempo dos nossos Pais, mas também ao "Ensino Superior", que constitui a verdadeira alfabetização do nosso tempo e o essencial motor da "Descolonização, Democratização, Desenvolvimento, Descentralização e Direitumanização" das sociedades contemporâneas (e, consequentemente, também das Sociedades Lusófonas, se quiserem ser "contemporâneas" não apenas a nível da cronologia...). Por isso mesmo, quando se reconhecerá, efetivamente, o direito de todos os cidadãos ao "Ensino Superior" e se enterrará, definitivamente, a prática do "*numerus clausus*", que significa o massacre de milhares de jovens e a condenação de um País ao subdesenvolvimento? Infelizmente, no tocante a Portugal, ainda não perderam atualidade as palavras duras do Ex-Ministro Mariano Gago contra "*todos os imbecis que continuam a dizer que há doutores e estudantes universitários a mais*", palavras extensivas a todos aqueles que continuam a pregar, contra a evidência factual e estatística, que "*os diplomas são o caminho mais curto para o desemprego*" ou que "*a* *grande tragédia das Universidades é quererem admitir todos os meninos"* ou quejandas manifestações de elitismos seródios e ultrapassados. E, também no tocante a Portugal, quando terminarão as novas formas das "guerras do alecrim e da manjerona" entre as Universidades e os Institutos Politécnicos, entre o Ensino Superior Estatal e o Ensino Superior Privado, entre o *"CRUP-Conselho de Reitores das Universidades Portuguesas"* (e respetivos apêndices e ideólogos) e o Ensino Superior Luso e Lusófono?

A **Universidade Lusófona de Humanidades e Tecnologias** (que, sendo de todas a mais jovem, é também reconhecidamente a mais inovadora e estatisticamente já é também a maior Universidade Privada de Portugal) procurará continuar a corresponder às exigências e objetivos que, com a aprovação oficial, lhe foram oficialmente assinaladas, a saber, *"o ensino, a investigação e a prestação de serviços nos vários domínios da ciência, da cultura e das tecnologias, numa perspetiva interdisciplinar e, especialmente, em ordem ao desenvolvimento dos Países e Povos de Língua Portuguesa"* (Decreto-Lei nº 92/98, de 14 de Abril).

E falando em Angola num Encontro organizado pela **AULP - Associação das Universidades de Língua Portuguesa** para *"Repensar o Ensino Superior no Espaço da Lusofonia"*, permitam-me somente mais um voto de eficiência e um desabafo de afetividade.

O **"voto de eficiência"** é que, à semelhança do que está a acontecer na União Europeia com o instrumento institucional designado *"Declaração de Bolonha"* (de que tivemos, entre nós, como convidado de honra o grande especialista Prof. Doutor Pedro Lourtie) e com a criação do comum "EEES -Espaço Europeu do Ensino Superior", também no âmbito do "Espaço Lusófono" se avance de imediato para a criação de um comum "ELES-Espaço Lusófono do Ensino Superior" e que todas as diversidades reais e reais dificuldades não constituam obstáculos mas apenas estímulos (a construção de um "Espaço Lusófono de Ensino Superior" não é um epifenómeno mas condição *sine qua non* da construção do "Espaço Lusófono sem mais" acenado pela ideia da "CPLP").

Quanto ao **"desabafo de afetividade"**, peço licença para recitar palavras do último parágrafo da minha *"Carta Aberta ao Presidente de Angola, Eng.º José Eduardo Eduardo dos Santos"*, aparecida no Jornal "Público" de 26 de Novembro de 2000 e em que reafirmo *"o mesmo empenho e coerência com que, na Luanda de 1968, publiquei o meu (inicialmente referido) primeiro livro intitulado «Do Ecumenismo Cristão ao Ecumenismo Universal» (que me valeu a expulsão do território pelas autoridades colonialistas da época) e com que tenho vindo a trabalhar por um Espaço Lusófono identitário e universalista, que defendo no meu último opúsculo editado na Lisboa do ano 2000 e intitulado «Para uma Crítica da Razão Lusófona: Onze Teses sobre a CPLP e a Lusofonia»... ".*

Uma Lusofonia assim identitária e ecuménica, "Descolonizante, Democratizante e Desenvolvimentista" (uma Lusofonia "à moda do 25 de Abril de 1974") como a Lusofonia acima criticada e projetada (só ela e só assim!) é que poderá interessar e certamente interessará a todos os Países e Povos e Universidades de Língua Portuguesa e a todos os Países e Povos e Universidades de todas as Línguas do Mundo.

18.

Bolonha, Luanda e o Ensino Superior[*]

Foi no mês de Maio de 2002, no XII Encontro da Associação das Universidades de Língua Portuguesa (AULP), realizado em Luanda, que pela primeira vez lancei o seguinte desafio, a que, depois, com grande satisfação daminha parte, seria dado o nome de Declaração de Luanda: «À semelhança do que está a acontecer na Europa com o instrumento designado Declaração de Bolonha e com a criação do comum EEES – Espaço Europeu do Ensino Superior, também no âmbito do Espaço Lusófono deveria avançar-se de imediato para a criação de um comum ELES – Espaço Lusófono de Ensino Superior. E todas as diversidades reais e reais dificuldades não deveriam constituir obstáculos, mas apenas estímulos, já que a construção de um tal Espaço Lusófono do Ensino Superior não deverá ser considerado um mero epifenómeno mas «*conditio sine qua non*» da construção do espaço lusófono sem mais ou da CPLP, tal qual está a ser entendida, relativamente ao espaço europeu, a construção do Espaço Europeu do Ensino Superior.

A Lusofonia real, que não cesso de proclamar como a única real via de afirmação, no concerto ou desconcerto das Nações, de todos, insisto, de todos os países e povos de língua portuguesa, também passa necessariamente e até primordialmente por aí, ou não fosse a «Educação de Excelência para Todos» o princípio e o motor insubstituível de todo o desenvolvimento humano; e não fosse a norma da «Educação Universal, Obrigatória e Gratuita» o programa mais revolucionário de toda a história moderna e válido para toda a humanidade e não só para o mundo ocidental.

---

[*] Em: Expresso, 30 dezembro 2005.

(Para todas estas e outras questões, permito-me remeter para o livro-base **Quem tem medo da Declaração de Bolonha? A Declaração de Bolonha e o Ensino Superior em Portugal**, Edições Universitárias Lusófonas, 2005).

A posterior notícia da assinatura, em Fortaleza (Nordeste do Brasil), da Declaração dos ministros responsáveis pelo Ensino Superior da Comunidade dos Países de Língua Portuguesa, em 26 de Maio de 2004, obviamente e (em privado) confessadamente inspirada pela citada Declaração de Luanda, só poderia ser bem-vinda, pese embora não ter sido feita nenhuma referência pública à mesma (porquê retirar a Angola e à África essa justíssima honra e homenagem?) e continuarem a surgir versões incompletas ou menos exatas das relações entre «A Declaração de Fortaleza, a AULP e a CPLP» (cf., p. ex. artigo de opinião de Pedro Lourtie no «Diário Económico» do passado dia 6.

O abaixo-assinado lançador da Declaração de Luanda e da ideia da criação do ELES – Espaço Lusófono e da ideia da criação do ELES – Espaço Lusófono do Ensino Superior desde já declara que não reclamará nenhuns direitos de autor e tudo fará para que o projeto, na linha do que tem dito e escrito sobre a própria CPLP, não seja mais um retórico projeto nado-morto.

Questão diversa seria a de interrogar-se, num momento em que, à parte alguns europeus provincianos e desvairados, todos os povos do mundo olham para o modelo europeu, consubstanciado na dupla vertente da democracia política e do desenvolvimento económico-social, como para um horizonte ainda não ultrapassado do género humano, sobre se não poderia até ser mais fácil e mais prático, em vez de criar um, novo Espaço Lusófono do Ensino Superior, requerer a associação progressiva e original ao já criado e já funcionando comum Espaço Europeu do Ensino Superior e que é fruto da para a história designada como Declaração de Bolonha.

Sem problemas pelo facto de ter lançado a primeira ideia da criação do ELES, e aliás pelas mesmas razões e com as mesmas intenções, a eventual resposta afirmativa a tal hipótese encontrará em mim e na Universidade Lusófona de Humanidades e Tecnologias as mesmas disponibilidades pessoais e institucionais, derivantes, aliás, do facto primordial de os objetivos de todas as Universidades Lusófonas serem os de «contribuir para a democratização e o desenvolvimento de todos os Países e Povos de Língua Portuguesa» (Decreto–Lei nº 92/98, de 14 de Abril).

19.

Bolonha, Luanda, Fortaleza, Macau: os princípios de uma bela história ou os difíceis itinerários de um fracasso anunciado?*

Entre 12 e 16 de Junho passado realizou-se, na "Região Administrativa Especial de Macau" da República Popular da China, o XVI Encontro da "*Associação das Universidades de Língua Portuguesa*" (AULP) sobre o tema geral: "*Organização do Espaço de Ensino Superior e Investigação dos Países de Língua Portuguesa*" e o paradoxo não poderia ser maior: de um lado, um novo Macau cheio de potencialidades económicas, políticas e culturais e, ao contrário do que se pensaria, mais autónomo e mais lusófono que nunca, e, do outro lado, organizações várias (AULP e CPLP, nomeadamente), que aproveitaram de tanta generosidade (consubstanciada na pessoa do Prof. Rui Martins, da Reitoria da Universidade de Macau) para demonstrarem definitivamente todas as suas carências e a sua mais que reconhecida inoperância e inutilidade, no estado atual das coisas. Embora não ouse ser tão pessimista e radical como dois dos especialistas convidados (outro, o Dr. Horta Osório, deu a excelente notícia de que o Português foi declarado língua oficial de todo o Banco Santander), os Professores Carlos Reis e Eduardo Prado Coelho, e sobretudo este último, que decretou, sem apelo nem agravo (Público, 20 de Junho 2006): "*... Deixemos instituições como estas entregues ao seu triste destino, que é o da morte morrida*". Desejo, aliás, deixar bem claro que, no tocante à C.P.L.P., a questão é tanto mais

---

* VI Encontro da "AULP", Macau, 12-16 de Junho de 2006. Publicado em diversos órgãos de comunicação social e em: Adimplenda est Bolonia! É Preciso cumprir Bolonha! A Declaração de Bolona e Ensino Superior em Portugal, Edições Universitárias Lusófonas, 2006.

estranha e dolorosa quanto, como não tenho cessado de gritar nos últimos tempos, esta é claramente a **"Hora da Lusofonia"** e quanto à frente da C.P.L.P. se encontra alguém como o Embaixador Luís da Fonseca, cujo empenhamento e dinamismo bem mereciam uma outra CPLP (o mesmo é dizer que esta C.P.L.P. está longe de merecer este Secretário-Executivo!).

A questão do **"Espaço Lusófono do Ensino Superior"** (ELES), que remete obviamente para o **"Espaço Europeu do Ensino Superior"** (EEES) criado pela *"Declaração de Bolonha"*, foi a questão central deste "XVI Encontro da AULP" e a vontade de comprometer a vertente política da Lusofonia (CPLP) até poderia justificar-se (mesmo que a "Declaração de Bolonha" e a criação do "EEES" tenham acontecido para além da "União Europeia" propriamente dita), se..., se designadamente a C.P.L.P. já fosse alguma coisa de politicamente sério como era desejável e com designação mais adequada, por exemplo a de **"União ou Comunidade Lusófona"**, que venho a propor desde há algum tempo.

Mas de que se fala quando se fala de comum "Espaço Lusófono do Ensino Superior" (ELES)?

Antes que seja demasiado tarde e se dê azo a invenções mais ou menos mitológicas e engenhosas, esta é a história factual do até agora e espero também para o futuro designado **"ELES"** (Espaço Lusófono do Ensino Superior):

1 - "Declaração de Luanda", XII Encontro da AULP, Maio 2002
Foi no mês de Maio de 2002, no «XII Encontro da Associação das Universidades de Língua Portuguesa (AULP)», realizado em Luanda, que, pela primeira vez, foi por mim lançado o seguinte desafio, a que, depois, com grande satisfação da minha parte, seria dado o nome de «**Declaração de Luanda**»:
"À semelhança do que está a acontecer na Europa com o instrumento designado «Declaração de Bolonha» e com a criação do comum «EEES- Espaço Europeu do Ensino Superior», também no âmbito do "Espaço Lusófono" deveria avançar-se de imediato para a criação de um comum «ELES - Espaço Lusófono do Ensino Superior» e todas as diversidades reais e reais dificuldades não deveriam

constituir obstáculos mas apenas estímulos, já que a construção de um tal «Espaço Lusófono do Ensino Superior (ELES)» não deverá ser considerado um mero epifenómeno mas conditio sine qua non da construção do «Espaço Lusófono sem mais» ou da C.P.L.P., tal qual está a ser entendida, relativamente ao Espaço Europeu, a construção do «Espaço Europeu do Ensino Superior (EEES)». A Lusofonia real, que não cesso de proclamar como a única real via de afirmação, no concerto ou desconcerto das Nações, de todos, insisto, de todos os Países e Povos de Língua Portuguesa, também passa necessariamente e até primordialmente por aí, ou não fosse a «Educação de Excelência para Todos» o princípio e o motor insubstituíveis de todo o desenvolvimento humano e não fosse a norma da «Educação Universal, Obrigatória e Gratuita» o programa mais revolucionário de toda a história moderna e válido para toda a humanidade e não só para o mundo ocidental". (Fim de citação das minhas palavras proferidas em Maio de 2002 em Angola e que depois foram designadas como «*A Declaração de Luanda*». Nessa altura permiti-me ainda remeter para o opúsculo *"Onze Teses sobre a CPLP e a Lusofonia"*, Edições Universitárias Lusófonas, 2002, e para o manifesto *"Que Ensino Superior para o Século XXI? Onze Teses sobre o Ensino Superior em Portugal e Todo(s) Espaço(s) Lusófono(s)"*, Anuário da Educação 99 /2000, a que hoje acrescentaria os dois livros entretanto por mim editados, nas referidas Edições Universitárias Lusófonas, 2005/2006: *"Quem Tem Medo da Declaração de Bolonha?"*; *"Adimplenda est Bolonia, É preciso cumprir Bolonha!"*).

2 - "Declaração de Fortaleza" dos Ministros da Educação da CPLP, Maio 2004

A notícia da assinatura, em Fortaleza (Nordeste do Brasil), da *"Declaração dos Ministros responsáveis pelo Ensino Superior da Comunidade dos Países de Língua Portuguesa"*, em 26 de Maio de 2004, obvia e confessadamente inspirada na *"Declaração de Bolonha"* e na *"Declaração de Luanda"*, só poderia ser bem-vinda, pese embora não ter sido feita nenhuma referência explícita a esta última (porquê retirar a Angola e à África essa justíssima honra e homenagem?).

O abaixo-assinado autor da «*Declaração de Luanda*» sobre a criação do «*ELES- Espaço Lusófono do Ensino Superior*» desde já declara que não reclamará nenhuns direitos de autor e tudo fará para que o projeto, na linha do que tem dito e escrito sobre a própria CPLP, não seja mais um retórico projeto nado-morto, mas vivamente nasça, cresça, floresça e frutifique.

Nem outra coisa seria de esperar do Reitor da Universidade Lusófona de Humanidades e Tecnologias, cujos objetivos estatutariamente definidos são, enquanto Universidade, *"contribuir para o desenvolvimento de todos os Países e Povos de Língua Portuguesa"* (Decreto Lei nº 92/98, de 14 de Abril) e que não cessa de repetir que o julgamento de que mais gosta sobre a sua Universidade não é que seja *"a maior, a mais completa e a mais inovadora das Universidades Privadas Portuguesas"*, mas sim que seja por todos reconhecida como *"a Universidade Certa na Hora Certa para a Lusofonia Certa"*.

3 - "Encontro de Macau" (12-16 de Junho 2006), anunciado princípio do fim do projeto "ELES" da "Declaração de Luanda" e da "Declaração de Fortaleza"?

No "*Encontro de Macau*", o até linguisticamente claro projeto "*ELES*" *(Espaço Lusófono do Ensino Superior)* transformou-se num complicado "*EESPLP*" *(Espaço do Ensino Superior dos Países de Língua Portuguesa)* e os sinais da sua degenerescência aparecidos durante tal encontro constituem mero reflexo da reconhecida degenerescência geral das entidades AULP e CPLP.

É por isso que uma vez mais me interrogo e interrogo todos aqueles que não desejam passar ao lado da "**Hora Cairológica da Lusofonia**" (que não é certamente a "Hora da atual CPLP nem da atual AULP") e num momento em que, à parte alguns europeus provincianos e desvairados, todos os povos do mundo olham para o "*modelo europeu*", consubstanciado na dupla vertente da democracia política e do desenvolvimento económico-social, como para um horizonte de progresso ainda não ultrapassado do género humano, sobre se não poderia até ser mais fácil e mais prático, em vez de criar um novo **"Espaço Lusófono do Ensino Superior"** **(ELES)**, requerer uma parceria efetiva ao já criado e já funcionando comum **"Espaço Europeu do Ensino Superior" (EEES)** e que é fruto da para a história rotulada como **"Declaração de Bolonha"**.

Sem problemas pelo facto de ter lançado a primeira ideia da criação do **"ELES"**, e aliás pelas mesmas razões e com as mesmas intenções, a resposta afirmativa a tal hipótese (com eventuais ritmos diversos nos casos do Brasil, por um lado, e de Portugal e demais Países Lusófonos por outro lado) encontrará em mim e na Universidade Lusófona de Humanidades e Tecnologias as mesmas disponibilidades pessoais e institucionais. E até poderia constituir um paradigmático exemplo do papel e lugar de Portugal enquanto membro simultaneamente da "União Europeia" (já real) e da "Comunidade Lusófona" (ainda só virtual) e que só será interessantemente Europeu enquanto plenamente Lusófono e interessantemente Lusófono enquanto plenamente Europeu... Será que, não obstante todas as aparências em contrário, o poeta é que tem razão quando categoricamente afirma: *"Deus quer, o Homem sonha, a Obra nasce"*?

20.

Carta aberta ao Senhor Presidente
da República de Angola[*]

Ao contrário do que está a tornar-se "politicamente correto", designadamente entre a gente bem-pensante de Lisboa (a não confundir com a gente que pensa bem em Portugal), eu não venho engrossar a voz daqueles que pretendem defender Jonas Savimbi e atacá-Lo a Si, refugiando-se na obviamente nunca assaz louvada "defesa do diálogo, da democracia, dos direitos humanos e da paz em Angola", ao arrepio, aliás, das decisões da ONU e do sentimento generalizado da Comunidade Internacional. Nem sequer pretendo negar a existência de muito "boas almas" nestas movimentações, ao lado de outras, eventualmente menos "boas", que esperam ansiosamente que o próximo inquilino da Casa Branca seja de novo um conservador do Partido Republicano (sem cujo apoio a UNITA pós-independência de Angola nunca teria significativamente existido). É que, no mundo contemporâneo em que a Democracia pluripartidária se tornou o grande e insubstituível "imperativo categórico", não há nem baptismos nem bênçãos nem boas vontades que consigam fazer esquecer ou perdoar o "pecado original" daqueles que não quiseram respeitar as "eleições democráticas" que, com tanto afã da ONU e da Comunidade Internacional, tiveram oportunamente lugar na terra de Angola. Esse "pecado original" tirou para sempre, aos dirigentes da UNITA, toda a credibilidade futura, que todas as campanhas do mundo não poderão restabelecer. Haja em vista o que se passou em Timor-Leste e o clamor de universal repúdio que se levantou no mundo inteiro contra o não-respeito

* Em: Jornal Público, 26 novembro 2000.

do referendo democrático por parte das milícias pro-indonésias!

Dito isto, Senhor Presidente, quero acrescentar, antes de mais, que só o cumprimento efetivo dos Direitos Humanos, em todos os campos (político, social, religioso, jornalístico, etc.) é que, em última análise, confere legitimidade a qualquer governo; e, depois, que a situação do Povo Angolano se tornou humanamente insustentável, tendo-se largamente ultrapassado os limites de qualquer legítima tolerabilidade humana. O Governo de V.Exa. já demonstrou, *de facto*, a sua incapacidade real de resolver os problemas de Angola; peço-Lhe que, uma vez mais à semelhança do que fizeram os Timorenses, tenha a coragem de abrir as portas e fazer apelo à Comunidade Internacional e respetivas Instituições Oficiais, a ONU designadamente, antes de estas se verem obrigadas (o que, aliás, já deveria ter acontecido) a recorrer ao direito, não só natural mas também já reconhecidamente positivo, de ingerência por razões de Humanidade!

Senhor Presidente da República de Angola, Engº José Eduardo dos Santos, permita-me, com toda a franqueza, sugerir-Lhe a seguinte metodologia simples, que alguns apelidarão mesmo de simplista mas que o exemplo de Timor Lorosae tornou definitivamente paradigmático: **decrete e marque a realização, o mais tardar no ano 2001, de eleições gerais angolanas, a serem preparadas e controladas pela ONU, com os respetivos resultados igualmente (e militarmente !) a serem feitos respeitar e aplicar pelas forças da mesma ONU, para que não haja possibilidades de um segundo "pecado original" anti-democrático.**

Neste momento, penso não haver outros caminhos, além desta **"Refundação Democrática"**, para recolocar Angola e o seu Povo no caminho da Paz, de que tudo o mais, nomeadamente o progresso e o bem-estar económicos, num País com as potencialidades de Angola, virão certamente por acréscimo. O tempo urge, Senhor Presidente, não permita que continue a ser adiada aquela Angola "livre, igual e fraterna" por que tantos de nós lutámos em Angola, em Portugal e no Mundo!

Com o mesmo empenho e coerência com que, na Luanda de 1968, publiquei o meu primeiro livro intitulado **"Do Ecumenismo Cristão ao Ecumenismo Universal"** (que me valeu a expulsão do território pelas autoridades colonialistas da época) e com que tenho vindo a trabalhar por um Espaço Lusófono identitário e universalista que defendo no meu último opúsculo editado na Lisboa do ano 2000 (*"Para uma Crítica da Razão Lusófona: Onze Teses sobre a CPLP e a Lusofonia"*), permito-me dirigir-Lhe, Senhor Presidente da República de Angola, Eng.º José Eduardo dos Santos, esta carta aberta, que, mais do que uma acusação, é um grito e um apelo a todos os Angolanos e Humanos de boa vontade.

21.

Viva o Brasil, Viva Angola!*

Enquanto as "elites" (que são o que são mas é o que há!) políticas da aldeia lusa não nos divertem mas aparentemente se divertem ou nas suas atávicas "guerras do alecrim e da manjerona" ou nas suas guerrilhas ainda por cima ditas "democráticas" (já que cobertas pela sagrada maioria mecânica ou pelos não menos sagrados direitos da oposição) e enquanto as "elites" (que também são o que são mas é o que há também!) do luso futebol oferecem o degradante espectáculo que teve o seu apogeu patético nas "eleições"(?) para a Presidência da Federação Portuguesa e prosseguiu na "escolha" do seleccionador nacional (não é a sabedoria popular que diz "quem semeia ventos colhe tempestades"?), será ainda possível falar de coisas substantivas com um mínimo de seriedade, de serenidade, de bom senso e de visão? Entretanto, para nossa tranquilidade, é óbvio que a "política" resistirá a todos os politiqueiros, como o futebol há-de resistir a todos os futeboleiros, embora também não deva esquecer-se nunca que "a política é algo demasiado importante para ser deixada exclusivamente aos políticos" e o "desporto algo demasiado importante para ser deixado exclusivamente aos desportistas!".

Coisa maximamente substantiva é o que acaba de passar-se no Brasil com a eleição do Presidente Lula e o que, desde há algum tempo, está a passar-se em Angola com o processo do fim da guerra e a entrada definitiva nos caminhos da paz, da democracia e do desenvolvimento humano.

O Brasil é "apenas" o 5º maior país e, em breve, a 5ª maior

---

* Em: Euronotícias, 12 novembro 2002.

economia do mundo, Angola está em vias de tornar-se "apenas" um dos grandes países de referência de toda a África, um e outro são "apenas" os dois maiores países lusófonos; mas nada disto é suficiente para comover ou demover as ditas cujas e outras "elites" da nossa praça. Será por isso que Portugal começa a ser olhado, nacional e internacionalmente, como uma "República das e dos Bananas", uma "Sociedade de Opereta", um "Povo do Terceiro Mundo" e um "País da Tanga, da Choldra, dos Pântanos, dos Casinos, dos Palermas e das Tontarias"?

O Brasil acaba de dar à América Latina e ao Mundo um conjunto de lições maiores: lucidez e adultez democráticas, autonomia e independência relativamente às ditas "inevitáveis e incontornáveis" leis de uma certa "americanização" e "globalização" de sentido e pensamento únicos (como disse o presidente Lula, falando da "Alcaização": porque não, *desde que seja brasileiramente soberana*"; e da "globalização": porque não, *"desde que seja solidária e não excludente"!*).

Será que, pela primeira vez na sua história, o Brasil tomou efectivamente consciência de que *"não é um país subdesenvolvido mas um país injusto"* (como já, inconsequentemente embora, dissera o antigo Presidente Fernando Henrique Cardoso) e de que o caminho agora democraticamente votado fará finalmente jus à velha profecia de Stefan Sweig do *"Brasil, País do Futuro"*?

Ao mesmo tempo que me alegro e aplaudo (e até concordo em pleno com o raspanete que Fernando Henrique Cardoso, na sua entrevista ao jornal "Público" de 12 de Novembro, deixou aos políticos portugueses e ao seu "infantil europeismo": *"Nós tentámos desesperadamente um acordo com a União Europeia, mas a União Europeia não quer esse acordo com o Mercosul... O Brasil e os Brasileiros preferem o Mercosul e a União Europeia... mas os que negoceiam em Bruxelas não pensam assim..."*), gostaria de relembrar que este é também o momento de o Estado e o Povo Brasileiros começarem a abrir-se à evidência do facto de que, por um lado, todo o projecto da Lusofonia / CPLP sem o Brasil nunca será projecto que valha a pena e que, por outro lado, esse mesmo projecto da Lusofonia / CPLP constitui a grande via de o Brasil afirmar-se como grande potência no concerto internacional, para bem do Povo Brasileiro, dos Povos Lusófonos e de todos os Povos da Terra.

Angola sobre a qual nada mais direi, neste momento, depois da "Carta Aberta ao Presidente de Angola" (Público,26 Nov. 2000) e da comunicação que fiz em Luanda, a quando do Congresso das Universidades de Língua Portuguesa (Euronotícias, 7 e 14 de Junho de 2002), não sendo o maior País e Povo Lusófono, é provavelmente o País e Povo mais Lusófono de todo o Espaço da Lusofonia, tendo, há muito, ultrapassado os explicáveis mas não justificáveis complexos de alheamento e resistência à afirmação e construção de um Espaço Lusófono realista, autónomo, ecuménico, democrático e desenvolvido …

"Elites" portuguesas, será exigir de mais que pensem um bocadinho "maior" e se ocupem e preocupem com algo que tenha real e importantemente a ver com Portugal, com o Espaço Lusófono, com a Europa, com a Humanidade?

22.

A Educação como fator de Desenvolvimento dos Países e Povos Africanos Lusófonos[*]

O Decreto-Lei fundador da *Universidade Lusófona de Humanidades e Tecnologias* assinala à mesma como objetivos *"o ensino, a investigação e a prestação de serviços nos vários domínios da ciência, da cultura e das tecnologias, numa perspetiva interdisciplinar e, especialmente, em ordem ao desenvolvimento dos Países e Povos de Língua Portuguesa"* (Decreto-Lei n.º 92/98, de 14 de abril).

Por outro lado (aliás, melhor seria dizer pelo mesmo lado, a jusante ou a montante, segundo os pontos de vista...), recorrentemente, *"usque ad nauseam"*, dirão alguns, *"usque adveritatem"*, pensarão outros, tenho escrito que da Universidade Lusófona de Humanidades e Tecnologias duas são as razões de ser primordiais ou dupla é a sua filosofia essencial, formidável nas duas alíneas seguintes:

1. Fazer com que a "Lusofonia" passe de mero mito ou retórica vã a um "Espaço Lusófono" realista, autónomo, democrático e desenvolvido, "Lusofonia" ou "Espaço Lusófono" que em nada se opõe, antes pelo contrário, não só ao diálogo omnitotidimensional com os outros Espaços Humanos e Geopolíticos do mundo contemporâneo como também, especificamente, aos reais ou eventuais processos em curso da "Mercosulização e até Alcaização (desde que "soberana") do Brasil", da "Aliança Mercosul-União Europeia", da "integração

* Comunicação no âmbito da Conferência sobre a Expansão da Economia Portuguesa-Novos Merca-dos Emergentes nos Países Lusófonos em África, organizada pela *Revista África Hoje*, 6 de novembro de 2002

Europeia de Portugal", das várias "Integrações Regionais dos Países Africanos de Língua Portuguesa ou de Timor Lorosae", de todas as "Aculturações das Diásporas Lusófonas" e da "Globalização Societal (desde que "solidária e não excludente", como alertou o Presidente Lula) à Escala Planetária" opondo-se, sim e frontal mente, à "Loucura Terrorista" e à "Histeria- Antiterrorista¬" que o dia 11 de setembro de 2001 despoletou nos Estados Unidos e na Humanidade e que, uma e outra , constituem por razões diversas mas com possíveis idênticos resultados, sérias ameaças de regresso à barbárie, mediante o incumprimento ou o esquecimento da tão longa e tão difícil conquista que é o Estado Democrático de Direito e da única e para todos ("terroristas" "não-terroristas" e antiterroristas") obrigatória "Carta-Magna" da Civilização que é a "Declaração Universal dos Direitos Humanos".

2. Fazer com que o Ensino de qualidade se tome aquilo que nunca deixou de ser e, mais explicitamente no mundo atual, nunca poderá deixar de ser, isto é, o grande e insubstituível motor de modernização, democratização e desenvolvimento de todas as Sociedades Humanas, também obviamente de todos os Países e Povos de Língua Portuguesa e, consequentemente, de todos os Países e Povos Africanos Lusófonos. E por isso que a grande lei revolucionária, caracterizadora e fazedora dos tempos modernos, da *"Educação-Instrução universal, obrigatória e gratuita"* deverá tomar-se o "leitmotiv" ou o "alfa e o ómega" de qualquer "Desenvolvimento Humano Sustentável" de todos estes Países e Povos e, glosando a sentença evangélica, *"tudo o mais virá por acréscimo"* e nunca haverá acréscimos que possam substituir, a não ser ilusória e até contraproducentemente, este "único necessário".

A referida lei da "Educação-Instrução universal, obrigatória e gratuita", sem poder deixar de continuar a significar, hoje, escola para todos e, para todos, sistemático ensino básico, secundário e superior, é, hoje também, "Educação-Formação Contínua", em muitos casos "Educação Supletiva" e, sempre, necessariamente "Aprendizagem ao longo da vida e ao longo de toda a vida". E é tal "Educação-Instrução-Formação" que é, insubstituivelmente, o fator n.°1 de qualquer "desenvolvimento humano sustentável" e o melhor e mais produtivo (para falar uma linguagem estritamente economês) investimento que qualquer Sociedade e Estado poderão e deverão fazer.

A Sociedade Portuguesa, com o seu pouco dignificante lugar de um dos Países menos desenvolvidos no âmbito da União Europeia, porque não investiu no passado nem investe ainda nos tempos de hoje na *"Educação-Instrução-Formação obrigatória, universal e gratuita"* de todos os Portugueses, é o bom exemplo do que não deve ser feito por todos os outros Países e Povos Lusófonos. (A este propósito e entre parêntesis, agradou-me particularmente a lucidez demonstrada pelo recém-eleito Presidente da Associação Académica de Lisboa. Miguel Teixeira, por sinal estudante da Universidade Lusófona de Humanidades e Tecnologias, na resposta à questão do jornalista do Diário de Notícias de 4 de novembro de 2002 sobre o "Financiamento do Ensino Superior": *"...Este ano não vai haver verbas para a investigação. Um ano sem investigação corresponde a um atraso estrutural do Pais na área onde mais carece que é a da investigação, da ciência e da tecnologia..."* Ainda haverá quem ouse chamar a tal geração de jovens a "geração rasca"?). Se também os Países e Povos Lusófonos Africanos não querem ser ou vir a ser dos Países e Povos menos desenvolvidos do seu Continente, não poderão, neste caso do deficit de educação ou do superavit de analfabetismo, seguir o atávico mau exemplo da antiga nação colonizadora.

A estes princípios gerais, que gostaria que fossem gerais não pela banalidade inútil dos lugares comuns mas pela fundamentalidade ativa das linhas condutoras, acrescentarei apenas as duas informações seguintes, uma mais diretamente ligada às "Escolas Lusófonas Lusas", outra mais diretamente ligada às "Escolas Lusófonas Africanas":

1. Na Universidade Lusófona, em todas as suas dezenas de licenciaturas tanto de "Humanidades" como de "Tecnologias", existe uma cadeira obrigatória intitulada *Socioeconomia Política do Espaço Lusófono"* (correlativa, aliás, de outra cadeira igualmente

obrigatória em todas essas dezenas de licenciaturas tanto de "Humanidades" como de "Tecnologias" intitulada *"Socio economia Política da União Europeia"*). Talvez não seja de todo inútil relembrar outro princípio filosófico, também ele generalíssimo e antiquíssimo: *"Não se pode querer, em todos os sentidos, senão o que se conhece ou o que não se ignora..."*

E dificilmente se imagina a ignorância dos Portugueses sobre as realidades e as potencialidades do(s) "Espaço(s) Europeus(s)" e do(s) "Espaço(s) Lusófono(s)"... Ainda por cima, relativamente ao(s) Espaço(s) Lusófono(s), sendo de ter em conta quer todo o mau serviço até à data prestado por uma fantasmagórica "CPLP - Comunidade dos Países de Língua Portuguesa", quer "o nauseabundo provincianismo que desde há tempos venho chamando a «doença infantil do europeísmo das elites lusas» ou a «conceção novorriquista, pacóvia, discipular e Schengeniana da «integração europeia de Portugal», como se, por ser e para ser europeu, Portugal devesse deixar de ser luso e lusófono» e como se, ao contrário e se não houvesse outras razões ainda mais válidas, até não fosse a «Lusofonia» o grande e o específico peso de Portugal «na balança da Europa e do Mundo»" (cf. opúsculo do autor, *Para uma Crítica da Razão Lusófona, Onze Teses sobre CPLP e a Lusofonia*, Edições Universitárias Lusófonas, 2.ª ed., 2002).

2. Falando recentemente em Luanda num encontro organizado pela *AULP - Associação das Universidades de Língua Portuguesa para "Repensar o Ensino Superior no Espaço da Lusofonia"*, exprimi um voto que designei por "voto de eficiência" e que era que, "à semelhança do que está a acontecer na União Europeia com a «*Declaração de Bolonha*» visando a criação do comum «Espaço Europeu do Ensino Superior» (EEES), também no âmbito do «Espaço Lusófono» se avance de imediato para a criação de um comum «*Espaço Lusófono do Ensino Superior*» (ELES) e que todas as diversidades reais e reais dificuldades não constituam obstáculos mas apenas estímulos, até porque a construção de um tal «Espaço

Lusófono do Ensino Superior» não é um mero epifenómeno mas sim condição e fator *sine qua non* da construção do «Espaço Lusófono» sem mais, e, retomando o título desta 1ª Conferência da Revista *África Hoje*, condição e fator *sine qua non* da "Expansão da Economia Portuguesa na África Lusófona".

E terminaria de maneira pouco académica e politicamente pouco correta, lançando a todos nós as questões que lancei no citado Encontro de Luanda organizado pela AULP - Associação das Universidades Língua Portuguesa: "Para quando o oficial reconhecimento efetivo de uma efetiva «cidadania comum lusófona» que faça passar a CPLP a algo mais do que a pouco mais que nulidade real que ainda não deixou realmente de ser? Até quando, no âmbito de todos os Países Lusófonos e respetivas estruturas governamentais, tudo o que releva da «Cooperação Inter-Lusofona», continuará a relevar do «Ministério dos Negócios Estrangeiros» ou das «Relações Exteriores»? Será necessária uma qualquer viagem entre os Países Lusófonos para nos darmos conta do trogloditismo das respetivas inter-relações? Quando é que, não os «cidadãos lusófonos» (que é coisa que não existe) mas, pelo menos, os «cidadãos dos Países Lusófonos» tomarão suas as palavras furiosas de Cícero contra Catilina e dirão: "Quousque tandem abutere patientia nostra... Até quando continuarão todos os Estados de Língua Portuguesa e respetivas burocracias a abusar da nossa paciência lusófona, para mal da modernização, da democratização e do desenvolvimento de todos os Povos Lusófonos e empobrecimento global de toda a Humanidade?"

23.

Quem tem medo do "Acordo Ortográfico"?

Onze Teses[*]

"Onze Teses..." inspiram-se no célebre manuscrito de K. Marx, simplesmente intitulado "Ad Feuerbach", em que a preposição latina "Ad" significa "Contra" e em que Marx estigmatizou os conceitos e preconceitos daquele filósofo alemão, como aqui se pretendem estigmatizar os conceitos e preconceitos de todos aqueles que, consciente ou inconscientemente, continuam a fazer suas as célebres palavras do luso ditador "orgulhosamente só". Aliás, como é sabido, das "11 teses" de Marx contra Feuerbach foi a 11ª, de todas a mais breve, que se tornaria também de todas a mais famosa: "Até agora os filósofos têm interpretado o mundo de diversas maneiras, mas o que verdadeiramente importa é transformá-lo"!

1. O **"Acordo Ortográfico da Língua Portuguesa"** quer ser isso mesmo e nada mais: um acordo sobre a ortografia e não um acordo sobre o vocabulário, a sintaxe, a pronúncia, a literatura e tudo o resto (que é, indubitavelmente, o mais importante) que constitui uma Língua Viva e, ainda por cima, uma língua universal como a Língua Portuguesa potencialmente falada em todos os continentes por várias centenas de milhões de seres humanos.

2. Para satisfação dos anti-acordistas deverá mesmo dizer-se que, do ponto de vista técnico-linguístico, o proposto **"Acordo Ortográfico da Língua Portuguesa"** padece de muitos defeitos e carece de muitos aperfeiçoamentos, sendo que até não será um exagero afirmar que

---

* Publicado e diversamente apreciado em diversos órgãos da comunicação social portuguesa.

a sua principal virtude é a de existir (à semelhança, por exemplo, das democracias portuguesa, brasileira, etc. que, imperfeitíssimas embora, é bem melhor que existam do que o seu contrário).

3. E já agora, e como a subjacente acusação dos anti-acordistas é a de que o **"Acordo Ortográfico"** constitui um verdadeiro acto de traição a Portugal (o que não deixa de fazer lembrar velhas acusações e despertar velhos fantasmas...), bastaria um mínimo de lucidez para entender que é, precisamente, o **"Acordo Ortográfico"** que permitirá a continuação da existência da *"Língua Portuguesa"* no Brasil, etc., a qual, sem ele, inevitavelmente se tornará, a breve trecho, a *"Língua Brasileira",* como de algum modo principiaria a ser o caso. Sem nenhuma tragédia, aliás, para a Humanidade mas, suponho, com algum legítimo sofrimento para todos os Portugueses.

4. Além das motivações "patrioteiras", como se vê sem qualquer fundamento, há também as motivações "interesseiras" dos Editores e Livreiros Portugueses, e que só são devidas à curteza de vistas que o nosso crónico e anacrónico analfabetismo global ainda continua a alimentar e de que as atuais "Feiras do Livro" de Lisboa e Porto constituem ilustríssimo documento, não tendo surtido grande efeito o pequeno ensaio por mim publicado há já dois anos e que tinha por título: *"As velhas feiras do livro português estão mortas, vivam as feiras do livro lusófono!"* (Público, 10 Junho 2006).

5. Na verdade, muito mais do que questão *"técnico-linguística",* o **"Acordo Ortográfico"** é uma *"questão politico-estratégica"* e só os referidos "patrioteiros" e "interesseiros" é que ainda não entenderam isso nem também entenderam que, "conosco ou sem-nosco" como humoristicamente se tem dito e escrito, em virtude da globalização contemporânea e da emergência do Brasil como grande potência (já ouviram falar do BRIC, iniciais de Brasil, Rússia, Índia, China..., a que eu gostaria de ver acrescentada também a inicial "A" de Angola...?), será inevitável a existência de um **"Acordo**

Ortográfico" (por enquanto, com alguma magnanimidade dos outros parceiros) **"da Língua Portuguesa".**

6. A já denominada *"ressaca colonialista"* do velho Portugal é, sem dúvida, uma das razões, por vezes inconsciente, da oposição de muitos ao **"Acordo Ortográfico"**, que não se dão conta do que isso tem de anacrónico e de ultrapassado. Quando entenderão isso tanto os velhos colonialistas de antanho como os anti-colonialistas de sempre?

7. Outro factor igualmente ultrapassado e anacrónico é o que também já foi designado de *"síndroma salazarista de Badajoz"*, para aludir ao facto de Salazar nunca ter ido, simbolicamente, além daquela cidade fronteiriça e que, também simbolicamente, traduz a estreiteza das suas vistas e visões (suas, dele e suas, de todos estes retardatários históricos).

8. É por tudo isto que a questão do **"Acordo Ortográfico"** não pode deixar de estar ligada à questão da **Lusofonia,** entendida ela também não só nem sobretudo como *"questão linguística"* mas sim como *"questão politico-estratégica"* e que, nos últimos anos, depois de aparentemente ter conseguido introduzir o vocábulo nos dicionários da Língua Portuguesa, tenho procurado estender a outros níveis, nomeadamente pela recorrente formulação da seguinte "TESE": *Mais que projeto ou "questão cultural, a Lusofonia é um grande projeto e uma "questão de Língua Portuguesa e de estratégia comum de Desenvolvimento Humano Sustentável e de Espaço Geopolítico Próprio no globalizado mundo contemporâneo. O que também é válido para a CPLP (Comunidade dos Países de Língua Portuguesa), que deveria adotar o nome mais cairológico e menos restritivo de "Comunidade Lusófona".*

9. Que, ao menos, não se chame a qualquer *"Manifesto contra o Acordo Ortográfico" "Manifesto em defesa da Língua Portuguesa",* porque não haverá maneira mais eficaz de acabar com esta,

independentemente, claro, das boas intenções de muitos dos ditos "Manifestistas", aos quais, não sem alguma maldade, já foi aplicada a sentença evangélica: *"Perdoai-lhes porque não sabem o que fazem!"*

10. Fundamental, para a questão do "Acordo Ortográfico" e muito mais, seria a incrementação efetiva do que, pela primeira vez, designei de "**Espaço Lusófono do Ensino Superior**" (ELES), em Luanda, Maio de 2000, no "XII Encontro da Associação das Universidades de Língua Portuguesa" (AULP), e a que posteriormente seria dado o nome da "**Declaração de Luanda**":

*À semelhança do que está a acontecer na Europa com o instrumento designado «Declaração de Bolonha» e com a criação do comum «EEES- Espaço Europeu do Ensino Superior», também no âmbito do "Espaço Lusófono" deveria avançar-se de imediato para a criação de um comum «ELES - Espaço Lusófono do Ensino Superior» e todas as diversidades reais e reais dificuldades não deveriam constituir obstáculos mas apenas estímulos, já que a construção de um tal «Espaço Lusófono do Ensino Superior (ELES)» não deverá ser considerado um mero epifenómeno mas **conditio sine qua non** da construção do «Espaço Lusófono sem mais» ou da C.P.L.P., tal qual está a ser entendida, relativamente ao Espaço Europeu, a construção do «Espaço Europeu do Ensino Superior (EEES)». A Lusofonia real, que não cesso de proclamar como a única real via de afirmação, no concerto ou desconcerto das Nações, de todos, insisto, de todos os Países e Povos de Língua Portuguesa, também passa necessariamente e até primordialmente por aí, ou não fosse a «Educação de Excelência para Todos» o princípio e o motor insubstituíveis de todo o desenvolvimento humano e não fosse a norma da «Educação Universal, Obrigatória e Gratuita» o programa mais revolucionário de toda a história moderna e válido para toda a humanidade e não só para o mundo ocidental.*

11. **Até aqui já se disse, escreveu e continua a dizer-se e a escrever-se, em Portugal, quase tudo e o seu contrário sobre**

e contra o novo "Acordo Ortográfico da Língua Portuguesa"; o que importa, agora, é imediatamente começar a praticá-lo e oportunamente aperfeiçoá-lo.

À falta de uma verdadeira "Academia Lusófona da Língua Portuguesa", esperemos que os Governos Lusófonos não venham a ser condenados por falta de comparência a este apelo e desafio da história.

24.

Para uma Crítica da Razão Africanológica ou

Da "Sociedade Africanológica de Língua Portuguesa" (SALP)

À "Africanologia – Revista Lusófona de Estudos Africanos"[*]

Depois da legítima, ainda que por vezes mal ou de oportunamente explicitada, contestação dos "Africanismos" e "Africanistas" (e respetiva plêiade de "Estudos, Centros e Institutos Africanos" ou organismo equivalentes...) como não sendo mais que o prolongamento e a preparação ou a cobertura ideológica do colonialismo cultural, económico e político, por uma lado, e, por outro lado, depois da derrocada das mais ou menos atuantes instituições da política cultural ultramarina do sistema colonial português (que, no seu arcaísmo e ultrísmo, teria grandemente dispensado tal recurso, para além da fabricação de certos mitos do género "luso-tropicalismo", "não-racismo", "lusitanidade pluricontinental e plurinacional", "missão civilizadora", "dilatação da fé e do império",

---

[*] Texto de "Apresentação" do Nº UM de "Africanologia, Revista Lusófona de Estudos Africanos" (Edições Universitárias Lusófonas, 2009).
A "SALP – Sociedade Africanológica de Língua Portuguesa" foi efetivamente decidida e votada durante a "Segunda Semana Sociológica", no dia 28 de Abril de 1991, com escritura notarial a 18 de Junho do mesmo ano. Sobre tal facto, publicou o Jornal "PUBLICO" de 19 de Junho de 1991 toda uma página com o sugestivo título: "Africanologia, um novo nome para uma nova ciência".
A "ACSEL – Associação dos Cientistas Sociais do Espaço Lusófono" foi criada em 1994, especificamente para tornar efetivas as intenções programáticas da IV Semana Sociológica, que eram "à luz da Razão Lusófona, enterrar as mitideologias, enfrentar as realidades e analisar as potencialidades do Espaço Lusófono em todos os seus parâmetros (históricos, geográficos, culturais, económicos e políticos) na perspetiva interdisciplinar das Ciências Sociais, tornando sua a glosa da célebre tese: até agora, já se fizeram todos os discursos possíveis sobre a Lusofonia; o que interessa, porém, é realizar o Espaço Lusófono!".
Os Estatutos tanto da SALP como da ACSEL veem publicados em anexo ao livro "O Lugar e o Papel das Ciências Sociais e Humanas", pp. 233 ss. (Edições Universitárias Lusófonas, 2ªedição revista e aumentada, 2002).

"imperialismo anti económico" e quejandos...), será ainda desejável e pensável uma qualquer "ciência da África" ou "Africanologia" que não seja a imitação retardada dos "Africanismos de antanho e de alhures" ou o instrumento mais ou menos (in) conscientemente geostratégico dos "africanismos de novo nome", que continuariam a ser, embora com roupagens diversas, a mesma realidade da mesma "civilização e cultura", numa perspetiva etnocentro-etnocidária e da mesma "economia e política", numa perspetiva de dominação-explração?...

Por outras palavras: uma "Ciência da África" ou "Africanologia" "não-colonialista" e "além-culturalista" será, nos atuais países de língua oficial portuguesa, necessária, possível, legítima, pertinente? E como, em que sentidos e sob que condições poderá e deverá uma tal "Africanologia" ser considerada uma "Ciência Social" tanto das Sociedades Africanas como das outras Sociedades Lusófonas?

Os "Movimentos de Libertação" das ex-colónias portuguesas, que tornaram viável, embora não inevitável, uma "outra África" e o "25 de Abril de 1974", que tornou viável, embora também não inevitável, um "outro Portugal", tornaram igualmente viável, embora também aqui não inevitável, uma "outra Africanologia", a qual, no âmbito que lhe é próprio, até poderia constituir algo de cientificamente emblemático e pioneiro. Por exemplo, toda a "história africana de Portugal e do Brasil" e toda a "história portuguesa e brasileira de África", de que o resultado mais visível é a utilização de uma língua comum, ao mesmo tempo que naturais estímulos desta "Nova Africanologia", dela receberiam aquela leitura realista e crítica que, além do mais, permitiria a Portugueses, Brasileiros e Africanos ultrapassar seculares traumatismos e "libertar" definitivamente e não apenas do ponto de vista "memorial", "catártico" e "psicanalítico", todas as suas potencialidades africanológicas E a Portugal, o essencial histórico processo em curso da sua "Re-europeização" nunca deveria fazer-lhe esquecer que o mesmo só terá interesse e fará sentido, para si e para a Europa, na medida em que também incluir o igualmente essencial parâmetro atlântico-africano-brasileiro, noutras palavras, o "parâmetro lusófono".

Pelas razões e nas condições evocadas, aparece como necessária, possível, legítima, pertinente, uma **"Africanologia Científica"**, situada sem ser dogmática, redutora ou propagandística, e aberta a toda a Realidade Africana (política, económica, etnológica, antropológica, sociológica, histórica, arqueológica, linguística, literária, filosófica, religiosa,...) sem ser meramente descritiva, explicativa, ou justificativa do "status quo"; uma **"Africanologia Científica"** que seja, simultaneamente e sem nenhuma espécie de etnocentrismo ou neocolonialismo, uma "Ciência Social" da Sociedade Portuguesa e demais Sociedades Lusófonas Contemporâneas.

Todas as palavras antes referidas, que serviram de introdução à Assembleia Constituinte da "Sociedade Africanológica de Língua Portuguesa" (SALP), poderiam servir agora, obviamente *"mutatis mutandis"*, *"additis addendis"* e *"suppressis supprimendis"*, de mote e de motor para esta "AFRICANOLOGIA - REVISTA LUSÓFONA DE ESTUDOS AFRICANOS". Paradoxalmente, por outras razões mas não raro com idênticos resultados, nesta hora de toda a espécie de globalizações contraditórias, em que o continente africano se tornou o "continente esquecido", o "continente inútil" e o "continente incómodo", faz outra vez sentido e até cada vez mais sentido sobretudo se lhe dermos um outro sentido, a célebre questão com que David Livingstone, em 1857, iniciou o seu relatório, na Sociedade de Geografia de Londres: **"Dão-me licença de chamar a Vossa atenção para a África?"**

Não é outra a intenção nem outro o desafio científico desta "Africanologia, Revista Lusófona de Estudos Africanos": contribuir para o aprofundamento e o alargamento da "crítica" e da "prática" da "Razão Africanológica Contemporânea", predominante mas não exclusivamente no âmbito dos "Espaços Lusófonos".

25.

QUO VADIS, ANGOLA? SOBRE O DESENVOLVIMENTO HUMANO OMNITOTIDIMENSIONAL NA ANGOLA DESTE TEMPO (2012) E PARA O TEMPO FUTURO*

Em Outubro de 1967 pronunciei, aqui neste mesmo lugar do "Huambo" (que então se chamava "Nova Lisboa") uma, se não notável pelo menos muito notada e para alguns até não pelas melhores razões, "Oração de Sapiência", a quando da inauguração do "Instituto Superior Católico de Angola", por mim fundado, que intitulei:

QUO VADIS, ANGOLA?
"SOBRE A PRESENÇA DO CRISTIANISMO NA ANGOLA DESTE
TEMPO (1967) E PARA O TEMPO FUTURO"

e que terminava assim:
"O Instituto Superior Católico de Angola quer ser, no âmbito que lhe é próprio e ao ritmo do Concílio Ecuménico Vaticano II, o princípio e o símbolo de uma resposta digna, o princípio e o símbolo da "Presença do Cristianismo na Angola deste Tempo e para o Tempo Futuro" (cf. Alínea 1. do presente livro).

E podem imaginar que, na situação colonial e ditatorial de então, eu ousasse dizer coisas "tão perigosas" e "tão criminosas" sobre "Democracia",

---

* "Oração de Sapiência", aquando da abertura-inauguração oficial do "ISUPE – Instituto Superior Politécnico de Humanidades e Tecnologias" em Huambo-Angola, no âmbito do "Grupo Lusófona", Junho 2012.

"Democratização", "Descolonização", etc. como as que vêm exaradas nos meus diversos livros sobre o "Ecumenismo", a "Negritude", a "Revolução", etc.?

Todos estes anos e ausências e guerras e pazes e esperanças e etcéteras depois, eis-me, de novo, a proferir, aqui neste mesmo lugar do Huambo (que já não se chama "Nova Lisboa") uma outra "Oração de Sapiência", a quando da inauguração oficial, no âmbito do "Grupo Lusófona", do Instituto Superior Politécnico de Humanidades e Tecnologias", a qual, gostaria que viesse a ser notada somente pelas boas razões e que intitulei:

QUO VADIS, ANGOLA?
SOBRE O DESENVOLVIMENTO HUMANO
OMNITOTIDIMENSIONAL NA ANGOLA DESTE TEMPO (2012) E
PARA O TEMPO FUTURO

(título que, entretanto, se metamorfoseará em "11 x 2 TESES SOBRE EDUCAÇÃO, LUSOFONIA E DESENVOLVIMENTO EM ANGOLA).
Antes de continuar, tanto relativamente ao texto da "Oração de Sapiência" de 1967 como a outros textos meus sobre Angola, permito-me remeter designadamente para os seguintes livros:

- QUO VADIS, ANGOLA? SOBRE A PRESENÇA DO CRISTIANISMO NA ANGOLA DESTE TEMPO, EDITORIAL COLÓQUIOS, Luanda-Lisboa-Paris, 1975 (trata-se, no essencial, do texto da referida "Oração de Sapiência" de 1967);
- ECUMENISMO EM ANGOLA, DO ECUMENISMO CRISTÃO AO ECUMENISMO UNIVERSAL, Luanda, Editorial, Editorial Colóquios, 1968; Lisboa, Edições Universitárias Lusófonas, 2005. (Trata-se, em absoluto, do meu primeiro livro propriamente dito, publicado em Luanda em 1968 e que era literalmente ou *"ipsissimis verbis"*, dedicado

"À liberdade-dignidade da Pessoa Humana,
Em todos os Homens de Angola, da África, do Mundo,

E ao seu Integral Desenvolvimento,
Que constituem o único válido nome
Da Glória de Deus
Da Paz na Terra
E de todo o Ecumeniusmo"

- NEGRITUDE E REVOLUÇÃO EM ANGOLA, EDIÇÕES ETC, PARIS, 1974
- ETC...

E sumamente me agrada ler a notícia de há dois dias (jornal "SOL", de 08 junho 2012), reproduzindo as palavras do Presidente José Eduardo dos Santos:

> *"...Queremos que as próximas eleições em Angola sirvam para demonstrar, à África e ao Mundo, a solidez e a maturidade das nossas instituições e o nosso empenho na construção de um verdadeiro Estado Democrático de Direito...*
>
> *O continente africano, em particular, necessita desses exemplos concretos, que confirmam que os seus países pretendem virar firmemente uma página do passado da nossa história comum, marcada pela existência de governos autoritários ou anti democráticos, para dar lugar ao nascimento da sociedade e instituições democráticas..."*

Mesmo sem entrarem propriamente nas urnas eleitorais, neste tempo como "in illo tempore", não posso deixar de exprimir todos os meus melhores votos democráticos para Angola de todos os tempos!

Antes de mais, uma palavra para a "definição" (e no caso também para a tradução) dos termos. "QUO VADIS, ANGOLA?" diz, em latim, o nosso vernáculo "PARA ONDE VAIS, ANGOLA?" E sobre o "DESENVOLVIMENTO", que viria a tornar-se uma das palavras e um dos conceitos mais utilizados e mais ambíguos de todos os tempos, desde já quero esclarecer que se trata daquele "desenvolvimento humano integral" que o Papa Paulo VI viria a definir como o "outro nome da Paz" e viria a canonizar na sua encíclica *"Populorum Progressio"*, identificando-o como o "desenvolvimento de todos os homens e do homem todo" e que é precisamente o sentido do vocábulo do duplo radical latino (*"omnis"*, no sentido da "extensão" e *"totus"*, no sentido da "compreensão") por mim há muito utilizado: "OMNITOTIDIMENSIONAL" – **"Desenvolvimento humano omnitotidimensional" que quer dizer e fazer o mesmo que a vulgata em que se tornou a expressão "desenvolvimento sustentável" ou a mais académica e rebuscada terminologia de "desenvolvimento economológico", que tenha em conta e faça a síntese da "economia " e da "ecologia"...**

O ISUPE faz parte do denominado "Grupo Lusófona" ("Grupo Lusófona" digo e não "Grupo Lusófono") que tem como referência não dominadora mas definidora e caracterizadora a "ULHT", a "Universidade Lusófona de Humanidades e Tecnologias" (de muito longe "a maior", dizem as estatísticas e também "a melhor", dizem as boas más línguas, de todas as Universidades Portuguesas não-Estatais) e, por isso mesmo, em qualquer País da "CPLP", qualquer das suas instituições de ensino superior terá necessariamente como objetivos, devida e autonomamente adaptados, os objetivos da Universidade Lusófona de Humanidades e Tecnologias, a saber, nos termos dos respetivos Estatutos, *"o ensino, a investigação e a prestação de serviços nos vários domínios da ciência, da cultura, da arte e da tecnologia, em ordem ao desenvolvimento de todos os Países e Povos Lusófonos."*

Para não abusar nem da minha tentação, mais que repeticionista insistencionista nem da vossa mesmo se generosa paciência, não vou apresentar nenhumas outras **"Onze Teses sobre o Ensino Superior em Portugal e no Espaço Lusófono"** nem nenhumas outras tantas **"Onze Teses sobre a CPLP/Lusofonia"** para além de, no imediato, não resistir a relembrar a de todas essas teses mais sumária e mais famosa, que diz assim: *"Até agora os filósofos têm-se contentado em interpretar o mundo de diversas maneiras, mas o que importa é transformá-lo"* (11ª tese de Marx Ad Feuerbach).

Aliás, desde que, para responder à pergunta do "Anuário da Educação" 1999-2000: *"Que Ensino Superior para o Século XXI?"*, publiquei *"Onze Teses sobre o Ensino Superior em Portugal e em todo(s) o(s) Espaço(s) Lusófono(s)"*, tenho recorrentemente voltado, em "pensamentos, palavras e obras" (segundo a fórmula dos velhos catecismos, esperando não ter cometido demasiadas "omissões"...) a essa resposta que se foi tornando cada vez mais insistentemente a mesma, não obstante para não dizer mediante as diversificadas situações e expressões de lugar e de tempo...

Por outro lado, em textos das mais variadas formas (designadamente em: *Para uma Crítica da Razão Lusófona, Onze Teses sobre a Lusofonia e a CPLP*, Edições Universitárias Lusófonas, 1998) também quase mais que recorrentemente de tal modo tenho falado de "Lusofonia" que até já acusado fui de máxima culpa **(Felix, Felicissima Culpa!)** pela existência do próprio termo no vocabulário da Língua Portuguesa.

Assim, aqui e agora, não somente respeitarei a referida simbologia do nº 11 mas até a multiplicarei por 2, não lendo na totalidade mas na totalidade deixando à Vossa consideração, por um lado, o

Texto 1

"QUO VADIS, LUSOFONIA?
11 Teses pragmáticas mínimas sobre a CPLP/Comunidade Lusófona",
por outro lado, o

Texto 2

QUE ENSINO SUPERIOR PARA O SÉCULO XXI? 11 Teses sobre o Ensino Superior em Portugal e em todo(s) o(s) Espaço(s) Lusófono(s)",

que espero tenham constituído, constituam e sigam constituindo não uma traição, mas a tradução exata e a resposta necessária à pergunta-título inicialmente proposto:

QUO VADIS, ANGOLA?
PARA ONDE VAIS E QUERES IR, ANGOLA?
SOBRE O DESENVOLVIMENTO HUMANO
OMNITOTIDIMENSIONAL NA ANGOLA DESTE TEMPO (2012) E
PARA O TEMPO FUTURO

Fernando dos Santos Neves
Huambo, junho 2012

Texto 1

QUE ENSINO SUPERIOR PARA O SÉCULO XXI? ONZE TESES SOBRE O ENSINO SUPERIOR EM PORTUGAL E EM TODO(S) O(S) ESPAÇO(S) LUSÓFONO(S)*

1

O Ensino Superior deverá ser considerado, nos alvores do século XXI, e para todos os Países e Povos e não somente para os Países e Povos ocidentais, como a "instrução" ou a "educação" ou a "alfabetização" ou a "literacia" própria do nosso tempo, à semelhança do que, noutros tempos, foi considerada a "escola primária" e a "escola secundária".

2

Consequentemente, o Ensino Superior deveria ser constitucionalmente proclamado, em sentido análogo ao que noutros tempos se fez relativamente à instrução-educação-alfabetização primária e secundária, como "universal, obrigatório e gratuito" e a imposição de qualquer "*numerus clausus*", sejam quais forem as justificações, para além de constituir um crime e um absurdo em si mesmo, significa também a condenação de um País e de um Povo ao subdesenvolvimento. Ainda não se entendeu que nunca houve nem haverá medida teórica e prática mais revolucionária, mais

---

* Como tenho recorrentemente explicado, desde que, para responder à pergunta do "Anuário da Educação 1999-2000": "Que Ensino Superior par ao Século XXI?", publiquei estas "Onze Teses sobre o Ensino Superior em Portugal e em todo(s) o(s) Espaço(s) Lusófono(s), recorrentemente tenho voltado a essa resposta, que se foi tornando cada vez mais a mesma, não obstante para não dizer mediante as diversificadas situações e expressões de lugar e de tempo.

democratizante e mais desenvolvimentista que essa de "Educação-instrução-alfabetização universal, obrigatória e gratuita", quando teórica e praticamente traduzida nas "horas certas" do nosso tempo?

3

Consequentemente, também, é mesmo verdade e deveria ser já para todos uma evidência que o Ensino Superior fé a "nova riqueza essencial das nações contemporâneas" e faz parte da panóplia dos **direitos humanos fundamentais,** contra todos os aristocratismos serôdios e elitismos provincianos daqueles para os quais democracia e qualidade aparecem como incompatíveis e não querem que todos se tornem "doutores" para continuarem eles com o exclusivo e os privilégios de "Senhores Doutores" ou, nas palavras agrestes de um Ministro da Educação português, contra *"todos os imbecis que vão continuar a dizer que há doutores e estudantes universitários a mais".* E atenção, que a própria Bíblia já avisou que "o número dos imbecis é infinito"...

E deixem-me fazer uma alusão especial às infelicíssimas discussões e quotidianas lamentações (em que alguns dos lusos tabloides se tornaram especialistas), sobre "os diplomas que seriam o mais curto caminho para o desemprego", sobre a "abertura das Universidades a todos os maiores de 23 anos independentemente das suas qualificações académicas", sobre o programa das "Novas Oportunidades", etc., etc.,etc....

Ao contrário, quem não aplaudiria os alertas lançados pelo "Serviço Nacional da Pastoral do Ensino Superior" dos Bispos Católicos Portugueses (Abril 2012):

"... O País corre o risco real de tornar o acesso (e principalmente a permanência no) Ensino Superior numa oportunidade para poucos... trata-se de tal Ensino ficar restrito a «élites» não intelectuais mas económicas, o que é um atentado à democracia e à justiça social... teremos de encontrar estratégias para que todos possam optar e tenham acesso ao Ensino Superior..."

4

A criação efetiva do "Espaços Europeu do Ensino Superior" (EEES) mediante a implementação da "Declaração de Bolonha", constitui uma radical mesmo se inconsciente e muitas vezes não querida revolução, sobretudo quando se entender que Portugal só poderá ser interessantemente europeu enquanto plenamente lusófono como também só poderá ser interessantemente lusófono enquanto plenamente europeu e que a atual profundíssima doença da União Europeia só com um ainda maior e melhor aprofundamento europeu se poderá ultrapassar, à semelhança dos "males da democracia" que só com mais e melhor democracia terão de ser curados! (Para todas estas e outras questões, seja-me permitido remeter para os dois livros reconhecidamente pioneiros e de títulos conscientemente provocadores: **"Quem tem medo da Declaração de Bolonha?" e "Adimplenda est Bolonia, É preciso cumprir Bolonha!"**).

5

A anunciada criação do "**Espaço Lusófono do Ensino Superior**" **(ELES)**, pela minha "Declaração de Luanda" (Encontro da "Associação das Universidades de Língua Portuguesa", AULP, 2002), oficializada pela "Declaração de Fortaleza" da CPLP (2004), poderá vir a significar uma mudança histórica de todas as Sociedades Lusófonas. **Se, se, se ... designadamente para os lados da CPLP se começar a tomar a sério a tal 11ª "tese"** ... E para a história, aqui fica o meu texto primordial de Luanda, 2002, que nunca será de mais relembrado e repetido:

"À semelhança do que está a acontecer na Europa com o instrumento designado «Declaração de Bolonha» e com a criação do comum «EEES- Espaço Europeu do Ensino Superior», também no âmbito do "Espaço Lusófono" deveria avançar-se de imediato para a criação de um comum «ELES - Espaço Lusófono do Ensino Superior» e todas as diversidades reais e reais dificuldades não deveriam constituir obstáculos mas apenas estímulos, já que a construção de um tal Espaço não deverá ser considerado um mero epifenómeno mas conditio sine qua non da construção do «Espaço Lusófono sem mais» ou da C.P.L.P. A Lusofonia real, que não cesso de proclamar como a única real via de

afirmação, no concerto ou desconcerto das Nações, de todos, insisto, de todos os Países e Povos Lusófonos, também passa necessariamente e até primordialmente por aí, ou não fosse a «Educação de Excelência para Todos» o princípio e o motor insubstituíveis de todo o desenvolvimento humano e não fosse a norma da «Educação Universal, Obrigatória e Gratuita» o programa mais revolucionário de toda a história moderna e válido para toda a humanidade e não só para o mundo ocidental".

6

O Ensino Superior do nosso tempo ou moderno deverá ser um ensino simultaneamente das ciências sociais e humanas e das ciências naturais e técnicas, numa perspetiva de confluência e de síntese do antropocosmos e do tecnocosmos, que o médico, cientista e artista português Abel Salazar traduziu no mote de aplicação universal: *"O médico que só sabe de medicina nem de medicina sabe"*, o qual tem servido de paradigma à paradigmática disciplina de "Introdução ao Pensamento Contemporâneo" (obrigatória em todas as licenciaturas de Humanidades e Tecnologias das Universidades Lusófonas) e aos paradigmáticos manuais sobre a questão (Ed. Universitárias Lusófonas, 2007, 2011).

7

Também uma "rotura ou revolução epistemológica particularmente primordial" (REPP) é exigida, como condição *sine qua non* de quaisquer mudanças e reformas que valham a pena, ao nível dos conceitos e práticas dos denominados "Ensino Público" (que mais exatamente se chamaria "Estatal") e "Ensino Privado": enquanto, por inércia de estereótipos culturais e outras razões, um OU outro for considerado como "O" ensino propriamente dito e não apenas como "um" dos ensinos ou subsistemas com igual dignidade, iguais direitos e deveres, não será possível sair das teorias e práticas consubstanciadas em anacrónicas instituições como o CRUP (Conselho de Reitores das Universidades Portuguesas, que exclui, tranquilamente, as Universidades Privadas como se estas não fossem Universidades e como se não fossem Portuguesas) e em quejandas mentalidades, que, às vezes, procuram, ainda por cima, meter a "esquerda" e a "direita" em questões que relevam menos da política do que das fossilizações ideológicas. Verdadeira revolução copernicana é aceitar que, hoje, o princípio da subsidiariedade deve ser entendido não no sentido de que a Sociedade Civil só pode fazer o que o Estado não faz mas, ao contrário, no sentido de que é o Estado que deve fazer o que a Sociedade Civil não pode ou não sabe fazer ou efetivamente não faz! Como era tempo, aliás, de se enterrarem, definitivamente, quaisquer outros mitos impeditivos de que o Ensino Superior se torne, efetivamente, a citada alfabetização universal, obrigatória e gratuita do nosso tempo.

8

Todos estes princípios, em todos os aspetos, deveriam aplicar-se ao caso do **"Ensino Superior Católico"**, que não se apresenta nem como "público" nem como "privado", antes pelo contrário (ou seja, "concordatário"), conforme as circunstâncias e conveniências; e todo o consciente ou inconscientemente fenómeno do regresso à "era de Constantino" contra a qual se insurgiu, primeiramente em Portugal, o Bispo do Porto D. António Ferreira Gomes na célebre carta a Salazar, e posteriormente todo o Concílio Vaticano II, na proclamação de *"Uma Igreja livre num Estado laico!"*, além das injustiças e dos arcaismos que reflete e reproduz, não poderá deixar de vir a dar razão às conclusões do historiador britânico A. Toynbee: *"O conluio da Igreja com o Estado revelar-se-á sempre como a aliança de Fausto com Mefistófeles"*! Mesmo que a ordem de aplicação dos personagens seja arbitrário e varie conforme os tempos e lugares. E mesmo que deva fazer-se justiça às palavras do atual Cardeal Patriarca de Lisboa, na cerimónia de investidura do atual Reitor da Universidade Católica (6/10/2004): *"Não queremos nem precisamos de mais subsídios da parte do Estado, queremos apenas que o Estado subsidie paritariamente todos os alunos e todas as famílias, para que possam livremente escolher a Escola que preferirem!"*

9

Escândalo máximo e particularmente intolerável é o que se tem passado em Portugal, no âmbito das Faculdades de Medicina e da "Ordem dos Médicos", que continuam, com o aval de governos ignaros ou fracos, cinicamente a expulsar os jovens candidatos portugueses dessas áreas reservadas, obrigando muitos deles (os que têm posses para isso) a emigrar e a ir tirar o curso de medicina fora de Portugal.

Está definitivamente provado o que vale o repetido argumento de toda essa gente de que, em Portugal, *"há médicos e, consequentemente, Faculdades de Medicina suficientes se não a mais"*, para não falar da miopia, tanto mais ignóbil quanto interesseira, de falta de horizontes europeus, lusófonos e simplesmente humanos. Quando é que, entre nós e designadamente a nível das legítimas autoridades democráticas, alguém lhes lançará as invetivas de Cícero a Catilina: *"Quousque tandem... Até quando continuareis a abusar da paciência dos Portugueses e de todos os Países e Povos Lusófonos?"*

10

Quando alguém com a reconhecida autoridade académica e política de António Teodoro ousa taxativamente escrever (Público, 13 de maio de 2011): *"... **Acabar com a A3ES é uma medida de salubridade, pois esta agência transformou-se no maior entrave ao desenvolvimento de uma política de relevância social na oferta de educação superior...**"*, seria necessário acrescentar mais o que quer que fosse?

Ou, para esse e outros casos e para além do que for possível reparar das injustiças perpetradas, continuará a ser preciso relembrar o conhecido verso de Schiller: *"Os mouros já fizeram tudo o que tinham a fazer, os mouros podem sair de cena!"*

11

Glosando a já referida tão breve como famosa tese de Marx *("Até agora os filósofos têm interpretado o mundo de diversas maneiras, mas o que importa é transformá-lo")*, acrescentarei apenas: **através de um Ensino Superior Democrático (ou para todos) mas de Excelência e de um Ensino Superior de Excelência mas Democrático (ou para todos) como o acima referenciado, definitivamente mudemos, democratizemos e desenvolvamos Portugal e todo(s) o(s) Espaço(s) Lusófono(s).** Tudo o mais virá por acréscimo e nunca haverá acréscimos que possam substituir, a não ser ilusória e até contraproducentemente, este "absolutamente necessário"!

Texto 2

QUO VADIS, LUSOFONIA?
11 Teses pragmáticas mínimas sobre a CPLP/Comunidade Lusófona[*]

1

Mudar a denominação "**CPLP – Comunidade dos Países de Língua Portuguesa**" para a denominação "**Comunidade Lusófona**", a qual, evidentemente, remete para mas vai além da essencial questão da "Língua Portuguesa" como, também evidentemente, remete para mas pode e deve ir além dos Países-Estados independentes e estar aberta a Povos e Diásporas como a Galiza (no âmbito do Noroeste Peninsular com o Norte de Portugal) e Goa e Macau e Sacramento e Comunidades Emigrantes e Etc.

2

Acabar com a inclusão dos «**Negócios ou Relações Lusófonas**» nos Ministérios dos Negócios Estrangeiros ou das Relações Exteriores.

Ou será que os «Lusófonos» continuam, de facto, a não passar de simples «Estrangeiros» ou de simples «Exteriores», nos Países e Povos da CPLP/Comunidade Lusófona?

E, no caso dos Portugueses, por exemplo, quando se sentirão e serão tão "Lusófonos como "Europeus" e sobretudo "Lusófonos enquanto Europeus" e "Europeus enquanto Lusófonos"? Quando se fazem tantos discursos sobre o(s) futuros(s) de Portugal e quando tão patetas vozes de uma União Europeia à deriva nem sequer se coíbem de indicar ou vetar esses futuros,

---

[*] Pressuposta a minha auto-e hétero-reconhecidamente necessária "Declaração de Interesses" lusófona, pois não é em vão que sobre mim recai a acusação (ou "felix culpa?") de até ser o responsável pela própria existência da palavra "Lusofonia" nos dicionários da Língua Portuguesa e remetendo para os meus textos publicados nas mais variadas formas (designadamente: *Para Uma Crítica da Razão Lusófona: Onze Teses sobre a Lusofonia e a CPLP*, Edições Universitárias Lusófonas, 2000 e *Estudos Lusófonos, A Hora da Lusofonia*, org. de J. Filipe Pinto, Edições Universitárias Lusófonas, 2012), limito-me, aqui e agora, por ocasião da abertura das instalações da nova sede da CPLP em Lisboa, a reproduzir últimos apelos eminentemente práticos, que intitulei "**QUO VADIS, LUSOFONIA? Onze teses pragmáticas mínimas sobre a CPLP/COMUNIDADE LUSÓFONA**". Com os melhores votos de uma também nova e finalmente operante CPLP para todos os Países e Povos Lusófonos e para todos os Países e Povos do Mundo.

talvez não fosse inútil relembrar que continua a ser verdade que, também para Portugal e para os Portugueses, "nada existe de mais prático do que uma boa teoria" político-estratégica!

3

Declarar inaceitável a ainda não existência de um comum "**Passaporte Lusófono**" e de uma comum "**Cidadania Lusófona**", sem os quais não pode haver CPLP ou Comunidade Lusófona ou Lusofonia dignas desses nomes. Quando é que os cidadãos lusófonos farão suas as palavras de Cícero contra Catilina e dirão: "*Quousque tandem*... **Até quando continuarão todos esses Estados e Governos e suas burocracias a abusar da nossa paciência lusófona?**"

A simples obrigatoriedade de vistos para as deslocações entre os Países Lusófonos marca o ano zero da presente C.P.L.P. e o ano abaixo de zero da futura "Comunidade Lusófona".

4

Avançar para a criação de um **Parlamento Lusófono**, símbolo maior das democracias modernas, de um **Banco Lusófono**, que volte a fazer da verdadeira economia política a base real das sociedades, de umas **Forças Armadas** que assegurem a existência de uma democrática e desenvolvimentista **"Pax Lusophona"**, etc. E para quando o aparecimento (de que a tão badalada privatização da TAP poderia fornecer ótima oportunidade) de uma grande **"Companhia Aérea Lusófona"**?

5

Tornar a entrada do Brasil para membro permanente do Conselho de Segurança da ONU um objetivo prioritário, o que, além de "digno e justo" no âmbito da reconfiguração da Nova Ordem Internacional, seria também mais que "racional e salutar" do ponto de vista da afirmação da Lusofonia e da Comunidade Lusófona, sendo o caso do Brasil cada vez mais paradigmático, na medida em que terá de saber associar o seu emergente papel de grande potência local e global (no "Mercosul", nos "BRICS", na "ONU", etc.) ao seu insubstituível papel de motor da Lusofonia!

6

Tomar definitivamente a sério a questão da Língua Portuguesa e não permitir, sob nenhum pretexto, que uma das pouquíssimas línguas potencialmente universais do século XXI seja tantas vezes internacionalmente reduzida ao lugar e papel de uma língua quase insignificante. Quando é que os Países e Povos Lusófonos darão o sentido que interessa às palavras de Fernando Pessoa: «*Minha Pátria é a Língua Portuguesa*», sem prejuizo de começarem a dar também todo o sentido que interessa às minhas próprias palavras: «**Minha Pátria é a Lusofonia**»!

7

Acabar, também definitivamente, com essa tragicomédia (representada, sobretudo, por Portugal e seus últimos abencerragens de velhas mentalidades colonialistas e de causas perdidas) da falta de cumprimento do novo "**Novo Acordo Ortográfico da Língua Portuguesa**", que lamentavelmente não será, como de facto não é, tecnicamente perfeitíssimo, mas é uma exigência geopolítica do novo século em que o Brasil surge como uma das grandes potências emergentes e precisa de uma Língua Portuguesa unificada. Será assim tão difícil de entender, senhores Lusos e Lusíadas doutras eras?

8

Implementar o "Espaço Lusófono de Ensino Superior (ELES)", à imagem e inspiração do Bolonhês "Espaço Europeu do Ensino Superior (EEES)" e pelas razões que exprimi a quando do meu "**Apelo**", em Luanda 2002, no "Encontro das Universidades de Língua Portuguesa", que viria a ser designado como a "**Declaração de Luanda**" e esteve na génese da completamente esquecida "Declaração de Fortaleza dos Ministros da CPLP", razões que nunca será de mais relembrar: «*A lusofonia real passa necessariamente e até primordialmente por aí ou não fosse a "educação de excelência para todos" o princípio e o motor insubstituíveis do desenvolvimento humano e não fosse a norma da "educação universal, obrigatória e gratuita" o programa mais revolucionário de toda a história moderna e válido para toda a Humanidade e não só para o mundo ocidental*».

No mesmo sentido e pelas mesmas razões, para quando a criação efetiva de um **"Conselho de Reitores das Universidades Lusófonas"** (todas, sejam estatais ou particulares, sejam portuguesas, brasileiras, angolanas, moçambicanas, caboverdianas, guienenses, são-tomenses, timorenses, galegas e quaisquer outras, desde que "lusófonas")?

9

Na linha do pequeno ensaio sobre as "Feiras do Livro de Lisboa e Porto" que intitulei: *"AS velhas feiras do livro português estão mortas, vivam as feiras do livro lusófono!"* (Jornal "Público", 10 de Junho 2006), promover, efetivamente, o intercâmbio editorial e livreiro lusófono, para se acabar com a escandalosa situação presente em matéria de todo o género de publicações.

No campo da cultura física, instituir o **"Comité Desportivo/Esportivo da Comunidade Lusófona"** encarregado de dinamizar e organizar, com a grandeza e dignidade devidas, os **"Jogos da Lusofonia"** e tudo o mais que releve da atividade desportiva/esportiva dos Países e Povos Lusófonos. Juntamente com a leitura e todos os media (ou toda a mídia), o Desporto/ Esporte poderia tornar-se uma das vias mais eficazes para o crescimento e florescimento da Lusofonia.

10

Criar, para ser convenientemente celebrado em todos os Países e Povos Lusófonos, o **"Dia da Lusofonia ou da Comunidade Lusófona"**, que, da maneira menos polémica, poderia ser o dia da data da criação oficial da CPLP (17 de Julho) e em que seria anualmente atribuído o **"Prémio da Lusofonia"** a Personalidades ou Instituições que se hajam notabilizado, em qualquer dos aspetos da atividade humana, na expressão e construção da **Lusofonia**, entendida como **Comunidade Lusófona** e incluindo todas as diásporas lusófonas, lusótopas e lusófilas espalhadas pelas «sete partidas do mundo».

11

A CPLP teve o grande mérito de ter começado a institucionalizar a união dos Países e Povos de Língua Portuguesa; o que verdadeiramente importa agora, numa consciente alusão à famosa 11ª tese de Marx contra Fewerbach: "*Até aqui os filósofos contentaram-se em interpretar o mundo de diversas maneiras, mas o que interessa é transformá-lo!*", é a efetiva realização daquela que, desde há décadas, venho progressivamente tentando demonstrar como válida "**TESE GERAL SOBRE A LUSOFONIA, PÓS-COLONIAL E ECUMÉNICA:**

«Mais que projeto ou questão cultural, a Lusofonia é um primordial projeto ou questão de Língua Portuguesa e de comum espaço geoestratégico e económico-político próprio e autónomo no globalizado mundo contemporâneo. E nesta "Hora da Lusofonia" e em tempos de "globalização", a CPLP ou Comunidade Lusófona até poderia tornar-se num paradigmático exemplo de uma grande e bem-sucedida "Glocalização Ecuménica e Pós-Colonial"».

EPÍLOGO

Coisa Rara: A Coragem como é Dita[*]

Os livros que contêm estudos sobre qualquer matéria, nem são para ler a correr nem despertam interesse para isso. Falta-lhes o "movimento" que prende os leitores, por vezes, até à sofreguidão; falta-lhes a "história" para nos metermos nela e irmos até ao fim sem respirar, faltam-lhes as "flores" com que se doiram os temas.

Tratam os assuntos a seco, sem um pozinho de graça. E isto, mesmo para quem está habituado, cansa um pouco. Os que não estão, ficam-se logo pelas primeiras páginas; raramente chegam ao fim de um livro de estudo... embora, também, só raramente o confessem.

O acabado de dizer serviu-nos de preparação para referir um facto pouco vulgar: é que lemos um livro desses com a sofreguidão igual à despertada por aqueles especialmente concebidos para despertar tal atitude.

Nome: "Ecumenismo em Angola"

Autor: A. F. Santos Neves

Não vamos aludir ao conteúdo. O assunto é a Igreja. Como foi tratado por um doutor da Igreja, tem de ser elevado.

Temos pela pessoa de A. F. Santos Neves (que é doutor, mas em causa está o homem) uma especial simpatia mesmo sem o conhecermos, sem nunca o termos visto sequer.

Por respeito a essa simpatia, e por respeito a nós próprios também, não descemos a elogiá-lo sem medida. Deixaremos de fora, portanto, o

---

[*] Comentário de Rola da Silva para o Jornal "A Província de Angola" (Luanda, 1968), que, evidentemente, a Censura não deixou publicar, sobre "o primeiro livro pleno do autor": Ecumenismo em Angola, Do Ecumenismo Cristão ao Ecumenismo Universal, Angola, Editorial Colóquios, 1968. (cf. alínea 10 do presente livro).

valor intrínseco do seu trabalho. Os outros doutores da Igreja saberão dizê-lo muito melhor que nós, pouco menos que ignorantes nas questões postas. E o "pouco menos" talvez já seja vaidade.

Dissemos que lemos o "Ecumenismo em Angola" com sofreguidão. Um livro difícil como todos os outros de estudo.

Explicámos porque nos pusemos à margem da matéria tratada. Vamos agora referir o porquê do interesse despertado pela obra e a razão porque o trouxemos a público, motivos vindos da sua leitura, sentindo-nos sem competência para criticar a matéria nele versada.

Pondo de lado o que se diz num trabalho literário, a forma como se diz deixa sempre margem a largos comentários. Ou seja: em foco fica a atitude tomada pelo autor perante os problemas.

Não tem conta o sem conto de obras que temos lido. Largas centenas por obrigações de estudo; outras tantas, ou mais, por devoção de leitor. Conhecemos de tudo, portanto, quanto a escritores: das atitudes pusilânimes às corajosas até à loucura.

Mas a verdadeira coragem é a serena. A que não escolhe temas, nem afasta dificuldades em busca da verdade. A que não odeia. A que serve as causas com dignidade. A que não tem objectivos menos claros. A que é honesta. A que é natural. A que é simples.

A obra de A. F. Santos Neves acabada de referir é verdadeiramente corajosa. E foi só para dizer isto, ou tudo isto, que pegámos hoje na máquina.

Correndo atrás dessa coragem é que chegámos ao fim do livro sem darmos por isso. Coisa rara: a coragem como é dita.

Rola da Silva

ANEXOS

ANEXO I

"Complementos" publicados no livro de A. F. Santos Neves, "Ecumenismo em Angola, Do Ecumenismo Cristão ao Ecumenismo Universal", Editorial Colóquios, Angola 1968.

- 1 -
DECLARAÇÃO DOS DIREITOS DO HOMEM E DO CIDADÃO, ADOTADA PELA ASSEMBLEIA CONSTITUINTE FRANCESA, A 27 DE AGOSTO DE 1789

1. Os homens nascem e são livres e iguais em direitos; as distinções sociais somente podem fundar-se sobre a utilidade comum.

2. O fim de toda a associação política e a conservação dos direitos naturais e imprescritíveis do homem; estes direitos são a liberdade, a propriedade, a segurança e a resistência à opressão.

3. O princípio de toda a soberania reside essencialmente na nação; nenhum corpo, nenhum indivíduo pode exercer autoridade que dela não dimane expressamente.

4. A liberdade consiste em poder fazer tudo o que não prejudicar a outrem. Assim o exercício dos direitos, naturais de cada homem só tem os limites que asseguram aos outros membros da sociedade o gozo destes mesmos direitos; estes limites só a lei os podem determinar.

5. A lei só tem o direito de proibir as ações prejudiciais a sociedade. Tudo o que não é proibido pela lei não pode ser impedido, e ninguém pode ser constrangido a fazer o que ela não ordena.

6. A. lei e a expressão da vontade geral; todos os cidadãos têm direito de concorrer pessoalmente ou pelos seus representantes para a sua formação; deve ser a mesma para todos, quer proteja quer castigue; sendo iguais os cidadãos perante a lei, são igualmente admissíveis a todas as dignidades, lugares e empregos públicos segundo a sua capacidade e sem outra distinção além das de suas virtudes e talentos.

7. Nenhum homem pode ser acusado, preso ou detido sendo nos casos determinados pela lei e segundo as formas que ela prescreve. Os que solicitam, expedem, executam ou fazem executar ordens arbitrárias devem ser punidos, mas todo o cidadão chamado ou preso em virtude da lei deve obedecer imediatamente; torna-se culpado pela resistência.

8. A lei só deve estabelecer normas estritamente e evidentemente necessárias, e ninguém pode ser punido sendo em virtude duma lei estabelecida e promulgada anteriormente ao delito e legalmente aplicada.
9. Sendo de presumir que todo o homem é inocente até que seja declarado culpado, se for indispensável prendê-lo, todo o rigor que não for necessário para as devidas averiguações acerca da sua pessoa deve ser severamente reprimido pela lei.

10. Ninguém deve ser perturbado por causa de suas opiniões mesmo religiosas, contanto que sua manifestação não altere a ordem pública estabelecida pela lei.

11. A livre comunicação dos pensamentos e das opiniões é um dos direitos mais preciosos do homem; todo o cidadão pode portanto falar, escrever, imprimir livremente; terá somente de responder pelo abuso desta liberdade nos casos determinados pela lei.

12. A garantia dos direitos do homem e do cidadão necessita de uma força pública; esta força é portanto constituída para vantagem de todos e não para utilidade particular daqueles a quem é confiada.

13. Para a manutenção da força pública e para as despesas da administração, é indispensável uma contribuição comum; deve ser igualmente repartida

entre todos os cidadãos, conforme as suas posses.

14. Os cidadãos tem o direito de verificar, por si mesmos ou pelos seus representantes, a necessidade da contribuição pública, de consentir nela livremente, de ir seguindo o modo como se emprega, de lhe determinar o montante, o lançamento, a cobrança e a duração.

15. A sociedade tem o direito de pedir contas a todo o funcionário público da sua administração.

16. Toda a sociedade na qual a garantia dos direitos não está assegurada, nem a separação dos poderes determinada, não tem constituição.

17. Sendo a propriedade um direito inviolável e sagrado, ninguém pode ser privado dela se não for porque a necessidade pública, legalmente verificada, o exigir com toda a evidência e sob condição duma justa e prévia indemnização.

- 2 -
DECLARAÇÃO UNIVERSAL DOS DIREITOS HUMANOS, ADOTADA E PROCLAMADA A 10 DE DEZEMBRO DE 1948, PELA ASSEMBLEIA GERAL DAS NAÇÕES UNIDAS

Considerando que o reconhecimento da dignidade inerente a todos os membros da família humana e dos seus direitos iguais e inalienáveis constitui o fundamento da liberdade, da justiça e da paz no mundo;

Considerando que o desconhecimento e o desprezo dos direitos do homem levaram a atos de barbárie que revoltam a consciência da humanidade, e que o advento de um mundo onde os seres humanos serão livres em falar e em crer, libertos do terror e da miséria, foi proclamado como a mais alta aspiração do homem;

Considerando que é essencial que os direitos do homem sejam protegidos por um regime de direito para que o homem não seja constrangido, como recurso supremo, à revolta contra a tirania e a opressão;

Considerando que é essencial animar o desenvolvimento das

relações amigáveis entre as nações;

Considerando que na Carta das Nações Unidas os povos proclamam de novo a sua fé nos direitos fundamentais do homem, na dignidade e no valor da pessoa humana, na igualdade dos direitos dos homens e das mulheres, e que se declaram resolvidos a favorecer o progresso social e a instaurar melhores condições de vida numa liberdade maior;

Considerando que os Estados membros se comprometeram a assegurar, em cooperação com a Organização das Nações Unidas, o respeito universal e efetivo dos direitos do homem e das liberdades fundamentais;

Considerando que uma conceção comum destes direitos e liberdades é da mais alta importância para manter plenamente este compromisso,

A ASSEMBLEIA GERAL
proclama
A PRESENTE DECLARAÇÃO UNIVERSAL
DOS DIREITOS HUMANOS

como o ideal comum a atingir por todos os povos e todas as nações, a fim de que todos os indivíduos e todos os órgãos da sociedade, tendo no espírito constantemente esta Declaração, se esforcem, pelo ensino e educação, por desenvolver o respeito destes direitos e liberdades e por lhes assegurar, por medidas progressivas de ordem nacional e internacional, o reconhecimento e a aplicação universais e efetivas, tanto entre as populações dos Estados membros como entre, as dos territórios colocados sob a sua jurisdição.

Artigo primeiro - Todos os seres humanos nascem livres, e iguais em dignidade e em direitos. Dotados de razão e de consciência, devem agir uns para com os outros num espírito de fraternidade.

Art.º 2 - Cada qual pode valer-se de todos os direitos e de todas as liberdades proclamadas na presente Declaração, sem distinção nenhuma, nomeadamente de raça, de cor, de sexo, de língua, de religião, de opinião pública ou de qualquer outra opinião, de origem nacional ou social, de fortuna, de nascimento ou de qualquer outra situação.

Além disso, não se fará qualquer distinção fundada no estatuto político, jurídico ou internacional do país ou do território a que pertencer qualquer pessoa, quer este país ou território seja independente, sob tutela, não autónomo ou submetido a uma limitação qualquer de soberania.

Art.º 3 - Todo o indivíduo tem direito a vida, a liberdade e a segurança pessoal.

Art.º 4 - Ninguém será detido em escravatura ou servidão; a escravatura e trato de escravos são proibidos sob todas as suas formas.

Art.º 5 - Ninguém, será submetido a tortura, nem a castigos ou tratamentos cruéis, desumanos ou degradantes.

Art.º 6 - Cada qual tem direito a que lhe reconheçam em todos os lugares a sua personalidade jurídica.

Art.º 7 - Todos são iguais perante a lei e tem direito sem distinção a igual proteção da lei. Todos têm direito a proteção igual contra toda a discriminação que violasse a presente Declaração e contra toda a provocação a tal discriminação.

Art.º 8 - Toda a pessoa tem direito a um recurso efetivo perante as jurisdições nacionais competentes contra os atos que violem os direitos fundamentais que lhe são reconhecidos pela constituição ou pela lei.

Art.º. 9 - Ninguém pode ser arbitrariamente preso, detido ou, exilado.

Art.º 10 - Toda a pessoa tem direito, em plena igualdade, a que a sua causa seja ouvida equitativamente e publicamente por um tribunal independente e imparcial, que decidira, quer dos seus direitos e obrigações, quer do bem-fundado de toda a acusação em matéria penal dirigida contra ela.

Art.º 11 (1) - Toda a pessoa acusada de um ato delituoso se presume inocente até que, a sua culpabilidade tenha sido legalmente estabelecida no decurso de um processo público em que todas as garantias necessárias a sua defesa lhe forem asseguradas.

(2) - Ninguém será condenado por ações ou omissões que, no momento em

que foram cometidas, não constituam um ato delituoso segundo o direito nacional ou internacional. Da mesma forma, não será infligida pena mais grave do que a que era aplicável, no momento em que o ato delituoso foi cometido.

Art.º 12 - Ninguém será objeto de intromissões arbitrárias na sua vida privada, na família, domicilio ou correspondência, nem de atentados a honra ou reputação. Toda a pessoa tem direito a proteção da lei contra tais intromissões ou atentados.

Art.º 13 (1) - Toda a pessoa tem direito de circular livremente e escolher a sua residência no interior de um Estado.
(2) - Toda a pessoa tem direito de abandonar qualquer país, inclusivamente o seu, e de regressar ao seu país.

Art.º 14 (1) - Perante a perseguição, toda a pessoa tem direito de buscar asilo e de beneficiar de asilo noutros países.
(2) - Este direito não pode ser invocado no caso de perseguições realmente fundadas num crime de direito comum ou em atuações contrárias aos fins e aos princípios das Nações Unidas.

Art.º 15 (1) - Todo o indivíduo tem direito a uma nacionalidade.
(2) - Ninguém pode ser arbitrariamente privado da sua nacionalidade nem do direito de mudar de nacionalidade.

Art.º 16 (1) - A partir da idade núbil, o homem e a mulher, sem nenhuma restrição quanto à raça, nacionalidade ou religião, tem o direito de se casar e de fundar uma família. Tem direitos iguais perante o matrimónio, durante o matrimónio e aquando da sua dissolução.
(2) - O matrimónio só pode ser contraído com livre e pleno consentimento dos futuros esposos.
(3) - A família e o elemento natural e fundamental da sociedade e tem direito a proteção da sociedade e do Estado.

Art.º 17 (1) - Toda a pessoa quer sozinha quer em coletividade tem direito a propriedade.

(2) - Ninguém pode ser arbitrariamente privado da sua propriedade.

Art.º 18 - Toda a pessoa tem direito à liberdade de pensamento, de consciência e de religião; este direito implica a liberdade de mudar de religião ou de convicção, assim como a liberdade de manifestar a sua religião ou convicção, só ou em comum, tanto em público como em particular, pelo ensino, as práticas, o culto e a realização dos ritos.

Art.º 19 - Todo o indivíduo tem direito a liberdade de opinião e de expressão, o que implica o direito de não ser inquietado por suas opiniões e o de buscar, de receber e espalhar, sem considerações de fronteiras, as informações e as ideias por quaisquer meios de expressão.

Art.º 20 (1) - Toda a pessoa tem direito à liberdade de reunião e de associações pacíficas.
(2) - Ninguém pode ser obrigado a fazer parte duma associação.

Art.º 21 (1) - Toda a pessoa tem o direito de tomar parte na direção dos negócios públicos do seu país, quer diretamente, quer por intermédio de representantes livremente escolhidos.
(2) - Toda a pessoa tem direito de acesso em condições de igualdade as funções públicas do seu país.
(3) - A vontade do povo e o fundamento da autoridade dos poderes públicos; esta vontade deve exprimir-se por eleições honestas que devem ter lugar periodicamente por sufrágio universal igual e voto secreto, ou segundo um processo equivalente que assegure a liberdade de votos.

Art.º 22 - Toda a pessoa, enquanto membro da sociedade, tem direito a segurança social; esta baseia-se em alcançar a satisfação dos direitos económicos, sociais e culturais indispensáveis a sua dignidade e ao livre desenvolvimento da sua personalidade, graças ao esforço nacional e a cooperação internacional, consoante a organização e os recursos de cada país.

Art.º 23 (1) - Toda a pessoa tem direito ao trabalho, à livre escolha do seu trabalho, a condições equitativas e satisfatórias de trabalho e à proteção contra o desemprego.

(2) - Todos têm direito, sem nenhuma discriminação, a um salário igual por um trabalho igual.

(3) - O que trabalha tem direito a uma remuneração equitativa e satisfatória que lhe garanta, bem como à família, uma existência conforme à dignidade humana e completada, a dar-se o caso, por todos os outros meios de proteção social.

(4) - Toda a pessoa tem direito de fundar, com outros, sindicatos e de se filiar em sindicatos para a defesa dos seus interesses.

Art.º 24 - Toda a pessoa tem direito ao repouso e ao descanso, e nomeadamente a uma limitação razoável da duração do trabalho e a feriados pagos periódicos.

Art.º 25 (1) - Toda a pessoa tem direito a um nível de vida suficiente para assegurar a saúde, o seu bem-estar e o da família, nomeadamente quanto à alimentação, o vestuário, a habitação, a assistência médica, assim como quanto aos serviços sociais necessários; tem direito a segurança em desemprego, de doença, de invalidez, de viuvez, de velhice ou nos outros casos de perda dos seus meios de subsistência por circunstâncias independentes da sua vontade.

(2) - A maternidade e a infância têm direito a uma ajuda e a uma assistência especiais. Todas as crianças, nascidas quer no matrimónio quer fora dele, gozam da mesma proteção social.

Art.º 26 (1) - Toda a pessoa tem direito à educação. A educação deve ser gratuita, pelo menos no que concerne ao ensino elementar e fundamental. O ensino elementar é obrigatório. O ensino técnico e profissional deve ser generalizado; o acesso aos estudos superiores deve estar aberto em plena igualdade a todos em função do seu mérito.

(2) - A educação deve visar ao pleno desabrochamento da personalidade humana e ao reforço do respeito dos direitos do homem e das liberdades fundamentais. Deve favorecer a compreensão, a tolerância e a amizade entre todas as nações e todos os grupos raciais ou religiosos, assim como o desenvolvimento das atividades das Nações Unidas para a manutenção da paz.

(3) - Os pais têm, por prioridade, o direito de escolher o género de educação a dar aos seus filhos.

Art.º 27 (1) - Toda a pessoa tem direito de tomar parte livremente na vida cultural da comunidade, de cultivar as artes e participar no progresso científico e nos benefícios que dele promanam.

(2) - Cada qual tem direito à proteção dos benefícios morais e materiais que derivam de toda a produção científica, literária ou artística de que é autor.

Art.º 28 - Toda a pessoa tem direito a que reine, no plano social e no plano internacional, uma ordem tal que os direitos e liberdades enunciados na presente Declaração possam encontrar pleno efeito.

Art.º 29 (1) - O indivíduo tem deveres para com a comunidade onde somente o livre desenvolvimento da sua personalidade é possível.

(2) - No exercício dos seus direitos e no gozo das suas liberdades, cada qual só está sujeito às limitações estabelecidas pela lei exclusivamente em vista de assegurar o reconhecimento e o respeito dos direitos e liberdades de outrem, e a fim de satisfazer as justas exigências da moral, da ordem pública e do bem-estar geral numa sociedade democrática.

(3) - Estes direitos e liberdades não poderão em caso algum exercer-se contrariamente aos fins e aos princípios das Nações Unidas.

Art.º 30 - Nenhuma disposição da presente Declaração pode ser interpretada como implicando para um Estado, um grupo ou indivíduo, um direito qualquer para se entregar a uma atividade ou praticar um ato que vise à destruição dos direitos e liberdades nela enunciados.

- 3 -

CARTA DOS DIREITOS E DOS DEVERES DO HOMEM, SEGUNDO JOÃO XXIII, NA ENCÍCLICA PACEM IN TERRIS

1) O fundamento de qualquer sociedade bem ordenada e fecunda deve assentar no princípio de que todo o ser humano é pessoa, ou seja, uma

natureza dotada de inteligência e vontade livre; e por isso é sujeito de deveres e direitos que dimanam direta e simultaneamente da sua própria natureza. Por serem assim universais e invioláveis, de forma alguma se podem alienar.

2) E se contemplarmos a dignidade da pessoa humana à luz das verdades reveladas por Deus, necessariamente a teremos em maior conta; os homens foram resgatados pelo sangue de Jesus Cristo, tornaram-se pela graça filhos e amigos de Deus a foram constituídos herdeiros da glória eterna.

3) E vindo já aos direitos do homem, todo o ser humano tem direito à vida, à integridade física, e aos meios que lhe proporcionem um digno nível de vida, especialmente aos que dizem respeito à alimentação, vestuário, casa, descanso, assistência médica e serviços que o Estado deve prestar a cada cidadão. Donde se segue que o homem tem também o direito de ser amparado em caso de doença, invalidez, viuvez, velhice, desemprego forçoso, e sempre que seja privado dos meios de subsistência por força de circunstâncias independentes da sua vontade.

4) O homem tem ainda direito natural ao respeito da sua dignidade; ao seu bom nome; à livre investigação da verdade e, dentro dos limites da ordem moral e do bem comum, a manifestar e difundir o seu pensamento bem como ao cultivo de qualquer arte: tem, finalmente direito a uma informação verdadeira dos acontecimentos públicos.

5) O acesso aos bens da cultura é também de direito natural. E, por conseguinte, deve o homem poder receber quer uma instrução de base quer uma formação tecnico-profissional que corresponda ao grau de desenvolvimento cultural da comunidade política a que pertence. Para isto é preciso um esforço ativo para que os homens possam, se a capacidade intelectual lhes permitir, ascender aos cursos superiores de tal forma que, dentro do possível, subam na vida social a cargos e responsabilidades adequados ao próprio talento e a própria competência.

6) Entre os direitos do homem deve também apontar-se o de poderem prestar culto a Deus, segundo a recta norma da sua consciência e de

professar a religião tanto na vida privada como na pública.

7) Além disso todo o homem tem direito a escolher o estado de vida que muito bem preferir; e, portanto, de constituir família, em que marido e mulher tenham iguais direitos e deveres; ou de seguir a vocação para o sacerdócio ou a vida religiosa.

8) Pelo que diz respeito à família, baseada no matrimónio livremente contraído, uno e indissolúvel, há de considerar-se como célula primária e natural da sociedade humana. Daí que deva ser o alvo estremecido a que apontem medidas quer de ordem económica e social, quer de natureza ética e cultural, medidas essas que todas se dirijam a consolidar a família e ajudá-la a cumprir a sua missão.

9) No entanto, é aos pais que compete, primariamente, o direito de sustentar e educar os filhos.

10) No que se refere ao campo da economia, é evidente que o homem tem direito natural a que se lhe dê facilidade de trabalhar, e a escolher livremente o trabalho que lhe aprouver.

11) A estes direitos prende-se indissoluvelmente o direito de exigir que as condições de trabalho sejam tais que não comprometam a saúde, nem comprometam a integridade moral, nem afetem o desenvolvimento normal da juventude; se de mulheres se trata, dê-se-lhes um trabalho em harmonia com as exigências e deveres de esposa e mãe.

12) Da dignidade da pessoa humana deriva igualmente o direito de exercer a atividade económica salvas as indicações normais de responsabilidade pessoal. Daí resulta - e não podemos deixar de sublinhá-lo que o trabalhador tem direito a um salário estipulado segundo as normas da justiça; e esse salário, tidas em conta as possibilidades da empresa, há de proporcionar tanto ao trabalhador como a sua família um nível de vida conforme a dignidade humana.

13) Da natureza do homem decorre igualmente o direito a propriedade privada, mesmo dos meios de produção. Esse direito concorre eficazmente

para manter a dignidade da pessoa humana e para o livre exercício da responsabilidade nos mais diversos campos da atividade; assegura a união e tranquilidade da família, com alto proveito para a paz e tranquilidade públicas.

14) Por último, e bem preciso é lembrá-lo, ao direito de propriedade privada está inerente uma função social.

15) De o homem ser, por natureza, social, dimana o direito de reunião e de associação; o de dar as associações as estruturas que julgue mais idóneas para obter os fins propostos; o de agir dentro delas por sua própria conta e risco conduzindo-as a seu bom fim.

16) Como já advertimos com grande insistência na encíclica *Mater et Magistra*, é absolutamente necessário que se constitua uma vasta rede de agremiações ou organismos intermediários capazes de conseguir objetivos, que os indivíduos, por si sós, não podem prosseguir eficazmente. Tais associações e organismos devem considerar-se instrumentos indispensáveis a defesa da dignidade e liberdade da pessoa humana, deixando-lhe embora ileso o sentido da responsabilidade.

17) Todo o homem tem direito à liberdade de residência e movimentos adentro das fronteiras do seu país; mas, quando legítimos interesses o aconselhem, deve ser-lhe permitido emigrar para outras comunidades políticas e domiciliar-se nelas. Por ser alguém, cidadão de determinado país, não se lhe tolhe o direito de ser membro da família humana, cidadão da comunidade mundial, que consiste na união de todos os seres humanos entre si.

18) Acrescente-se ainda que à dignidade da pessoa humana se prende o direito de tomar parte ativa na vida pública e de contribuir para o bem comum. Pois o homem como tal, bem longe de ser objeto e elemento passivo da vida social, é antes, ao invés, sujeito, fundamento a fim dessa mesma vida.

19) Compete outrossim à pessoa humana a legítima defesa dos seus direitos:

e que esta seja eficaz, igual para todos e conforme as normas objetivas da justiça.

20) Aos direitos naturais que enumeramos até aqui, vão unidos no homem que os possui outros tantos deveres; direitos e deveres encontram na lei natural que os outorga ou impõe, a sua origem, persistência e força inquebrantável.

21) Assim, por exemplo, o direito à vida liga-se ao dever de a conservar; o direito a um digno nível de vida, prende-se a obrigação de viver dignamente; ao direito de procurar livremente a verdade corresponde o dever de buscar um conhecimento dessa verdade cada vez mais vasto e profundo.

22) Estabelecido este princípio, deve-se concluir que, na convivência humana, a determinado direito natural de uma pessoa, corresponde o dever de reconhecimento e respeito desse direito por parte das demais. Porque todo o direito essencial do homem encontra a sua força moral obrigatória na lei natural que o confere e, ao mesmo tempo, impõe o correlativo dever. Portanto, os que reivindicam os próprios direitos, mas esquecem por completo os seus deveres, ou os cumprem com negligência, assemelham-se ao que com uma das mãos vai destruindo o que a outra constrói.

23) Seres essencialmente sociáveis, é mister que os homens vivam uns com os outros e cada um promova o bem dos demais. Por isso a convivência humana retamente ordenada exige que se reconheçam e respeitem mutuamente os respetivos direitos e deveres. Mas além disso cada um é chamado a concorrer generosamente para a construção de uma sociedade em que os direitos se respeitem e os deveres se cumpram com maior diligência e com vantagens para todos.

24) Não basta, por exemplo, reconhecer ao homem o direito às coisas indispensáveis a vida; cumpre-nos trabalhar, na medida das nossas forcas, para que cada um disponha desses meios em quantidade suficiente.

25) A vida em sociedade não deve apenas assegurar a ordem; deve trazer vantagens aos seus membros. Mas isso exige que todos reconheçam

e cumpram mutuamente os seus direitos e deveres, e ainda que todos colaborem nos múltiplos empreendimentos que o grau de civilização atual permite, aconselha ou reclama.

26) A dignidade da pessoa humana exige, além disso, que o homem, nas suas atividades, proceda por própria iniciativa e livremente. Pelo que, tratando-se de convivência cívica, deve o homem respeitar os direitos, cumprir as obrigações e dar a sua colaboração aos demais em grande número de atividades, principalmente em virtude de determinações pessoais; cada qual deve agir levado por decisão própria, fruto da própria convicção e iniciativa, com o sentido da responsabilidade, mais que por coação, pressão, ou qualquer forma de imposição externa.

Uma sociedade baseada unicamente na razão da força nada tem de humano: nela veem as pessoas coartada a própria liberdade, quando deveriam antes ser estimuladas devidamente a procurar o próprio desenvolvimento e perfeição.

27) Eis por que a convivência entre os homens só é ordenada, fecunda e conforme a dignidade humana, quando fundada na verdade, como adverte o Apóstolo: *Renunciai a mentira e fale verdade cada qual com seu próximo, pois somos membros uns dos outros.* É o que acontecerá no dia em que cada um reconhecer devidamente, tanto os próprios direitos, como os próprios deveres para com os demais.

A comunidade humana será tal como acabamos de a delinear, se os cidadãos, guiados pela justiça, se dedicarem ao respeito dos direitos alheios e ao cumprimento dos próprios deveres; se os mover um amor tal que os leve a sentir as necessidades alheias coma próprias, fazendo os outros participantes dos próprios bens, e se todos se conjurarem por que haja no mundo um intercâmbio universal dos mais excelsos valores do espírito humano. E não basta isto. A sociedade humana tem de realizar-se na liberdade de modo condizente com a dignidade dos homens, que, sendo por sua natureza racionais, devem assumir a responsabilidade dos seus atos.

28) A sociedade humana tem que ser considerada, antes de tudo, como

realidade de ordem primariamente espiritual: é intercomunicação de conhecimentos à luz da verdade, exercício de direitos e cumprimento de deveres, incentivo e apelo aos bens morais, comunhão no gozo da beleza em todas as suas legítimas expressões; disposição permanente a comunicar a outrem o melhor de si mesmo e a transformar em próprio enriquecimento os bens espirituais do próximo. Esses valores a que informam e orientam as manifestações da cultura, da economia, da convivência social, do progresso, da ordem política e da legislação e tudo o mais que constitui a expressão externa da comunidade humana na sua evolução incessante.

29) A ordem que há de vigorar na sociedade é essencialmente moral. É, com efeito, uma ordem com fundamento na verdade, que há de realizar-se na justiça, que o amor fraterno deve vivificar e levar a bom termo, e que, respeitando a liberdade, há de buscar dia a dia, uma igualdade digna entre os homens.

30) Esta ordem moral - universal, absoluta e imutável nos seus princípios - tem a sua origem e fundamento em Deus verdadeiro, pessoal e transcendente. Deus, verdade primeira e sumo bem, é a fonte mais profunda de vitalidade para uma sociedade ordenada, fecunda e conforme com a dignidade das pessoas que a compõem.

- 4 -

DEMOCRATIZAÇÃO DAS MENTALIDADES

(Com o título acima, proferi, recentemente, em RÁDIO ECCLES1A, EMISSORA CATÓLICA DE ANGOLA», algumas palavras definidoras de atitudes autenticamente cristãs (e humanas), atitudes que consubstanciei, global e dinamicamente, na categoria de «DEMOCRATIZAÇÃO». O brilhante jornalista H. ROLA DA SILVA (em «Do Quotidiano» de «A Província de Angola de 15/7/67) e o máximo profissional da Rádio Angolana SEBASTIÃO COELHO referiram-se-lhes em termos de grande admiração e de várias origens me chegaram pedidos das palavras em causa. Por isso, as transcrevi na Revista «PRISMA», n. 5, Setembro 1967; por isso também, e

pela sua evidente ecumenicidade, de novo as transcrevo, na íntegra).

Por uma infinidade de traumatismos, históricos e ideológicos, há uma infinidade de gente que perde o equilíbrio mental e afectivo, logo que ouve a palavra «democracia», dando-lhe, em todo o caso, conteúdos periféricos e fragmentários, senão inteiramente falsos.

«Democracia», em seu núcleo e em sua essência, é apenas o efeito e a causa do reconhecimento, teórico e prático, da dignidade da Pessoa Humana, o principio, o meio e o fim, o objecto único e o único sujeito, o valor e o critério supremos e incondicionais dc todas as actividades e verdades do universo. É esta a moderna e cristianíssima «revolução copernicana» da «Subjectividade Antropológica», que divinamente renovará a face da terra.

Assim entendida, a «Democracia» pouco ou nada tem a ver com esta ou aquela forma de política (haverá «monarquias» democráticas e «democracias» totalitárias) e vai muito mais além que os métodos de regência dos povos, estendendo-se a todos os sectores e aspectos da sociedade humana, onde é sinónimo de adultez, saúde, normalidade, dignidade, êxito final.

Onde quer que ela falte (na Igreja ou no Estado, nas instituições ou nas empresas, nas fábricas ou nas escolas...), falta inevitàvelmente o Homem e inevitavelmente aparecerão os sub-produtos, sub-humanos e sub-humanizantes, que se chamam intransigência, intolerância, autoritarismo, fanatismo, integrismo, susceptibilidade, violências, campos de concentração, etc., etc., etc. (podem alinhar-se aqui as universais desgraças da Igreja e do Mundo, passadas, presentes e futuras).

«Democratização» das mentalidades em ordem à «Democratização» da sociedade, neste sentido essencial e pleno e dêem-se-lhe as concretizações e os nomes que se quiserem (promoção das massas, desenvolvimento dos povos, emancipação da mulher, triunfo da subjectividade, liberdade religiosa e política, etc.), eis o ser ou não ser do Homem, eis o único necessário de que tudo o mais virá por acréscimo e que jamais todos os acréscimos do mundo poderão substituir, a não ser ilusoriamente e até contraproducentemente.

E nesta tarefa, que tudo engloba e tudo condiciona, os «meios de comunicação social» («mass-media», como também se diz) têm um papel único de manifestação e realização. Se tiverem, evidentemente, a lucidez e a coragem de uma tal honestidade, que nunca é sem perigos. O que, primordialmente, deve ser válido de uma emissora que deseje que o nome de «católica» passe de mero rótulo decorativo.

Cristianismo não «democrático» e não «democratizante» é uma contradição nos próprios termos, pois que todo o cristianismo e todas as igrejas não têm outra missão que a de respeitarem, servirem, promoverem, amarem, realizarem os direitos do Homem, que é a imagem e a glória de Deus. Qualquer outro Evangelho, por mais espiritual ou santo ou ortodoxo que se pretenda, não é o «Evangelho» (ou a «boa, alegre e democratizadora notícia») de Jesus Cristo.

Assim, mais que a nenhuma outra, à «Emissora Católica» não é permitido, é obrigatório tornar-se cada vez mais uma tribuna livre em que livremente se dialogue, no respeito e para serviço de todos os homens e do homem todo; um lugar de encontro, em que as opiniões livremente (o que significa também responsavelmente) sejam apresentadas, conversadas, discutidas, dialogadas, independentemente de todos os «particularismos», todos os «amicismos», todos os «tribalismos», todos os «confessionalismos», todos os «ismos» que não se radiquem em ou não tendam à «Democratização» da sociedade.

Também neste aspecto (e sobretudo nele), a «Emissora Católica», porque católica, deveria ser o «sacramento» de todas as outras Emissores e demais órgãos de informação; «sacramento», quer dizer, símbolo, modelo e real inicio, como a Igreja deve ser o «Sacramento do Mundo», ou o protótipo e o princípio duma Comunidade exclusiva e exaustivamente «democrática», exclusiva e exaustivamente humana, exclusiva e exaustivamente cristã.

«Homem (ou Sociedade ou Autoridade ou quem quer que seja) que não dialoga é homem perdido», sintetizam as modernas filosofias personalistas, explicitando as mais profundas exigências do fermento cristão... Escandalizar-se por ver a «Emissora Católica» fazer seu o programa de humanismo eterno: «Sou homem, nada do que é humano me é estranho ou indiferente» ; escandalizar-se por ver a «Emissora Católica»

273

assumir atitudes «democráticas» de diálogo livre, responsável e adulto, a serviço de Angola, é farisaismo ou fraqueza, em nenhuma circunstância cristianismo autêntico de Evangelho e de Vaticano II.

A bom entendedor, meia palavra basta. Ou, pedindo vénia do uso do texto sagrado: quem tem ouvidos para ouvir, ouça.

- 5 -
"A LARGUEZA DO REINO DE DEUS"

(«A LARGUEZA DO REINO DE DEUS» é o título de «O LIVRO DO PADRE J. ALVES CORREIA», o Homem que, em Portugal, incompreendidamente viveu, ANTES DA LETRA, TODO O ESPIRITO DO CONCÍLIO VATICANO II. Dessa obra e desse homem prototipicamente ecuménicos em sentido total, é o presente capítulo «QUEM SÃO OS NOSSOS?»).

Há muita gente com o carimbo muito vincado de catolicismo, da que exibe, até, com arrogância que mais pareceria de sectário, a sua filiação no organismo da Igreja, mas que não perde ocasião de rebater o espírito do Evangelho, que chama parvoíce à fraternidade, que vê uma traição na lealdade para com adversários, sejam eles quais forem, e que nas hostes visíveis da Igreja quer ver uma solidariedade tão cega, que negue cinicamente o mal e os defeitos, ainda os mais evidentes, dos chamados «nossos», na vida social contemporânea e na História.

Pois essa nefasta solidariedade de partido, no Reino de Deus, é nada menos que uma traição. O farisaísmo não obstante, como orgulhosos mestres do Pensamento Católico. Luiz Veuillot, grande e valoroso soldado da Fé, não perderia nada do seu denodo e valor, se o soubera casar com tolerância e caridade, como lhe advertiu severamente o próprio Pio IX. Mgr. Pie, Dom Guéranger, vigilantes e profundos defensores do Sobrenatural, martelos do naturalismo negativista, perderam algumas vezes a eficácia de convicção pela dureza com que trataram os chamados liberais católicos, Lacordaire, Montalembert e Ozanam, três grandes cristãos que, à força de simpatia, amor real, piedade humana e divina, coração acolhedor para os homens do seu século, souberam aliar ardente amor de Cristo!

Para que é que o Senhor teria insistido em «*não apagar a mecha que fumega*» e o nosso fátuo orgulho de senhores da Verdade absoluta, incapazes de compreender os outros, se obstinará em esmagá-los debaixo do nosso agressivo desdém?!

Em quantos idealistas, em quantos revolucionários até, há ideias generosas, centelhas de amor cristão, que se poderiam acender em fogueiras depuradoras de conversão, se os desprezadores de publicanos não calcassem, com frieza, as cinzas envolventes!

É preciso não ter olhos, para não constatar que, em muitos adversários ardentes e impetuosos da Igreja Católica, há crença e até paixão do ideal evangélico. Muitos revoltam-se contra a Igreja, porque a confundem com os católicos materialistas e com certos ministros burgueses e burocráticos da organização católica.

Naquele «livro abominável», que o génio vulcânico de Junqueiro escreveu, a injustiça monstruosa era só o erro apaixonado da visão, que levou o poeta a atirar à Igreja com pelouros merecidos pelos ministros brutalizados e impostores. Mas que o livro seja de cristianismo exacerbado e violentamente sincero, há já pouco quem ouse negá-lo.

Fomos nós, fomos realmente nós, os mundanos, os materialistas, os hipócritas encartados de cristãos, os maiores responsáveis por aquelas blasfêmias!

Avisou-nos Cristo de que virão muitos do Oriente e do Ocidente e se assentarão no Reino de Deus, com Abraão, Isaac e Jacob, enquanto os *filhos do Reino* serão lançados fora.

Nós bem sabemos que, para haver salvação, é preciso ser da Igreja; mas também sabemos, também sabem todos os teólogos, que há muitos que são da Igreja sem o parecerem, da mesma forma que muitos outros o parecem ser e não o são.

Os teólogos dizem que são da Alma da Igreja todos os de boa fé, que sinceramente comungarem no Ideal de Cristo; e que estes estão salvos, ainda quando um erro sem culpa os mantenha separados do

Corpo da mesma Igreja, contanto que — forma implícita da fé, sem a qual «é impossível agradar a Deus» — prevaleça a disposição de acolher toda a verdade que se venha a impor à consciências, a brilhar diante da razão; assim como ensinam que de nada valerá, para sermos salvos, o pertencermos ao Corpo da Igreja, se, gafados de pecado, estivermos fora da Alma dela. (A «linguagem» muito popular de que aqui nos servimos «alma da Igreja», «corpo da Igreja», é, teologicamente, pouco adequada. O Corpo da Igreja verdadeiro é o Corpo vivo de Cristo, Filho de Deus e Filho do Homem, Verbo Encarnado, no qual é vocação cristã dos homens virem a ser incorporados pela boa fé, pela Fé pelo menos implícita, pela Caridade desencadeada nas almas pela Divina Graça. O homem de má fé ou sem boa vontade só aparentemente está no Corpo da Igreja, que é vivo, que é um organismo *animado*; como o «ramo sêco», de que fala Jesus Cristo, só aparentemente, ilusòriamente é ainda ramo da «videira», o autêntico Corpo da Igreja é o Corpo Místico de Cristo, inseparado da alma, cuja vida é a fé «que opera pela caridade»).

«*Os nossos*», no Reino de Deus e do Seu Cristo, pela divina graça, são todos os sinceros, bons e leais, ainda que andem perdidos e desvairados sem culpa nem obstinação nas brumas de confusas ideologias, ainda que desconfiados da Igreja oficial e do seu clero, ainda que seduzidos pelas miragens da heresia e da revolta. Adversários de verdade, só o são para Cristo os egoístas, os sensuais por princípio, cínicos ou hipócritas, e todos os que conscientemente se combinam com a mentira: pertençam a que seita pertencerem, sejam até, se quiserem, católicos de rotina ou de partido. E na atmosfera salubre da lealdade, todos nos entenderemos, numa tolerância que não atenuará em nada a intransigência das nossas convicções, até que o erro se dissipe, até que os mal-entendidos se desfaçam, até que possa, enfim, haver, talvez ainda na terra, um só redil visível e um só visível pastor.

Confortante e luminosa perspectiva, esta, que nos mostra tão vasto o Reino de Cristo, que dilata os horizontes da Igreja tão para além da limitação visível das organizações humanas. Se temos de renunciar a alguns centos de irmãos (os «falsos irmãos), inscritos nos quadros do exército visível, quantos milhares de irmãos de espírito, que só o Coração de Deus marcou!

Porque não pertencem ao exército dos homens de boa vontade apenas os perfeitos... (Onde estão os *perfeitos*, neste vale de lágrimas e de miséria, onde o justo cai sete vezes ao dia?...). De boa fé e de boa vontade são os que não pactuam com o mal; são os que o condenam em si mesmos, a quem ele pesa; são os publicanos de toda a sorte, que se não enganam a si mesmos para se crerem justos, mas que sinceramente querem a justiça.

«Ex omni tribu, populo et lingua», desfilam eles diante do olhar profético do Vidente de Patmos, «*multitudo magna quem numerare nemo poterat...*», multitão incontável!

Reino magnífico dos bons, a gemer ainda sob o peso da miséria da carne, do «estímulo de Satanás», que os esbofeteia», aspirando, como Paulo, pela liberdade, pelo triunfo do bem, num idealismo tão humilde como invencível... Tais são os nossos irmãos, tais são verdadeiramente «*os nossos*», ainda divididos em aparência, por muito preconceito, muito modo estranho de ver, perspectivas diversas tomadas por contraditórias realidades, de facto unidos todos, na comunhão invisível, pela mesma aspiração do triunfo do Amor, da Bondade, ou de Deus, que é o próprio Bem e o próprio Amor.

- 6 -
ESTATUTOS DO HOMEM

(Formulação original e eminentemente ecuménica dos Direitos Humanos, os "Estatutos do Homem", do brasileiro Thiago de Mello, constituem exemplo máximo do que afirmámos no texto do livro de que "sempre foram "poetas" os grandes "profetas" e "teóricos" do "Ecumenismo Humano-Universal").

Artigo I
Fica decretado que agora vale a verdade,
que agora vale a vida,
e que de mãos dadas,

trabalharemos todos pela vida verdadeira

Artigo II

Fica decretado que todos os dias da semana,

inclusive as terças-feiras mais cinzentas

têm direito a converter-se em manhãs de domingo

Artigo III

Fica decretado que, a partir deste instante,

haverá girassóis em todas as janelas,

que os girassóis terão direito

a abrir-se dentro da sombra,

e que as janelas devem permanecer, o dia inteiro,

abertas para o verde onde cresce a esperança.

Artigo IV

Fica decretado que o homem

não precisará nunca mais

duvidar do homem.

Que o homem confiará no homem,

Como a palmeira confia no vento,

Como o vento confia no ar,

Como o ar confia no campo azul do céu.

Parágrafo único

O homem confiará no homem

como um menino confia em outro menino.

Artigo V

Fica decretado que os homens

estão livres do jugo da mentira.

Nunca mais será preciso usar

a couraça do silêncio

nem a armadura de palavras.

O homem se sentará à mesa

com seu olhar limpo

porque a verdade passará a ser servida

antes da sobremesa.

Artigo VI

Fica estabelecida, durante dez séculos,

a prática sonhada pelo profeta Isaías:

e o lobo e o cordeiro pastarão juntos

e a comida de ambos terá o mesmo gosto de aurora

Artigo VII

Por decreto irrevogável fica estabelecido

o reinado permanente da justiça e da caridade,

e a alegria será uma bandeira generosa

para sempre desfraldada na alma do povo

Artigo VIII

Fica permitido que o pão de cada dia

tenha no homem o sinal de seu suor.

Mas que sobretudo tenha sempre

o quente sabor da ternura.

Artigo IX

Fica decretado a qualquer pessoa,

a qualquer hora da vida,

o uso do traje branco.

Artigo X

Fica decretado, por definição,

que o homem é um animal que ama

e que por isso é belo,

muito mais belo que a estrela da manhã.

Artigo XI

Decreta-se que nada será obrigado nem proibido.

Tudo será permitido.

Inclusive brincar com os rinocerontes

E caminhar pelas tardes

Com uma imensa begónia na lapela.

Parágrafo único

Só uma coisa fica proibida:

amar sem amor.

Artigo XII

    Fica decretado que o dinheiro

    não poderá nunca mais comprar

    o sol das manhãs vindouras.

    Expulsos do grande baú do medo,

    o dinheiro se transformará em espada fraternal

    para defender o direito de cantar

    e a festa do dia que chegou.

Artigo Final

    Fica proibido o uso da palavra liberdade,

    a qual será suprimida dos dicionários

    e do pântano enganoso das bocas.

    Á partir deste instante

    a liberdade será algo vivo e transparente

    como um fogo ou um rio,

    ou como a semente do trigo,

    e a sua morada será sempre

    o coração do homem.

ANEXO II

A Mudança da Igreja Perante a Resistência Nacionalista: Da Dominação à Libertação,

por Victor João de Almeida e Sousa[*]

Os Precursores no Período Protonacionalista

A resistência dos angolanos à dominação colonial portuguesa no território atual de Angola começou com a imposição da civilização europeia sem qualquer respeito ou tolerância pela cultura dos autóctones.

A história de Angola oferece-nos extraordinários exemplos desta resistência, como o de Kimpa Vita (no domínio religioso e político) e o da rainha Nzinga Mbandi (no domínio políticomilitar).

Deste modo, no domínio religioso, os cristãos portugueses, imbuídos de etnocentrismo, não demostraram nenhum interesse em compreender o significado e a importância sociais das manifestações religiosas indígenas, optando por aplicar a lei do mais forte. Assim, por exemplo, no reino do Congo, depois de queimarem a «casa dos ídolos» e os «objetos de feitiçaria» em grandes cerimónias públicas, com o objetivo de demonstrar a impotência dos espíritos e dos chefes religiosos tradicionais, iniciaram a imposição da religião cristã ao mesmo tempo que pretendiam a eliminação da crença tradicional. Portanto, podemos dizer

---

[*] Com a devida vénia e nomeadamente como homenagem póstuma a Victor João de Almeida e Sousa, amigo e nacionalista angolano que conheci no exílio de Paris e de que viria a tornar-me o orientador institucional da sua tese de doutoramento em Ciência Política na Universidade Lusófona de Humanidades e Tecnologias de Lisboa em 2010, aqui transcrevo as páginas finais (479-503) dessa tão empenhada como laboriosa investigação que mereceu máxima nota académica e teve como título: **A Igreja e o Estado na Dominação Cultural em Angola Colonial** (original policopiado de 535 páginas).

que durante séculos, isto é, entre o estabelecimento dos portugueses no antigo reino do Congo nos finais do século XV até ao início da ocupação administrativa, no inicio do século XX, as estruturas socioeconómicas, culturais e religiosas foram continuamente perturbadas pelo tráfico de escravos, pelas conquistas militares e pela chamada «escravatura interior» (trabalho forçado de indígenas «contratados»). Tudo isso significou que a formação do povo angolano não decorreu normalmente, pois ele teve de resistir, até meados dos anos 20 do século passado, ao invasor português. Porém, a resistência não se limitou ao domínio militar. Outras formas de resistência surgiram, nomeadamente nas cidades, onde a população tinha mais contactos com os colonos, sofria mais diretamente a discriminação e a segregação raciais, a exploração socioeconómica e sentia, por tais factos, a injustiça da dominação colonial muito mais próxima.

Foi precisamente nas cidades que começaram a surgir vozes um pouco dispersa de contestação que se vão concentrar em organizações dos colonizados, muitas delas de caráter cultural. Elas alargam o seu raio de influência e sensibilizam cada vez indivíduos a contestar a dominação colonial.

O fenómeno da dualidade cultural, relembramos, conduziu que a forma de resistência no vasto mundo rural, era fundamentalmente a de preservar secretamente o património cultural da repressão colonialista, enquanto a forma de resistência urbana levada a cabo por uma minoria da camada privilegiada de angolanos negava a alienação cultural.

Consequentemente, foi no seio desta elite minoritária de assimilados que, em vez de uma resistência de proteção, utiliza uma resistência de contestação à cultura do colonizador.

Deste modo, no fim do século XIX, um movimento cultural de condenação do colonialismo português dá os primeiros passos. Nele participam alguns membros da Igreja que acabam por ser sancionados não pela lei divina, mas pela lei dos colonialistas. Era o desabrochar da consciência nacional.

Entre o ano de 1870 e o início dos anos 20 do século passado, aproveitando o período de liberdade de imprensa, a capital da colónia de Angola vê nascer, como dissemos, a publicação de bastantes jornais com artigos de portugueses enraizados na urbe luandense e de angolanos assimilados.

Portanto, é através da imprensa, onde os crioulos se empenham na defesa dos seus ideais e na exposição das suas aspirações e direitos. É neste quadro da apresentação e da troca de ideias que se encaixa a campanha que em 1901 se desencadeia contra um artigo de teor racista intitulado *Contra a lei, pela grey* e publicado no jornal *Gazeta de Luanda*. Lembramos que o seu autor era um português europeu que protestava contra a injustiça da punição infligida a um branco por insultar um negro. É então que o cónego António José do Nascimento (1838-1902), natural da colónia, ergue a sua voz de protesto no artigo *Solemnia Verba*. Nele, o cónego Nascimento, além de criticar o modelo civilizacional para os indígenas implantado pelos portugueses, prevê com rara lucidez a «emancipação da colónia». Não deixa de ser interessante notar que o cónego Nascimento, com uma antecipação de mais de cinquenta anos, desacredita o luso-tropicalismo de Gilberto Freyre, ao escrever:

> *"O contacto com o europeu em perfeita igualdade e comunhão de interesses, que havia de contribuir muito para a civilização africana, não tem existido; estabelecendo-se exceções por meio de uma hipocrisia refinada, autorizada pela lei, regateiam ao indígena os direitos e privilégios."*

Mais adiante, o cónego considera que a discriminação e a segregação raciais existentes são contrárias ao progresso da colónia:

> *"Do que temos dito conclui-se que de entre as causas que principalmente se opõem ao progresso da província, figuram as ideias desses falsos civilizadores, que olham para o indígena branco, preto ou mulato com um tal desdém, e como tais indignos de consideração de com eles entrarem em competência."*

E propõe:

> *"Para destruir esta preocupação altamente oposta ao progresso social, é*

necessário que o governo mande proscrever esses sentimentos selvagens e bárbaros, fazendo conhecer que todas as classes, concorrendo para o bem comum da sociedade, nenhuma é desprezível, antes pelo contrário, dignas de consideração pelos serviços que prestam, porque sem elas não teriam chegado ao grau de prosperidade todas as outras reputadas aristocráticas, burocráticas, etc., etc.". [1]

Depois do que escrevemos no capítulo anterior sobre a vida e obra do cónego José do Nascimento, um dos angolanos que, devido ao seu prestígio nacionalista desenvolvido através dos seus artigos de caráter nacionalista, influenciou muito a sociedade crioula luandense do fim do século XIX e início do seguinte.

Outro contemporâneo do cónego António José do Nascimento foi o padre Mário Castanheira Nunes, de nacionalidade portuguesa. Deu o seu contributo na *Voz d'Angola Clamando no Deserto* com artigo intitulado *Réplica*. Nele, sobre a «questão da raça» escreveu com certa ironia o seguinte:

"Pois, a razão manda que a missa bem ordenada comece por nós: por que é o articulista não principia primeiro por Portugal, e especialmente pela terra natal (pois há de lá haver muito brutinho, louvado seja Deus) aonde, não obstante os milhares de escolas régias, há mais de dois terços da população sem saber ler nem escrever, e sem o dom do discurso?

Se há em Angola pretos boçais, semelhantes aos animais (como diz o articulista), permita-me que lhe diga, que pior gente há em Portugal. Cá e lá más fadas há. (...) Ora, em Portugal, as escolas abundam aos milhares; que desculpa apresentará o digno articulista para me responder e justificar os milhões de ignorantes que lá existem?..."

De seguida, o padre Castanheira Nunes refere-se ao envio de angolanos contratados», verdadeira «escravatura oculta»:

"Com o preto de Angola dá-se o contrário, como já dissemos; e para o

---

1 - NASCIMENTO, Cónego A.J. do,o. C., 1984, pp. 13-30.

civilizar dão-se-lhes verdugos e carrascos brancos da sua espécie, que por uns vinténs e promessas ardilosas o empandeiram para S. Tomé, onde no fim de 2 ou 3 anos estica o pernil!"[2]

O padre Nunes foi um dos melhores colaboradores da imprensa em Angola, focando nomeadamente temas ligados à instrução, e foi também um reputado professor. Na série de artigos que escreveu no jornal *A Verdade* sobre "A instrução pública na província de Angola", o padre Castanheira Nunes dá larga mostra da sua mentalidade ilustrada do século XIX, para quem o ensino era a mola real do desenvolvimento, do progresso e até do aperfeiçoamento da Humanidade. Segundo Mário António de Oliveira, ele

"concretiza a sua fé na difusão do ensino por todos os povos da terra, sem distinção de qualquer natureza, considerando esse dever de todos os responsáveis, governantes e governados, pois nisso consistiria a defesa dos seus próprios interesses, uma vez que da instrução de governados resultaria a intensificação da própria atividade e competitividade em relação aos povos vizinhos, nos planos intelectual e moral".[3]

Pároco e professor primário em Moçâmedes, Castanheira Nunes foi suspenso dessas funções em 1861. Mudado para Luanda foi exonerado em 1873, abandonando em seguida o sacerdócio.

Já no início do século XX, outro nome que surge associado à Igreja Católica e à sua missionação é o de António Joaquim de Miranda, que já mereceu a nossa atenção no capítulo anterior. Lembramos que dirigiu uma associação para o ensino de nativos angolanos e até manifestações públicas que não agradavam o poder colonial, daí ser exilado para Malanje.

Devemos observar que a ênfase na instrução como fator de progresso social estava ligada às forças que, com o advento da república em Portugal, acediam ao poder e, no caso de Angola, teve aspetos particulares, pois o anticlericalismo republicano veio prejudicar o ensino dos «indígenas»,

---

2 - *In* NASCIMENTO, cónego A.J., 1984, pp. 49-57.
3 - OLIVEIRA, Mário A. F. de, o. c., 1997, p. 164.

tradicionalmente entregue às missões religiosas.

Devemos acrescentar que, com o início do século XX, começam a concretizar-se os programas de colonização, visando a fixação de portugueses em Angola. Então, surgiu a ideia da criação de um instituto secundário, quer independente quer anexo às casas de preparação do clero, pensando sobretudo nos filhos dos funcionários estatais e dos colonos.

O reinício do funcionamento do seminário em Luanda em 1907 e a abertura do liceu Salvador Correia também na capital em 1919 acabaram por ser dois alfobres de muitos intelectuais angolanos, incluindo alguns dos principais líderes do nacionalismo angolano, como Agostinho Neto, Viriato da Cruz, Ilídio Machado, Mário de Andrade e tantos outros.

Devemos fazer notar que o seminário de Luanda, ao lecionar o ensino secundário, uma vez que não havia outro estabelecimento de ensino capacitado a fazê-lo, foi benéfico para a população em geral, mas neutralizou o seu objetivo principal, isto é, a formação do clero nativo.

Desde o Período Nacionalista à Resistência Armada

Não obstante ter começado a sua atividade religiosa (1916) e de homem da cultura no período protonacinalista, Monsenhor Manuel Alves da Cunha foi a partir da década 30, quando se dão os primeiros passos para um nacionalismo independentista, que o seu papel no seio da Igreja católica não era a que o governo colonial esperava.

Licenciado em Coimbra, D. Manuel Alves da Cunha, vigário capitular de Angola, foi ao mesmo tempo o europeu que mais de perto acompanhou o percurso dos últimos representantes do protonacionalismo angolano (por exemplo: António de Assis Júnior, Lourenço Mendes da Conceição, Alberto de Lemos), influenciando-os nas suas ideias culturais e políticas, e o homem que ajudou a instalação da Igreja colonial em Angola, tendo sido também um dos artífices do Acordo Missionário de 1940. Sobre as atividades até certo ponto contraditórias que teve de empreender, Mário de Oliveira faz a apreciação seguinte:

"Ainda aqui se manifesta o caráter ambíguo de que o colonialismo

marcava a conduta das pessoas e instituições: o sacerdote a quem os africanos ficaram a dever tanto do seu nacionalismo, a colaborar nesse instrumento colonial que foi o Acordo Missionário, o anticolonialista que colaborou com o colonialismo, mas cuja memória, até hoje, não sofreu as arremetidas tão fáceis em épocas de mudança - o monumento a monsenhor Alves da Cunha, erguido no tempo do colonialismo, continua respeitado na capital da República Popular de Angola, caso único dos monumentos erguidos no período colonial."[4]

D. Manuel Nunes Gabriel, na obra que intitulou D. *Moisés Alves de Pinho e os Bispos do Congo e Angola*, (1948), escreveu sobre monsenhor Alves da Cunha:

"Conselheiro de governadores e conhecedor como poucos dos problemas e da vida de Angola, viu-se por vezes envolvido em situações difíceis que o seu prestígio, bom senso e generosidade levaram a bom termo, mas algumas vezes com grande amargura da sua parte, por se ver alvo de calúnias e incompreensões."[5]

Uma das «calúnias e incompreensões» surgiu em 1941, quando o governador-geral Marques Mano entrou em conflito com o arcebispo de Luanda, a pretexto de que o vigário-geral, monsenhor Alves da Cunha, com 40 anos de serviço em Angola, estaria envolvido numa atividade política que pretendia separar Angola da metrópole. Devemos lembrar que, na altura, corria entre os comerciantes abastados em Luanda a «acintosa suspeita» de que Alves da Cunha já amava mais Angola do que Portugal. De imediato, o semanário O *Apostolado*, fundado e orientado pelo acusado, foi suspenso, alegando-se como motivo para a suspensão uma notícia publicada no referido semanário que o governador-geral julgou insultuosa para a sua pessoa. Apesar de lhe terem sido dadas todas as explicações e apresentadas provas de que nem se pretendera denegrir a pessoa do governador nem monsenhor Alves da Cunha tivera qualquer

---

4 - OLIVEIRA, Mário A.F. de, o. c., 1997, p. 170.
5 - Idem, 1997, p. 170.

responsabilidade na publicação daquela notícia, foi-lhe imposta a pena de expulsão de Angola e mandado apresentar-se em Lisboa, no Ministério das Colónias. Segundo D. Nunes Gabriel,

"*O arcebispo de Luanda tomou a defesa acérrima do seu vigário-geral, porque o sabia inocente das acusações que lhe eram feitas. O ambiente em Luanda tomara-se tenso, pois, além de monsenhor Alves da Cunha, mais algumas pessoas haviam incorrido na mesma pena. A residência arquiepiscopal, paredes meias com o palácio do governador, passou a ser vigiada, anotando-se as pessoas que nela entravam ou dali saíam.*[6]

O embarque compulsivo para Portugal de monsenhor Alves da Cunha coincide com a de um outro português, ex-seminarista, de nome Américo de Carvalho, que fez parte da primeira geração do século XX que se iria opor ao sistema colonial. No seu livro *Angola, Anos de Esperança*, Carvalho, também expulso de Angola, conta assim o seu embarque para Portugal:

"*No dia 31 de outubro [de 1941] soubemos que a tropa estava de prevenção. Ao princípio da noite vieram-nos buscar. Levaram-nos para bordo. O barco [navio de carga Cubango] ficara ao largo, pronto a partir. Éramos sete deportados. Daí a pouco, oito. O oitavo vinha sem escolta. Era um eclesiástico bem conhecido e estimado de toda a gente. Monsenhor Alves da Cunha, vigário-geral da diocese de Luanda. Não ia sob prisão mas com guia, apresentar-se ao Ministério das Colónias. Por outras palavras, afastavam-no de Angola.*

A surpresa foi geral. Longe estávamos de esperar tal companheiro de viagem. Lembrei-me então de o comandante da polícia me haver falado por duas vezes de Monsenhor Alves da Cunha. Que relações entre ele e a nossa organização?[7] Achei descabida a pergunta, dúbia

6 - GABRIEL, M. N., o. c., 1978, p. 523.
7 - A organização referida por Américo de Carvalho é a OSA (Organização Socialista de Angola) que, no início dos anos 40 do século passado, marcou a primeira fase do protesto leuconacionalista. Vd. As duas obras de PIMENTA, Fernando T. - *Brancos de Angola, Autonomismo e Nacionalismo (1900-1961)*. Coimbra, Edições Minerva-Coimbra, 2005, p. 122; e *Angola, os Brancos e a Independência*. Porto: Ed.

a insistência. Deduzi na altura que nem tudo corria pelo melhor entre os dois homens. Antipatia pessoal? O certo é que a presença do vigário-geral a bordo significava mais do que isso. Tratava-se, sem equívoco, do conflito com as instituições, pois a decisão tinha de vir do próprio governador. Mais adiante, Carvalho põe a hipótese de Monsenhor Alves da Cunha ter-se oposto, logo de princípio, à vaga de prisões, sublinhando o que ela tinha de insensato. Para quê abrir conflito daquela natureza, numa época já de si perturbada pela guerra? Para ele era exagero, pura loucura. Insensatez perfeita, havia que destrinçar. De um lado o movimento dos jovens - e ele existia - no que tinha de utópico mas também no que significava como protesto. Impunha-se limitá-lo às suas verdadeiras dimensões. Do outro, o cálculo frio da polícia, criando por toda a parte um clima de medo."[8]

Fernando Pimenta na sua recente obra Angola, os Brancos e a Independência transforma o que era hipótese em Américo de Carvalho em certeza mais pormenorizada. Eis as suas palavras:

"Na verdade, os colonos teceram fortes críticas às prisões efetuadas pela polícia colonial e à atuação do Governo-Geral, e os colonos, liderados por Monsenhor Alves da Cunha. Na realidade, o Governador-Geral considerava - não sem fundamento – que o verdadeiro líder da conspiração «separatista» era Monsenhor Alves da Cunha Marques Mano sabia também que Alves da Cunha era um dos mais importantes dirigentes da maçonaria angolana - era aliás conhecido pela alcunha de «Monsenhor Kuribeka» - e entendia ser ele o animador de «determinados movimentos políticos» e de «retraimentos desfavoráveis à ação governativa». Assim, o Governador-Geral acusou esse clérigo de ter sido o responsável pela organização duma manifestação contra o governo colonial em 28 de abril de 1941."[9]

Afrontamento, pp. 170-176.
8 - CARVALHO, Américo de, , o. c., 2001, p. 32.
9 - PIMENTA, Fernando T., o. c., 2008, p. 174.

Certo é que a expulsão de monsenhor Alves da Cunha teve um impacto muito grande, mesmo junto do Governo de Lisboa. Quem nos conta é D. Nunes Gabriel:

"Ao chegar a Lisboa, a bordo dum cargueiro, em 28 de novembro de 1941, monsenhor Alves da Cunha foi alvo de significativa homenagem por parte de numerosas pessoas, algumas das quais com notável folha de serviços públicos em Angola. O Ministro das Colónias afirmou-lhe logo na primeira entrevista que podia regressar a Luanda quando quisesse, dando como não provadas as acusações de que fora alvo."

E para mostrar bem o poder da Igreja Católica na época salazarista, o arcebispo resignário de Luanda conclui:

"No mesmo dia embarcava em Luanda com destino a Lisboa, o governador que era chamado à capital. Não regressou a Angola. O semanário O Apostolado voltou a publicar-se e daí em diante passaram a ser excelentes as relações das autoridades diocesanas com os governadores-gerais, mostrando-se alguns deles até muito dedicados às obras missionárias pelos auxílios materiais que lhes dispensaram no seu trabalho de promoção social."[10]

Depois da II Guerra Mundial, um grupo de homens e mulheres crioulos, tocados pelas ideias de independência nacional que percorriam o mundo e a África em particular, vai levar mais longe a tomada de consciência protonacionalista anterior e a reivindicação cultural. A partir de então a tomada de consciência vai estar ligada à política, como referimos no capítulo anterior deste trabalho. É, como se costuma dizer, a geração que cria o nacionalismo moderno.

Esta nova geração persegue, entre outros objetivos, o de fazer reviver as manifestações culturais mais autênticas, ligando o seu destino às comunidades aldeãs. Deste modo, a tomada de consciência cultural entrou no domínio político. Como vimos, os dois grandes veículos de troca e

---

10 - GABRIEL, Manuel N., o. C., 1978, p. 523.

divulgação de ideias, a imprensa e a literatura, foram muito utilizados pela elite crioula. Deste modo, enquanto jornalistas e colaboradores dos jornais, poetas e escritores elaboravam panfletos políticos, os padres faziam sermões aos fiéis que funcionavam como despertadores para as injustiças do quotidiano, sem fugir à Palavra de Deus. As atividades associativas (culturais, recreativas e desportivas) e tudo aquilo que aparentasse ser uma reunião anódina politicamente (bailes, piqueniques, etc.) serviam não só como tentativas de aproximação de angolanos ditos «civilizados» e os indígenas, mas também de reflexão sobre a aspiração do povo à independência.

Porém, os jovens intelectuais que contribuíam em todas essas atividades com as suas penas ou com as suas vozes cedo perceberam que elas deixaram de ser armas de combate eficazes para resolver os problemas do povo. Para passarem a uma fase essencialmente política, era impensável fazê-lo abertamente, por causa da feroz repressão policial. Assim, só lhes restava a atividade política clandestina, mas esta necessitava de muita disciplina e metodologia conspirativas, mas a maioria deles não estava devidamente preparada para tal. Assim, em 1959, a PIDE lança uma vasta ofensiva os núcleos nacionalistas conseguindo prender cerca de cinquenta dos seus membros sob a acusação de apoiar reivindicações dos angolanos pela autodeterminação e pela independência da colónia. Essas detenções deram origem a quatro processos, conforme a proveniência da organização partidária e ao facto de se encontrarem no exílio.

Em 1960, os diretores do American Committee on Africa (ACOA), Frank C. Montero e William X. Scheinman, visitaram Angola. Acompanhados do secretário-geral da Aliança Evangélica de Angola, o reverendo James Russell, procuraram entrevistar nativos, manifestando particular interesse em entrar em contacto com os prisioneiros do «processo dos 50», que aguardavam julgamento por desenvolverem atividades subversivas. Os dois americanos disseram ainda que a sua missão ali não se limitava a contactar os detidos, mas que era uma intenção levar a cabo algumas ações nos Estados Unidos da América com o objetivo de recolher fundos para auxiliarem as famJlias dos detidos. Pretendiam também assegurar a todos os detidos o apoio jurídico. Acabaram por contactar o padre Joaquim Pinto de Andrade, chanceler da arquidiocese de Luanda, que lhes facultou o acesso a documentos secretos do Governo.[11]

Quando os representantes da ACOA regressaram a New York, concederam entrevistas à imprensa e, nas edições dos jornais *Christian Science Monitor* e do *New York Times* do dia 8 de março, era publicada uma notícia dando conta da visita efetuada por Montero e Scheinman a Angola. O *New York Times* escreveu então:

"É aconselhado aos Estados Unidos que deem o seu apoio ao nacionalismo africano nos territórios portugueses «antes que seja tarde demais». Esta advertência é feita por dois membros da direção da Amerrican Corrunittee on Africa acabados de chegar de uma visita a Angola. Consigo trazem o testemunho de um movimento nacionalista que está a ser desmantelado e a previsão de um grave conflito quando o vizinho Congo Belga se tornar independente no dia 30 de junho..."[12]

Esta visita dos dois americanos do ACOA e as suas declarações à imprensa americana perturbaram muito as autoridades coloniais que, de imediato, negaram todas as declarações e puseram em ação a máquina repressiva. Assim, no mês seguinte, foi expulso de Angola o reverendo James Russell, secretário-geral da Aliança Evangélica de Angola, e no dia 25 de junho de 1960 foi preso[13] o padre Joaquim Pinto de Andrade, sendo deportado no dia 1 de julho para a cadeia política do Aljube, em Lisboa, onde foi colocado em isolamento. Em novembro do mesmo ano, foi enviado para a ilha do Príncipe, mas acabou por regressar a Lisboa, em março de 1961, sendo mais tarde conduzido para o mosteiro de Singeverga, da diocese

---

11 - Os «documentos secretos» referidos indiciavam, segundo as autoridades policiais, um levantamento nacionalista de angolanos.
12 - In HENDERSON, Lawrence W., o. c., 1990, pp. 304-305.
13 - Juntamente com o padre Andrade foi presa grande parte do clero angolano com simpatias nacionalistas: padres Alexandre do Nascimento, Martinho Samba, verº vigário da Vara, Vicente J. Rafael, Alfredo Gaspar e Lino Guimarães. Este último, depois de um longo período de residência fixa em Lisboa, regressa, em 1969, a sua terra natal (Calulo), ao deslocar-se numa motorizada, depois da missa dominical, para ver a sua mãe, foi assassinado durante o trajeto por «desconhecido».

de Braga. Antes desta peregrinação pelas prisões políticas, as homilias do padre Andrade na Sé de Luanda eram ansiosamente aguardadas, pois abordavam, geralmente, problemas sociais e, de uma maneira velada, alguns aspetos políticos, denunciando as situações de injustiça que eram próprias do colonialismo. Perante a resistência nacionalista dos angolanos, duas personalidades religiosas recusaram totalmente a dominação colonial portuguesa e apoiaram todos aqueles que ansiavam a libertação dos oprimidos do jugo colonial, de acordo com as palavras de Deus: o padre Joaquim Pinto de Andrade e o cónego Manuel Joaquim Mendes das Neves.

Em 1962, o padre Pinto de Andrade foi nomeado presidente de honra do Movimento Popular de Libertação de Angola MPLA.

A corrente nacionalista de pensamento cristão-progressista do padre Andrade congregou muitos angolanos da hierarquia católica, como o cónego Franklin da Costa, o padre Alexandre do Nascimento, o padre José Vicente Rafael e outros.

O padre Andrade foi um dos promotores da campanha de apoio aos presos políticos e suas famílias, a qual contara com o suporte discreto do arcebispo D. Moisés Alves de Pinho e de cónego Manuel das Neves.

O grupo que se movia em volta do padre Andrade teria lançado um panfleto: "Ao Mundo inteiro: Angola é dos Angolanos".[14]

O monsenhor Manuel Joaquim Mendes das Neves, cónego da Sé de Luanda, natural do Golungo Alto, onde nasceu em 1896. No tempo em que foi padre da igreja de S. Paulo, diz o seu conterrâneo Mário de Andrade, igreja essa "frequentada sobretudo pelas pessoas do «quilómetro cinco» e de mais longe". Depois de afirmar que ele "estava em contacto com o povo", Mário de Andrade dá-nos o seguinte retrato:

"Era um homem que tinha já as suas ideias, digamos, nacionalistas. Exprimia-as de maneira muito doce, insinuava-se... Era como que um clandestino. Tinha uma autoridade intelectual, moral e, como consequência, política em todos os grupos que então se formavam. (...) Eu não trabalhei com ele, pois no momento em que se passa

---

14 - ROCHA, Edmundo Rocha, o. c., 2003, pp. 110-111.

do movimento cultural ao movimento político, eu já não estava em Angola, fiz isso em Lisboa. (...) Ele era conhecido de todos os velhos, frequentava a Liga Nacional Africana, era também um «valor», como se dizia na época - «um valor dos nativos»...Era o único cónego nascido em Angola.[15]

A preocupação com a melhoria das condições básicas de vida do povo angolano levou monsenhor Manuel das Neves a aceitar, com a anuência do seu bispo, tomar assento no Conselho do Governo de Angola e, posteriormente, no Conselho Legislativo criado pela Lei Orgânica de 1955, como representante das populações indígenas.

Embora fosse uma pessoa extremamente cautelosa nas suas atitudes e nas suas palavras, monsenhor Manuel das Neves cedo se tomou um homem suspeito aos olhos detentores do poder colonial. Assim, quando da vaga de prisões em 1959, que levou à barra do Tribunal Militar Territorial de Luanda 57 patriotas («Processo dos Cinquenta»), o nome de monsenhor Manuel das Neves era apontado, nos relatórios da PIDE, como um forte suspeito de legações com o movimento de libertação nacional.

Na sequência do assalto às prisões realizado por nacionalistas angolanos em 4 de fevereiro de 1961 em Luanda (de que foi o principal mentor) e da generalização da insurreição armada no norte de Angola a partir de 15 de março seguinte, monsenhor Manuel das Neves recebeu ordem de prisão no dia 23 de março desse mesmo ano. Seja qual for a leitura e a apreciação que se faça dos acontecimentos de 1961, é de todo inegável que nobre e corajosa figura deste humilde sacerdote nacionalista está intimamente ligada à história do desencadeamento da luta de libertação nacional.

Em 13 de abril de 1961, foi monsenhor Manuel das Neves deportado para Lisboa, onde ficou encerrado na cadeia de Aljube, da qual, decorridos alguns meses, foi transferido para o Seminário da Torre, noviciado dos jesuítas, em Soutelo, concelho de Vila Verde, perto da cidade de Braga. Aqui passou, em regime de residência fixa e vigiada, os últimos cinco anos da

---

15 - ANDRADE, Mário de,o. C., 1997b, p. 54.

sua vida. Faleceu ignorado de todos em 11 de novembro de 1966. Segundo Mário de Andrade, *"só a PIDE assistiu ao funeral e que esconderam mesmo a sua campa"*[16].

No tempo de exílio político do grande português e bispo do Porto, D. António Ferreira Gomes, em carta dirigida a outro exilado, o padre Joaquim Pinto de Andrade, o bispo do Porto manifestou repulsa da atuação da PIDE com o cadáver de monsenhor Manuel das Neves: enterramento semiclandestino, pela calada da noite, e eliminação de todos os vestígios do local exato de Monsenhor Manuel das Neves. Eis as palavras do bispo do Porto:

> *"Lembro neste momento, além de muitas palavras íntimas do S. Arcebispo [D. Moisés Alves de Pinho], a defesa pública e sem equívocos de honra eclesial do seu Vigário Geral, Monsenhor Neves - sobre cuja sepultura agora violentamente imposta, lá num recanto do Minho, sob as trevas da noite, no anonimato e depois da violação afrontosa da urna funerária, me parece ver gravado um terrível epitáfio, mais ou menos deste teor: aqui jaz, sem esperança de ressurgir, a missão histórica de Portugal!..."* [17]

Alguns padres portugueses em Angola sofreram também a repressão da PIDE por aspirarem que a Igreja católica devia ter a missão de servir a Deus no serviço aos seus irmãos angolanos e empenharem-se na libertação de Angola sob a dominação colonial.

Após o regresso dos bispos de Angola, todos portugueses, do Concílio de Vaticano II, em dezembro de 1965, publicaram, já em fevereiro de 1966, uma carta pastoral, onde, além de fazerem um resumo das conclusões oficiais do Concílio, exortavam os fiéis a usarem o «período de júbilo» decretado pelo Papa Paulo VI, que decorria entre o princípio do ano e o Pentecostes, a 29 de maio, *"para se prepararem para a*

---

16 - ANDRADE, Mário de, o. C., 1997b. p. 55.
17 - ANDRADE. Joaquim P. de - Evocação - Histórica de Monsenhor Manuel Das Neves. Elogio fúnebre feito em Luanda, no dia em que o seu corpo, transladado para Angola a pedido das autoridades religiosas e com a participação do Governo angolano, foi a enterrar. Luanda, não publicado, 7 de Julho de 1994, pp. 7-8

*renovação das suas vidas cristãs, a nível individual, privado, público e social,
o que constituía o objetivo principal do Concílio" apelavam "aos padres e
responsáveis das nossas organizações culturais e apostólicas da nossa diocese
para que organizem sessões de estudo, reuniões e conferências a fim de que
todos possam ouvir a verdade ira voz do concílio"*[18].

Assim, nesse âmbito, a circulação da carta pastoral e as inúmeras
e variadas sessões de que foram organizadas a pedido dos bispos, assim
como o que foi divulgado pelos meios de comunicação social, forneceram
aos angolanos algumas informações sobre o Concílio.

Os padres Jorge Sanches, António Fernando dos Santos Neves e
Waldo Garcia, chegados a Angola, nesse ano, foram colocados no seminário
de Cristo-Rei, em Nova Lisboa. Entusiasmados com as conclusões do
Concílio e sob a superdinâmica liderança inquestionada de Santos Neves,
ocuparam-se imediatamente da revisão dos programas ministrados no
seminário, começando a organizar «colóquios pastorais» em Nova Lisboa,
no Lobito e em Luanda, cujos temas eram a eclesiologia pastoral, a missão
dos leigos na elesiologia pós-conciliar e as renovações bíblica, litúrgica e
pastoral. Geralmente, as conclusões de tais colóquios eram muito radicais
no contexto católico angolano. Assim, com base no espírito «novo» desta
«nova» idade eclesial e mundana trazido pela encíclica *Pacem in Terris*
(11/4/1963), o padre Santos Neves destaca três características da época,
como vêm formuladas nessa mesma Encíclica:

*"primeiramente, vemos a gradual ascensão das classes
trabalhadoras...; em segundo lugar, é um facto evidente a presença
da mulher na vida pública... ; notamos, finalmente, que, em nossos
dias, todos os povos já proclamaram ou estão para proclamar a sua
independência e dentro em breve já não existirão povos dominadores
e povos dominados..."*[19]

É evidente que, na época em que Portugal travava uma guerra
considerada pelos seus governantes «justa» contra «terroristas às ordens

---

18 - HENDERSON, Lawrence, o. C. , 1990, p. 352.
19 - NEVES, a, F. dos Santos, o. c., 2005, p. 20.

de Moscovo», a fim de defender a «civilização cristã do Ocidente», pôr em questão a guerra e a dominação coloniais era uma ousadia que a PIDE não podia deixar passar por muito tempo sem reprimir.

Nesse mesmo *Colóquio Pastoral* nas cidades de Lobito-Benguela foram emitidas cinco «conclusões». Vamos transcrever três delas (números 3, 4 e 5) que melhor nos ajudam, pensamos nós, a perceber não só a mudança que se processou na Igreja após o Concílio de Vaticano II, mas também a redobrada vigilância da polícia política:

"3. Os «Sinais dos Tempo profano» (ciência e técnica, evolução e história, cultura e progresso, unidade pluralista e socializante, humanismo e subjetividade, emancipação e democracia...) aparecem, não obstante e através da sua ambiguidade, como a revelação dos «Sinais do Tempo sagrado», de maneira que os cristãos, atentos e confiantes, são levados a descobrir, na cronologia a cairologia, na história dos Homens a história de Deus.

4. É evidente que o Mundo Angolano não se Identifica ao Mundo Negro e deve ser aquele o campo total da Ação Cristã; - mas é também evidente que o Mundo Negro é um dos elementos essenciais e fundamentais do Mundo Angolano, que, sem ele, nunca poderá realizar uma síntese válida de plenitude humana e cultural, no respeito, no serviço e no diálogo inter-Subjetividades, em ordem à civilização africana e planetária.

5. A eclesiologia post-Vaticano II relembrou aos Leigos a sua Missão, própria, ativa e insubstituível, na animação cristã da cidade terrestre, relembrando-lhes a pregnante frase da tradição: «Aquilo que a alma é no corpo, são os cristãos no Mundo»; os cristãos de Angola desejam estar presente s e atuantes na construção do Mundo Novo, no setor familiar, cultural, sócio-económico, político..., segundo a letra, o espírito e o ritmo das encíclicas «Mater et Magistra» e «Pacem in Terris», das constituições «Sobre a Igreja» e «Sobre a Igreja no Mundo Atual», do decreto «Sobre o Apostolado dos Leigos» e de todo o

Concílio Ecuménico Vaticano II."[20]

Outra iniciativa tomada por aqueles três padres consistiu em propor a criação de um Instituto Superior Católico, um projeto canónico concretizado por D. Daniel Gomes Junqueira, bispo de Nova Lisboa, no dia 16 de junho de 1966.

De acordo com Santos Neves,

"O facto evidente de o Instituto Superior Católico constituir a «resposta-maior» do aggiornamento Vaticano II em Angola constitui também a sua «maior responsabilidade». E dele farão igualmente o «alvo-maior» de todas as «maiores-sanhas» reacionário-policiais (civis e eclesiásticas) que já se amontoam no horizonte."[21]

Recuando no tempo, talvez seja difícil compreender como o bispo de Nova Lisboa, D. Daniel Junqueira, conservador, decidiu criar oficialmente uma instituição que se propunha adotar as decisões mais radicais tomadas pelo Concílio Vaticano II. Ainda mais incrível e estranha foi a oração de sapiência sobre a "Essência e missão do Instituto Superior Católico", proferida pelo Rev. Santos Neves, no dia 25 de outubro de 1966, aquando da inauguração das atividades académicas do Instituto. Presentes naquela cerimónia o governador do distrito, o juiz da comarca, o comandante militar e o bispo, sentado em lugar de destaque. De acordo com Lawrence Henderson, o padre Santos Neves começou a sua alocução com as seguintes palavras aparentemente anódinas: *"Pode ser uma surpresa para vós, mas o facto é que Angola fica em África".*[22]

Estas simples palavras tiveram grande repercussão por contrariarem, de maneira frontal, o princípio defendido na altura, segundo o qual Angola era uma província de Portugal, tal como o Minho ou o Algarve. Em seguida, o orador proclamou o fim da era constantiniana, querendo com isto dizer que era tempo de o cristianismo deixar de ser, segundo escreveu, a *"religião*

---

20 - NEVES, A. F. Santos Neves, o. c., 1974b, pp. 176-177
21 - Ibidem, 1974b, p. 183.
22 - HENDERSON, Lawrence W., o. c., 1990, p. 353.

estabelecida" da *"estabelecida ordem ocidental"*[23], tal como tinha sido desde a época do imperador Constantino (século IV).

Em 1968, o padre Santos Neves entregou a uma tipografia para publicação o seu livro *Ecumenismo em Angola: do Ecumenismo Cristão ao Ecumenismo Universal*, constituído pelos textos apresentados nas aulas, nas reuniões, nos colóquios sobre o ecumenismo e ainda pela alocução de Paulo VI nas Nações Unidas, no dia 4 de outubro de 1965. Antes da proibição da sua divulgação pela comissão de censura[24], chegou a ser posto à venda em algumas livrarias e distribuído a alguns amigos. Esta proibição fez com que todos os exemplares descobertos pudessem ser confiscados. A PIDE interrogou todos os que compraram o livro assim como os que o tinham vendido.

Depois desse, incidente, os reverendos Neves, Sanches e Garcia tentaram organizar os «Primeiros Colóquios Sociais sobre Angola» mas as as autoridades religiosas e civis preocupadas com o perigo dos ensinamentos do Concílio Vaticano II serem aplicados à situação angolana, cancelaram-nos. Além disso, uma vez que as atividades socioculturais dos três reverendos eram seguidas e perseguidas com desconfiança pelas autoridades eclesiásticas, civis e policiais de Angola, todas elas decidiram colaborar no afastamento dos três padres subversivos. Assim, os três foram obrigados a sair de Angola: o padre Jorge Sanches foi enviado para a sede da Congregação do Espírito Santo, em Roma; o padre Waldo Garcia regressou ao seu país natal, a Espanha; o padre Santos Neves foi enviado para Lisboa, de onde prosseguiu viagem, à sua custa, até Paris. Aqui lecionou Ciência Política na Universidade de Paris.

A expulsão dos três padres não conseguiu «abafar» os ecos do Concílio em Angola, tendo os três continuado a escrever, criticando a Igreja Católica em Angola, denunciando a sua posição de colaboradora do colonialismo português. Assim, começaram a levantar-se vozes, nos meios católicos, a exigir reformas. Por exemplo, uma delas, a do padre italiano

---

23 - NEVES, A, F, dos Santos, o. c., 2005, p. 61.
24 - A legislação respeitante à censura então em vigor em Angola exigia que os jornais fossem censurados antes da sua publicação. Os livros, porém, não tinham censura prévia, podendo ser publicados «livremente», mas logo que saíssem da tipografia podiam ser confiscados pelas autoridades policiais.

Adalberto Postioma que dava aulas no seminário de Luanda, propôs que fosse incluído no programa do seu curso sobre ética social, a matéria do direito dos povos à independência. Esta proposta, além de ser recusada pelo arcebispo de Luanda, como inconveniente e não apropriada para Angola, implicou a sua transferência para a Itália.

Porém, se houve membros do clero católico que se empenharam na mudança da atitude da Igreja perante à luta de libertação nacional, houve também padres que colaboravam com a polícia política portuguesa, sendo designados nos relatórios da PIDE por «agentes de informação» ou por «agentes de persuasão». Estes padres recebiam a missão de ajudar a localizar «terroristas», de tentar convencê-los a irem para os aldeamentos rurais ou de se entregarem às autoridades portuguesas. Recordemos que foi um padre português, sob o criptónimo de António G. X. nos arquivos da PIDE, que denunciou os seus colegas Manuel das Neves, Joaquim Pinto de Andrade, Alexandre de Nascimento e outros já citados[25].

Como vimos, as autoridades coloniais suspeitaram desde sempre das atividades da Igreja protestante, quer no aspeto cultural, pelo uso da língua nativa e pelo respeito da cultura e dos valores africanos quer no aspeto político, por julgarem que os seus missionários, na maioria ingleses e americanos, incutiam ideias separatistas e tinham assim um caráter desnacionalizante.

Porém, em meados do século passado, mesmo com as autoridades administrativas locais os missionários protestantes mantinham boas relações pessoais, chegando muitas vezes a ser amistosas. No entanto, os responsáveis da Igreja católica pressionavam as autoridades portuguesas para que privilegiassem as suas relações com as missões católicas.

Era sobejamente conhecido entre as autoridades governamentais e a população em geral que as relações entre a Igreja católica e a Igreja protestante em Angola estavam eivadas de muitos conflitos. Quem nos dá uma descrição do conflito político-religioso em Angola é monsenhor Alfredo Keiling, missionário católico alsaciano. Eis as suas palavras:

---

25 - ROCHA, Edmundo o. C., 2003, p. III.

"A batalha em que as missões católicas e protestantes estão envolvidas é mais do que uma batalha de credos religiosos, é mais do que uma batalha de dogmas, é mais do que uma batalha de princípios teológicos; é, antes de mais, uma batalha de nacionalidades. Em Angola, ou vence o catolicismo que avançou sempre sob a bandeira das cinco quinas em terras portuguesas ou triunfa o protestantismo... e quanto ao resultado - ide perguntar aos espíritos de Mandume (o rei kwanyama), ide investigar a história de todas as revoltas de negros que ocorreram em Angola e em Moçambique."[26]

À medida que a onda nacionalista aumentava no seio dos angolanos, as autoridades coloniais desconfiavam cada vez mais da contribuição dos missionários no seu desenvolvimento. Na verdade, tanto a Igreja católica como a Igreja protestante foram responsáveis pela formação de angolanos, que veremos no século XX iniciarem a luta de libertação nacional. Só para exemplo, os três presidentes dos movimentos armados angolanos começaram por receber instrução nas escolas protestantes e pertenciam "Igreja protestante". Assim, António Agostinho Neto, presidente do MPLA, foi um dos primeiros estudantes protestantes a sair de Angola para prosseguir os estudos em Portugal. O seu pai, o reverendo Agostinho Pedro Neto, era pastor metodista e a mãe professora da escola metodista; Holden Roberto, presidente da FNLA, pertencia à Igreja batista; Jonas Malheiro Savimbi, presidente da UNITA, filho do dirigente leigo do Conselho das Igrejas Evangélicas de Angola Central (CIEAC), estudou no Instituto Currie, no Dôndi, onde o seu pai se formara trinta anos antes.

As suspeitas que as autoridades coloniais nutriam sobre o carácter subversivo das missões protestantes aumentaram, confirmaram-se aos seus olhos, com os acontecimentos violentos de IS de março de 1961 no norte de Angola, zona em que a Igreja protestante possuía o maior número de adeptos. O então governador do distrito do Uíge, tenente-coronel Rebocho Vaz, no seu relatório sobre as causas do levantamento armado afirmou:

---

26 - *In* HENDERSON, L. W., o.C., 1990, pp. 296-297.

"Uma das causas fundamentais reside no programa missionário das diversas seitas protestantes que funcionavam simultaneamente como uma frente para a divulgação das ideias comunistas e das doutrinas internacionais e que tinham como motivação principal separar-nos da população indígena, para que os países que elas representam possam conquistar novos mercados para os seus produtos ou obter as matérias-primas de que necessitam...[27]

Com tal perspetiva duma autoridade colonial da zona norte do país afetada, não foi de estranhar que as primeiras ações repressivas recaíssem sobre os protestantes daquela zona. Assim, a Igreja metodista, dominante na região, foi seriamente afetada. No início da década e 60 do século passado dirigia "292 missões, com 42 missionários residentes, 124 pastores africanos e 140 professores, 10.000 alunos em 125 escolas, um hospital em Késsua e uma clínica em Luanda"[28].

Acusada de dar cobertura à rebelião, em 1961, a Igreja metodista foi alvo de um violento ataque das autoridades e colonos. De modo que "um ano depois, só oito missionários estavam ainda no seu posto, 130 entre os 165 pastores e professores africanos da região dos Dembos estavam mortos, na prisão ou desaparecidos". E "a clínica de Luanda fora destruída por uma multidão de brancos escoltados pela polícia".

Ainda de acordo com Dalila Mateus, o próprio Salazar teria ordenado essa «caça ao missionário». Sendo uma das justificações governamentais, a suspeita de que os missionários americanos e ingleses estariam "infiltrados no recente desaparecimento de um vasto número de estudantes da África portuguesa para a Suíça e para a França". De resto, as autoridades coloniais tinham incentivado a histeria contra os protestantes, já que o governador, tenente-coronel Rebocho Vaz, afirmara: "As missões protestantes exerceram uma ação profundamente nefasta no distrito do Uíge", acrescentando: "onde quer que existisse um catecismo em 1961, encontrava-se, também, um chefe terrorista". E Dalila Mateus conclui com

---

27 - *In* HENDERSON, L. W., o. C., 1990, p. 307.
28 - MATEUS, Dalila Cabrita - *A Luta pela Independência, A formação das Elites Fundadoras da FRELIMO; MPLA e PAIGC.* Mem Martins, Ed, Inquérito, 1999, p. 35.

um comentário do missionário Malcom Mc Veigh, expulso de Angola:

"Nós educamos mais portugueses e elevamos mais angolanos ao estatuto de assimilado que o governo português. E foram precisamente esses resultados que tornaram a nossa Igreja suspeita aos olhos das autoridades".[29]

A guerra em Angola teve repercussões profundas em Portugal, não só no seio da sociedade, em geral, como no da Igreja católica, em particular. Deste modo, uma parte dos católicos, afastando-se de catolicismo homogeneizado e centralizado na sequência do 28 de maio de 1926 e da ascensão e preponderância de Salazar, começou a ter vários posicionamentos políticos, a discutir temas como a cidadania, a liberdade ou a democracia. Pensamos também que o papa João XXIII (1958-63), abrindo o caminho para a renovação *(aggiornamento),* para a proclamação dos Evangelhos de acordo com os novos tempos; emitindo as encíclicas *Mater et magistra* (1961) e *Pacem in terris* (1963); por fim, anunciando surpreendentemente em 25 de janeiro de 1959 o Concílio Vaticano II, que se iniciou em 11 de outubro de 1962, foi muito importante nesse novo posicionamento dos católicos progressistas em Portugal. O facto de alguns padres portugueses aparecerem ao lado dos nacionalistas angolanos fez levantar fricções no interior da Igreja, entre os que cumpriam a sua missão em Angola e a hierarquia em Portugal.

Aqui, os católicos conservadores respaldavam-se no Estatuto Missionário (Decreto-Lei nº 31207, de 5/4/1941), no qual o Estado reconhecia as missões católicas portuguesas como "instituições de utilidade Imperial e sentido eminentemente civilizador" (art." 2°). Da correlação estabelecida entre civilizar e cristianizar, resultava a autonomia organizativa do catolicismo nas colónias portuguesas. O Estado investia na missionação portuguesa, enquanto garantia de civilização. De forma lapidar, Oliveira Salazar afirmava na Assembleia Nacional que "o Estado vai abster-se de fazer política com a Igreja, na certeza que a Igreja se abstém de fazer política com o Estado"[30], enquanto o cardeal Cerejeira corroborava,

---

29 - Ibidem, 1999, pp. 35-36.
30 - ESTEVÃO, Mestre Nuno [et al.] - O Catolicismo Português e a Guerra Colonial: Legitimação

afirmando que "A Igreja é simplesmente a Igreja de Jesus Cristo. O Estado reconhece-a, garante-lhe o livre exercício da sua vida e missão - não se intromete na sua vida interna, nem como protetor, nem como inimigo."[31]

Entretanto, o Governo português que começava a sofrer pressões da comunidade internacional para preparar as suas colónias para a autodeterminação e independência, na revisão constitucional de 1951 recupera as designações de Províncias Ultramarinas para os territórios coloniais. Deste modo, para o discurso oficial, não só não havia colónias, como nos territórios do ultramar português ocorria uma missão civilizadora, assente na cristianização, dissociada do paradigma colonizador de outras potências colonizadoras. Portanto, seria essa "original simbiose entre lusitanidade e cristianismo" a fundamentar a defesa de Portugal perante a ONU.

Com base neste tipo de argumentação, os católicos progressistas portugueses sentiram a necessidade de superar o paradoxo entre as expectativas que eram depositadas no Sumo Pontífice perante as independências em África e a situação de Portugal imperial. As palavras de Pio XII (1939-1958), na radiomensagem do Natal de 1956, repetidas na Encíclica Missionária «Fidei Donum»:

> *"A Igreja que, no decurso dos séculos, já viu nascer e crescer tantas nações, não pode deixar de fixar particular atenção no acesso de novos povos às responsabilidades da liberdade política. Temos já muitas vezes convidado as nações interessadas a caminhar por esta via com espírito de paz e compreensão recíproca. Que uma liberdade política justa e progressiva não seja recusada a estes povos (que a ele aspiram) e que não se procure pôr-lhes entraves dissemos a alguns, e avisamos outros que reconhecessem à Europa o mérito do seu progresso; sem a sua influência estendida a todos os domínios, eles poderiam ser arrastados por cego nacionalismo e lançar-se no caos*

---

e Contestação. 2004, p.175. *In* A Igreja e o Estado em Portugal, Da primeira República ao limiar do Século XXI. Vila Nova de Famalicão: Editora Ausência, 2004.
31 - CEREJEIRA, cardeal Manuel G. - *Discurso sobre a Concordata de 1940*. Lisboa (Emissora Nacional), *10/0511940*. In LUMEN - Revista de Cultura para o Clero. Lisboa, 1940, vol. IV, p. 323.

ou na escravidão."[32]

Além da mensagem de Pio XII, os católicos progressistas portugueses sentiram-se mais encorajados com o papa João XXIII (1958-63), considerado pelo grande teólogo Hans Küng "como pontífice «de transição», tornou-se, no papa de uma transição revolucionária que libertou a Igreja Católica da sua rigidez interna". Em seguida, o sacerdote Küng mostra como João XXIII,

> *"num pontificado de uns escassos cinco anos, introduziu uma nova era na história da Igreja Católica. Contra a resistência generalizada da cúria e com considerável cultura histórica e experiência pastoral, abriu à Igreja, refugiada no paradigma antimoderno e medieval da Contra-Reforma, o caminho para a renovação (aggiornamento), para a proclamação dos Evangelhos de acordo com os tempos, para um entendimento com as igrejas cristãs, com o judaísmo e outras religiões mundiais, para o contacto com os Estados do Leste, para a justiça social internacional (a encíclica Mater et magistra, de 1961); abriu a Igreja para o mundo moderno em geral e para a afirmação dos direitos humanos (a encíclica Pacem in terris, de 1963)."*[33]

Podemos dizer que a balança começou a pender para o lado dos católicos progressistas com o papa Paulo VI (1967-78). Este papa prosseguiria uma ação no mesmo sentido do seu antecessor, mas viria a alargar o âmbito dos posicionamentos. As intervenções de Paulo VI confeririam legitimidade para a explicitação de uma contestação ao regime, em geral, e à guerra colonial, em particular. Durante o pontificado de Paulo VI dois factos marcaram a Igreja católica em Angola e Portugal: o primeiro foi que o Vaticano pretendia nomear um bispo negro para a diocese de Nova Lisboa (Huambo). Tal intenção foi rapidamente travada por Salazar, o que obrigou a uma insistência, no verão de 1964, por parte do Núncio Apostólico, monsenhor Maximiliano de Furstenberg. A resposta surgiu

---

32 - ANGOLA _ Conferência Episcopal de Angola e São Tomé, Secretariado de Pastoral (CEAST) - A *Igreja em Angola entre a Guerra e a Paz. Documentos Episcopais*, 1974-1998. Luanda, 1998, p. 9.
33 - KÜNG, Küng, o. C., 2004, pp. 178-179.

firme por parte do ministro Franco Nogueira:

> *"Disse-lhe que não podíamos admitir para uma diocese africana, por motivos políticos e de momento; mas não teríamos a menor objeção - pelo contrário - à designação de um prelado negro para qualquer diocese metropolitana. Responde o Núncio esclarecendo, em voz de quem se está a carpir, que isso não aceita a hierarquia da metrópole. Sublinhei que, ao menos, a Santa Sé não nos pode acusar de racismo."*[34]

O segundo facto importante durante o pontificado de Paulo VI ocorreu no dia 1 de julho de 1970, quando o Papa recebeu, em audiência conjunta no Vaticano, três dirigentes nacionalistas em representação dos seus movimentos de libertação: Marcelino dos Santos pela Frente de Libertação de Moçambique (FRELIMO), Amílcar Cabral pelo Partido Africano para a Independência da Guiné e Cabo Verde (PAIGC) e Agostinho Neto pelo Movimento Popular de Libertação de Angola (MPLA). Paulo VI respondia deste modo a um apelo lançado por Amílcar Cabral durante a visita do Papa ao Uganda, no ano anterior, para que fizesse um gesto que "dissociasse a Igreja do colonialismo português"[35]. Enquanto, por um lado, a hierarquia portuguesa da Igreja reagiu de imediato, condenando o encontro do papa com os três líderes por lhe parecer contrário aos interesses da «civilização cristã», por outro lado, os bispos do Porto, D. António Gomes, e da Beira, D. Manuel Vieira Pinto, elogiaram a iniciativa de Paulo VI, ao mesmo tempo que os católicos progressistas e os oposicionistas portugueses consideram-no como um acontecimento de referência.

Embora as explicações diplomáticas da Santa Sé e de Portugal tivessem desvalorizado a audiência aos três dirigentes africanos, o certo é que ela significou para o Governo português um dos mais duros golpes políticos que teria de suportar, depois das pressões internacionais e das constantes moções contra Portugal aprovadas nas cimeiras da ONU.

Depois do período nacionalista e durante do conflito armado

---

34 - FERNANDO, Emídio - *O Último Adeus português*. Cruz Quebrada (Dafundo); Oficina do Livro – Sociedade Editorial, 2005, p. 202.
35 - Ibidem, 2005, p. 204.

antes da independência de Angola, a Igreja católica teve uma atuação que originou muitas críticas e acusações. Sinteticamente, elas podem ser aqui apresentadas:

1. O apoio incondicional da Igreja católica à continuação da dominação portuguesa sem dar nenhum testemunho de concórdia e de paz, sem nada fazer para conseguir que as partes contendoras se encontrassem à mesa das negociações.

2. O silêncio desumano e cúmplice da hierarquia da Igreja católica perante as atrocidades violadoras dos direitos do homem, sobretudo os que dizem respeito aos direitos dos presos políticos. Mesmo um poder de imperium que domina populações não pode deixar de ser responsável pela vida dessas pessoas, pelo uso da «violência física legítima».

3. A ausência de denúncia ou de condenação dos crimes políticos e de guerra.

4. A Igreja Católica em Angola apostou apenas na dominação cultural, sem respeito pelos verdadeiros valores culturais tradicionais. Procurar eliminá-los, como fez a Igreja, é não seguir o ensinamento de Cristo que é válido também para os povos: "Que aproveita ao homem ganhar o mundo inteiro, se perder a sua alma?" (Mt. 16,26).

O papa João XXIII, ao lembrar que a Igreja "não se identifica com nenhuma cultura, nem mesmo com a cultura ocidental, à qual todavia a sua história está estreitamente associada", abriu as portas da Igreja em Angola para "esforçar-se, mais do fez até aqui, por estar com o povo, ser do povo e falar a sua linguagem"[36].

---

36 - ANGOLA. CEAST, o. C., 1998, pp. 16-17.

CONCLUSÃO

Ao longo dos séculos de colonização ou de dominação no espaço que veio a chamar-se Angola, Portugal sempre apregoou que a sua principal missão era levar a civilização cristã aos povos indígenas, considerados pagãos ou bárbaros. Na prática, isso significava que as culturas nativas tinham forçosamente de ser substituídas pela civilização cristã europeia. Para legitimar essa sua «missão de inspiração divina», Portugal conseguiu obter a aprovação papal, que funcionou como sanção religiosa para todas as atividades portuguesas no ultramar. Mais uma vez, a legitimação papal provinha do espírito de cruzada da Igreja combatente, que considerava apropriado o uso das armas para o estabelecimento do reino de Deus sobre a Terra.

Com o Padroado, a Coroa portuguesa tornou-se patrona das missões e instituições eclesiásticas católicas apostólicas romanas nos territórios que ia descobrindo em África, na América e na Ásia. Assim, este padroado concedido pelo papa deu origem à convicção dos portugueses de que estavam investidos de um mandato divino, e acabou por inspirar a sua política colonial em Angola até à conquista da independência nacional. Deste modo, a Igreja tornou-se, *«a igreja estabelecida»* e, por conseguinte, *«contrarrevolucionária»,* retomando as designações de Fernando dos Santos Neves.

A «dilatação da Fé e do Império» cantada por Luís de Camões simboliza a simultaneidade da ação da Igreja católica, auxiliar do Estado português, quer na conquista territorial e na exploração dos seus recursos humanos e naturais quer na dominação cultural dos indígenas «pagãos». Esta dominação provocou uma brutal alienação cultural que os deixava à mercê dos interesses económicos, das revoltas, dos vícios (alcoolismo, por exemplo), da angústia vital (que só encontra expressão quando bem instruídos). Todos sabemos que nenhum povo, e muito menos angolano, poderá evitar a civilização técnica, nem a miscigenação e aculturação. Desde que haja um encontro de culturas tudo isso terá de se processar. Mas o modo de se processar, sobretudo quando se apregoa o nome de

Deus, não deve ser pela força, com espírito etnocêntrico, mas sim de modo dialogante. A Igreja católica portuguesa não se podia arrogar a dominar povos em benefício dos interesses do Estado, mas sim estar ao serviço dos homens, não importa se brancos, pretos ou mestiços, conforme os desígnios do seu Fundador. Ao procurar evangelizar através do seu sistema paternalista de missionação, não se preocupou em utilizar meios de o povo angolano se encontrar em si mesmo, de encontrar a sua própria alma, a sua própria expressão, de forma a poder dialogar fraternalmente com a cultura europeia, que simplesmente lhe impôs. Deste modo, não se fizeram tentativas de compreender e tolerar a essência religiosa tradicional, deturpando assim a própria mensagem de Cristo expressa no Evangelho.

A resistência dos angolanos à dominação colonial não foi, durante séculos, uniforme, mas procurou responder às diferentes configurações que a subjugação se fazia sentir, nos setores político, social, económico e cultural. À tentativa de destruição das estruturas socioeconómicas e políticas do reino do Congo pelos portugueses encontrou resistência no movimento profético dos antonianos ou de Kimpa Vita (Beatriz, seu nome de batismo cristão). A resistência dos indígenas à eliminação dos seus usos e costumes, dos ídolos religiosos tradicionais fez-se através de práticas e rituais secretos, longe dos olhares das autoridades coloniais e dos missionários. Outra forma de resistência fez-se notar nas guerras travadas pelas comunidades do interior contra a ocupação forçada das terras, à expulsão delas e o trabalho forçado: migrações para zonas onde os portugueses dificilmente chegavam ou emigrações para os territórios vizinhos (Congo Belga, Sudoeste Africano). Outra forma de resistência deu-se quando o colonizador, encontrando-se na impossibilidade de exercer a sua dominação exclusivamente com colonos, cria os «auxiliares da colonização», isto é, os «assimilados» ou «civilizados». Estes que, como já referimos, nunca ultrapassaram um por cento da população total da colónia, além de facilitarem o bom funcionamento do aparelho colonial, deviam distinguir-se, quando não se opor, relativamente à grande maioria dos «não-assimilados» ou «indígenas». Como tivemos ocasião de referir, a política assimilacionista fracassou, pois, a partir do século XIX, os assimilados tornaram-se protonacionalistas, um grupo de intelectuais que começou a contestar a colonização portuguesa, embora alguns deles desejassem, de modo puramente idealista, ser governados, sem subjugação por outra potência colonial (Inglaterra, França). Esta forma de resistência cultural, feita através de associações africanas, jornais e de outros veículos literários, do renascimento dos autênticos valores culturais tradicionais, não obstante evidencie mais uma essência antiportuguesa do que propriamente um protesto anticolonial, não deixou de ser um passo significativo na passagem duma resistência não armada para a resistência armada. Assim, no século seguinte, aparecem os assimilados a ir mais além do que a oposição aos aspetos mais brutais da dominação (escravatura, trabalho forçado, discriminação e segregação raciais), ao lançarem as bases teóricas e práticas da luta pela independência nacional, pela criação de um Estado-Nação. A repressão traduziu-se em prisões e deportação de muitos desses crioulos.

As manifestações coletivas de contestação e revoltas dos camponeses contra o envio forçado de «contratados» para S. Tomé (a do Tulante Buta, chefe kongo católico, em 1913-14), contra a usurpação de terras e contra o trabalho forçado (as das regiões de Amboim e Seles, em (1917), contra a detenção de defensores populares (a de Assis Júnior, em 1926, a de Agostinho Neto, em 1960) e contra a exploração dos agricultores indígenas (a da Baixa de Kassanje, em janeiro de 1961) foram as últimas formas de resistência não armada ou pacífica antes do início da luta armada.

A resistência cultural transforma-se em resistência política, surgindo assim pequenos e numerosos grupos políticos clandestinos para dificultar as ações policiais repressivas. Foi com carinho e entusiasmo que os «filhos da terra» angolana viram membros do clero cristão nascidos em Angola, em Portugal e em outros países apoiarem, colaborarem e sacrificarem-se, sem receio da feroz repressão policial. Neste nosso trabalho demos alguns exemplos de homens da Igreja que não conseguiram ficar surdos aos gritos de profundo sofrimento dos seus irmãos que, num mundo de Deus justo, imploravam igualdade, justiça e fraternidade. Muitos dos que lutaram de uma maneira ou de outra para acabar com a dominação colonial foram feitos prisioneiros, muitos sofreram torturas, muitos foram deportados, muitos foram mortos, mas a verdade é que, no seu todo, o Povo Angolano conseguiu vencer o colonialismo português.

ANEXO III

Igreja Colonial, por Tony Neves[*]

A Igreja Católica e outras igrejas cristãs sobreviveram ao período colonial e as suas intervenções e compromissos ora cimentaram o ideaL colonial ora ajudaram a rasgar os caminhos que conduziram Angola à independência em 1975[1].

É relevante para esta investigação acompanhar a forma como a Igreja se relacionou com o poder colonial até à data da independência para perceber, mais tarde, as continuidades e ruturas que marcaram as intervenções da Igreja Católica durante a guerra civil, no período em estudo.

1. A Missionação de Angola

1.1. Ao Encontro da História

António Brásio, da Academia Portuguesa de História (cf. Brásio, 1971), Benedict Schubert, pastor protestante (cf. Schubert, 2000), D. Manuel Nunes Gabriel, bispo de Malanje e arcebispo de Luanda (cf. Gabriel, 1978), Lawrence Henderson, pastor protestante (cf. Henderson, 1990), D. Eduardo André Muaca, bispo de Malanje e arcebispo de Luanda (cf. Muaca, 1999), os padres Adélio Torres Nelya e Cândido Costa, historiadores espiritanos

---

[*] Em: Tony Neves, Angola: Justiça e Paz nas Intervações da Igreja Católica 1989-2002, Texto Editora, 2012, pp.190-220. Este livro constitui a publicação da tese de doutoramento do Padre Tony Neves em Ciência Política, na Universidade Lusófona de Humanidades e Tecnologias. O Padre Tony Neves é com toda a justiça considerado uma das Personalidades mais brilhantes da Igreja Católica Portuguesa e Angolana. cf., antes, "Apresentação" do presente livro, pp. 11ss.

[1] - Durante o mestrado em «Espaço Lusófono: Lusofonia e Relações Internacionais», fiz uma investigação sobre a relação entre as Igrejas e o nacionalismo em Angola, trabalho que foi publicado na *Revista Lusófona de Ciência das Religiões* e serviu de impulso a esta investigação agora mais aprofundada (cf. Neves, 2007, pp. 511-526).

(cf. Neiva, 2004 e Costa, 1970) ajudam-nos nesta viagem pela história das Igrejas em Angola durante o período colonial. A evangelização começou quando as caravelas de Diogo Cão chegaram à foz do Zaire em 1482, tendo trazido para Lisboa quatro habitantes dali que foram instruídos na religião católica e batizados. Estes regressariam ao Zaire em 1491, numa caravela que levava seis missionários. Assim começou a cristianização de Angola (cf. Gabriel, 1978, pp. 65-68). Nome de relevo é o do bispo D. Henrique, nascido em 1495, o primeiro bispo negro dos tempos modernos, filho de D. Afonso I, rei do Congo. Este é ainda hoje considerado o maior apóstolo do reino do Congo e «os 40 anos de reinado de D. Afonso - diz D. Eduardo Muaca - foram a época de ouro da evangelização do Congo» (Muaca, 1999, p. 43). O pastor Benedict Schubert, na sua tese de doutoramento, apresenta um balanço do trabalho pastoral de D. Afonso:

> É impossível avaliar se as esperanças que D. Afonso tinha a partir da sua fé chegaram a realizar-se. O que, porém, é possível provar, e de facto se comprovou, é a sua deceção com seus novos aliados, os portugueses. Ele tinha contado com a ajuda deles na catequização do seu povo. Porém, o interesse de Portugal pelo Congo e pela África em geral tinha esmorecido: naquela época, o Brasil tinha-se tornado a «pérola do império». Sem êxito, porém, a primeira e breve florescência do cristianismo no Congo rapidamente desvaneceu (Schubert, 2000, p. 30).

O papa viria a criar a diocese do Congo em 1596, dando-lhe por território os reinos de Angola e Congo, com sede em S. Salvador do Zaire (hoje, Mbanza Congo). A evangelização do Congo foi feita por membros do clero secular, por jesuítas e capuchinhos. Com a tomada de Luanda por Paulo Dias de Novais (1576), começou a evangelização de Angola, realizada pelo clero secular, jesuítas, franciscanos, capuchinhos e carmelitas. (cf. Gabriel, 1978, pp. 82-115). Mas

> a ocupação de Luanda pelos holandeses (1641-1648) e as guerras do sertão, sobretudo contra a rainha Jinga, desorganizaram tanto a vida religiosa como a civil, que se foi recompondo após a Restauração. Houve, no entanto, comunidades cristãs que desapareceram com estes contratempos.

Os fins do século XVII, todo o século seguinte e a primeira metade do século XIX são de decadência religiosa, como o foram também em vários aspetos da vida civil. A extinção da Companhia de Jesus, as dificuldades postas à vinda de missionários estrangeiros (...) e a extinção de todas as ordens religiosas na metrópole e seus domínios em 1834, foram uma machadada quase fatal na vida da Igreja naquelas terras (Gabriel, 1981, p. 15).

A Igreja Católica ainda consegue instalar um seminário em Luanda em 1861.

Na história mais recente da evangelização, os missionários do Espírito Santo, que chegaram ao Ambriz a 14 de março de 1866, desempenharam um papel fundamental. Construíram dezenas de missões, hospitais, colégios, escolas, igrejas (cf. Costa, 1970, p. 430). O pastor Lawrence Henderson diz na sua História das Igrejas de Angola:

> A implantação da Igreja Católica em Angola ficou a dever-se essencialmente à obra desenvolvida pela Congregação do Espírito Santo. Esta comunidade missionária desenvolveu um papel de grande importância na História da Igreja em Angola [...]. Os padres do Espírito Santo ajudaram a construir a Igreja em Angola, a qual assentou em três pilares: nos catequistas, nas escolas e na abnegação. Os catequistas eram o meio de conquistar as almas, as escolas, o meio para se construir uma comunidade cristã, e a abnegação ou renúncia, a têmpera que deveria guiar e proteger o missionário no seu serviço divino (Henderson, 1990, pp. 37 e 39).

Os primeiros quatro séculos de evangelização não trouxeram grandes resultados. Monsenhor Alves da Cunha tentou explicar as causas do insucesso. Acusa os missionários de falta de metodologia, de pouco investimento na formação moral e, sobretudo, da falta do feminino. Monsenhor Alves da Cunha elogia o período que se segue, com a vinda dos missionários do Espírito Santo (1866) e das irmãs de S. José de Cluny (1882):

> As nossas atuais escolas, os numerosos centros de catequese, as visitas dos

missionários, a formação cuidadosa da família cristã, a cooperação das irmãs missionárias, que as missões antigas nem conheceram, a frequência dos sacramentos, constituem processo muito diferente do antigo e vão erguendo um edifício espiritual e social que a evangelização passada, por falta de método e experiência, nunca pôde realizar (Gabriel, 1978, p. 241).

A economia de Angola foi profundamente alterada com a extinção do tráfico da escravatura, sobre o qual ela assentava. Começaram as sublevações, por todo o país. A Conferência de Berlim (1884-1885) definiu algumas regras de jogo e, no que diz respeito à religião, decidiu que fosse possibilitada a entrada nas colónias africanas aos missionários de qualquer confissão religiosa. Os militares foram fazendo a ocupação do território. Mas, defende Benedict Schubert:

em Portugal, a Igreja Católica era a Igreja do Estado. O protestantismo, no entanto, meramente tolerado. Portugal tinha assinado o documento final da Conferência de Berlim, comprometendo-se a proteger e promover todas as missões, independentemente da sua procedência nacional ou confessional. O governo se atinha a este compromisso, via os protestantes, porém, com desconfiança. Pelo facto de promoverem mais a língua e a cultura local em detrimento da portuguesa, fazia com que fossem vistos como fator estranho e incómodo (Schubert, 2000, pp. 34-35).

A revolução republicana de 1910 trouxe crise à Igreja Católica e mais liberdade de ação aos protestantes. Perante a lei e o direito, as missões católicas e protestantes tinham uma posição igual. Mas como o objetivo era o «aportuguesamento», os valores e as normas da cultura portuguesa, o general Norton de Matos, governador de Angola, publicou o Decreto 77, em 1921 (cf. Brásio, 1971, pp. 461-465), para definir as regras de jogo. A liberdade religiosa é garantida e há que zelar pela melhoria das condições de vida do povo nativo e do aperfeiçoamento das suas capacidades, sem nunca pôr em causa a ordem pública. Só na catequese se poderia falar a língua local Os escritos tinham de ser em português, excetuando-se os escritos religiosos onde se podia fazer uma edição bilingue[2]. O Estado prometia contribuições financeiras aos professores europeus que ensinassem bem o português. As atividades das missões eram vigiadas para ver se o efeito «civilizador» não era posto em causa. Caso contrário, o governo ameaçava com a extinção e a proibição (cf. Schubert, 2000, pp. 35-36 e Henderson, 1990, pp. 286-287).

O Decreto 14 041, publicado no *Diário do Governo* em 1927, garantia aos colégios missionários a isenção de impostos para compras, legados ou doações, com o objetivo de apoiar as iniciativas missionárias no âmbito da educação (cf. Brásio, 1971, pp. 542-543). O Acto Colonial, de 8 de julho de 1930, vem atribuir personalidade jurídica às missões e casas de formação dos missionários, garantindo apoio financeiro do Estado (cf. Brásio, 1971, p. 583).

Numa outra frente, para contornar as consequências da abolição da escravatura comercial internacional (1836), o governo publicou o decreto de 1928 «que legitimava o trabalho forçado em Angola através de contratos coercivos que os colonizadores batizaram de contratos livres de trabalho por obra de angariadores» (Malumbu, 2005, pp. 32-33).

Quando os espiritanos, em 1966, celebraram o centenário da sua chegada a Angola, o catolicismo vivia a sua «era de ouro»[3]. Existiam e funcionavam em pleno dezenas de missões, como prova o índice do livro de Cândido Costa (cf. Costa 1970, pp. 9-12). Adélio Torres Neiva também publica os números do centenário: «Em 1966, após 100 anos de presença em Angola, os espiritanos tinham a seu cargo 10 paróquias e 61 missões, onde trabalhavam 202 padres e 50 irmãos. Ao todo, tinham fundado 88 missões» (Neiva, 2005, p. 763). Estas missões foram sendo construídas ao longo dos tempos, de norte a sul. Por Angola já passaram 1028 espiritanos,

---

2 - Os espiritanos, expulsos pela I República, em 1910, foram reabilitados em Portugal em 1919, com o objetivo principal de formar missionários a enviar para Angola. Vale a pena ler a breve resenha histórica sobre os missionários do Espírito Santo, publicada no novo *Dicionário Histórico das Ordens, Institutos Religiosos e outras Formas de Vida Consagrada Católica em Portugal* (cf. Neiva, 2010, pp. 155-157).
3 - António Brásio, no V volume, sobre Angola, da sua obra *Spiritana Monumenta Historica. Series Africana* publica 321 documentos relativos ao período entre 1904 e 1967. Ali consta toda a legislação missionária, muitas cartas oficiais, documentos de ereção de dioceses e missões, nomeações eclesiásticas, decretos eclesiásticos. Trata-se de uma edição crítica, assumida pela Universidade de Pittsburgh (EUA) e Lovaina (Bélgica) (cf. Brásio, 1971).

502 dos quais portugueses. Os missionários do Espírito Santo enviaram para ali, antes da independência, padres e irmãos franceses, holandeses, belgas, alemães, suíços e espanhóis. Agora, para além de muitos angolanos, ali trabalham espiritanos vindos de muitos países africanos.

É grande a contribuição científica dos espiritanos em Angola, sobretudo nas áreas da Linguística, da Geografia Descritiva, da Botânica e da Etnografia. São cerca de 110 livros relacionados com a Linguística:

> gramáticas, dicionários e vocabulários, métodos linguísticos e manuais de conversação, livros de leitura, educação cívica e moral, livros escolares, catecismos, manuais de oração e cantos, evangelhos e histórias sagradas, etc. Destes, cerca de dois terços são escolates, o resto são de carácter religioso. As línguas mais estudadas são: fiote, quioco, quicongo, quimbundo, mbundo, ganguela, cwanhama, cuangar, dírico e muíla [...] de entre todos merecem ser destacados o P. Albino Alves Manso, com o seu *Dicionário Etimológico Bundo-Português*, o *Dicionário Português-Nhaneca* do P. António Silva e a Gramática Mbundu do P. Francisco Valente (Neiva, 2005, p.763).

Na Geografia Descritiva merece referência o P. Carlos Duparquet com as suas «Viagens na Cimbebásia» que fornecem elementos importantes para a cartografia. O mesmo P. Duparquet foi um botânico distinto a quem se atribui a delimitação das zonas flóricas e florestais do Sul de Angola. Em Etnografia, muitos missionários escreveram nas revistas da época, em Portugal e França, salientando-se a figura do P. Carlos Estermann, o maior vulto da etnografia do sudoeste de Angola. Publicou a sua monumental obra *Etnografia do Sudoeste de Angola* (3 volumes), o que lhe valeu um doutoramento *honoris causa* pela Universidade de Lisboa, para além de outras comendas (cf. Neiva, 2005, p. 764).

A promoção cultural e social dos espiritanos avalia-se pelo número de colégios, escolas de formação de professores, a fundação do jornal *Apostolado*, a Rádio Ecclesia, a Casa dos Rapazes de Luanda, a Casa dos Rapazes de Nova Lisboa. Houve ainda uma aposta forte na formação do clero autóctone com a fundação dos seminários, sem dúvida, a «joia da coroa» do trabalho dos espiritanos em Angola. Começaram pelo de Luanda, depois transferido para a Huíla e, finalmente, de regresso a Luanda em 1932 (entre 1936 e 1961 matricularam-se 559 alunos, dos quais 34 foram ordenados padres). Foi fundado o seminário de Lândana (Cabinda) em 1879, passando depois para Lucula e Cabinda (frequentaram este seminário 791 alunos, dos quais 15 foram ordenados padres). O seminário de Malanje foi fundado em 1927 (580 alunos e 24 padres). O seminário da Caála, no Huambo, fundado em 1921, teve 1276 alunos até 1962. O seminário de Cristo-Rei, em Nova Lisboa (Huambo) abriu em 1947 e deu à Igreja 88 padres. O seminário de Silva Porto (Bié) foi colocado na cidade em 1963, depois de passar pelo Galangue e pelo Nambi. O seminário do Jau teve origem no antigo seminário da Huíla que serviu Luanda de 1882 a 1907, recomeçou em 1932 e transitou para o Jau em 1938. O seminário do Espírito Santo, para formar padres para a congregação, só seria fundado a 15 de outubro de 1965, ás portas do centenário da chegada dos espiritanos a Angola (cf. Neiva, 2005, pp. 761-767).

A celebração do centenário da Congregação do Espirito Santo em Angola, em 1966, foi feita com um programa que juntou todos os bispos a 5 de fevereiro em Nova Lisboa, uma exposição missionária, uma semana de estudos missionários, uma festa de ação de graças e uma grandiosa manifestação de fé (cf. Costa 1970, pp. 415-422). A exposição missionária mostrava aos visitantes a atividade dos missionários durante cem anos:

> No campo da evangelização - Angola semeada de missões (o número de fiéis aproxima-se dos dois milhões); no campo da instrução - escolas em todas as missões e muitas espalhadas pelo mato. Dezenas de livros escritos pelos missionários; no campo da formação profissional - oficinas em todas as missões, onde irmãos, mestres nas várias artes, formam milhares de artistas nativos; no campo da assistência - hospitais, dispensários e farmácias, onde doentes de todas as cores e credos encontraram alívio para os seus sofrimentos (Costa, 1970, p. 416).

Como diz John Bauer, «até aos anos 40 (século XX), os espiritanos foram os únicos missionários em toda a Angola. Trabalhavam sob a direção da propaganda, mas estavam ligados ao bispo de Luanda» (Bauer, 1994, p. 228).

Depois dos anos 40 do século XX, muitos institutos de vida consagrada, masculinos e femininos, se instalaram em Angola. O Anuário católico de 1988 apresenta 19 institutos masculinos, 53 femininos (cf. CEAST, 1988). Mais de vinte anos depois, a CE AST publicou um novo anuário, agora em dois volumes, o primeiro sobre as dioceses e o segundo sobre os institutos de vida consagrada[4]. Aparecem agora 26 institutos masculinos e 71 femininos (cf. CEAST, 2009, II volume).

Bauer refere também a chegada dos primeiros missionários protestantes:

> A Junta Americana de Comissários para as Missões Estrangeiras fez a sua primeira expedição ao interior de África na direção do Planalto Central. Em 1882, atingiram o Bié, que então ainda era um reino ovimbundu. O mérito particular desta missão foi o de produzir um Novo Testamento em língua umbundu (Bauer, 1994, p. 228).

O pastor Henderson também escreve sobre os primeiros missionários protestantes no norte de Angola: os enviados pela Sociedade Milionária Baptista de Londres (BMS) que chegaram a S. Salvador do Congo em 1878. Ali se encontraram com o rei do Congo que lhes pediu para ficarem na capital (cf. Henderson, 1990, pp. 47-55)[5].

Os metodistas foram os primeiros protestantes a evangelizarem a tribo kimbundu. William Taylor foi eleito pela Conferência Geral] da Igreja Metodista Episcopal dos EUA como bispo da África, em 1884. Em janeiro de 1885, embarcaram de Nova Iorque rumo a Luanda 45 americanos metodistas que foram recebidos pelo governador-geral a 20 de março de

---

4 - O Anuário Católico de Angola, publicado em 2009, apresenta todas as dioceses e institutos de vida consagrada, bem como as três instituições ligadas à CEAST: o jornal *Apostolado*, a Rádio Ecclesia e a Caritas de Angola (cf. CEAST, 2009, II volumes).
5 - Lawrence Henderson, por ocasião do V Centenário da Evangelização de Angola, em 1991, explicou à revista *Além-Mar* quais os eventos mais importantes da História do Protestantismo em Angola. Foi em 1878 que chegaram a Angola os primeiros missionários protestantes, pertencendo à Sociedade Missionária Baptista. O primeiro batismo protestante foi administrado a 29 de março de 1886, em Mbanza Congo (cf Henderson, 1991b, pp. 15-17).

1885. Foram criando missões em Luanda e no interior. Taylor esteve em Angola de 1885 a 1896 (cf. Henderson, 1990, pp. 59-64).

Fernando Santos Neves, no seu livro sobre "Ecumenismo em Angola" (impresso em Luanda em 1968, apreendido pela PIDE na tipografia e reeditado em 1975), tem todo um capítulo sobre o momento ecuménico do protestantismo em Angola, escrito tendo como base textos do pastor Henderson, de quem o autor era grande amigo de longa data. Ao falar das missões protestantes em Angola, salienta a do Dôndi, perto do Huambo: «merece especialíssimo relevo a missão do Dôndi, cujas múltiplas atividades assistenciais, escolares e religiosas constituem, há muitos anos, impressionante testemunho da caridade de Cristo a favor dos mais necessitados, material e espiritualmente» (Santos Neves, 1975, p. 131).

Daqui para a frente foi imparável o aumento de confissões protestantes em Angola. Fátima Viegas, diretora nacional do Instituto Nacional para os Assuntos Religiosos do Ministério da Cultura, escreveu um livro sobre todas as religiões reconhecidas pelo Estado angolano em 1998 e apontou 67 Igrejas protestantes. Refere ainda a existência de duas federações protestantes: a Aliança Evangélica de Angola e o Conselho das Igrejas Cristãs de Angola (cf. Viegas, 1999, pp. 413-415).

A Santa Sé e o governo português elaboraram uma Concordata, assinada a 7 de maio de 1940, com um acordo missionário indexado, como seu complemento (cf. Brásio, 1971, pp. 678-687). O pretexto para a elaboração de tais documentos foi a celebração do oitavo centenário da independência de Portugal e o terceiro da sua restauração.

O acordo pretendia regular mais em pormenor as relações entre a Igreja e o Estado no que dizia respeito à vida religiosa no ultramar português. O cardeal Cerejeira, num discurso na Emissora Nacional, defendeu que «continua no ultramar a nossa vocação missionária de "dilatar a fé e o império". A constituição da hierarquia nas mais importantes das nossas colónias é como um ato simbólico da ocupação para Cristo e para Portugal» (Brásio, 1971, p. 696).

O Estatuto Missionário seria publicado a 5 de abril de 1941 (cf.

Brásio, 1971, pp. 792-817). D. Moisés Alves de Pinho, bispo em Angola durante 34 anos, diz nas suas memórias: «Para o ultramar, o acordo missionário ficou a ter o mesmo valor que a Concordata [...]. Devo dizer, em abono da verdade, que nada tive a ver com a elaboração do acordo missionário, contrariamente ao que já alguém pretendeu afirmar» (Pinho, 1979, p. 214). Adélio Torres Neiva, historiador, apresenta as notas mais significativas deste acordo:

> o reconhecimento por parte do Estado da personalidade jurídica às dioceses e institutos religiosos no ultramar, assim como aos institutos missionários estabelecidos na metrópole (art. 8.º); as missões católicas são consideradas instituições de utilidade imperial e sentido eminentemente civilizador (art. 2.º), podendo expandir-se livremente para exercer as formas de atividade que lhe são próprias (art. 15.º); reconhece-se à Igreja o direito de propriedade, concedendo-lhe facilidades na sua utilização: os bens e objetos eclesiásticos são isentos de impostos e direitos alfandegários em larga medida (Estatuto Missionário, n.º 53 e 65); a divisão eclesiástica das colónias portuguesas é feita por dioceses e circunscrições missionárias (art. 1º) (Neiva, 2000, p. 20).

Este acordo veio a provocar um grande desenvolvimento dos institutos missionários e ajudou a desenvolver o ensino. Também os seminários diocesanos apareceram em quase todas as dioceses. Como aspetos negativos - diz ainda Adélio Torres Neiva - salienta-se a colagem da Igreja Católica ao Estado que prejudicou a caminhada dos povos autóctones à independência e a identidade e originalidade das Igrejas locais (cf. Neiva, 2000, p. 20). Na perspetiva protestante, segundo o pastor Henderson, o acordo missionário colocava a Igreja Católica em posição de superioridade em relação às outras Igrejas. Em jeito de balanço, concluiu que «a estreita aliança entre a Igreja Católica e o Estado português deu à Igreja uma certa força política, mas enfraqueceu- a espiritualmente, ao passo que a comunidade protestante, apesar de desfavorecida sob o ponto de vista político, beneficiou espiritualmente daquela situação» (Henderson, 1990, p. 276). Também o pastor Schubert diz que a Igreja Católica era responsável pelo ensino das crianças angolanas, um ensino dirigido a uma perfeita nacionalização e moralização dos indígenas. Por isso, a Igreja era obrigada a identificar-se com os planos oficiais de civilização e os programas de colonização. Em suma, estava manietada (cf. Schubert, 2000, p. 50). Fátima Monteiro apresenta um balanço final muito negativo porque «ao atingir-se a década de 50, o insucesso da "ação civilizadora" transparecia das taxas de analfabetismo nas colónias portuguesas, cujas percentagens ascendiam à casa dos 90-99% na Guiné, 98% em Moçambique e 97% em Angola» (Monteiro, 2006, p. 30).

2. As Igrejas e o Nacionalismo Angolano

Benedict Schubert, no capítulo que a sua tese dedica ao ano 1960, considera que o colonialismo português está em fase terminal[6] (cf. Schubert, 2000, pp. 37 58). Por isso, é aceite com naturalidade que comece a luta pela independência em 1961, de forma oficial, com o ataque, a 4 de fevereiro, de membros do MPLA a duas prisões de Luanda, a fim de libertar alguns presos politicos[7]. Mas, para trás, está já um longo caminho percorrido, para o qual muito contribuiu a resolução 1514 da ONU que reconhecia o direito dos povos à autodeterminação, a independência da Incha com Gandhi, as lutas renhidas pela independência nos territórios da Argélia e Indochina e, sobretudo, a fundação, em 1944, em Lisboa, da Casa dos Estudantes do Império, «ponto de encontro e de debate político dos futuros dirigentes da África portuguesa, convertendo-se numa verdadeira

---

6 - Aimé Césaire publicara já em 1955 o seu célebre *Discurso sobre o colonialismo*, que teria uma versão portuguesa, editada pela Sá da Costa em 1978. Esta edição é muito enriquecida pelo Prefácio de Mário Pinto de Andrade que começa por culpar a Europa capitalista por ser «responsável por um odioso empreendimento etnocidário - o colonialismo» (Césaire, 1978, p. 5). Segundo este autor africano, a essência do colonialismo tem para Césaire dois aspetos: «o de um "regime de exploração desenfreada de imensas massas humanas que tem a sua origem na violência e só se sustém pela violência" e o de uma forma moderna de pilhagem"» (*Ibidem*, p. 7). Césaire bate-se pelo direito à iniciativa histórica dos povos, ou seja, o direito à personalidade (cf. *Ibidem*, p. 9). Este prefácio foi escrito em maio de 1976, quando Angola já era um país independente.
7 - John Iliffe, na sua obra, Os Africanos. História de um Continente, escreve: «os acontecimentos nas colónias portuguesas que tornaram possível esta vitória tinham começado com revoltas de africanos em Angola em 1961 e em Moçambique em 1964, provocadas pela colonização portuguesa, pela ausência de direitos políticos e pelo exemplo da independência em todo o continente africano» (Iliffe, 1999, p. 322).

incubadora dos respetivos movimentos nacionalistas» (Monteiro, 2006, p. 30). Por ali passariam Amílcar Cabral, Agostinho Neto, Mário Pinto de Andrade, Marcelino dos Santos, Alda Espírito Santo.

Foram nascendo partidos armados nacionalistas. Primeiro a UPNA/ UPA (mais tarde, FNLA), depois o MPLA e, já em 1964, a UNHA Seriam estas as três forças que se assumiriam como legítimos representantes do povo angolano à hora da independência, a 11 de novembro de 1975[8].

O pastor Henderson tem um grande capítulo sobre este período que vai de 1961 a 1975, que mostra a transição de colónia para Estado independente. Refere as prisões feitas aos nacionalistas, o 4 de fevereiro de 1961, a expulsão de missionários protestantes e a guerra que se foi estendendo por todo o pais, o que obrigou a uma grande mobilização militar de Portugal em direção a Angola. O autor apresenta muitos acontecimentos que envolveram as Igrejas, assunto que retomarei adiante (cf. Henderson, 1990, pp. 301-337). Igual perspetiva mostra o pastor shubert num extenso trabalho que ocupa 51 páginas da sua tese de doutoramento. Como ponto de viragem é citada a revolução dos cravos, em Portugal, a 25 de Abril de 1974, que viria a pôr fim à guerra colonial a abrir as portas à independência das ex-colónias. Também este autor dá grande relevo ao papel que as Igrejas desempenharam neste contexto de guerra que levou à criação do novo Estado angolano (cf. Schubert, 2000, pp. 63-114).

A Igreja Católica, com o acordo missionário e o estatuto missionário, enquanto instituição, ficou muito colada ao governo português e tinha mesmo responsabilidades atribuídas e apoiadas que implicavam lealdade no desempenho de certas funções. Era óbvia, neste contexto, a sua missão de ajudar a perpetuar o regime colonial de Portugal. Fernando Rosas afirma mesmo que «a Igreja Católica nas colónias atua explicitamente ao serviço do projeto colonial do regime e é paga pelo Estado para o exercício

---

8 - Marianne Cornevin, numa obra publicada em 1972, aborda a situação de Africa entre a Segunda Guerra Mundial e os finais dos anos 1970, reservando a Angola (então colónia de Portugal) apenas 7 paginas, onde, de forma muito sintética, fala da forma como as resistências ao poder colonial foram aparecendo e como o regime foi reagindo com prisões e intervenção militar às tentativas de obtenção da independência. A autora, profunda conhecedora de África, coloca estas paginas sobre Angola num capitulo com o título «O bastião branco da Africa Austral» (Cf. Cornevin, 1972, pp. 280-286).

de uma ação missionária orientada pelas prioridades da política colonial do governo» (Almeida, 2008, p. IV). Mas, esta constatação não invalida que tenham surgido no seio da Igreja Católica muitos focos de resistência e reação que contribuíram para o sucesso da luta pela independência.

As Igrejas protestantes tiveram, desde a primeira hora, mais distância em relação ao governo e, por isso mesmo, mais liberdade de consciência para intervirem nesta luta anticolonial. E algumas delas fizeram-no à custa de perseguições, prisões e expulsões do território. Veremos adiante.

O pastor Schubert inicia a segunda parte do III capítulo da sua tese de doutoramento com afirmações que ajudam a entender o que estamos a estudar:

> Uma visão propagandística transforma tendências em factos e afirma que os protestantes teriam tomado o partido dos movimentos de libertação, enquanto os católicos teriam continuado a abençoar o sistema colonial. De facto, também existiam círculos no protestantismo que consideravam o poder colonial português como autoridade legítima, porque instituída por Deus, bem como também havia agrupamentos católicos que apoiavam a luta contra o colonialismo (Schubert, 2000, p. 84).

Basta olhar para os grandes nomes dos futuros partidos políticos de Angola para verificar a influência das Igrejas: Holden Roberto, Jonas Savimbi e Agostinho Neto eram protestantes. Mário Pinto de Andrade e José Eduardo dos Santos eram católicos.

O pastor Henderson, também ele missionário protestante em Angola de 1948 a 1969, diz que as relações pessoais entre os administradores e os missionários protestantes eram, regra geral, amistosas, embora as autoridades portuguesas forçassem a uma melhor relação com os católicos. Mas, quando se tratava de defender o Estado português, a polícia não olhava a confissões religiosas. Por exemplo, nas célebres prisões de junho de 1960 foram encarceradas 52 pessoas, entre as quais o protestante Agostinho Neto e o padre católico Joaquim Pinto de Andrade (cf. Henderson, 1990, p. 303). Este seria mesmo deportado para Lisboa, a 1 de julho, para a cadeia política do Aljube, onde foi colocado em isolamento. Em novembro foi enviado para a ilha do Príncipe, acabando por regressar a Lisboa em março de 1961, sendo de novo colocado no Aljube, incomunicável (cf. Henderson, 1990, p. 305).

A primeira missão protestante fundada em Angola, a de São Salvador do Congo foi também a primeira a receber ordem de encerramento, em 1961. O comando militar português tomou de assalto as instalações onde funcionava uma igreja, uma escola, vários dormitórios, um hospital e as residências de quantos ali trabalhavam. Foi o início das investidas da tropa portuguesa contra quem não dava sinais de apoiar o governo colonial. A história continuou com o encerramento das missões de Quibocoio, do Bembe, de Calambata (cf. Henderson, 1990, p. 307). Nos finais de 1962, todas as missões da Canadian Baptist Foreign Mission Society retiraram de Angola. O resultado foi dramático, em termos numéricos: «no seu relatório anual de 17 de agosto de 1961, o secretário-geral da Aliança Evangélica de Angola revelou que o número de missionários protestantes em Angola tinha passado de 256 no dia 1 de janeiro de 1961 para 167 em agosto do mesmo ano, o que equivalia a uma redução de 34,7%» (Henderson, 1990, pp. 308-309).

Tudo isto por causa do encerramento de algumas missões e pela não concessão de vistos de entrada a quantos, depois de gozarem a sua licença, pretendiam regressar a Angola.

As expulsões e detenções prolongaram-se no tempo e afetaram todo território angolano. Dois dos casos mais mediatizados foram o do missionário metodista Raymond Noah, detido pela PIDE em julho de 1961 e o do médico Rodger Shields, missionário em S. Salvador. Este acabaria por abandonar Angola por não ter condições para exercer a sua missão com liberdade e sem ameaças (Cf. Henderson, 1990, p. 310). A Igreja Metodista sofreria ainda a prisão, em setembro de 1961, do reverendo Júlio Miguel e seus três filhos, Emílio de Carvalho (hoje bispo), João Carvalho e Roberto Carvalho.

O governo, em 1963, obrigou os missionários protestantes a receberem autorização da PIDE para deslocações fora das suas zonas administrativas, proibiu a emissão de programas de rádio pelos protestantes e o envio de literatura para diversos pontos de Angola, a partir da tipografia da missão do Dondi (Cf. Henderson, 1990, p. 325).

Caso singular é o do pastor Henderson e sua família, impedidos de regressar a Angola em 1969, após gozo de férias nos EUA, seu país natal. Chegado a Angola em 1948, o pastor Henderson realizou um trabalho notável e foi um dos precursores do ecumenismo que ainda hoje marca passo. Foi o primeiro pastor protestante a dar aulas a futuros padres católicos no Seminário maior do Huambo que, com o P. Fernando Santos Neves se chamou, durante algum tempo, Instituto Superior Católico, criado a 16 de junho de 1966 pelo então bispo de Nova Lisboa, D. Daniel Gomes Junqueira (Cf. Santos Neves, 1974, p. 182). Foi ainda notável, em termos ecuménicos, o facto do livro de Fernando Santos Neves sobre «Ecumenismo em Angola» ter sido escrito com um «buraco» entre as páginas 120 e 165, para ali integrar a perspetiva protestante, escrita pelo pastor Henderson. Deu muita polémica em Nova Lisboa neste ano de 1968[9].

O pastor Henderson viveria longos anos em Portugal onde escreveu a sua História da Igreja em Angola, obra ecuménica de referência. Frei Bento Domingues fez o prefácio e apresentou o autor como um cristão notavelmente culto e notavelmente ecuménico. A imagem que melhor corresponde à Igreja em Angola é a de um rio muito vasto atravessado por várias correntes. Esta é - como escreveu D. António Ferreira ao Dr. Joaquim Pinto de Andrade - a Igreja essencial[10].

Abro agora um espaço sobre padres católicos que, em Angola, lutaram pela independência e pagaram com a prisão e/ou com o exílio a sua opção política. Sirvo-me das duas obras de referência dos pastores Schubert e Henderson, de uma lista recentemente publicada por D. Francisco da Mata Mourisca (bispo do Uíge) e de um trabalho de campo realizado pelo Dr. Manuel Gonçalves que foi missionário em Angola durante largos anos

---

9 - O livro de Fernando Santos Neves, *Ecumenismo em Angola. Do Ecumenismo Cristão ao Ecumenismo Universal*, da editorial Colóquios, foi lançado em Nova Lisboa no ano de 1968 e prontamente confiscado pela PIDE. Nesta obra, uma parte era escrita pelo pastor Henderson que, mais tarde, também seria impedido de regressar a Angola, após período de férias com a família nos Estados Unidos.
10 - É o que conta Frei Bento Domingues, teólogo dominicano, no Prefácio que escreveu para o livro *Igreja em Angola* do pastor Lawrence Henderson, nas pp. 6-8.

e conheceu pessoalmente todos os padres de que falaremos a seguir.

Comecemos pelas primeiras vítimas do colonialismo, servindo-nos da lista de D. Mata Mourisca: «Longe de serem pessoas anónimas, algum são figuras de relevo na hierarquia da Igreja, que vale a pena recordar: P. Alexandre do Nascimento (hoje cardeal e arcebispo emérito de Luanda); cónego monsenhor Manuel das Neves; P. Manuel Franklin da Costa (foi bispo do Saurimo, arcebispo do Huambo e do Lubango); P. Joaquim Pinto de Andrade; P. Lino Guimarães; P. Vicente José Rafael; P. Domingos Gaspar; P. Alfredo Osório e P. Martinho Campos» (Mourisca, 2062, p. 5). Juntam-se os estrangeiros padres Fernando Santos Neves, Waldo Garcia, Jorge Sanches, José Veiga e Salvador Cabral.

A revolta de 15 de março de 1961 levou a P1DE e os funcionários da administração a um verdadeiro ataque aos «centros de terrorismo». Houve muitas detenções. A Igreja Católica pronunciou-se sobre a violência quer da revolta, quer das represálias. Na cadeia estavam os padres católicos mais influentes. O P. Joaquim Pinto de Andrade, monsenhor cónego Manuel das Neves (vigário-geral da arquidiocese de Luanda), o padre Nascimento (editor do jornal *Apostolado*) e o P. Manuel Franklin da Costa (secretário do arcebispo de Luanda) (Ct Henderson, 1990, p. 322).

O cardeal Alexandre do Nascimento foi enviado pelo arcebispo D. Moisés Alves de Pinho estudar Teologia a Roma. Ordenado padre em 1952, lecionou Teologia Dogmática no seminário de Luanda. Em 1961 foi obrigado a deixar Luanda e, em Lisboa, tinha apoio financeiro da arquidiocese de luanda e residência na paróquia do Sagrado Coração de Jesus, em Lisboa. Aproveitou para fazer uma licenciatura em Direito na Universidade de Lisboa, onde recebeu já o doutoramento honoris causa. Regressado a Angola, seria nomeado bispo de Malanje (1975), arcebispo do Lubango, onde seria raptado pela UNITA e onde receberia do papa o cardinalato a 2 de fevereiro de 1983. Foi nomeado arcebispo de Luanda em 1986, cargo que exerceu até se tornar emérito e ser substituído por D. Damião Franklin. Foi presidente da Caritas Internacional, da Conferênda Episcopal de Angola e S. Tomé, magno chanceler da Universidade Católica de Angola, relançou a Rádio Ecclesia e aguarda-se com muita expetativa a sua autobiografia de que saiu o I volume em 2008, onde conta a história da sua vida até à ordenação como padre. É uma das grandes figuras da Igreja e da sociedade angolanas.

O cónego Manuel das Neves nasceu no Golungo Alto a 25 de janeiro de 1896, foi ordenado padre em Lândana (Cabinda) em 1918. Em 1932,

D. Moisés Alves de Pinho nomeia-o cónego da sé catedral de Luanda (Cf. Gabriel, 1978, pp. 430-431). O pastor Schubert diz que o cónego Neves é honrado como herói da resistência (Cf. Schubert, 2000, p. 94). Carlos Pacheco, historiador angolano, diz ter reconstituído a rebelião de 1961, recorrendo aos textos disponíveis e, sobretudo, aos testemunhos de sobreviventes. E conclui: «Na origem da rebelião de 1961, como seu inspirador, esteve o cónego Manuel das Neves, mestiço, natural do Golungo Alto e missionário da arquidiocese de Luanda. Umas três centenas de homens escutaram a sua voz e hastearam o pendão da revolta. Nenhum tinha ligações ao MPLA» (Pacheco, 2006, p. 6).

Diz o P. Manuel Gonçalves:

> Quem mais sofreu em Luanda, muito hostilizado pelos europeus, foi o cónego Manuel das Neves. Era vigário-geral e pároco da Sé. De facto tinha relações com os membros dos dois partidos (MPLA e FNLA) que conspiravam pela independência, mas sem praticar atos contra a lei: limitava-se a aconselhar, a ajudar as famílias dos «patriotas» que iam sendo presos; parece certo que foi ele um dos principais inspiradores do 4 de fevereiro. Os europeus espalharam boatos caluniosos: que envenenava as hóstias, que tinha armas escondidas na catedral atrás do altar, que coligia dinheiro para os «conspiradores».
>
> D. Moisés enfrentou críticas e hostilidade, mas sempre defendeu que o seu vigário-geral não fizera nada de mal6. O cónego Manuel das Neves foi «posto» na Casa de Retiros de Soutelo, dos jesuítas, em Braga. Padre bondoso e simples, era apreciado pelas pessoas com quem ia contactando. Faleceu ali: era idoso, e o isolamento e a tristeza devem ter contribuído para isso. Mas houve «sarilho», pois os meios hostis ao governo puseram dúvidas sobre a causa da sua morte. Soube-se que a PIDE não deixou fazer o funeral, e enterrou-o ela mesma no cemitério local durante a noite. O

cónego Manuel da Neves era muito apreciado pelos meios «patrióticos» em Luanda. Com a melhoria das relações com Portugal, o governo angolano quis o seu regresso à terra. Foi homenageado como herói, e teve funeral promovido pelo governo. Uma das grandes ruas de Luanda tem o seu nome[11].

O P. Manuel Franklin da Costa nasceu em Cabinda em 1921, estudou Filosofia e Teologia em Luanda. Ordenado padre em 1948, deu aulas no seminário e foi mandado a Paris, em 1953, onde estudou Canto Gregoriano e Espiritualidade no Instituto católico de Paris. Regressado a Luanda foi vice-reitor do Seminário maior, trabalhando também no jornal *Apostolado*. O seu exílio em Portugal começa quando, em 1960, ele acompanhou o arcebispo a Roma e foi detido, em Lisboa, na véspera de embarcar para Luanda. Ficou em Portugal até 1974, primeiro na paróquia de Alcântara e depois em Braga com os jesuítas. Foi professor na Faculdade de Filosofia e ali preparou e viria a defender a tese de doutoramento sobre Jean-Paul Sartre. Regressado a Angola em 1974 foi nomeado reitor do seminário de Luanda, bispo de Saurimo (1975), arcebispo do Huambo (1977), arcebispo do Lubango (1986), até se tornar arcebispo emérito em 1997.

D. Franklin da Costa escreveu a história com o seu próprio punho:

Em 1960, logo depois da Páscoa, quis o Sr. D. Moisés Alves de Pinho que o acompanhasse na visita Ad Limina, a Roma. Exultei de alegria e tive a feliz sorte de conhecer pessoalmente o bom papa João XXIII. Percorri um pouco a Europa: Roma, Paris, Munique (Congresso Eucarístico Internacional), Madrid, Lisboa. Todavia, a PIDE não me autorizou o regresso a Angola, com o pretexto de que não era conveniente nessa altura. Como eu era o representante dos indígenas no conselho legislativo, não convinha que eu estivesse informado das injustiças de que eles eram vítimas e falasse delas nas reuniões do conselho. Aliás, os indícios contra o tratamento dos indígenas, já se manifestavam com clareza. O governo português devia ter

---

11 - Este é mais um extrato do trabalho de investigação de Manuel Gonçalves (cf. Anexo I).

notado isso, pelo menos desde 1957 e começado a preparar uma elite de confiança, em vez de ter enviado a famigerada PIDE para Angola. Restou-me a alternativa de estudar Filosofia em Braga, sendo, depois, professor (Costa, 2001, p. 21).

O P. Joaquim Pinto de Andrade nasceu no Golungo Alto em 1926. Formado em Roma e ordenado padre seria, às portas do 4 de fevereiro, o chanceler da arquidiocese de Luanda. Preso a 25 de junho de 1960, seria deportado para a cadeia do Aljube, em Lisboa, a 1 de julho. Após passagem pelo Príncipe, regressaria ao Aljube. O P. Manuel Gonçalves acompanhou o seu exílio e diz:

> O P. Pinto de Andrade, da cadeia, conseguia mandar mensagens para os numerosos estudantes «ultramarinos» em Lisboa. Como a sua pena era temporária em reclusão, foi liberto passado esse tempo; mas, pouco depois voltava ao Aljube, por espalhar panfletos no meio estudantil angolano e ter contacto com membros do MPLA. Tinha contra ele o facto de ser irmão de sangue do Mário Pinto de Andrade, que foi um dos fundadores do MPLA, e em Paris, onde era professor de «literaturas africanas» na Sorbonne, fazia propaganda hostil ao colonialismo português.
>
> Num primeiro tempo, os padres exilados foram mantidos em Lisboa e eram obrigados a apresentar-se semanalmente à polícia e não podiam sair de Lisboa sem licença [...]. O P. Joaquim Pinto de Andrade foi «posto» em Singeverga. Queixou-se mais tarde de certa hostilidade da comunidade beneditina [...] O P. Joaquim Pinto de Andrade diz ter sido muito hostilizado pela polícia e políticos, e convenceu-se que nunca mais ia sair da prisão. Era visitado por estudantes angolanos e intelectuais e políticos portugueses opostos à guerra colonial (nessa altura muito criticada, crítica em que sobressaiam estudantes católicos da JEC-JUC, e meios ligados ao PCP). Por não ver saída, apesar do apoio de D. Moisés, acabaria por abandonar o sacerdócio e casar, mantendo-se contudo sempre muito ligado à Igreja, até hoje[12].

---

12 - Volto a citar o texto produzido por Manuel Gonçalves (cf. Anexo I).

O Dr. Pinto de Andrade aceitou, em 1997, conceder uma entrevista ao jornal Acção Missionária, onde afirmou:

A partir dos anos 50, acalentámos o sonho da independência e propusemo-nos a construção de pais novo e uma pátria de homens livres e solidários. Por este ideal nos sacrificámos e nos batemos. Mas, alcançada a independência, logo veio o desencanto: desentendimentos, ambições desenfreadas, ódios interpartidários e não poucas intervenções de fortes potências levaram-nos a uma guerra fratricida de cerca de 20 anos. O país encontra-se hoje de rastos, com as infraestruturas básicas destruídas, os sistemas de educação e de saúde desarticulados e em agonia, incontáveis milhares de mortos sem sepultura, chusmas de órfãos e estropiados ao desamparo, dez milhões de minas antipessoais semeadas por todo o território... Não é preciso continuar o rol de misérias para justificar a amargura do presente.

A dura realidade que acabo apenas de aflorar faz-me encarar o futuro com apreensão. Calaram-se as armas, há mais de dois anos, mas a paz ainda não chegou. E o espectro da guerra não foi de todo esconjurado. Ninguém nos garante que a guerra de alta ou baixa intensidade não volte a estalar.

O passo positivo maior foi, sem dúvida, a conquista e a proclamação da independência nacional, na medida em que esta é sinal da maioridade de um pais e permite a criação de condições para a afirmação de uma personalidade nacional, com sua cultura e os projetos autónomos de futuro, e para a dignificação e progresso de um povo. Infelizmente, tantos foram os passos em falso que, às vezes, nos vem à boca a angustiante pergunta: mas valeu a pena? (Andrade, 1997, p. 3).

A Igreja Católica também teve perseguidos, expulsos e exilados entre os seus missionários europeus. O P. Fernando Santos Neves chega a Angola em 1966, com os padres Jorge Sanches e Waldo Garcia, enviados para África por monsenhor Lefebvre, bispo que era superior geral dos espiritanos e que não tinha aceite a renovação proposta pelo Concílio Vaticano II. O trabalho que se propuseram fazer foi o de colaborar na renovação da Igreja, com a aplicação das ideias do Concílio Vaticano II.

Era preciso investir em áreas delicadas como a liturgia, o ecumenismo, a teologia, a Doutrina Social da Igreja.

A intervenção do P. Santos Neves em Angola aparece gravada no capítulo IX do seu último livro. Fala do *aggiornamento* do Vaticano II em Angola em 1965-1968. Tudo começou com os «Colóquios de pastoral» realizados em Nova Lisboa de 12 a 15 de abril de 1966, com reedições no Lobito, de 11 a 16 de julho e, no ano seguinte, de 28 a 31 de março. Os III (e últimos) seriam realizados em Nova Lisboa de 28 a 31 de maio de 1968. Importante foi a criação do Instituto Superior católico de Nova Lisboa, a 16 de junho de 1966. Foram ainda organizados os primeiros Colóquios Sociais de Angola, programados para 1968, mas proibidos pela PIDE à última hora. Na 2.ª quinzena de 1967, inaugurou-se em Luanda a «Exposição Bibliográfica Vaticano II» e realizaram-se diversos cursos sobre o concílio[13]. Os livros *Ecumenismo em Angola. Do Ecumenismo Cristão ao Ecumenismo Universal* e *Liturgia, Cristianismo e Sociedade em Angola* foram logo apreendidos pela PIDE na tipografia. Este último livro, publicado em 1968, para além de todo um capítulo sobre os «Colóquios de pastoral» (anexo I), tem espaços dedicados a temas proibidos pelo regime, como a negritude (introdução, 2.3), o Ecumenismo (introdução, 2.2 e anexo IV), a democracia (introdução 2.4) e, publica, na íntegra, a encíclica *Populorum Progressio* do papa Paulo VI (anexo VII) (Cf. Santos Neves, 1968b).

Concluiu o pastor Benedict Schubert, na sua tese de doutoramento:

> O padre que mais «tumultos» provocou, Santos Neves, foi chamado e enviado para Lisboa, de onde ele foi para Paris; lá finalmente deixou o sacerdócio. Os seus dois colegas renunciaram sob protesto: Waldo Garcia regressou a Espanha e Jorge Sanches assumiu um cargo na direção da congregação em Roma (Schubert 2000, p. 96).

---

13 - Pode aprofundar-se esta informação no livro de Fernando Santos Neves, *Do Ecumenismo Cristão ao Ecumenismo Universal*, Ed. Universitárias Lusófonas, Lisboa, 2005, pp. 141-160, que é uma versão corrigida e aumentada de *Ecumenismo em Angola. Do Ecumenismo Cristão ao Ecumenismo Universal*, editorial Colóquios, Nova Lisboa, 1968, p. 383, e *Para um Ecumenismo Omnitotidimensional em Angola*, editorial Colóquios, angola 1975, pp. 231.

Santos Neves manteve-se no exílio em Paris até ao 25 de Abril de 1974, continuando a escrever sobre Angola, a negritude e a revolução. De regresso a Portugal, integrou-se no mundo universitário e foi o primeiro reitor da ULHT.

A semente lançada no Huambo pelos três padres suprarreferidos continuou a dar frutos. Formaram-se grupos de oposição na Igreja e surgiram cartas abertas a denunciar abusos das forças de segurança. Em julho de 1970 é o superior de todos os espiritanos do distrito de Nova Lisboa, o P. José Veiga, que surpreende os bispos de Angola com um projeto em ordem a uma nova forma de realizar a missão da Igreja. O projeto tinha a assinatura de 21 espiritanos. O P. Veiga apresenta o perfil dos novos missionários que devem partilhar a vida com as populações africanas, a missão deve exigir comunidades fraternas que vivam na pobreza com os frutos do seu trabalho. O texto considerava que a atual situação fazia a Igreja perder a credibilidade no contexto do colonialismo português,

O P. Veiga exigia uma resposta dos bispos que foi um «nim»... ou seja, aceitava que os missionários que o quisessem poderiam fundar comunidades com o perfil apresentado no projeto, mas a Conferência Episcopal não encontrava razões para mudar nada de estrutural. Diante de muita pressão, o P. Veiga abandonou Angola (cf. Schubert, 2005, pp. 96-98 e Cabral, 2005, pp. 224-257).

O P. Salvador Cabral, nascido em Trancoso - Guarda, em 1943, ordenado padre em 1967, seguiu para Angola em 1968, nomeado para o Huambo. O caderno de reflexão político-eclesial Revolução para o Terceiro Mundo foi apreendido pela PIDE dois dias após a publicação. Em 1973, foi impedido de regressar a Angola. Depois de 20 anos na Alemanha, é pároco de Nine (Braga). Num livro autobiográfico, onde conta os problemas que teve com a PIDE, Salvador Cabral publica as «atitudes inconvenientes» que, segundo a polícia política, ele tinha no seu curriculum (cf. Cabral, 2005). Considerado um bom aluno e herdeiro dos padres Fernando Santos Neves e Jorge Sanches, também estes referenciados pela PIDE, escreveria uma longa carta ao governador geral de Angola que o tornou *persona non grata*. A PIDE não gostou - segundo o autor - das frases citadas do Vaticano

II e da Declaração Universal dos Direitos Humanos (cf. Cabral, 2005, pp. 122-129). «Coisas à Santos Neves» - assim se refere a PIDE ao documento enviado por um grupo de espiritanos ao Capítulo Geral extraordinário da Congregação do Espírito Santo, realizado em 1968, que viria a destituir monsenhor Lefebvre como superior geral, onde se denuncia a colaboração de alguns membros da congregação com o governo colonial e se protesta contra as pressões contra certos missionários (cf. Cabral, 2005, pp. 211-220)[14]. Santos Neves, em 1969, num número especial da revista Spiritus sobre o «espírito de contestação»: «É o Espírito que incessantemente põe a missão em estado de contestação e a contestação em estado de missão. Até que ele venha, o homem novo, o homem omnidimensional, o homem super-homem, o homem sem mais» (Santos Neves 1969, p. 124; Santos Neves, 2008, p. 36)[15].

O papa Paulo VI, contrariando a diplomacia portuguesa, concedeu, a 1 de julho de 1970, uma audiência a Marcelino dos Santos (FRELIMO), Agostinho Neto (MPLA) e Amílcar Cabral (PAIGC). Foi uma opção da diplomacia do Vaticano que apoiou a luta que as oposições ao regime colonial português faziam para abrir caminho à independência das colónias. Paulo VI ofereceu-lhes «[...] um livro sobre João XXIII e um exemplar da encíclica Populorum Progressioy em latim e português, dizendo-lhes que nessas obras encontrarão o pensamento da Igreja sobre a liberdade dos povos de terceiro mundo» (Almeida, 2008, p. 246). Esta audiência criou um profundo mal-estar entre o governo português e a Igreja Católica, pois, desta forma, o Vaticano, reconheceu a existência

---

14 - Jorge Sanches, forçado a deixar Angola, continuou alguns anos ao serviço da Congregação do Espírito Santo, em Roma Publicou alguns artigos na revista Spiritus sobre as relações comprometidas entre o governo colonial português e a hierarquia da Igreja Católica Saliento os artigos publicados nos dois números da revista sobre «Missão e Política» (cf. Spiritus, 51 (1972) e 57 (1974)). Num artigo intitulado «As Missões e a Política Portuguesa», Jorge Sanches considera que a Igreja na África lusófona está submetida ao Estado, citando a ambiguidade das respostas dadas pela hierarquia da Igreja à interpelação e saída dos padres brancos de Moçambique e ao Projeto Veiga, apresentado em Angola em 1970. Conclui: «As colónias portuguesas oferecem-nos o espetáculo de uma Igreja que patua com uma situação de opressão e exploração» (Sanches, 1972, p. 382).
15 - Fernando Santos Neves organizou um opúsculo para comemorar os 40 anos do «Maio de 1968», traduziu e publicou alguns dos artigos do número da revista Spiritus sobre o «espírito de contestação» (1969). Deu-lhe o título: «Um Cristianismo em Estado de Contestação, uma Contestação em Estado de Cristianismo?» (Santos Neves, 2008).

destes movimentos. Braga da Cruz diz que o impacto desta audiência foi enorme «[...] contribuindo para o aumento da consciência crítica católica em face da guerra ultramarina e para o desenvolvimento de atitudes que iriam perturbar progressivamente as relações entre o Estado e a Igreja» (Cruz, 1998, p. 185). Aliás, em 1969, na primeira viagem de um papa a África, Paulo VI disse em Kampala, aos representantes do Simpósio das Conferências Episcopais de África e Madagáscar (SCEAM): «Agora, africanos, sois missionários de vós mesmos. A Igreja de Cristo está bem e verdadeiramente plantada neste abençoado solo [...]. "Missionários de vós mesmos": por outras palavras, vós, africanos, deveis continuar agora, neste continente, a edificar a Igreja» (Paulo VI, 1969, p. 575). O papa reforçou ali o direito de todos os africanos à autodeterminação e, mesmo após a visita de Paulo VI a Fátima em 1967, ficaram claras as difíceis relações entre o Estado Novo e a Santa Sé, ou seja, «entre um país que mantinha uma guerra colonial e a cabeça da Igreja universal que reconhecia o direito à autodeterminação dos povos. A receção aos líderes dos movimentos de libertação é a expressão maior de um desentendimento de fundo» (Almeida, 2008, p. 295).

Também em Portugal continental, a relação entre alguns católicos e os líderes do regime colonial foram muito tensas. D. António Ferreira Gomes, bispo do Porto, é o símbolo mais mediático desta resistência aos ideais de Salazar, interpelando «[...] as consciências católicas à luz da Doutrina Social da Igreja» (Almeida, 2008, p. 44). O historiador Fernando Rosas fala de «honrosa exceção» (Almeida, 2008, p. V).

Ao bispo do Porto podem juntar-se homens como o P. Joaquim Alves Correia (segundo Fernando Rosas, homem de uma «coragem quase solitária» (Almeida, 2008, p. V), que morreria no exílio nos Estados Unidos (cf. Lopes, 1996)[16] e sobre quem D. António escreveu:

---

16 - Numa mesa redonda, na Universidade Católica, a 6 de novembro de 1996, foi apresentada a obra biográfica de Francisco Lopes sobre o P. Joaquim Alves Correia. Mário Soares apresentou-o como um grande lutador pela liberdade e democracia. Anselmo Borges disse que o autor da *Largueza do Reino de Deus* se tratava da personalidade mais digna e claravidente do catolicismo português da primeira metade do séc. XX. Manuel Braga da Cruz denominou-o um dos pais da democracia portuguesa (cf. Neves, 2004, pp. 62-64).

Sofrendo e sentindo a amargura da expatriação, da ausência, da injustiça criminosa de uns e complacentemente cobarde de outros, nunca deixou obnubilar-se o seu claro sentido da compreensão e mesmo da generosidade para com as pessoas, nunca perdeu a fé nos homens capazes de redenção, nunca foi um ressentido (Correia, 1977, p. 3).

O P. Alves Correia é o principal porta-voz de um reduzido grupo de católicos que se manifestava claramente contra o Estado Novo, como se vê na sua obra emblemática, *A Largueza do Reino de Deus* (cf. Almeida, 2008, p. 25). O Centro de Reflexão Cristã (CRC), nas conferências de maio de 2007, utilizou a pergunta «De que Espírito somos?» para intitular o ultimo colóquio. Este título é uma homenagem ao P. Alves Correia, «[...] cujo magistério jamais poderemos esquecer» (Martins, 2008, p. 9). Nas mesmas Conferências do CRC, Anselmo Borges apresentou o P. Alves Correia como «[...] em Portugal, a figura católica mais clarividente da primeira metade do século XX. Antecipou o Concílio Vaticano II» (Borges, 2008, p. 71).

D. António Ferreira Gomes é, no dizer de D. Carlos Azevedo,«[...] uma figura notável da Igreja, não somente por causa do seu amor à verdade e a sua ligação à Doutrina Social da Igreja que lhe valeram 10 anos de exílio (1959-1969), mas também porque foi um grande pensador que fez uma leitura inovadora da tradição portuguesa» (Gomes, 2007, p. 5). «Miséria imerecida» é uma expressão que fez furor nos finais do século XIX. Saiu da pena do papa Leão XIII, o pai da Doutrina Social da Igreja. «A miséria imerecida do povo português» é o título duma célebre conferência que D. António Ferreira Gomes pronunciou em Fátima e enfureceu Salazar e o seu governo. E, no dizer de frei Bento Domingues, constitui uma peça Importante do dossier antibispo do Porto (cf. Domingues, 1988, p. 64).

A partir desta data, D. António esteve sempre sob vigilância apertada da PIDE, o que nunca abafou a sua palavra livre e profética. Para provar quanto acabo de dizer, existe *Endireitai as Veredas do Senhor*, uma coletânea de alguns dos documentos pastorais de D. António, publicados ou proferidos entre 1952 e 1959, no período pré-exílico (cf. Gomes, 1970). Estes textos marcam uma etapa importante da demarcação que o bispo do Porto fez em relação a Salazar e aos seus seguidores.

Dos seus quase 400 títulos publicados, salienta-se aquela que ficou para a história como a *Carta a Salazar* (13 de julho de 1958) (cf. Gomes, 1990) e as *Cartas ao Papa* (cf. Gomes, 1987), uma espécie de sinfonia conclusiva dos compromissos de D. António, memórias «escritas de jacto e um pouco em desordem» (Gomes, 1987, p. 293). Trata assuntos polémicos como a democracia, as relações Igreja/Estado, as armas nucleares e as diplomacias da Igreja (cf. Gomes, 1987).

A vida deste bispo do Porto, falecido em 1989, foi uma longa maratona de um remador contra a corrente. Nos momentos cruciais, vemo-lo serenamente a enfrentar com coragem tudo quando pusesse em causa a dignidade e os direitos das pessoas. Como escreveu D. Carlos Azevedo, historiador, D. António Ferreira Gomes «deu responsabilidade, doutrinou amplamente e testemunhou com coragem a liberdade do Evangelho» (Azevedo, 2001, p. 25).

O P. Felicidade Alves, pároco de Santa Maria de Belém e capelão do chefe de Estado, está na mira da PIDE e do cardeal Cerejeira, por causa das suas críticas ao regime e à forma como a hierarquia da Igreja, na sua opinião, patua com ele. Acaba por deixar a paróquia em 1967, indo estudar para Paris, regressando na Páscoa de 1968 para apresentar um texto em que denuncia o colonialismo e a repressão colonial e fala de revolução, ideias que deixam alguns dos paroquianos em estado de choque e levam o patriarca a considerar que houve quebra de comunhão com ele, exigindo a sua demissão de pároco. Abre-se um tempo de troca de correspondência entre o cardeal e o padre Felicidade que acusa aquele de ter uma atitude repressiva. O Cardeal remove o P. Felicidade Alves de pároco, num decreto de 2 de novembro, que este considera inválido e difamante. Numerosos membros do clero de Lisboa assinam duas cartas enviadas ao patriarca denunciando incoerências entre o exercício da autoridade na Igreja e o Evangelho: «entre os vários problemas focam a assistência religiosa às forças armadas, o silêncio perante a atuação da PIDE e o caso do P. Felicidade Alves, com o qual se solidarizam na vontade de revisão da vida da Igreja» (Almeida, 2008, p. 217). No Seminário dos Olivais, dá-se a demissão da direção a 9 de setembro de 1968 e muitas saídas: «Descontentes com a crise vivida na Igreja, 58 dos 167 estudantes que concluíram o curso teológico no seminário dos Olivais, entre 1955 e 1974, passam ao estado laical» *Ibidem*, p. 221).

A vigília da capela do Rato, por ocasião do Dia Mundial da paz de 1973, apresentava como objetivos romper com o silêncio acerca do problema da guerra em Angola» Moçambique e Guiné, procurar a paz e declarar solidariedade com as vítimas da guerra. Como consequência de tal iniciativa, 72 pessoas foram levadas a depor na esquadra da PSP do Rato e os seus líderes foram presos em Caxias. Os padres António Janela e Armindo Garcia também foram presos, levando o cardeal D. António Ribeiro a permanecer na sede da DGS até à sua libertação. Estes acontecimentos confirmaram as opções pastorais do novo patriarca: «D. António Ribeiro afirmara recusar o "enfeudamento da

Igreja ao Estado Novo", na homilia proferida por ocasião da sua entrada solene na sé patriarcal, em 21 de novembro de 1971, e mostrara, por ocasião da capela do Rato, que não estava disposto a tolerar interferências do poder político» (*Ibidem*, pp. 281-282).

Segundo os arquivos, a PIDE interroga, em três ocasiões, os militantes católicos que contestam o regime: em 1959, os signatários do documento que denunciam os métodos usados pela polícia política; em 1970/71, os 70 assinantes dos cadernos GEDOC; em 1973, os 72 participantes na vigília da capela do Rato (cf. *Ibidem*, p. 287).

Esta oposição católica ao Estado Novo - segundo Rosas - é, não só ao regime, mas também à Igreja do regime que este historiador considera marcada por três abstenções na sua relação com o poder político:

> a abstenção da demarcação da ditadura e da guerra colonial por parte da hierarquia; a abstenção de qualquer espécie de responsabilização cívica ou até moral por essa atitude por parte do regime democrático; a abstenção de um balanço crítico por parte da Igreja relativamente ao seu próprio relacionamento com o regime salazarista | com os portugueses que o sofreram perante o silêncio da hierarquia católica (o que naturalmente contrastava com o corajoso testemunho de resistência de muitos católicos)

(Almeida, 2008, pp. VIII-VIII)[17].

Mas, João Miguel Almeida conclui a sua tese de mestrado afirmando: «Pelos debates e intervenções da oposição católica passaram parte das transformações mentais e culturais que fariam do 25 de Abril de 1974 uma esperança de liberdade e justiça» (Ibidem, p. 296).

O nacionalismo em Angola foi nascendo e ganhando terreno à custa de muitas ajudas. Antes de mais, foi fundamental a intervenção dos próprios angolanos que, à medida que adquiriram estudos superiores, foram abrindo os olhos para realidades que se passavam noutros países e tomando consciência do direito que todos os povos têm de gerir os seus destinos. Depois, o facto de muitos povos colonizados terem, nos anos 1960, alcançado a independência deu muita força a grupos nacionalistas emergentes que puderam receber apoios internacionais. Finalmente, a nível interno, apesar de todas as tentativas levadas a cabo pelo governo português para se formar «um só povo e uma só nação do Minho a Timor», houve muitas pessoas que ajudaram a crescer, dentro e fora do território angolano, esta ideia de que a independência era um direito inalienável. E é aqui que entra o papel das Igrejas.

Investiguei a história do cristianismo em Angola. Com altos e baixos, com momentos de muito investimento e outros de letargia quase absoluta, esta história com mais de 500 anos mostra que Angola se tornou (falo de estatísticas) um país maioritariamente cristão. Por isso, seria normal que fosse no seio das Igrejas que aparecessem focos de contestação à ordem estabelecida. O governo português tentou controlar a situação colonial com intervenções legais que colocavam a Igreja mais forte colada ao agir do próprio regime (o Decreto 77 de 1921, o Acordo Missionário de 1940, o Estatuto Missionário de 1941 podem situar-se neste âmbito estratégico), mas tal não impediu que numerosos missionários interviessem na luta anticolonial. Por isso, alguns foram presos, vigiados, perseguidos e até

---

17 - Manuel Clemente, historiador e bispo do Porto desde 2006, escreveu que D. António Ferreira Gomes tem uma vida e uma obra marcadas pela «[...] coerência entre pensamento e atitude, no escopo permanente de construir uma Igreja mais teológica, para garantir uma prática mais evangélica e um serviço ao mundo mais libertador» (Clemente, 2008. p. 338).

exilados. As Igrejas protestantes, menos protegidas pelo regime, tinham mais condições para investir na luta anticolonial. E não é por acaso que Agostinho Neto, Jonas Savimbi e Holden Roberto são filhos de influentes pastores protestantes.

Em Luanda, aparece em 1848 o Movimento dos Novos Intelectuais de Angola (MNIA) que lança, em 1951, a revista *Mensagem*:

> É nesse momento que pela primeira vez se verifica uma clarificação de pátria e de nação em Angola, dando-se ênfase à definição por angolanos desses conceitos e reivindicando-se o reconhecimento duma nacionalidade diferenciada e autónoma da portuguesa (Monteiro, 2006, p. 30).

A data que o MPLA defende como marca histórica do início da luta armada (4 de fevereiro de 1961), teve o cónego Manuel das Neves como mentor, segundo a versão de alguns historiadores. Tal valeu-lhe a perseguição e o exílio no norte de Portugal, onde viria a morrer. Muitos, depois dele, viriam a sofrer da mesma forma. O papa Paulo VI daria uma ajuda com a audiência concedida em Roma a Agostinho Neto[18], Marcelino dos Santos e Amílcar Cabral, acontecimento que criou grandes atritos diplomáticos entre Portugal e o Vaticano (cf. Schubert, 2000, p. 115).

Michael Comerford, na sua tese de doutoramento em Londres, salienta as consequências resultantes do facto de os partidos não se entenderem: «Um aspeto notável do nacionalismo angolano antes da independência é a incapacidade de os partidos nacionalistas se unirem contra o mesmo "inimigo" colonial. Desavenças internas graves enfraqueceram e diminuíram a eficácia das suas aspirações à independência» (Comerford,

---

18 - Agostinho Neto (1922-1979) era filho de pastor protestante e, em 1958, doutorou-se em Medicina em Lisboa. Poeta nacionalista, encarava a independência de Angola como a possibilidade de cada angolano se sentir em casa, sem o peso da opressão colonial. Um dos seus poemas emblemáticos fala do regresso à liberdade. Escrito na cadeia do Aljube, em Lisboa, em 1960, o «Havemos de voltar» tornou-se um símbolo de resistência: «Às casas, às nossas lavras, às praias, aos nosso campos, havemos de voltar/ Às nossas terras vermelhas do café, brancas do algodão, verdes dos milheirais, havemos de voltar/ Às nossas minas de diamantes, ouro, cobre, de petróleo, havemos de voltar/ Aos nosso riso, nossos lagos, às montanhas, às florestas, havemos de voltar/ À frescura da mulemba, às nossas tradições, aos ritmos e Às fogueiras, havemos de voltar/ à marimba e ao quissange, ao nosso Carnaval, havemos de voltar/ à bela pátria angolana, nossa terra e nossa mãe, havemos de voltar/ Havemos de voltar, à Angola libertada, Angola independente» (Neto, 1987, pp. 148-149).

2005, p. 5). Sobre as posições assumidas pela hierarquia da Igreja Católica no fim do tempo colonial, há críticas internas muito fortes. Adalberto Postioma, missionário em Angola, escreveu na Spirits de dezembro de 1974 que, em Angola, a Igreja chegou tarde demais na perspetivação de um futuro que passava pela independência. Já em 1963, alguns padres exilados em Portugal disseram ao núncio que a independência de Angola iria acontecer, mais tarde ou mais cedo, com a Igreja ou não. Conclui o P. Postioma: «Hoje é necessário constatar com amargura que a emancipação do homem angolano chegou, mas sem a Igreja portuguesa» (Postioma, 1974, p. 440).

João Paulo II perguntou um dia ao cardeal Nascimento se era verdade que a maioria dos angolanos não queria a independência. Respondeu: «Que povo há aí, digno desse nome, que não queira a independência do seu país. Santo Padre?» (Nascimento, 1992, p. 267). Recorda o dia 11 de novembro de 1975, em Malanje: «Os olhos, alguns marejados de lágrimas, fitavam a bandeira: finalmente! Viam assim realizado o sonho que embalara a via dolorosa de tantos que sofreram na carne para que todos nos revestíssemos da dignidade de povo livre» (Nascimento, 1992, p. 268). O cardeal de Luanda cita as palavras enviadas do Vaticano pelo papa Paulo VI: «Ao ser proclamada a independência nacional, o Sumo Pontífice deseja cordialmente à dileta população de Angola sempre crescentes prosperidades e paz» (Ibidem, p. 269).

Evento decisivo para as independências das colónias foi a revolução dos cravos, realizada em Lisboa, a 25 de Abril de 1974, que abriu o caminho à independência, após um processo de descolonização. O historiador João Almeida considera importante o papel da oposição católica ao Estado Novo. Segundo ele, «pelos debates e intervenções da oposição católica passaram parte das transformações mentais e culturais que fiariam do 25 de Abril de 1974 uma esperança de liberdade e justiça» (Almeida, 2008, p. 296).

Douglas Wheeler recorda que o apoio soviético ao MPLA tinha sido reduzido, não havia qualquer atividade ameaçadora em áreas urbanas e Portugal tinha mesmo destacado tropas de Angola para Moçambique. Com a revolução do 25 de Abril, os militares em Portugal definiram o programa dos «3 d»: «democracia para Portugal; uma forma de descolonização do império ultramarino e um esforço para transformar o desenvolvimento económico de Portugal a fim de conduzir os portugueses a uma era mais moderna» (Pélissier e Wheeler, 2009, p. 357).

António Almeida Santos fala do processo de descolonização de Angola[19] como algo que não correu muito bem, não merecendo nem o qualificativo de «descolonização exemplar» nem o de «o maior desastre desde Alcácer Quibir»: «Nem a perfeição, nem o alto da desgraça [...] podia ter sido melhor se as circunstâncias internas e externas que a condicionaram tivessem sido outras» (Santos Nevez, 2007, p. 1095), até porque foi feita sem cobertura militar. Almeida Santos aponta o dedo ao MFA pelo facto de não ter reconhecido, expressamente, no seu programa, o direito à autodeterminação e independência das colónias portuguesas (Cf. Santos Neves, 2007, p. 1087). Assim, Angola teve o «mais tormentoso processo de descolonização» (Santos Neves, 2007, p. 1090), porque cada um dos três movimentos de libertação estava já apoiado por potências imperialistas: «o MPLA espaldado pela URSS, a FNLA pelos EUA e o Congo de Mobutu, a UNITA tendo a África do Sul por suporte. Esta conjuntura envenenou o processo» (Santos Neves, 2007, p. 1090). Os Acordos de Alvor, assinados em Portugal, previam um Governo transitório e a previsão de eleições legislativas dez meses depois. A independência foi marcada para 11 de novembro de 1975. Almeida Santos deu posse ao novo governo, mas convencido de que não teria sucesso. Escreveu mais tarde: «Tentei, sem êxito, convencer os nossos interlocutores africanos da inviabilidade prática do projeto do acordo» (Santos Neves, 2007, p. 1091).

---

19 - António Almeida Santos, num artigo sobre a descolonização da África lusófona, faz uma avaliação crítica da descolonização portuguesa, colocando-se na posição de quem, melhor que ninguém sabe o que se passou. Confessa: «Eu que vivi o fenómeno por dentro, mais total e intensamente do que ninguém; eu que negociei ou ajudei a negociar, e assinei, todos os respetivos acordos (fui o único político a intervir e a figurar em todos eles); eu que vivi o drama das hesitações, das delongas e dos contratempos que houve que enfrentar; eu que ajudei a encarar e ultrapassar a pressão das exigêndas dos ultimatos recebidos; eu que tive de ajudar a apagar fogos e me queimei neles; eu que segui de perto os processos conducentes à libertação dos territórios dos outros países coloniadores, respetivas dificuldades e insucessos, e por isso aprendi que não há nem houve descolonizações perfeitas, tenho de honestamente reconhecer que, nas concretas circunstâncias em que teve de ser feita, a descolonização portuguesa foi apenas a possível» (Santos Neves, 2007, p. 1095).

E começou a guerra civil. O MPLA venceu a batalha final pela capital e proclamou a independência em Luanda, na data prevista, a 11 de novembro. Nesse mesmo dia, no Huambo, proclamaram a independência a FNLA e a UNITA. A guerra civil só terminaria em 2002 com o Memorando de Lwena. Escreveu o historiador Wheeler que «aos treze anos de guerra colonial (1961-1974) acrescentou-se uma guerra civil ainda mais destrutiva e generalizada (1975-2002)» (Pélissier e Wheeler, 2009, p, 356).

A Igreja Católica percorreu um caminho muito irregular, durante o tempo colonial, com membros da hierarquia a não contestarem de forma aberta as opções do regime de Lisboa e outros a contestá-la abertamente, sofrendo, por isso, represálias que tiveram diversas expressões, incluindo o exílio. O ponto mais quente da confrontação entre a Igreja Católica e o regime do Estado Novo foi a contestação, por parte de um grupo de católicos, à falta de liberdade e democracia e, sobretudo, o protesto contra a guerra colonial e o perpetuar da existência de povos a quem não se deu o direito à autodeterminação.

A Igreja, antes do 25 de Abril e da independência de Angola, esteve colocada em ambos os lados da trincheira ideológica. Tentarei provar, através desta investigação, que a Igreja Angolana, libertada da tutela portuguesa, aplaudiu a libertação, saudou o nascimento deste novo pais, abrindo uma outra linha de confrontação: teve de lutar contra a tentativa de instauração de um ateísmo oficial do Estado e contra a guerra civil que se instalou em Angola, tragédia que só acabaria em 2002 com o Memorando de Lwena.

ANEXO IV

As Coleções Etnográficas como referencial identitário: um apelo à cooperação cultural (Excerto), por Manuel Laranjeira R. de Areia*

As ligações Europa-África são milenares. Algumas formas de contacto particularmente negativas (como a escravatura e o colonialismo) fomentaram um conjunto de estereótipos no imaginário europeu sobre África e os Africanos que podemos situar num contexto histórico mais amplo de etnocentrismo cuja expressão máxima, em termos geográficos, se exprime na formulação tão repetida "Europa e o resto do mundo". Esta linguagem redutiva em que tudo o que não era Europa (e cristandade) era apenas o resto do mundo exprime, simbolicamente, o que, em termos culturais, podemos considerar uma das "barbaridades" da Europa. Obviamente o mundo mudou e a Europa vai mudando também.

É inegável, por outro lado, que um prolongado contacto entre europeus e africanos criou fortes ligações de ordem diversa, nomeadamente no campo da produção cultural. Boa parte dos estudos académicos sobre África têm-se limitado à África colonial e pós-colonial; só nas últimas décadas se tem posto em relevo e chamado a atenção para o conhecimento dessa África milenar onde se desenvolveram grandes civilizações (não apenas no Egito), poderosos impérios e influentes reinos (entre outros Benim e Kongo com os quais os portugueses muito conviveram), com

---

* Catedrático aposentado da Universidade de Coimbra, o Professor Manel Laranjeira R. de Areia pode ser considerado o refundador do histórico "Instituto de Antropologia" daquela Universidade e dedicou grande parte da sua investigação científica às culturas da Sociedade Angolana de ontem e de hoje. O excerto aqui citado faz parte da sua cruzada contra o saque colonial de que a Arte Africana (e Angolana!) foi e continuaria a ser objeto, e já não só pelos Não-Africanos e pelos Não-Angolanos.

manifestações, as mais diversas, de exaltação do poder que nessa África pré-colonial é quase exclusivamente um poder político-religioso.

Entre as múltiplas manifestações desse poder político-religioso destacam-se símbolos diversos, formas mágico-religiosas emblemáticas do exercício do poder ou dos rituais que lhe dão acesso. Dispersos por uma diáspora cultural, desde há séculos, estes símbolos do poder multiplicam-se ainda mais nas últimas décadas com as numerosas descobertas trazidas à luz do dia pela moderna arqueologia africana que continua a encontrar, ainda hoje no terreno, a expressão plástica de muitos mitos sobre a origem do poder político, transmitidos, em versões diversas, por tradições orais que vêm alargar aquele vasto conjunto de objetos raros trazidos de África outrora por viajantes europeus, seduzidos pelo seu carácter exótico ou encomendados a artistas africanos (como no caso particular de Benim). Trata-se de um rico património cultural africano, espalhado pelo mundo mas presente sobretudo nas múltiplas coleções dos museus da Europa...

Numa sociedade democrática como a nossa em que a pedra de toque para o entendimento e cooperação é o diálogo, não seria de modo algum aceitável que se recusasse o diálogo cultural entre os povos e ainda menos aceitável, porque mais grave, se os objetos que suportam esse diálogo continuassem enclausurados como reféns de uma guerra absurda onde não haveria vencedores mas apenas perdedores.

De qualquer modo, na aldeia global em que começamos a viver, será cada vez menos possível e, ainda, menos tolerável esconder objetos. Por outro lado, para os que veem este novo mundo ameaçado pela monotonia e pela uniformidade face à crescente homogeneização das culturas, a preservação da diversidade social e cultural é uma questão fundamental. As coleções etnográficas terão aqui um papel determinante se formos capazes de restabelecer as ligações afetivas e de identidade entre os objetos e os povos que os produziram.

ANEXO V

Entrevista de Vítor Ramalho, Secretário-geral da UCCLA, sobre a "Casa dos Estudantes do Império"*

A "União das Cidades Capitais de Língua Portuguesa (UCCLA) vai recordar a importância que teve a "Casa dos Estudantes do Império" (CEI) na formação de estudantes que se tornaram a elite cultural e política dos países africanos de língua portuguesa. E que a sua relação com o povo português não foi de antagonismo, mas de cumplicidade e afectividade.

A ideia da homenagem nasceu há muito tempo?

Sim, era então deputado. Com outros amigos procurei preservar a sede da Casa dos Estudantes do Império (CEI). Não o conseguimos, foi uma pena. Batemos a todas as portas, mas a expropriação era difícil. A única coisa que conseguimos foi gravar uma placa no chão, em 1992. Os astros conjugaram-se para eu vir para a UCCLA e com os amigos de cá e de Angola percorri todas as embaixadas, inclusive a da China, para levar a ideia avante.

Mas porquê esta iniciativa?

Esta ideia nasceu da minha pessoa porque a UCCLA é a União das Cidades Capitais de Língua Portuguesa e integra as cidades fundamentais onde existiu a CEI, a sede em Lisboa, uma delegação em Coimbra e ainda outra que teve pouca expressão no Porto. Tive o privilégio, por razões

---

* Em: Jornal "SOL", 10 Outubro 2014, pelos jornalistas Ana Cristina Câmara e César Avó.
Já agora, há muito que o autor do presente livro colocou a questão de a Cidade do Porto não fazer parte da "UCCLA", enquanto "Capital do Norte de Portugal", "Capital da Lusófona Euro-Região do Noroeste Peninsular", etc.
Vítor Ramalho, nascido em Angola, é destacado militante do Partido Socialista Português e da Lusofonia Pós-colonial.

da minha vida profissional, de conviver e de ser amigo de pessoas que passaram pela CEI e tiveram nela uma influência muito grande. É o caso de Mário Pinto de Andrade, o primeiro presidente do MPLA, o seu irmão Joaquim, que foi meu colega na universidade, mas também o Gentil Viana, todos eles já falecidos, e que me transmitiram a importância que a CEI teve na formação cultural e política dos jovens que vinham das colónias portuguesas estudar, uma vez que não havia universidades nas colónias.

A Casa nasce com uma intenção ideológica que é depois subvertida.

A CEI é uma instituição criada pelo regime anterior, em 1944, e extinta em 1965 pela Polícia Política. Nasce como aglutinadora de várias casas das colónias com o propósito de dinamizar a convivencialidade entre os estudantes universitários originários das colónias. A partir do momento em que a seguir à II Guerra Mundial os ventos da descolonização correm de feição e vários territórios começam a ser descolonizados, caso do Gana, em 1957, esses jovens concluíram que era fundamental aprofundar o estudo da identidade dos territórios de onde eram originários e procuram a partir daí dinamizar uma actividade cultural que se torna notável.

Essa actividade resultou na publicação de livros, por exemplo.

Livros esses que eram de jovens que acabaram por se tornar incontornáveis da cultura dos respectivos países e que hoje são referências muito fortes, e que o SOL em boa hora vai encartar todas as semanas a partir de 31 de Outubro. Fizeram essa procura da identidade de forma muito empenhada, publicaram esses livrinhos, bem como antologias poéticas que vão ser reeditadas durante a homenagem e ainda um boletim que se chamava Mensagem. E desse labor surgiram personagens incontornáveis. Quando se fala na cultura de São Tomé e Príncipe as personalidades que nos saltam à vista são a Alda do Espírito Santo e o Francisco José Tenreiro, já falecidos infelizmente. A mesma coisa relativamente a Angola, com personalidades vivas como Pepetela e Ruy Mingas, por exemplo, ou falecidas como Agostinho Neto ou António Jacinto, um grande poeta que foi o primeiro ministro da Cultura. Mas também os políticos, que ainda não o eram na altura. Estamos a falar de pessoas que marcaram as lutas pela independência: Amílcar Cabral, Mário de Andrade, Agostinho Neto, Joaquim Chissano, Mário Machungo, Pascoal Mocumbi, Miguel Trovoada, Manuel Pinto da Costa, Pedro Pires, Fernando Van-Dúnem...

Foi um viveiro.

Foi mesmo. E que tem uma obra de referência do Pepetela, que é **A Geração da Utopia**, que devia ser de leitura obrigatória nas escolas portuguesas, porque é o testemunho vivo do que foi esse período e a respectiva memória colectiva. Infelizmente, pela lei da vida, uma parte desses estudantes já faleceu. Não podíamos deixar de fazer esta homenagem que procurei dinamizar mas que seguramente todo aqueles que a viveram sentem como sua.

Pode caracterizar os estudantes?

Houve sempre um fervor da procura da identidade. Por exemplo, uma personalidade por quem tenho imensa admiração, uma das mais fantásticas poetisas da língua portuguesa, é Alda Lara, médica nascida em Angola que estudou em Coimbra e faleceu muito jovem, tuberculosa. É conhecida pelas letras de músicas como 'Mãe Negra', que Paulo de Carvalho canta, e outra que é um fado cantado por Teresa Tarouca, 'Testamento'. É seguramente uma das maiores poetisas em português. Esta cultura humanista e universalista que subjaz em todos nós tem de ser repescada e afirmada. Obviamente também com as coisas más que a nossa História teve. Vivemos num mundo egoísta, as pessoas marcham muito em resultado dos interesses imediatos e dos mercados. Mas nós somos outra coisa e é muito importante para a economia, porque a língua portuguesa é a quarta mais falada do mundo e o peso da nossa fala na economia é enorme. Os primeiros que perceberam isso foram os chineses, quando entraram na globalizacão. Fomentaram os primeiros jogos de língua oficial portuguesa, em Macau. Sabem que esta realidade pluricontinental é a porta de entrada nos continentes. E depois o mar, nós somos a fronteira do mundo do mar. Não podemos deixar aos mais novos o raciocínio pequenino, que nos está a matar. Somos muito mais do que isso.

Qual o papel dos estudantes angolanos?

É muito importante o peso dos estudantes angolanos. E a mobilização deles era enorme.

Foram eles que começaram tudo ao criarem a Casa dos Estudantes de Angola em 1943

Exactamente, embora existissem agrupamentos de outras colónias , como Moçambique.

E porquê a aproximação com Portugal?

Porque vivíamos num regime ditatorial e havia oposição por parte dos jovens portugueses, e como havia guerra todos os estudantes eram contra a guerra. Essa memória é tão viva e passou tanto na cultura que nenhum outro país a pode ter. Daí a singularidade deste mundo em que os africanos vinham para cá estudar e todos confraternizavam. Daí a afectividade que a todos nos une. É por isso que consideramos esta homenagem um desígnio nacional.

Qual é o programa das comemorações?

Vamos começar a homenagem no dia 28 na Universidade de Coimbra e onde serão reeditadas as antologias poéticas de Angola, São Tomé e Moçambique, coincidindo com a reedição dos livrinhos que o SOL vai distribuir. Vamos fazer um ou dois colóquios no primeiro trimestre do próximo ano na Assembleia da República; uma exposição documental e fotográfica com o concurso de todos que tenham material, na Câmara Municipal de Lisboa, no final de Abril; e em Maio um colóquio internacional coordenado por investigadores portugueses sobre este período, não apenas do mundo da fala portuguesa, mas europeu, particularmente franceses e alemães. Vai decorrer em Maio. E depois vai haver um encerramento das comemorações no dia 25 de Maio com os jovens estudantes universitários que se tornaram primeiros-ministros ou Presidentes da República.

Estarão todos presentes?

Todos aceitaram participar: Joaquim Chissano, Mário Machungo, Miguel Trovoada, Pinto da Costa, Pedro Pires, Fernando Van-Dúnem.

O Agostinho Neto será representado pela viúva e pela filha. Nessa altura vamos também divulgar os nomes dos jovens estudantes que foram associados. É que quando a CEI foi extinta todo o material foi levado pela PIDE. Infelizmente há nomes que não constam porque o ficheiro desapareceu.

ANEXO VI

Alfredo Margarido, Uma Ilha Africana

na Duque d'Ávila*

* Em: Revista MENSAGEM, número especial, Cinquentenário da Fundação da CASA DOS ESTU-DANTES DO IMPÉRIO (CEI), 1944-1994, Lisboa, 1997, pp. 41-44.
É minha intenção aqui recordar e celebrar a múltipla importância algo esquecida e recalcada na história do colonialismo português tanto da "Casa dos Estudantes do Império" (CEI) como do próprio Alfredo Margarido, máximo intelectual anti-colonialista lusófono, expulso de Angola e de Portugal e que só regressaria ao mundo universitário lisboeta por iniciativa do autor do presente livro.
cf. "Índice" deste "número especial" de "MENSAGEM":

As ilhas foram sempre, no imaginário ocidental europeu, tal como no imaginário africano, lugares indispensáveis à afirmação dos indivíduos e das culturas. Na mitologia Luba/Lunda, a terra começa a organizar-se graças às formigas que carreiam a terra fundadora, que será não só o lugar da natureza, mas essencialmente a base da cultura.

Isoladas, as ilhas permitem a independência mais plena, e nenhuma cultura conseguiu furtar-se à necessidade de as inscrever na geografia indispensável da criação. Os africanos que o carácter descaroável das regras do ensino secundário e superior português obrigavam a desembarcar em Lisboa, ou na Metrópole, não podiam escapar à necessidade de inventar um território, uma ilha.

E este espaço utópico que acalenta as muitas utopias que caracterizaram a vida da Casa dos Estudantes do Império, algumas das quais acabaram por se tomar realidade. Sem esquecer, contristados, aquelas que ainda esperam realização e amadurecimento. Os países africanos recuperaram a liberdade: o que foi simples utopia é hoje plena realidade. A igualdade esperada, continua completamente desatendida.

O facto de uma utopia se não realizar, não quer dizer que devamos considerá-la ou morta ou anulada. Uma utopia deve amadurecer, fornecendo graças a essa espera, o vigor indispensável á realização dos actos indispensáveis à sua eclosão. Assim foi com a CEI: quando em 1958 voltei a desembarcar em Lisboa, impedido de viver em Angola, senti-me amputado de alguma coisa que talvez não soubesse definir. Amputado de uma parte, também, da minha utopia.

O falso acaso faz por vezes bem as coisas, pois fui morar num prédio da Duque d'Ávila, instalado exactamente em frente da CEI: bastava atravessar a rua, e subir as escadas, quase sempre frementes de entradas e saídas. O porteiro procurava assegurar o controlo, em nome de não sei que segurança, mas não havia nenhum vero obstáculo à livre circulação. A CEI começava quando se entrava a porta: Lisboa perdia a sua eventual louçaria, para permitir a construção de outras paisagens.

Não seriam certamente nem as buganvílias da Alda Lara, nem as ferazes acácias rubras do Fernando Costa Andrade, que já fora Flávio Silvestre e começara a engendrar o Nunnduma ya Lépi, mas eram as violentas florações da utopia. Com efeito, a instituição devia permitir várias operações: a primeira era certamente a de permitir que os africanos recuperassem um duplo do território perdido; a segunda, devia autorizar a elaboração de projectos políticos, envolvendo os diferentes aspectos da consciência nacional em via de elaboração; sem esquecer, e seria a terceira, a necessidade premente das relações que ajudavam a reduzir as feridas simbólicas, provocadas pela violência do "desenraizamento".

Não se poderá compreender o vigor do mecanismo aglutinador da CEI, se não considerarmos os três aspectos desta problemática. No meu caso, esta situação permitia-me recuperar essa relação com a África, e mais particularmente com Angola, aprendendo inclusivamente coisas que não pudera aprender em Luanda, como aprendizamento umbundo, pacientemente ensinado pelo Gonzaga Lambo, antes de vir a sê-lo também, pelo Henrique Abranches.

As consciências nacionais

Num despacho famoso, proclamava uma das autoridades administrativas angolanas - o secretário-geral Manuel da Cruz Alvura - que não se deviam criar estudos superiores em Angola, para obrigar os estudantes africanos, e os angolanos em particular a estabelecer relações íntimas e prolongadas com a "casa lusitana". O processo de portugalização não devia dispensar, dizia o ilustre funcionário superior, a relação contínua com o território português que, em alguns casos, se prolongaria por cinco longos anos.

Ou seja, a recusa da criação de cursos superiores nas diferentes colónias, não era apenas a consequência de uma visão maltusiana dos projectos culturais angolanos, mas a aplicação de um princípio profundo, destinado a impedir a afirmação de pensamentos e de projectos autónomos. A Universidade não serve apenas para assegurar uma determinada escolaridade: ela serve também, e apetece-me as vezes dizer sobretudo, para permitir a elaboração de projectos nacionais. É nas escolas que se elaboram os projectos que dizem respeito à comunidade nacional.

O governo português reconhece de maneira explícita que o ensino, e mais particularmente o ensino superior, faz parte do dispositivo técnico do aparelho de Estado. Digamos que o governo fascista se revelou demasiado avarento em relação à sua política, pois devia ter generalizado as bolsas de estudo, para assegurar o reforço da integração dos africanos nos quadros do que agora se designa como sendo a "lusofonia". Não o fazendo, reduziu de forma sensível a eficácia da filosofia luso-tropicalista do antigo governador de Malanje e da Huíla.

Os estudantes africanos replicam, a princípio com muita incerteza e até muito tibieza, como revela entre outros o texto que o Sócrates Dáskalos consagrou à criação da Casa de Angola, para manifestarem uma maior decisão à medida que se aproximava o fim da II guerra mundial, e o renovo da luta anti-fascista. Os angolanos esperaram do fim dessa guerra o acesso a uma maior igualdade, como mostraram as manifestações que se desenrolaram em Angola e descritas, com pormenor e paixão, por Mário António Fernandes de Oliveira: a Casa dos Estudantes do Império não hesita em debater as questões mais candentes da autonomia do pensamento africano, associada ao Centro de Estudos Africanos, criado por Francisco (José) Tenreiro, Mário (Pinto) de Andrade, Noémia de Sousa e alguns membros da família santomense Espírito Santo.

Se bem que não fazendo parte do imaginário colectivo, a verdade é que o momento de transição político foi marcado pela guerra do Batebá, em Fevereiro de 1953, na ilha de S. Tomé. Para protestar contra essa violência, que provocara centenas de mortos, alguns torturados, sobretudo em Fernão Dias, publicou-se então o primeiro *Caderno da poesia africana de expressão portuguesa*. Trata-se do primeiro documento unitário, destinado a pôr em evidência a existência da consciência dos domi-nados.

Hoje, reflectindo a propósito dessas operações verificamos que deliberadamente manifestam a necessidade de estruturas menos exclusivamente culturais e mais políticas. Todavia, dissolvidas as organizações políticas que tinham caracterizado a vida política dos africanos em Lisboa, só podia haver uma solução: a adesão aos movimentos políticos portugueses que militavam na oposição. Quantos africanos não passaram pelas fileiras do PCP ou do MUD? Não foi Agostinho Neto dirigente nacional do MUD-Juvenil?

Da consciência nacional à organização política

Naturalmente a CEI não podia manter-se alheia à importância do debate político, fosse em cada uma das colónias, fosse em Lisboa ou em Portugal. As condições de organização eram fundamentais, na medida em que os portugueses eram eminentemente colonialistas, esperando apenas, os mais democratas, que o regime corrigisse os erros eventuais ou as violências.

Creio que é essa situação que espelha melhor a condição de ilha que caracterizava a CEI: entradas as portas da instituição, dissolvia-se a ameaça do racismo que podia pesar sobre os africanos em geral. Esta situação permitia que o diálogo das gerações se fizesse, mas exigia sobretudo uma solidariedade contínua. Não que o racismo português fosse tão brutal como passou a sê-lo nos dias de hoje, mas registava-se uma violência difusa, que já Costa Alegre denunciara no século XIX, tal como fora claramente posto em evidência em algumas reportagens do principês Mário Domingues.

Lembro-me bem da total impotência de quantos, nesses anos que, para mim, vão de 1958 a 1964 (deixei de lado os anos 52-54), militantes do PAIGC dispunham de condições de funcionamento eficaz em termos políticos, de relação, mesmo se arriscada, com o Movimento. Os demais conheciam situações mais esfarrapadas, sobretudo no caso dos militantes angolanos, já que o nosso "quiet-man" em Paris, o Paulo (Teixeira) Jorge, se mostrava incapaz de assegurar as tarefas que pareciam urgentes a todos e a mais algum.

O peso da censura obrigou os universitários de então a optar pelas manifestações literárias, sobretudo as poéticas, como era então a moda no mundo português. Não poucos deixaram-se arrastar pela convicção de que o combate político devia ser essencialmente, quando não exclusivamente, literário. A CEI não poderia furtar-se ao peso dos condicionalismos culturais que caracterizavam a sociedade portuguesa, se bem que africanos, todos viviam nessa situação ambígua que os obrigava a partilhar os valores do colonizador. Daí que a reflexão política fosse extremamente reduzida, sendo sobretudo veiculada graças à expressão literária.

Não que a situação não provocasse muitos engulhos, pois já aparecera a ideia de ser necessário proceder à elaboração de uma história angolana já inteiramente descolonizada. Creio que a ideia pertenceu ao Henrique Abranches, entretanto expulso de Angola, mas não houve tempo de a levar a cabo em Lisboa ou em Portugal, devido à actividade política de muitos membros da CEI, manifestamente integrados em organizações da oposição portuguesa. Mas a ideia, indispensável, sublinha as condições da transição para uma nova forma de luta: se os poetas como Alda Lara exaltavam as torças do regresso, os historiadores já tinham dado um passo em frente: descolar Angola do tecido português, era uma actividade essencial e precedendo a solução política que só podia ser a independência.

O gato e o rato, ou a História da repressão

Um dos grandes mistérios da CEI foi sempre, para mim, a relativa astenia da polícia política em relação à instituição. Certo, de tempos a tempos, anunciava-se a prisão de um dos membros da Casa, mas quase sempre esta operação repressiva encontrava a sua razão de ser em actividades militantes, sempre nas organizações políticas da oposição portuguesa. É certo que se sucediam as intervenções ministeriais, que provocavam as comissões administrativas, mas elas não pareciam chegar ao Estado-maior da rua António Maria Cardoso.

A maneira como foram negociadas as edições da CEI, que incluíam autores já então votados ao ódio nacional português - como nos casos de Agostinho Neto e de Viriato da Cruz - sublinha a consciência do risco corrido. Só a extrema coragem de Carlos Ervedosa e de Fernando Costa Andrade, permitiu que essas operações tossem levudus a cabo. Não sem choques, como o que resultou da proibição e da apresentação da segunda edição dos *Poetas Moçambicanos*, que tinha organizado, tal como já tinha tido em mãos a primeira edição, que continua assinada pelo Luís Polanah.

A actividade conspiratória foi por vezes tão apaixonada que, à distância, ela revela a sua extrema periculosidade, como no caso dos militantes do PAIGC que se reuniam todas as quintas-feiras num dos cafés do outro lado da Duque d'Ávila, quase sempre sob a autoridade do Jorge Querido. Digamos as coisas mais simplesmente: houve um momento, difícil de datar, que se coloca entre 1961 e 1962, em que a CEI decide pôr em funcionamento as suas próprias regras: a ilha rebelara-se.

Tal foi de resto a sensação que exprimentei após alguns meses de afastamento, entre 1962 e 1963, que me viram passar pelas prisões políticas da Rua do Hermo, no Porto, Aljube e Caxias. Carlos Ervedosa, que dispunha de uma extrema sensibilidade política, alterara as condições específicas das edições da CEI, com pequenos cadernos de ensaios, de que saíram apenas três (o do próprio Carlos Ervedosa, o de Onésimo Silveira e o meu). Passava-se claramente da afirmação poética à actividade política, acompanhada pela reflexão teórico-política.

Quando é que a PIDE se deu conta do carácter inaceitável da CEI? Talvez tenha sido consequência do prémio concedido a José Luandino Vieira, ou mais simplesmente resultado da intervenção de Amândio César numa emissão organizada por José Mensurada na televisão da época e consagrada a este caso. Há quem diga que a intervenção policial se deveu a uma fagulha de inteligência do ministro Silva Cunha, um especialista da investigação policial... Por que não? A verdade é que se esperava esta medida a partir de 1961. Não havia razão para surpresas, salvo a do carácter tardio desta decisão.

Balanço

Haverá maneira de proceder a um balanço objectivo? Há alguns anos atrás Fernando Mourão contou-me uma história que me parece reveladora: conversava ele com o malogrado Presidente Samora Machel, em companhia de outras pessoas quando, a certo momento, verificou que tinha ficado sozinho com o Presidente. Este, também surpreendido, quis saber o que se passava e Fernando Mourão, após ter lançado um rabo de olho para a concentração que se refizera a poucos metros, esclareceu: "São os antigos da CEI, o senhor Presidente tenha paciência, mas vai ficar sozinho, porque eu também sou um antigo." Sereno, o Presidente Samora Machel encontrou a solução: "Nesse caso, eu passo também a ser um antigo da CEI!" Quer dizer esta história que a CEI participou muito activamente na elaboração e sobretudo no reforço das linhas internas das diferentes consciências nacionais. A lenta mas constante degradação da força do colonizador, deve-se ao trabalho teórico e prático de militantes que souberam libertar- se do peso dos modelos colonialistas, isto no preciso momento em que as autoridades políticas e cientificas portuguesas pretendiam impor *urbi et orbi* a lição do luso-tropícalismo freyriano. Se me fora possível denunciar esta lição num jornal luandense, com pouco eco nacional e internacional, Mário Pinto de Andrade pôde fazê-lo na *Présence Africaine,* com um eco internacional que ainda se não apagou.

Tal foi uma das forças desta ilha africana em plena Avenida Duque d'Ávila: impedir que a deformação colonialista pudesse funcionar com verdade indiscutível e indiscutida. Quem teria dado o prémio a José Luandino Vieira se não se registasse já a presença da lição e do combate da CEI, editando os "clássicos" de cada um dos países ainda colonizados? Quem, em Moçambique, teria podido assegurar a edição de José Craveirinha, esse poeta-tambor, que queria assegurar a produção dos sinais mais violentos e definitivos da apaixonada consciência nacional moçambicana?

Creio ter percebido uma certa amargura na *Geração da Utopia* do Artur Pestana, (que durante tantos anos foi o Pestaninha, para o distinguir dos dois "grandes" Pestana Heineken, antes de se metarmofosear, ajudado pela guerrilha, em Pepetela); o projecto afinai não só não foi realizado, mas regista-se uma perversão que o escritor não pode aceitar sem peio menos um lamento. As utopias possuem uma condição particular, nisso parecidas com os gatos: têm, quando autênticas, sete fôlegos. Ao evocar a CEI, não posso deixar de salientar o vigor dessa utopia que, mesmo amolachada, continua a perfumar a minha existência.

Lisboa 1996

ANEXO VII
René Pélissier, O Senhor Historiador[*]

As sete divisões da casa — uma vivenda em Orgeval, a cerca de 50 quilómetros de Paris — estão transformadas numa biblioteca, que, ano a ano, vai tomando conta de todos os espaços disponíveis. Incluindo os quartos de dormir... "Já não tenho espaço livre no escritório, escrevo na cozinha!" Ao todo, são mais de 12 mil volumes, sem contar com as inúmeras caixas de arquivo onde guarda revistas, fotocópias, folhetos e outras publicações, a que se juntam caixas de sapatos onde tem organizadas milhares de fichas de leitura. É uma biblioteca ultraespecializada, na medida em que acolhe quase exclusivamente livros sobre três temas: os PALOP e Timor (o núcleo principal), os territórios africanos de domínio espanhol, e a colonização escandinava. "Mas só tenho trabalhos depois dos anos de 1820 ou 1830." Sobre Angola possui 2577 títulos classificados como "importantes", mais os que estão espalhados pelo chão ou amontoados nas mesas. A estes há que acrescentar mais 1355 tidos como "secundários", classificação que abarca a propaganda, a literatura de ex-combatentes e os romances.

Dos mais valiosos, destaque, pela raridade, para a primeira edição de "Délafrikai Utazásai 1849-57 években", do húngaro László Magyar, editado em 1859. "Era um explorador que em Angola fez o equivalente do Serpa Pinto ou do Capello e do Ivens." Outra relíquia, mais antiga, é a do italiano Tito Omboni, " Viaggi nell'Africa Occidental", editada em Milão em 1845.

---

* José Pedro Castanheira/Nuno Botelho, em: A Revista do Expresso, 16 Janeiro 2016, pp. 50-53

Até pelo especial lugar e importância dados à historia de Angola e também como homenagem ao não suficientemente conhecido e reconhecido "historiador" de todas as ex-colónias lusófonas, aqui reproduzo, com a devina vénia, este singular texto de José Pedro Castanheira sobre René Pélissier, O "Senhor Historiador".

Pélissier fala de uma "explosão editorial" nas últimas décadas. Quando não havia internet "era muito mais difícil saber o que havia num domínio preciso." Desde que utiliza a internet, passou a adquirir mais títulos. "Houve um ano em que cheguei a comprar cerca de 500. As ofertas são à média de 100-120 por ano."

Da sua biblioteca leu por completo cerca de dois terços dos volumes. Aos restantes fê-lo parcialmente. "Não me interessam verdadeiramente. São livros do género 'as minhas memórias de Angola', ou 'recordações da guerra da Guiné'..." Ao abordar um livro de História começa pela bibliografia. "É a minha regra. Antes da internet era assim que tomava conhecimento da existência de novos livros. Através da bibliografia percebo em que sentido vai. Se são simples recordações, ou se se insere no glorificado luso-tropicalismo, desconfio. Se verifico que é mais do que isso, começo a lê-lo de forma atenta." As recensões são escritas à mão e transcritas para um computador por uma pessoa contratada. Não escreve acerca de tudo o que lê. "Apenas sobre aqueles que me são oferecidos." Aos que adquire, limita-se a fazer "uma ficha para uso pessoal. Tenho fichas sobre todos os livros que li".

Tem um especial orgulho na secção de viagens e de caça em Angola, com 260 volumes. Na literatura de viagens sobre Moçambique tem quase tudo. "Não sou um homem que procure a raridade, mas o único livro de viagens que me falta é o 'Travellers' Records of Portuguese Nyasaland', de W. Y. Campbell, editado em Londres em 1899."

Também há lugar para a ficção. "Estão separados e não estão nas vitrinas, porque antes de mais sou um historiador. Mas também os leio. Quando os peço e recebo, analiso-os e publico uma recensão."

René Pélissier nasceu em outubro de 1935 em Nanterre, que designa como "um subúrbio proletário e sinistro da região parisiense". Filho único, a infância com os pais foi em casa do avô, que era ferreiro. Livros não eram coisa que abundasse em casa. "Ao todo haveria uma dezena. " Um deles era inesquecível: "Um misterioso atlas, anterior a 1900, que nem existe na Biblioteca Nacional de Paris, com mapas a cores." Um atlas folheado vezes infinitas por uma criança ávida de conhecimento. "Iniciei-me aí na geografia exótica."

Na escola, confirmou a paixão pela História e aprendeu inglês e espanhol, uma língua que viria a ser de extrema utilidade a curtíssimo prazo. "Os meus amores pelo exotismo começaram por Portugal em janeiro de 1955", como intérprete de espanhol de um alto funcionário sueco. "Ele viajou até Portugal para se encontrar com a futura noiva portuguesa e eu servi-lhe de acompanhante e intérprete na viagem de automóvel."

Conquistado pelo exotismo e apaixonado pela investigação histórica, "orientei a minha escolha para o sul e escolhi uma coisa um pouco bizarra: a África de colonização espanhola sob Franco. Fui o primeiro francês a escrever uma pequena monografia sobre o Sara espanhol e a Guiné Equatorial."

Aprendeu sozinho o português. "Foi a ler o único jornal português que encontrava em Paris: 'O Século'". Pediu à Junta de Investigações do Ultramar que lhe enviasse algumas publicações, de que fez uma recensão crítica numa revista de Genebra. "Era um artigo não polémico sobre trabalhos da Junta. Naquela altura Portugal e Salazar eram o 'cão tinhoso' da ONU e de todos os terceiro-mundistas. O presidente da Junta, Carlos Abecassis, que era um homem notável, convidou-me então para uma longa viagem de iniciação a Angola e São Tomé e Príncipe." Começou o périplo pelo Uíge, o distrito mais "quente". "Estava-se em 1966. A guerra não tinha nada a ver com o início de 1961, quando se deram os massacres" da UPA. Esteve em vários postos militares, convivendo com alferes antissalazaristas. "Comecei a compreender que havia muita çoisa a explorar. No campo de trabalho de São Nicolau o diretor queria mostrar-me um espetáculo para inglês ver..." Atentíssimo, "registava tudo num caderno. Foi um trabalho de jornalista. À noite revia e completava as notas no quarto. Se escrevesse o que pensava sobre certas cenas que vi teria sido expulso, apesar de ser um convidado oficial. Vi coisas que não deixavam os jornalistas ver." A viagem inclui São Tomé. "No Príncipe fui o 17e estrangeiro a visitar a ilha nesse ano." Desta e de outras passagens por Portugal há um processo no Arquivo da PIDE. "Nunca o fui ver, mas sei que tenho."

Em Lisboa, mergulhou nos arquivos. No Arquivo Histórico

Ultramarino não foi bem-sucedido. "Disponibilizavam unicamente a bibliografia já publicada. Sem acesso às peças arquivísticas, significava que para mim não passava de uma biblioteca. Só que eu podia encontrar aqueles livros na Sociedade de Geografia, onde passei a trabalhar todas as manhãs. À tarde ia para o Arquivo Histórico-Militar."

Auxiliar precioso durante toda a vida do investigador foi a Livraria Histórico-Ultramarina, no Bairro Alto. Propriedade de José Maria da Costa e Silva, contou com a colaboração do seu assistente, o alemão Fritz Berkemeier. "Tornei-me o principal cliente privado da livraria, onde comprei algumas centenas de livros. Nunca fui a Lisboa sem subir as suas escadas, sempre com o coração aos saltos: o que irei encontrar? E encontrava sempre qualquer coisa. Eles centralizavam tudo a um preço abordável, por vezes em muito mau estado, até roídos pelos ratos."

Durante a investigação, "descobri um facto desconhecido fora de Portugal: a frequência inabitual de operações e campanhas militares para a conquista de Angola, e também para a de Moçambique, Guiné e Timor. Nunca acreditei na teoria dos cinco séculos de colonização e exploração, que é uma burla. Mas era preciso que o demonstrasse para pulverizar esse mito... Entre a segunda metade do século XIX e 1941 foram necessárias 180 operações militares para sujeitar Angola, um país que se dizia colonizado há cinco séculos. A lógica saltava aos olhos. Os próprios militares escreviam nos seus relatórios que estavam num país quase desconhecido. Ora se já tivesse sido colonizado não podia ser desconhecido! A ocupação inicial limitou-se à parte da costa atlântica e às linhas de penetração no interior."

Durante séculos, Angola fora pouco mais que um grande fornecedor de escravos ao Mundo Novo — as Américas. "Angola foi a 'mãe preta' do Brasil. Mas não sou dos que dizem que Portugal foi dos piores esclavagistas. Não. Toda a gente foi esclavagista, mesmo os suíços. Os escandinavos foram mais espertos: tiveram colonizados no interior das suas fronteiras — os lapões, ou saami. E a Dinamarca exportou cem mil escravos de Africa para as Antilhas. Em matéria de tráfico de escravos ninguém tem as mãos limpas."

"Compreendo que os portugueses se sintam orgulhosos do seu

passado. Não há bons colonizadores, há apenas uns mais duros do que os outros. E toda a gente é racista, é próprio do homem. Pode dizer-se muita coisa sobre os portugueses mas em geral não massacraram os povos colonizados de forma genocidária." A colonização lusa não está isenta dos pecados das demais. "As gerações formadas sob a ditadura acreditaram nos cinco séculos de colonização (que em África só houve realmente em Cabo Verde e São Tomé). Em matéria de História, mesmo um homem inteligente acredita no que aprendeu na juventude e na escola. Mas não é verdade! Basta ver o extraordinário livro 'Sul de Angola', de João de Almeida, o governador da Huíla que explorou no sentido nobre do termo todo o sudeste de Angola ao longo do rió Cubango em 1909."

Sob o título "Resistência e revoltas em Angola (1845-1961)", a tese de doutoramento foi defendida em 1975, após dez anos de investigação. Em 1977 virou a página angolana e começou a estudar Moçambique. "Preferi escrever para o grande público. Infelizmente não há muitas histórias globais sobre estes países. Salvo uma, de Malyn Newitt, que escreveu uma história de Moçambique e que é muito respeitável." Depois, "descobriu" a Guiné- -Bissau. "E estudar a Guiné foi duro. É um funil de população que vem do interior de África. Tive que aprender a gerir a bibliografia sobre os fulas da Guiné francesa e do Senegal, dos mandingas que vêm do Norte, etc." Por fim, Timor-Leste, o quarto e último país lusófono que estudou e para o qual sentiu a necessidade de aprender holandês. "Era indispensável conhecer também a historiografia holandesa" acerca da parte ocidental da ilha." Em Angola esteve por três vezes e duas em Moçambique. "Dor das minhas dores", comenta ao falar da Angola. "A joia do império faz-me mal ao coração. Tornou-se um campo de ruínas." Depois da independência não voltou aos países sobre os quais escreveu. "Em Angola queriam que eu fosse ensinar na Universidade, mas depois do que me fizeram não tinha desejos de lá voltar. Denunciaram-me como um inimigo de Angola num jornal marxista de Luanda. Quem o dirigia havia colaborado num livro de história de Angola e do MPLA, publicada em Argel, de que eu dissera na minha tese que estava repleta de erros 'himalaianos' e até invenções."

Chegou a ser convidado para ir à lamba ver Savimbi, mas recusou.

Esteve com ele mais tarde na Europa. "Disse-lhe: 'a política não me interessa, fale-me antes do seu avô'. Ele não escondeu o espanto, fora a primeira vez que alguém lhe perguntara pelo avô e contou-me que fora um chefe tribal anticolonialista." Em Brazzaville conheceu Lúcio Lara, um dos principais dirigentes do MPLA. "Sabia o que fazia e para onde ia. O seu drama é que era mestiço, quase branco, num país negro-africano que na época não gostava de mestiços." Avistou-se com Aquino de Bragança, da Frelimo, "o 'maitre à penser' de Samora Machel", e Luís Cabral, do PAIGC. O meio-irmão, Amílcar Cabral, "era, de todos os dirigentes nacionalistas das colónias portuguesas, o que tinha um pensamento mais estruturado. Os outros só queriam derrubar o regime colonial, sem saber muito bem o que construir no seu lugar." Ao fazer o balanço dos 40 anos das independências, "não digo bem a não ser de Cabo Verde".

Carlos Abecassis foi nomeado presidente da Diamang, a empresa de diamantes de Angola. "Em 1976 ofereceu-me um subsídio de 25% do custo da edição da tese de doutoramento. Não era suficiente, mas foi aí que tive um 'golpe de génio': tornei-me o meu próprio editor. Com aquele subsídio imprimi-a em Portugal, dividida em dois livros." O primeiro, "Les Guerres Grises", sobre a ocupação militar de Angola de 1845 até 1941; o segundo, acerca da erupção dos nacionalismos entre 1926 e as operações de 1961, "La Colonie du Minotaure". Os livros foram impressos em francês numa tipografia de Braga.

Com cinco volumes em apenas três anos, "consegui obter alguma credibilidade no mundo editorial e científico." "Explorar" é o que considera o seu "melhor livro" sobre Angola. "É a visão única de um historiador que começa o trabalho numa sociedade que o quer enganar, mostrando-lhe apenas o lado bom das coisas. Cada país tem a sua fachada, para mostrar aos estrangeiros. Eu fui tentar ver as coisas atrás do espelho." Daí o nome: "Explorar", um "título ambíguo", na medida em que tanto pode significar descobrir como explorar no sentido económico. Conserva na garagem dois mil exemplares que está disposto a vender a qualquer instituição ou editora por um preço pouco mais do que simbólico.

Disponíveis em português estão sete obras suas. Cinco pela Estampa, ao tempo em que era dirigida por Manso Pinheiro, "grande editor e amigo"; uma pela Universidade do Porto ("De África a Timor"); outra pela Tinta da China ("História de Angola", em coautoria com Douglas L. Wheeler).

Além da investigação pura e dura, tem-se dedicado a escrever recensões sobre todas as brochuras e livros que descobre e lhe são oferecidos. Escreve em várias publicações portuguesas (como "Africana Studia" ou "Relações Internacionais") e francesas. Já há algum anos viu dispensada a sua colaboração na revista "Análise Social". "Africana" foi o primeiro dos quatro volumes de bibliografia já publicados, reunindo as suas recensões. Ao mais recente, dado à estampa em 2015, chamou-lhe "Portugal, Afrique, Pacifique" (que em Portugal pode ser adquirido através do endereço daniel.gouveia2@gmail.com ou para Av. D. Pedro V, 15-5°E, 2795-151 Linda-a-Velha). Ao todo são 3700 recensões de livros publicados em 15 ou 16 línguas, em cerca de 60 países. A utilidade é óbvia para investigadores, professores, editores, livreiros, bibliotecários.

O britânico Charles Boxer, falecido em 2000, é uma das suas principais referências. "Respeito muito o grande Charles Boxer, pelo exemplo de pioneirismo que foi para o período anterior ao meu. Li quase todos os seus livros em inglês, mas só possuo três ou quatro, os únicos que me interessam". A curiosidade e a admiração levaram Pélissier a ir ao seu encontro em Londres. "Almoçámos juntos no seu clube, para onde me convidou. Era um homem encantador. Fomos ambos franco-atiradores da edição. Ele foi oficial do Exército britânico e até dos serviços de informações, tendo sido prisioneiro dos japoneses durante a Segunda Guerra Mundial. Não era historiador de profissão, mas nem por isso deixou de ser um grande historiador."

Grande especialista na história colonial, sobretudo no Oriente e Brasil, Boxer foi distinguido com um doutoramento *honoris causa* em Portugal em 1952. "Só depois é que começou a ser traduzido em português." Com uma distinção semelhante "só conheço Geneviève Bouchon, uma orientalista francesa que estudou tudo sobre Vasco da Gama. Nunca li os seus livros, não me interessam, porque o que me preocupa é colonização real. Em História são os únicos doutorados *honoris causa* que conheço e ambos escreveram sobre o primeiro império. Se eu quisesse fazer uma carreira aplaudida pelas autoridades portuguesas não poderia ir mais longe do que 1650. Ora eu começo em 1830,40 ou 50 conforme os países."

Boxer tinha "uma vantagem" sobre Pélissier: "Publicava tudo em inglês, o que lhe abria um público muito mais vasto do que o meu. Eu só toco as bibliotecas e estas, fora dos EUA, infelizmente não compram muitos livros senão na sua própria língua. Ora não é com as 15 ou 20 bibliotecas francesas que me compram que posso tocar um grande público."

"Nunca há livros inúteis", gosta de dizer. "Mas um livro tem tanto mais interesse quanto traz algo de novo." Da imensa literatura sobre Angola continua a destacar o clássico "The Angolan Revolution", do norte - americano John Marcum, nunca traduzido para português. "Tiro-lhe o chapéu." Destaca ainda W. G. L. Randles, autor de "L'Ancien Royaume du Congo", Joseph Miller e o seu monumental "Way of Death" sobre o comércio de escravos, e o já citado Malyn Newitt. Pelo tom absolutamente raro, distingue o argelino Boubaker Adjali-Kapiaça e o seu "Va dire à Neto, va leur dire". "Foi um jornalista que reconheceu que mentiu para fazer propaganda em favor dos nacionalistas do MPLA". Durante as guerras coloniais e as posteriores guerras civis e internacionais, "os jornalistas e os historiadores estiveram muito comprometidos. Não gosto de historiadores politicamente engajados, que subordinam o seu trabalho a uma ideologia partidária ou a uma causa, ou a uma censura ou autocensura para obter um posto ou um favor. Gosto de historiadores lúcidos que trabalham em profundidade e que, se possível, são originais."

Quanto à historiografia portuguesa, "o drama é que foi durante muito tempo orientada por conceções ultranacionalistas e ideologias falsas". Dá como exemplo o brasileiro Gilberto Freyre e o seu luso- -tropicalismo, "aplicado abusivamente à África portuguesa, de que não conhecia nada, e que agora só convence alguns retornados". Entre os autores portugueses, destaca a obra clássica do historiador Teixeira da Mota e do geógrafo Orlando Ribeiro. Da atualidade, realça a dupla de militares Aniceto Afonso e Carlos Matos Gomes, e os académicos Miguel Bandeira Jerónimo, Ricardo Soares Oliveira, Pedro Aires de Oliveira e Maciel Santos. No espaço virtual elogia o sítio *guerracolonial.home.sapo.pt*, da responsabilidade de Jorge Santos. Dos PALOP, evidencia o cabo-verdiano José Maria Vieira de Brito Almeida.

René Pélissier está disposto a negociar a sua biblioteca? "Pergunto-me muitas vezes: quem poderá estar interessado nela?" Não está muito inclinado a que possa vir a ser integrada numa biblioteca portuguesa. "Entendo me bem com os portugueses. Mas conheço os defeitos da sociedade portuguesa, a falta de estabilidade do pessoal e dos dirigentes dos serviços culturais. Uma biblioteca é uma base de conhecimento e é preciso aumentá-la sempre, estar na brecha, e não vejo quem, em Portugal, tenha essa possibilidade, assim como os créditos e o conhecimento para comprar livros sobre Angola ou Moçambique. Não há, pelo menos não vejo ninguém."

Não vê que a Fundação Gulbenkian possa estar interessada, uma vez que a sua biblioteca é dedicada às artes plásticas, "em que provavelmente é uma das melhores do mundo". Estima o respetivo valor financeiro "entre um e dois milhões de euros. Para 12 mil títulos não é nada caro. Basta ver que não seria possível reconstituí-la, porque há muitos livros que estão esgotados, salvo os editados nos últimos anos." A hipótese do Brasil está fora de causa. "É o pior de tudo! É preciso gente séria." Em Portugal "há muito boas intenções, mas faltam os créditos para comprar de forma continuada". Para manter atualizada uma biblioteca como a sua "são necessários 12 a 15 mil euros por ano". Só que em Portugal "não se levam as bibliotecas a sério. É preciso gente competente, motivada e trabalhadora."

O seu último "livrinho" de investigação ("Por- tugais et Espagnols en 'Océanie'") foi recusado por algumas editoras portuguesas. Saiu em 2010 na sua própria: as Editions Pélissier. É uma análise comparada. "Os espanhóis foram menos capazes do que os portugueses de se afirmarem numa pequena ilha de cinco mil habitantes nas ilhas Carolinas, no Pacífico. Em Timor, os portugueses operaram de forma inteiramente diferente dos espanhóis: cortavam-se as cabeças, após o que os crânios mágicos eram espetados em estacas diante das fortificações para espantar os inimigos." O que, aliás, já fora explicado no seu "Timor em Guerra". "Não escrevo para pregar moral mas para contar o que se passava e olhar para os resultados. Os espanhóis venderam aquelas ilhas aos alemães em 1899. Os portugueses só saíram de Timor em 1975. E não se julgue que a tradição belicosa dos cortadores de cabeças se apagou miraculosamente depois das ocupações japonesa e javanesa...”

Passado o cabo dos 80 anos, Pélissier deixou de viajar e de investigar. “Conheci 52 países, sobretudo de África. Chega! Só vou quando me pagam tudo.” Esteve vinte vezes em Portugal, a última das quais em 2010, para uma conferência no ISCTE. Mas nem o Estado nem a academia alguma vez lhe manifestaram reconhecimento. “Cumpri a minha missão”, afirma com uma ponta de tristeza, enquanto ajeita os óculos e afaga os cabelos brancos. “Fui um jovem explorador. Agora sou velho e já não estou no terreno, tornei-me um explorador de poltrona. Dedico-me apenas à bibliografia. Espero que os meus livros — os que escrevi e os que conservo na biblioteca — sirvam para qualquer coisa nos próximos 50 anos.”

ANEXO VIII

Petrouska Ribeiro, Educação informal e CPLP: Projeto IERPA (Instituto de Ensino Recorrente e Profissional de Angola[*]

1. Introdução

Compreender o fenómeno da educação informal implica, antes de mais, entender um conceito de educação que não passa pela escola em sentido formal, bem assim o Estatuto de Professor e o Estatuto de Aluno.

A aprendizagem é baseada na estrutura educativa e sempre na promoção das populações, na animação desencadeada pelas minorias e na transmissão das competências para que a pessoa humana se desenvolva enquanto cidadão.

Ora, este modelo educacional propõe o desenvolvimento de estruturas capazes de tecer laços com os dois mundos, aos quais irá servir: o mundo da educação, numa perspetiva formal e o mundo da educação numa perspetiva profissionalizante, prática, objetiva.

Servirá, a criação deste pilar, para um maior «aliciamento» dos jovens que se encontram em situação de não frequência do ensino - em grande escala, o ensino básico - com menos gastos, onde se possam atingir grandes dimensões na luta contra o fenómeno da exclusão e reinserção social.

Torna-se, desta forma, imperativo definirmos as etapas de formação

---

[*] Em: RLHT, Revista Lusófona de Humanidades e Tecnologias, nº12 (2007/2008), pp. 161-170.
Além do mais, serve para reforçar o princípio mil vezes repetido ao longo desta obra, que é a "Educação Universal, Obrigatória e Gratuita" que constitui um dos motores insubstituíveis do Desenvolvimento Humano, e que não é válido somente para os Povos e Países Europeus...

a que o ensino formal obriga, para melhor encaixar o projeto de uma escola de formação - IERPA[1] - que coabite com as normas e leis pautadas pelo Ministério de Educação do País e que possibilite uma inserção da população na vida profissional mais rápida do que no ensino formal.

A instrução básica tem como fases a educação infantil - para crianças de 0 a 6 anos -, o ensino fundamental - obrigatório, com oito anos - e o ensino médio, de três anos.

A educação superior é constituída de cursos sequenciais, cursos de graduação e de pós-graduação. A educação profissional é definida como complementar à educação básica, portanto a ela articulada, mas podendo ser desenvolvida em diferentes níveis, para jovens e adultos com escolaridade diversa.

A educação profissional tem como objetivos não só a formação de técnicos de nível médio, mas a qualificação, a requalificação, a reprofissionalização para trabalhadores com qualquer escolaridade, a atualização tecnológica permanente e a habilitação nos níveis médio e superior. A educação profissional deve levar ao «permanente desenvolvimento de aptidões para a vida produtiva».

Partindo do pressuposto que "educar para a cidadania merece um olhar aberto, prático e capaz do ensino", a realidade angolana, neste momento, permite que a identidade fique alterada quando se determina que a educação escolar, e consequentemente o ensino médio, se deva vincular ao mundo do trabalho e à prática social.

Esta conotação dá maior abrangência ao segmento ensino médio, somada ao facto de que, este segmento do ensino é a etapa final da educação básica, oferecendo agora, de forma articulada, o que antes tinha finalidades dissociadas - uma educação equilibrada, com funções para todos os educandos, se previrmos:

- A formação da pessoa de modo a desenvolver os seus valores e as competências necessárias à integração do seu projeto individual ao projeto da sociedade em que se situa;

---

1 - IERPA - Instituto de Ensino recorrente e Profissional de Angola

- A preparação e orientação básica para sua integração no mundo do trabalho, com as competências que garantam o seu aprimoramento profissional e permitam acompanhar as mudanças que caraterizam a produção no nosso tempo;
- O desenvolvimento das competências para uma aprendizagem contínua, de forma autónoma e crítica, em níveis cada vez mais complexos de estudos

2. Angola: Situação Geral e Programa de Consolidação

As considerações gerais sobre o Programa de Consolidação para o biénio 2006 - 2008 indicam a necessidade de construir novas alternativas de organização curricular, comprometidas, de um lado, com o novo significado do trabalho no contexto da globalização e, do outro, com o sujeito ativo, a pessoa humana que se apropriará desses conhecimentos para aprimorar-se no mundo do trabalho e na prática social.

Ora, o desenvolvimento humano tem a ver, em primeiro lugar e acima de tudo, com o deixar que as pessoas vivam a vida que valorizem, permitindo-lhes realizar todo o potencial como seres humanos. O quadro normativo do desenvolvimento humano reflete-se hoje na visão ampla definida nos Objectivos de Desenvolvimento do Milénio - o conjunto de objetivos com limites temporais acordados internacionalmente - e que visam reduzir a pobreza externa, alargando a igualdade de géneros e promovendo oportunidades de saúde e educação, como pilares fulcrais no desenvolvimento de todo o mundo.

O progresso em direção a estes objectivos fornece um ponto de referência para a avaliação da determinação da comunidade internacional em traduzir os compromissos em ação.

Mais do que isso, é a condição para construir uma prosperidade partilhada e uma segurança coletiva no nosso mundo, cada vez mais, interdependente.

Pela sua natureza e duração, é possível absorver-se três grandes linhas de orientação para o desenvolvimento da Educação:

- Transformar o quadro institucional, dotando-o de estruturas eficazes e de recursos humanos qualificados, capacitados quer para implementar os projetos definidos, quer para preparar e executar as ações subjacentes às diversas fases do lançamento da reforma educativa;
- Promover uma eficácia acrescida do ensino (através da criação de condições de base para a formação contínua de professores) e da sua contribuição para a melhoria do tecido produtivo (mediante o reforço do ensino técnico profissional e de novas estruturas e metodologias para o ensino recorrente de adultos);
- Aumentar a capacidade de oferta educativa e de apoio social aos alunos do futuro ensino primário.

Naturalmente que a dimensão e as vertentes desse programa estão condicionadas pela permanência ou progressiva erradicação da situação de instabilidade decorrente do pós-conflito político-militar e consequente fenómeno migratório verificado nos últimos seis anos.

Consoante o cenário, condicionados também poderão estar, ou não, três fatores decisivos para arrancar o sistema educativo angolano da situação progressivamente degradada, em termos de acessibilidade, equidade, de eficácia e qualidade:

- A assunção efetiva da educação como uma prioridade para o desenvolvimento;
- A mobilização social e a criação de parcerias para a promoção quantitativa e qualitativa da educação; e
- A criação de condições para uma aposta sustentada nos domínios técnico e financeiro da cooperação internacional multilateral e/ou bilateral.

Na imprevisibilidade da evolução da situação, é, todavia, possível definir, com alguma margem de segurança, por um lado, os eixos fundamentais que devem nortear o Programa de Consolidação e, por outro lado, identificar as áreas suscetíveis de se poderem formular projetos a serem corporizados no futuro.

Três eixos fundamentais deveriam balizar o Programa de Consolidação:

- Reforçar e aprofundar as áreas de atuação deste programa e, se possível, alargar a sua implantação a outras províncias e municípios do país;
- Direcionar-se para novas áreas de atuação ou transversais ao sistema educativo; e
- Privilegiar uma orientação no sentido da democratização e da qualidade, embora continuando a atuar na vertente quantitativa da acessibilidade e da equidade que constituíram a tónica de programas anteriores[2].

2.1. *A Atuação do IERPA*

Há, reconheça-se, necessidade de se romper com os paradigmas tradicionais para que se alcancem objetivos propostos para a educação básica e para a educação profissional. Tornou-se corrente afirmar que o conhecimento é hoje o principal fator da produção. Aprender a aprender coloca-se, assim, como competência fundamental para inserção numa dinâmica social que se restrutura continuamente. A perspetiva da educação deve ser, pois, desenvolver os meios para uma aprendizagem permanente, que permita uma formação continuada, tendo em vista a construção da cidadania.

Ao preconizar o aprender a aprender, consideram-se as rápidas transformações geradas pelo progresso científico e tecnológico, as novas formas de atividade económica e social e a decorrente necessidade de uma educação geral suficientemente ampla, mas que possibilite aprofundamento numa determinada área de conhecimento.

A educação geral fornece as bases para continuar aprendendo ao longo da vida. Ela é de extrema importância para o desenvolvimento de aptidões que possibilitem enfrentar novas situações, privilegiando

---

2 - Nesta matéria, é importante citarmos o plano de actuação do "Programa de Emergência" implementado em Angola, no período entre 2000-2006.

a aplicação da teoria na prática e enriquecendo a vivência da ciência na tecnologia e destas no social, por seu significado no desenvolvimento da sociedade contemporânea.

Dentro dessa conceção de educação, as competências e habilidades requeridas são as mesmas para atingir os objetivos primordiais, sejam elas o desenvolvimento pessoal e da cidadania, a preparação básica para o mundo da produção e o domínio dos instrumentos para continuar aprendendo.

E o fundamento do IERPA não é tanto diferente, senão, complementar ao procedimento que impera o mundo educacional no País. O IERPA pretende:

- Formar professores sensibilizados para o trabalho com todo o tipo de crianças, sejam ou não consideradas de evolução normalmente esperada, na perspetiva da integração sócioeducativa, portanto, crianças em idade escolar que nunca tenham frequentado a escola ou que, por inúmeras razões, a tenham abandonado;

- Proporcionar o desencadeamento de políticas de abertura aos novos formadores, no sentido de, numa situação privilegiada de contato e de estabelecimento de laços afetivos com crianças/jovens, este estimular atitudes de abertura ao conhecimento e à criação, optando sempre por àquelas áreas em que a criança/jovem se sinta mais apto a desenvolver as suas capacidades;

- Promover a aquisição de conhecimentos e técnicas específicas implícitas nas áreas que integram o plano de estudos;

- Facilitar uma atitude e crítica de investigação conducente à estruturação de respostas inovadoras e criativas em situações reais de ensino/aprendizagem;

- Desenvolver atitudes que permitam articular conhecimentos e praticar a interdisciplinaridade em contextos educativos;

- Formar professores/formadores com um perfil flexível, preparando-os para um diálogo construtivo com as famílias e a comunidade.

O desenvolvimento pessoal e a experiência profissional dos formandos constituirão frequentemente o ponto de partida para a construção do saber, questionando e testando a eficácia de novas tecnologias, bem como a sua aplicação no contexto real de trabalho, criando-se assim, e cada vez mais, estímulos, que visem a modificação de atitudes e a aquisição de comportamentos desejados, bem como o incremento da qualidade no desempenho, através de estratégias e atividades que consolidem e promovam uma interiorização efetiva dos conhecimentos.

3. Modelos de Educação: As diversidades no idêntico

As opções de educação secundária mais frequentemente adotadas pelos sistemas educacionais podem ser divididas em três grupos básicos, com algumas variantes dentro de cada um deles.

A primeira categoria é aquela que estabelece duas vias, uma no sentido do prosseguimento de estudos e outra no sentido de preparação para o trabalho, sem equivalência entre elas. Esta é a opção alemã, do Canadá e da última reforma educativa espanhola, por exemplo.

A segunda categoria, busca conciliar todas as vertentes através de uma multiplicidade de ofertas bastante diferenciadas entre si, mas com equivalência para fins de prosseguimento de estudos, como é o caso dos modelos francês, austríaco e português.

A terceira via, que se vem configurando mais recentemente, propõe uma educação geral com uma forte presença do segmento científico e tecnológico e a complementaridade da educação profissional, em escolas ou nas empresas: tendências da educação secundária argentina, da índia e, de forma especial, da israelita.

Esta última categoria é a que mais se identifica com a proposta de ensino informal com aplicabilidade prática num País como é Angola, tendo em conta os seguintes parâmetros:

- A educação geral deve ser concebida como educação de base científica e tecnológica, onde conceito, aplicação e solução de problemas concretos sejam combinados com uma revisão do papel dos componentes socioculturais que, por sua vez, devem ter uma visão epistemológica que concilie humanismo e tecnologias;

-O desenvolvimento pessoal deve permear a conceção dos componentes científicos, tecnológicos, socioculturais e de linguagem. Assim, também o conceito de ciências deve estar presente nos demais componentes - numa conceção de que a produção do conhecimento é situada sócio, cultural, económica e politicamente num espaço e num tempo determinados;

- A conceção curricular deve ser interdisciplinar e contextualizada, transdisciplinar e matricial, de forma que as marcas da linguagem, das ciências, das tecnologias, da história, da sociologia e da filosofia estejam presentes em todos os componentes, intercetando-se e construindo uma rede onde o teórico e o prático, o concetual e o aplicado, aprender a conhecer, aprender a conviver, aprender a ser e aprender a fazer estejam presentes em todos os momentos; e

- A educação profissional como qualificação ou habilitação para o exercício de uma actividade profissional, deve mostrar-se complementar e dependente da educação geral, podendo ser feita em escolas preparadas para o efeito, no ambiente de trabalho ou ainda, no terreno, com a vantagem de assentar nas competências construídas na base da educação geral.

Ainda com base na terceira opção, rompe-se com um - modelo que preconizava a solução conciliatória entre os objetivos de preparar para o prosseguimento de estudos e a formação para o trabalho, num ensino de segundo grau profissionalizante, ponderando-se as vertentes terminal e propedêutica ou, ainda, introduzindo-se um aspeto inovador, no mesmo caminho da flexibilidade, que é a possibilidade de organização curricular por módulos, implicando a hipótese de saídas intermediárias e viabilizando uma educação recorrente.

Resumindo: a educação básica mantém uma relação de complementaridade com a educação profissional, que deve qualificar «jovens e adultos com capacidades e habilidades gerais e específicas para o exercício de atividades produtivas» e que possam eles próprios, estabelecer a ligação com os bairros mais desfavorecidos, com uma atitude profissional, de apoio e de ponte entre o IERPA e a população.

Esta capacitação objetiva será estruturada pelos seguintes níveis: qualificar, reprofissionalizar e atualizar jovens e adultos com qualquer nível de escolaridade; habilitar profissionais matriculados ou do ensino médio ou da educação superior; especializar e aperfeiçoar profissionais em áreas afins; intervir junto das ONG's e Unidades dos Ministérios da Educação e da Assistência e Reinserção Social.

3.1. *Organização Curricular*

Os princípios pelos quais se pauta a educação profissional devem ser a flexibilidade e a laborabilidade. Neste contexto, a abordagem das atividades produtivas que constituem o mundo do trabalho da realidade que observamos, leva a identificar três grandes segmentos: produção de bens, produção de conhecimentos e produção de serviços.

Cada um desses segmentos - bens, conhecimentos e serviços - tem processos próprios, ou seja, demandam funções específicas, que realizam operações segundo determinadas normas, métodos e técnicas.

Os diferentes processos produtivos guardam entre si semelhanças e diferenças, e sobre as semelhanças é que se devem constituir as grandes áreas profissionais. Por sua vez, os processos produtivos de cada área profissional desdobram-se em funções e subfunções, e a partir destas últimas é que são identificadas as competências e habilidades, construídas sobre as bases tecnológicas a elas referenciadas.

Portanto, a definição de competências e habilidades para a formação de um profissional, intervêm na descrição das etapas deste processo, das funções e subfunções a serem desempenhadas pelos trabalhadores, deve ser objeto de investigação por técnicos em elaboração curricular, articulados com profissionais do setor ou área de produção.

O desenho deste quadro permitirá, então, que se estabeleçam as competências, ou seja, as operações mentais - sócioafetivas, psicomotoras ou cognitivas— que precisam ser desenvolvidas pelos estudantes, numa ótica para a qual saber fazer não é resultado de uma instrução mecanicista, mas de uma construção mental que pode incorporar novos saberes, viabilizando uma requalificação e uma reprofissionalização em função das mudanças económicas e tecnológicas.

Na organização curricular por módulos, os conhecimentos serão agrupados estruturalmente, possibilitando saídas intermediárias e retornos para reorientação e/ou complementação, garantindo maior flexibilidade à educação profissional, permitindo ao aluno cursar um ou mais módulos, receber um certificado de qualificação, ingressar no mercado de trabalho e retomar à escola para complementar o seu curso. No final, um conjunto de módulos gerará um diploma de habilitação para os portadores do certificado de conclusão do ensino médio.

É importante ressaltar que o nível básico da educação profissional, ainda que seja educação informal e, portanto, não sujeita à regulamentação do ensino formal, deve ter na formulação de seus currículos a mesma perspetiva do nível técnico. A metodologia para construção curricular é a mesma; entretanto, deve cuidar também das competências constituídas na educação básica.

O facto de não ter vínculos com um nível de escolaridade considerado normal, não significará a ausência de preocupação com esta base. A oferta de cursos do nível básico, quando necessário, deve articular-se com a elevação da escolaridade dos trabalhadores. Programas que melhorem as condições de inserção no mercado de trabalho não podem desconsiderar que a educação básica é condição necessária de laborabilidade.

3.2. As Áreas Profissionais

O agrupamento das atividades profissionais em áreas é sempre arbitrário, embora não desmotivado. 0 critério que foi adotado para a construção das áreas baseou-se na análise do processo de produção das diferentes actividades económicas e das competências cuja construção é requerida para os profissionais que nelas atuam.

O princípio da semelhança do processo produtivo e das competências determinou a agregação das áreas.

A educação profissional precisa ser sempre complementar à

educação básica, de caráter geral. Grande parte dos perfis profissionais propostos pelo setor produtivo apresentam caraterísticas muito vinculadas à formação geral do formando, no sentido de que ele precisa ter uma forte base humanística, científica e tecnológica, e competências para tomada de decisão, para o trabalho em grupo e para a adequação às constantes mudanças que se processam no mundo do trabalho, bem como a atenção, sobejamente repetida, sobre o trabalho que poderá ser desenvolvido com os mais desfavorecidos, dentro dos bairros, portanto, interpelando-os num meio que não lhes seja estranho de todo.

Entendendo que essas finalidades expressam um conjunto de competências que são a base que a educação média deve solidificar e sobre a qual é possível construir com sucesso a identidade, a profissionalidade e a cidadania, o ensino médio integra a educação básica como oportunidade de significar experiências e conhecimentos novos e adquiridos anteriormente para aprender a aprender, a problematizar, a refletir solve a realidade e a negociar significados com outros.

Competências que são as mais necessárias para avançar com sucesso na vida cidadã e nos demais momentos da educação, sendo suficiente para o efeito:

- A permissão da adequação de conhecimentos úteis ou necessários para um determinado ramo ou área profissional (daí a necessidade de diversificar os currículos); e
- Levar à constituição de competências indispensáveis em todas as profissões (aqui a necessidade de centrar e unificar a proposta curricular em tomo de competências cognitivas afetivas e sociais gerais.

3.3. A Inovação Pedagógica

Formação por competências e inovações educacionais. Este é um tema instigante. Afinal, como se dará na escola o processo de educação profissional para estas matrizes referenciais? Deveremos testar possibilidades. Algumas referências trazem reflexões interessantes.

Inicialmente vou seguir o referenciai de Perrenoud[3], assemelhando um de seus textos de forma livre.

3.4. *Cursos Profissionais e Planos Propostos*

Os Cursos do IERPA deverão incidir sobre três áreas:

- Sociocultural (educação física e desporto, ciências da comunicação e cultura - nas vertentes da animação cultural e música, conservação do património artesa- nal e estudos linguísticos);
- Científico - Pedagógica (educação, serviço social - nas vertentes da infância, inserção social e terceira idade - e ciências sociais e humanas);
- Técnico - Prática (gestão de recursos humanos, contabilidade e administração, eletrónica, eletricidade e mecânica).

3.4.1. *Metodologia*

A metodologia privilegiará o desenvolvimento de capacidades de trabalho em grupo/equipa, com uma forte predominância do ensino prático para uma melhor passagem do testemunho do saber, do saber fazer e do saber estar de forma dinâmica e eficaz.

---

3 - A qualidade de uma formação profissional é executada primeiramente em sua conceção. Na maioria dos sistemas escolares que não funcional por ciclos, alguns docentes ficam por dois anos com os seus alunos; obviamente, os programas continuam sendo anuais e apresenta-se um balanço ao final de cada ano letivo, com base no qual alguns alunos podem ser reprovados; mas a simples certeza de poder continuar o trabalho no ano seguinte com os mesmos alunos modifica as estratégias de ensino, alivia a pressão, facilita a diversificação de percursos e praticamente elimina a repetição;
Planejar as aprendizagens para vários anos não é um exercício cmpletamente diferente do que planejar para um ano; os professores têm um certo hábito de comandar processos de longo prazo, trata-se simplesmente de ampliar essa capacidade a etapas mais longas. Mas, aplicar o mesmo método ao ensino recorrente já leva a uma leitura diferente, ou seja, o candidato pode frequentar dois anos num só ou ainda, permanecer na instituição por dois anos com uma formação avançada.

3.4.2. *Estrutura Curricular*

(A)

Área Sóciocultural	Carga Horária
Português	100
História	60
Informática	100
Educação Física (3 opções)	60
Línguas Estrangeiras	100
Ateliers Artesanais e Artísticos	100
Componente Prática	80
Total	**600**

(B)

Area Científico - Pedagógica	Carga Horária
Português	100
Noções Elementares de Direito	60
Informática	100
Legislação Laboral	60
Línguas Estrangeiras	100
História do Serviço Social	100
Componente Prática	80
Total	**600**

(C)

Área Técnico - Prática	Carga Horária
Português	100
Cálculo / Estatística	50
Informática	100
Contabilidade/Fiscalidade	100
Línguas Estrangeiras	100
Eletricidade/ Eletrónica/ Mecânica	100
Componente Prática	80
Total	**600**

3.5. A Construção de um Referencial de Competências

O resultado deste processo é uma matriz de competências a serem construídas pelos alunos da educação profissional ao longo de sua formação. O conhecimento da descrição do processo de trabalho não garante uma formação adequada; o que o faz é uma matriz de competências bem construída.

O referencial de competências deve ser instrumento permanente de trabalho da escola e do professor, sendo entendido como uma linguagem comum e central do processo educativo e não como uma lista abstrata que precisa estar presente no «plano de curso» e no «plano de aula», mas não no quotidiano escolar.

Ele deve ser o roteiro permanente para se definir os problemas que serão propostos aos alunos e o parâmetro para a avaliação do processo pedagógico, pelo desempenho do aluno e pela análise do trabalho.

4. Plano de Cooperação da CPLP para 2007-2008

No âmbito da CPLP[4], alguns aspectos têm sido ressalvados no que toca a educação e ao melhoramento dos sistemas vigentes.

Assim, indigita-se a promoção de políticas, programas e instrumentos financeiros, visando incrementar a renda das famílias que vivem abaixo da linha de pobreza, utilizando no máximo as potencialidades de cada região;

A realização de ações de formação em matérias de pequenos negócios para famílias pobres - o que poderá levar a um maior controlo da economia informal, capacitando os agentes;

Facilitar a criação de programas de recuperação de Infraestruturas e do equipamento escolar para integração dos jovens e das mulheres que se encontram fora do sistema escolar (a desenvolver até ao 1º semestre de 2008);

Bem como o encorajar a revisão dos curricula escolares na

---

4 - Proposta do Plano Indicativo de Cooperação da CPLP para 2007 - 2008, agendada pelo Secretariado Executivo da Comunidade dos Países de Língua Portuguesa - no âmbito da XIV Reunião Ordinária de Pontos Focais de Cooperação - a ter lugar nos próximos dias 26 e 27 de Fevereiro de 2007.

perspetiva do género, tendo em conta os princípios da UNESCO e assim, apontar para um significativo crescimento da população no sistema de ensino, bem assim, organizar acções de capacitação e reciclagem de docentes na perspetiva de género, ações essas, especificamente para o corpo docente (a desenvolver até o 2º semestre de 2007), no sentido de aumentar a capacidade dos docentes e a qualidade de ensino.

Neste contexto, o IERPA propõem-se colaborar, nos seguintes vectores:

A) Ponte para Educação Profissional

- Formação Profissional Básica
- Cursos: Informática, Serralharia, Marcenaria, Mecânica, Eletricidade,
- Pastelaria e Decoração, Pedreiro, Artesanato, Apicultura.
- Formação para o autoemprego
- Formação para vida activa
- Microempresas
- Acompanhamento com o projeto Microcredito

B) Grupos Juvenis: Caráter Formativo e Inserção Social
Caraterísticas:

- Associativismo
- Formação Espiritual
- Educação ao amor e paternidade responsável
- Educação à cidadania

C) Acolhimento da criança em situação de risco Serviços:

- Alfabetização
- Alimentação
- Higiene
- Trabalhos artesanais
- Assistência medica
- Localização, reintegração e acompanhamento familiar

5. Análise Crítica

Na última década houve aumentos sem precedentes na riqueza material, e na prosperidade em todo o mundo. Ao mesmo tempo, estes aumentos têm sido muito irregulares, com imensas pessoas a não participarem do progresso. O bem-estar humano e a legitimação exigem liberdade para se fazerem escolhas reais, uma liberdade que um grande número de pessoas ainda não tem.

5.1. O índice de Desenvolvimento Humano

OIDH[5] apresenta uma medida conjunta de três dimensões do desenvolvimento humano:

- Viver uma vida longa e saudável (medida pela esperança de vida);
- Ter estudos (medido pela alfabetização de adultos e pelas matrículas nos níveis primário, secundário e superior); e
- Ter um padrão de vida decente (medido pelo rendimento de paridade do poder de compra, PPC).

O índice não é, de forma alguma uma medida abrangente do desenvolvimento humano. Por exemplo, não inclui indicadores importantes como o respeito pelos direitos humanos, a democracia e a desigualdade. O que fornece é um prisma mais amplo para encarar o progresso humano e a relação complexa entre rendimento e bem-estar.

O IDH (2004) realça as profundas lacunas existentes em termos do bem-estar e das oportunidades de vida que, continuam a dividir este mundo que está, cada vez mais, interligado. Foi o Presidente John F. Kennedy que cunhou a expressão «uma maré-cheia levanta todos os barcos». Mas quando se trata de desenvolvimento humano, a maré cheia da prosperidade global levantou alguns barcos - mas alguns estão a afundar-se rapidamente.

Os entusiastas que enfatizam os aspetos positivos da globalização

---

5 - Índice de Desenvolvimento Humano, 2004.

deixam-se levar, muitas vezes, por esse mesmo entusiasmo. Usam cada vez mais a linguagem da aldeia global para descrever a nova ordem. Mas quando visto através da lente do desenvolvimento humano, a aldeia global parece estar profundamente dividida entre as ruas dos ricos e as dos pobres.

Por essa razão, existem 31 países na categoria de desenvolvimento humano baixo - um grupo com 9% da população mundial - onde a esperança de vida à nascença é de 46 anos, ou seja, menos 32 anos do que nos países de desenvolvimento humano elevado.

Os Governos olham, frequentemente, para o IDH como um instrumento de avaliação do seu desempenho, por comparação com o dos países vizinhos. A competição pelo desenvolvimento humano é uma rivalidade saudável - mais saudável, poder-se-ia afirmar, do que a competição relacionada com o PIB[6].

Existem duas situações deveras preocupantes, no que toca ao desenvolvimento desses países, as quais são merecedoras de especial atenção:

- A lacuna entre a matrícula e a conclusão. Há quase uma (1) criança em cada cinco (5) nos países em desenvolvimento, a abandonar a escola antes de terminar o ensino primário. Em certos casos, as elevadas taxas de matrícula disfarçam o progresso em direção a aquisição da alfabetização elementar e de competências de numerada. Em países como o Chade, Malawi e Ruanda, menos de 40% das crianças que se matriculam na escola terminam o ciclo de ensino primário.

- Níveis elevados de desigualdade de género no ensino pós - primário. Ainda que as lacunas em termos de matrículas entre raparigas e rapazes estejam a diminuir, continuam a existir profundas disparidades nos níveis, secundário e superior. As disparidades refletem uma discriminação sexual institucionalizada que deixa as mulheres em desvantagem, ao restringir as suas escolas e ao reduzir as suas oportunidades de rendimento e emprego. Devido às ligações

---

6 - PIB - Produto Interno Bruto

entre ensino materno e a saúde infantil, a discriminação sexual também impede o progresso na redução da mortalidade infantil.

5.2. *Uma Aprendizagem por Problemas*

Construir uma pedagogia para a educação profissional baseada em competências é superar um curriculum concebido como uma sequência de conteúdos que podem trilham este caminho de forma radical; sem preparação teórica prévia expõem os estudantes a problemas que devem ser resolvidos, inicialmente simples e fitícios, progredindo mais complexos e reais[7].

Identificar carências, lacunas e mobilizar-se para preenchê-las é uma ótima oportunidade para desenvolver estratégias de superação das dificuldades e de busca e seleção de informações. Enfim, é necessário encontrar trajetos pedagógicos que proponham a integração dos recursos em situação real ou realista, com dados ausentes ou aproximativos, conhecimentos incertos, prazos, resistências, desacordos entre profissionais e até entraves institucionais.

A proposta aqui apresentada é a da construção de competências e apropriação de conhecimentos no processo controlado, coordenado e estruturado de resolução de problemas reais ou realistas, no espaço da construção pedagógica com equipes que se tenham organizado, partindo dos pressupostos acima descritos nos cinco pontos anteriores, e com uma integração baseada no ponto que se segue.

5.3. *Professores Profissionais e Profissionais Professores: Uma Parceria Necessária*

Como inserir uma educação profissional sem os profissionais?

A parceria entre a escola e o mundo do trabalho é uma necessidade para a concretização desta conceção de educação profissional. Equipas conjuntas da escola e da área de produção devem estar permanentemente

---

7 - Por essa razão, os conteúdos programáticos deverão conter uma forte componente prática, quer para uma maior e melhor assimilação de conhecimentos, quer para a satisfação de quem dele usufruirá.

laborando para construir um processo de trabalho pedagógico que crie condições de qualidade na formação, sem que isso signifique uma anulação da diferenciação de papéis entre os atores das duas áreas: Professores e Profissionais. Professores são, acima de tudo, agentes de mobilização, conhecedores do processo de aprendizagem, e, portanto, organizadores deste processo e agentes de sistematização das aprendizagens realizadas. Profissionais das áreas são formuladores de problemas, reguladores do processo e estimuladores de inovações.

O planeamento é conjunto. O processo pedagógico deve ser simultâneo, articulado.

6. Estudo de caso

O Bairro do Rocha Pinto

A deslocação da população para a cidade de Luanda e seus arredores, dá-se maioritariamente em 2000 por motivos de segurança, face à incapacidade do sistema oficial de construção na resposta ao crescimento urbano acelerado e a situação de guerra que ainda se vivia (de sublinhar que, grande parte da população hoje a habitar nesta zona, é deslocada de guerra), dando origem a bairros inteiramente informais como o são o Rocha Pinto, o Kikolo e o Morro Bento. De acordo com o responsável comunal, este bairro possui um posto de polícia, duas escolas oficiais do Io nível e duas, do IIo nível. Grande parte da população não tem acesso a água potável e a rede telefónica e, alguns setores, não há energia eléctrica.

Luís Costa, oriundo do Kwanza - Norte, está desempregado e a esposa, Elisa, é vendedora de tomate no mercado da zona - Paviterra. Este morador, afirma que compra a água e que só tem energia uma vez ou outra, tendo como opção pagar por ela a indivíduos que comercializam horas de corrente (1 hora = 10/20 Kzs = 4/8 euros).

Acredita que um dia poderá ter uma vida melhor, mas nunca estudou porque cedo começou a trabalhar (é um dos chefes de família sem qualquer nível de instrução que, apenas neste bairro, totaliza os 3,5%). Assume ter cometido alguns erros que levaram, igualmente os seus quatro

(4) filhos, a não frequentar a escola.

Num estudo publicado pela Concern Worldwide (2003)[8], em 100 inquiridos - dos 16 aos 35 anos -, apenas 2,9% admitiram não saber ler nem escrever, competência assumida por 5,9%, enquanto que 79,4% referiram ter concluído pelo menos um nível de ensino básico (17,6% concluíram o I° nível; 29,4% terminaram o II° nível e 25,9% finalizaram o III° nível - qualificação correspondente ao ensino médio).

6.1. Análises Estatísticas

De uma forma geral, olhando para este grande País - ANGOLA -, os indicadores estatísticos mostram-nos o seguinte: Existem cerca de 1.000.000 crianças que não vão à escola; apenas 58% população analfabeta; 55% (5 aos 14 anos) estão matriculados; contudo, somente 30% frequentam até a 5aclasse sendo que, 50% tem idade inferior a 15 anos. Complementarmente, temos cerca de 480 mortes/dia (crianças e jovens), 260 Mortes/1000 crianças e 1/4 das crianças não completa os 5 anos, 5 % da população está infetada com HIV quando, a actividade sexual inicia aos 15 anos, o que em percentagem atinge os 43% e 70% das relações dos jovens, são desprotegidas.

Como compromissos governamentais para um futuro breve, Angola receberá cerca de 6.000.000 de Euros para construção de escolas, unidades hospitalares e residências. Até lá, a taxa de matrículas de crianças em idade escolar é de 40%, tendo 1.000.000 de crianças, ficado fora da escola.

7. Não havendo conclusão, mas ainda o que dizer...

Não gostaria que se entendesse o aqui tratado como um receituário ou um modelo, mas como um roteiro para aprofundamento, experimentação, discussão e revisão. Nestes tempos de mudança precisamos fazer um esforço grande de identificação de questões e de sistematização de propostas para

---

8 - Concern Worldwide é uma das Organizações Não governamentais, com sede na Holanda, que visa o auxílio, assistência e progresso das pessoas necessitadas, intervindo nas áreas menos desenvolvidas do mundo.

solucioná-las.

O texto esboça, essencialmente esse esforço, ainda que admitindo pouco tempo de maturação destas ideias. Acredito que se, coletivamente compusermos tentativas de aprofundamento, crítica e proposição, poderemos logo construir projetos de prática escolar interessantes para evoluirmos no sentido de encontrarmos uma educação profissional de qualidade.

Pois,

"Pelo sonho é que vamos comunicar de forma eficaz.
Ser autênticos. Criativos. Agentes de mudança".

Citando Sebastião da Gama

Bibliografia

CONCERN WORLWIDE - *The subsector analysis: Bairro Rocha Pinto, Luanda, Improving Economic Opportunities in the Informal Sector*, Luanda 2003.

FERREIRA, M. E. - *O processo de privatização em Angola, Política Internacional* 1,10, Lisboa 1995, pp. 177-196.

GOVERNO DE ANGOLA - *Divisão Político-Administrativa da Província de Luanda, Min. da Coordenação Provincial*, Luanda 2005.

GOVERNO DE ANGOLA - *Programa de Recuperação e Estabilização Económica de Médio Prazo 2004/2005*, Luanda 2005.

HUGON, P. - *Economia de África*, Vulgata, Lisboa 1999

Mayo - Agosto 1999/Maio - Agosto 1999

OEI: *50 anos de cooperación / OEI: 50 anos de cooperação*

PERRENOUD, Philippe. CEFIEC. Marseille. Novembro de 1997. Tradução para uso como texto de trabalho.

PNUD - Relatório para o Desenvolvimento Humano - 2004 PNUD - Relatório para o Desenvolvimento Humano - 2005 PROPOSTA DE PLANO INDICATIVO DE COOPERAÇÃO PARA 2007 - 2008, agendada para os dias 26 e 27 de Fevereiro de 2007.

ANEXO IX

As acusações contra Rafael Marques
e a liberdade de expressão em Angola*

As acusações criminais por difamação e denúncia caluniosa contra o jornalista angolano Rafael Marques de Morais inspiram graves preocupações: apesar daquilo que foi entendido como um acordo negociado entre Rafael Marques de Morais e as autoridades governamentais de Angola na semana passada, é profundamente inspirador de preocupação que esse acordo esteja agora a ser revertido. Os dados indiciam que o tribunal irá proferir uma condenação, que pode resultar numa pena de prisão e a revogação por tempo indefinido do seu passaporte.

Este caso reflete a mais vasta deterioração do clima da liberdade de expressão em Angola, incluindo o aumento do recurso a processos judiciais por difamação e por denúncia caluniosa contra jornalistas, e os abusos rotineiros ou interferência por parte da polícia na actividade de jornalistas, activistas e manifestantes que exercem pacificamente o direito de liberdade de expressão. As organizações e os indivíduos abaixo assinados instam a que o Presidente angolano, José Eduardo dos Santos, tome medidas imediatas para inverter estas preocupantes tendências.

Rafael Marques de Morais tem sido regular e repetidamente alvo de perseguição por parte das autoridades angolanas, em resultado do seu trabalho jornalístico. As 24 acusações criminais, por difamação e por denúncia caluniosa, inicialmente apresentadas contra Rafael Marques de

---

* Em: Jornal "Público", 28 maio 2015.

Morais são exemplo da mais recente tentativa por parte de responsáveis governamentais angolanos para silenciar o seu trabalho de reportagem.

O jornalista tem reportado sobre uma série de casos de alegada corrupção ao mais alto nível e de alegadas violações de direitos humanos, e desenvolve investigações em matérias sensíveis sobre alegadas violações de direitos humanos nas regiões diamantíferas de Angola. Não há conhecimento de nenhuns esforços sérios feitos pela Procuradoria-Geral angolana para investigar de forma imparcial e credível as alegações dos crimes que Rafael Marques de Morais reportou e pelos quais foi acusado de difamação e de denúncia caluniosa.

O Governo de Angola parece estar a usar as leis criminais de difamação para inibir Rafael Marques de Morais de fazer o seu trabalho jornalístico sobre direitos humanos. E ao fazê-lo está a violar o direito de liberdade de expressão, tal como consagrado no Artigo 9 da Carta Africana dos Direitos Humanos e dos Povos e no Artigo 19 do Pacto Internacional sobre os Direitos Civis e Políticos. Impedir Rafael Marques de Morais de fazer o seu trabalho jornalístico sobre direitos humanos é contrário também à Declaração das Nações Unidas sobre os Defensores de Direitos Humanos.

As acusações contra Rafael Marques de Morais estão igualmente em oposição à decisão de dezembro de 2014 do Tribunal Africano para os Direitos Humanos e dos Povos num caso de difamação contra um jornalista no Burkina Faso, e segundo a qual as penas de prisão como sanção para a difamação violam a Carta Africana dos Direitos Humanos e dos Povos e o Pacto Internacional sobre os Direitos Civis e Políticos.

As penas criminais são punições desproporcionadas aos danos de reputação de um indivíduo e infringem a liberdade de expressão. As leis de criminalização da difamação e da denúncia caluniosa são propícias a abusos, como é bem demonstrado no caso de Rafael Marques de Morais, resultando em consequências desproporcionalmente duras. A revogação das leis de criminalização da difamação e da denúncia caluniosa feita em vários países demonstra aliás que estas legislações não são necessárias para proteger a reputação.

Assim, as organizações e os indivíduos abaixo assinados reiteram vivamente a necessidade de o Presidente José Eduardo dos Santos tomar medidas imediatas para deixar claro que o Governo de Angola respeita o direito dos jornalistas, activistas e outros a exercerem o direito de liberdade de expressão. Além disso, insta-se o chefe de Estado a prontamente desenvolver esforços para abolir as leis criminais de difamação e de denúncia caluniosa em Angola.

ANEXO X

Carta Aberta sobre o Luso-Angolano Luaty Beirão
e demais companheiros presos em Luanda 2015*

Pela intervenção do Governo português na libertação de Luaty Beirão/ For the intervention of the Portuguese Government in the liberation of Luaty Beirão

Para: Exmo Ministro dos Negócios Estrangeiros, Rui Machete/ Exmo Embaixador português em Angola, João da Câmara

O cantor e activista político Henrique Luaty Beirão é angolano, mas é também um cidadão português ilegalmente detido no estrangeiro. Sabemos que está disposto a dar a vida por causas maiores, como a da liberdade e justiça. Também sabemos que a sua morte pode estar próxima, na sequência da sua longa greve de fome. É obrigação constitucional, ética e moral do Governo português não permitir que aconteça. Temos consciência das dificuldades e complexidade das relações diplomáticas entre Angola e Portugal. Porém, nenhum valor pode erguer-se acima da defesa dos Direitos Humanos. E este é um caso de Direitos Humanos. É imperativo que o Governo português tome uma posição e publicamente exija a imediata libertação de Henrique Luaty Beirão. É também obrigação do Governo português comunicar a sua posição a toda a CPLP bem como a toda a comunidade mundial empenhada na defesa dos princípios da liberdade e da igualdade. Portugal não pode persistir como testemunha silenciosa e passiva de um lento assassinato

---

* O autor apressou-se a assinar este documento, lembrando-se, aliás, de que o seu primeiríssimo livro (Ecumenismo em Angola, Do Ecumenismo Cristão ao Ecumenismo Universal, Angola, 1968) foi explicitamente dedicado "À Liberdade-Dignidade da Pessoa Humana em todos os Homens de Angola, da África e do Mundo..." com a publicação, em "Anexo", dos textos da "Declaração dos Direitos do Homem e do Cidadão" (Paris, 1789) e da "Declaração Universal dos Direitos Humanos" (ONU, 1948).

político sem se tornar seu cúmplice.

Post scriptum: desde que este texto foi escrito, Henrique Luaty Beirão renunciou publicamente do apoio das autoridades portuguesas. Luaty Beirão está em luta pelo Povo Angolano e deseja ser tratado como cidadão angolano. A sua posição é compreensível e louvável, prova da sua determinação, coragem e abnegação. Ainda assim, entendemos que as autoridades portuguesas não podem, sob pretexto algum, demitir-se das suas obrigações

English version: Singer and political activist Henrique Luaty Beirão is Angolan, but he is also a Portuguese citizen illegally arrested abroad. We know he is willing to give his life for greater causes, such as those of liberty and justice. We also know that his death, after his long hunger strike, may come soon. It is the constitutional, ethical and moral obligation of the Portuguese Government to not allow that to happen. We are aware of the hardships and complexities of the Angolan-Portuguese diplomatic relations. Yet, no value can rise higher than that of the defense of Human Rights. And this is as matter of Human Rights. It is imperative that the Portuguese Government takes a stand and publicly demands the immediate liberation of Henrique Luaty Beirão. It is also the obligation of the Portuguese Government to communicate this stand to the all CPLP community as well as to the entire world community committed to the defense of the principles of liberty and equality. Portugal cannot persist as the silent and passive witness of a slow political murder without becoming its accomplice.

Post scriptum: since this text was first written, Henrique Luaty Beirão has publicly renounced the support of Portuguese authorities. Luaty Beirão is fighting for the Angolan people and desires to be treated and judged as an Angolan citizen. This stand is understandable and praiseworthy as evidence of his determination, courage and abnegation. Even so, Portuguese authorities may not, under any pretext, resign their obligations

ANEXO XI

Regulamento (provisório) do PRÉMIO LUSOFONIA*

Artigo 1º

O "Prémio Lusofonia" é uma iniciativa conjunta do "Grupo Lusófona" e da CPLP e da UCCLA, aberta à participação de outras Entidades Mecenáticas, que comunguem do mesmo espírito e objetivos, que são os de contribuir para a democratização e o desenvolvimento de todos os Países e Povos Lusófonos, no âmbito da globalização – mundialização contemporânea.

Artigo 2º

O "Prémio Lusofonia" será concedido, anualmente, a Personalidades ou Instituições que se hajam notabilizado, em qualquer dos aspetos da atividade humana, na construção efetiva da realidade socioeconómico-político-cultural da Lusofonia ou "Comunidade Lusófona", entendida como o conjunto de todos os Países e Povos da CPLP ou institucionalmente associados.

Artigo 3º

1. Qualquer Pessoa ou Instituição pode enviar, até ao dia 31 de janeiro de cada ano, para "PRÉMIO LUSOFONIA" (Campo Grande, 376, 1749-024 Lisboa, Fax 21 7577006) propostas de candidatura ao Prémio.

2. As propostas de candidatura deverão ser apresentadas através do

---

* A efetivação da ideia há vários anos por mim lançada (algo megalómana, pensarão alguns) do "Prémio Lusofonia" constituiria a prova real de que a também "megalóma" ideia ou "Tese" de uma "Lusofonia Ecuménica Pós-colonial", simultaneamente linguística e económico-política, estaria, finalmente, a começar a ser "entendida" por todos os Países, Povos e Estados Lusófonos, pela CPLP, e ETC...
CF. NO INTERIOR DO LIVRO, OS DOIS «TEXTOS» QUE MAXIMAMENTE FUNDAMENTAM A IDEIA DO "PRÉMIO LUSOFONIA", A SABER: "QUE ENSINO SUPERIOR PARA O SÉCULO XXI? ONZE TESES SOBRE O ENSINO SUPERIOR EM PORTUGAL E EM TODO(S) O(S) ESPA-ÇO (S) LUSÓFONO (S)" E "QUO VADIS, LUSOFONIA? ONZE TESES PRAGMÁTICAS MÍNI-MAS SOBRE A CPLP/COMUNIDADE LUSÓFONA"

preenchimento do respetivo impresso (à disposição dos proponentes na morada referida em 1) ou através do site http://www.ulusofona.pt.

3. Os impressos que contenham as propostas de candidatura poderão ser acompanhados de documentação considerada útil pelos proponentes.

4. Os originais que integram essa documentação não serão devolvidos.

5. O "Prémio Lusofonia" terá atribuição anual e será entregue no dia 17 de julho de cada ano, data da criação oficial da CPLP, a instituir como o "Dia da Língua Portuguesa e da Lusofonia".

Artigo 4º

1. O Prémio será atribuído por um Júri copresidido pelos Secretários-Executivos da CPLP e da UCCLA e pelo Presidente do "Grupo Lusófona" e de que farão igualmente parte:

1.1 Um representante de cada uma das Entidades Mecenáticas.

1.2 Um representante de cada um dos Países e Povos da CPLP e de cada uma das cidades da UCCLA

1.3 Um número variável de Personalidades e Instituições convidadas pelos Presidentes, até ao número máximo de dez (10).

2. Os Presidentes designarão, também, o Secretário do Júri.

3. Compete aos Presidentes do Júri dirigir as reuniões do Júri e ao Secretário redigir a ata das sessões.

Artigo 5º

O Júri tem plena liberdade para eleger um dos candidatos propostos ou conceder o Prémio a outra Pessoa ou Instituição. Cada membro do Júri poderá propor, durante as sessões, o candidato ou candidatos que, em seu parecer, merecem o Prémio.

Artigo 6º

Cada "Prémio Lusofonia" será concedido à Pessoa ou Instituição que alcance a maioria dos votos emitidos pelos membros do Júri.

Artigo 7º

1. O Prémio é, em princípio, indivisível. No entanto, em casos excecionais, caso em que, no decorrer de votações sucessivas, se mantenha um equilíbrio

entre duas candidaturas, o Júri poderá decidir que seja compartilhado.

2. O Júri poderá não atribuir o prémio, fundamentando a sua decisão em ata, caso em que a totalidade pecuniária do mesmo será integralmente utilizado pelas CPLP e UCCLA na atribuição de bolsas universitárias a estudantes da "Comunidade Lusófona".

3. O Prémio não poderá ser concedido a título póstumo, salvo na modalidade "Honoris Causa".

Artigo 8º

1. O "Prémio Lusofonia" será constituído por um diploma e uma dotação em dinheiro no valor de 1.000.000 (um milhão de) Euros, em 2014.

2. Metade desta dotação em dinheiro será utilizada pelas CPLP e UCCLA na atribuição de bolsas universitárias a estudantes da "Comunidade Lusófona".

3. Todas as Pessoas ou Instituições que se constituam em mecenas permanentes ou eventuais do "Prémio Lusofonia" serão publicamente anunciadas.

Outras obras de Fernando dos Santos Neves

-Estudos Teológicos, Atas das Semanas Portuguesas de Teologia (de que foi organizador e programador), 5 volumes, Lisboa, 1962-1967;

-Ecumenismo em Angola: Do Ecumenismo Cristão ao Ecumenismo Universal, Nova Lisboa/Angola, Editorial Colóquios, 1968; Nova Edição (Edições Universitárias Lusófonas, Lisboa, 2005);

-Liturgia, Cristianismo e Sociedade em Angola, Ibidem, 1968;

-Quo Vadis, Angola? Sobre a Presença do Cristianismo na Angola deste Tempo, Angola, Editorial Colóquios, 1968.

-L'Esprit de Contestation, número spécial de la revue SPIRITUS, Sur les Evénements de Mai 1968, Paris, 1969.

-Negritude e Revolução em Angola, Paris, Edições ETC, Paris, 1974;

-As Colónias Portuguesas e o (seu) Futuro, Lisboa-Paris, Edições ETC, 1974;

-Para um Ecumenismo Omnitotidimensional, Edições ETC, Lisboa, 1975;

-Negritude, Independência, Revolução: As Colónias Portuguesas e o (seu) Futuro, Paris-Lisboa, Edições ETC, 1975.

-Africano-Logiques: Une Etude Scientifique de la Negritude, Paris, 1979;

-A Psicologia de Libermann, Contributo para uma Caracterologia Integral, Lisboa, 1979;

-Introdução ao Pensamento Contemporâneo, Razões e Finalidades, Lisboa, Edições Universitárias Lusófonas, 1997;

-Ad Leviathan: Teses contra o Estado Centralista (Leviatão) e a favor da Regionalização Democrática, Edições Universitárias Lusófonas, 1998.

-O Lugar e o Papel das Ciências Sociais e Humanas na "Modernização", na "Integração Europeia" e na "Cooperação Africana" de Portugal Contemporâneo, Org., Edições Universitárias Lusófonas, Lisboa, 1992; Nova Edição, ibidem, 2002;

-A Globalização Societal Contemporânea e o Espaço Lusófono: Mitologias, Realidades e Potencialidades, org., Edições Universitárias Lusófonas, 2000;

-Para Uma Crítica da Razão Lusófona: Onze Teses sobre a Lusofonia e a CPLP, 1ª ed., Lisboa, Edições Universitárias Lusófonas, 2000

-Quem tem medo da "Declaração de Bolonha"? A "Declaração de Bolonha" e o Ensino Superior em Portugal, org., Edições Universitárias Lusófonas, 2005.

-Adimplenda est Bolonia, É preciso cumprir Bolonha!, org., Edições Universitárias Lusófonas, 2006.

-Introdução ao Pensamento Contemporâneo: Tópicos, Ensaios e Documentos, Lisboa, Edições Universitárias Lusófonas, 2007.

-Um Cristianismo em Estado de Contestação, Uma Contestação em Estado de Cristianismo? Os Acontecimentos de Maio de 1968, Edições Universitárias Lusófonas, 2008.

-Introdução ao Pensamento Contemporâneo: Razões, Finalidades, Tópicos, Edições Universitárias Lusófonas, 2011.

-A Hora da Lusofonia: Para uma Crítica da Razão Lusófona, org. de José Filipe Pinto, Edições Universitárias Lusófonas, 2013.

-A Política não é tudo, mas Tudo é Político: Estudos e Ensaios, org. de Ângela Montalvão Machado, Âncora Editora, 2013.

-Que Ensino Superior para o Século XXI em Portugal e no Espaço Lusófono: A "Alfabetização/Instrução/Educação Universal, Obrigatória e Gratuita do nosso tempo", apresentação de Fernando Campos, Âncora Editora, 2014.

-IPC, Introdução ao Pensamento Contemporâneo: Epistemetodologia, Fenomenologia, Paradigmática, CTS, apresentação de Manuel da Costa Leite, Kairologia Editora, 2016.

-Estudos Teológicos: os "Sinais dos Tempos" ou a "Cairologia" do Concílio Ecuménico Vaticano II, apresentação de Paulo Mendes Pinto (no prelo).

-Africano-Lógicas: Sentidos e Des-sentidos do Movimento da Negritude (no prelo).

www.ingramcontent.com/pod-product-compliance
Lightning Source LLC
Chambersburg PA
CBHW030416290526
45786CB00001B/8